Nils Johan Ringdal

Die neue Weltgeschichte der Prostitution

Nils Johan Ringdal

Die neue Weltgeschichte der Prostitution

Aus dem Norwegischen
von Ulrich Sonnenberg

Mit 29 Abbildungen auf Tafeln

Piper
München Zürich

Die Originalausgabe erschien 1997 unter dem Titel
»Verdens vanskeligste yrke. De prostituertes verdenshistorie«
bei J. W. Cappelens Forlag AS, Oslo.
Die deutsche Fassung ist leicht gekürzt.

ISBN-13: 978-3-492-04797-5
ISBN-10: 3-492-04797-1

Satz: seitenweise, Tübingen
Druck und Bindung: Pustet, Regensburg
Printed in Germany

www.piper.de

Inhaltsverzeichnis

Einleitung

Als mir mein norwegischer Lektor eines Tages den Vorschlag machte, eine Geschichte der Prostitution zu schreiben, kam mir das gerade recht. Seit Jahren hatte ich mich intensiv für dieses Thema interessiert; ich hatte die einschlägige Literatur gesammelt und durchgearbeitet und auch entlegene Titel erworben, wenn sie wichtige Auskünfte versprachen. Für Prostituierte interessierte ich mich auch aus Gründen meiner eigenen Biographie: Seit Jahren unterhielt ich zu einigen Huren intensive freundschaftliche Beziehungen.

Georg Petersen, mein Partner und Lebensgefährte seit neunzehn Jahren, arbeitete in den achtziger Jahren als Oberarzt in der Initiative gegen Aids, die der Osloer Gesundheitsrat ins Leben gerufen hatte. In Norwegen war er der erste, der eine Prostituierte mit einem aus öffentlichen Mitteln bezahlten Gehalt als Beraterin einstellte. Er ist der Überzeugung, daß jegliche Form von Aufklärungsarbeit besser funktioniert, wenn man eng mit den Betroffenen zusammenarbeitet.

In den folgenden Jahren begann Georg, für die Weltgesundheitsorganisation WHO zu arbeiten, weiterhin mit dem Hauptarbeitsgebiet Aids. Zwischen 1989 und 1994 war er Berater für Aids und Geschlechtskrankheiten in Asien und im Gebiet des Pazifischen Ozeans; heute ist er als nationaler Repräsentant der WHO in Jakarta für die generelle Gesundheitssituation in Indonesien verantwortlich. Als sein Partner hatte ich in den vergangenen zehn Jahren Gelegenheit, mit ihm zu reisen und sehr viel zu sehen.

1991, als die WHO einen »Workshop« über Aids und Prostitution organisierte, hatten wir eine Gruppe von Repräsentanten nationaler Prostituiertenorganisationen aus den USA, Australien und Asien bei uns in der Jorge Bocobo Street in Manila auf einen Drink eingeladen; angeführt wurde die Gruppe von der wunderbaren Priscilla Alexander von der amerikanischen Organisation COYOTE. Ein denkwürdiger Abend! Nie zuvor hatte ich so furchtlose, witzige und schlagfertige Gewerkschaftsvertreter kennengelernt.

Ob in New York, Berlin, Bangkok, Manila, Sydney oder Oslo, überall stoße ich mitten in der Nacht auf Menschen aus dem Sexbusineß. Ich fühle mich wohl in der Gesellschaft der Mädchen, und ich schätze den Respekt, mit dem sie mich behandeln – obwohl ich kein potentieller Kunde für sie bin.

»Ich respektiere und achte die Prostituierte, die das Reich der Sexualität beherrscht, für das Männer bezahlen müssen, um hineinzukommen. Feministinnen aus der Mittelklasse reduzieren Prostituierte auf den Status von bedauernswerten Opfern, die barmherzige Hilfe brauchen; das ist ebenso arrogant wie selbstgerecht und verlogen.« So die amerikanische Kulturhistorikerin Camille Paglia.

Prostituierte sind traditionell *das* Symbol der Sünde, doch in genau dieser Funktion wurden sie von der übrigen Gesellschaft als Garanten und Stabilisatoren für Ehe und Moral akzeptiert. Im großen und ganzen war dies bis zur zweiten Hälfte des 19. Jahrhunderts die Sicht der westlichen Welt auf die Prostitution. Männer aus gehobeneren Gesellschaftsschichten heirateten nur in Ausnahmefällen eine Prostituierte. Insofern ging von der Prostitution keine Bedrohung aus. Wenn ein Mann »so eine« besuchte, war dies ein geradezu vom hippokratischen Eid geschütztes Geheimnis, ebenso wie eine eventuelle Geschlechtskrankheit.

Im viktorianischen Zeitalter änderte sich vieles, vor allem in den protestantischen Ländern beschäftigte man sich nun verstärkt mit der ganz persönlichen Moral. Diese Entwicklung hatte nicht nur eine ansteckende Wirkung auf neu erweckte Christen in Asien, sondern wurde auch zur Grundlage einer neuen moralischen Bewegung bei Hindus, Anhängern des Konfuzianismus und schließlich auch bei den Kommunisten. Im Westen beeinflußte die moralische Sensibilisierung der viktorianischen Zeit die Anhängerinnen der Frauenrechts- und der Arbeiterbewegung; Sexualität, Familienleben und Prostitution wurden zu nahezu öffentlichen Angelegenheiten. In der zweiten Hälfte des 20. Jahrhunderts sollte sich die Tendenz zur Politisierung solcher Fragen noch verstärken. Die neue Frauenbewegung, die Organisationen der Homosexuellen und die Massenmedien trugen jeweils auf ihre Weise dazu bei.

Mein Buch hat die Prostitution zum Thema, nicht die Familie. Die beiden Institutionen sind moralisch wie kulturell häufig als Gegensätze begriffen worden, sowohl in zeitgenössischen Debatten wie in historischen und gesellschaftswissenschaftlichen Analysen.

In primitiven Kulturen wie in Hochkulturen und in den verschiedenen Perioden der Geschichte gab es die unterschiedlichsten Formen im Verhältnis der Geschlechter untereinander. Dennoch blieb die »Familie« – deren Kerneinheit aus einem Mann mit einer oder zwei Frauen sowie ihren Kindern besteht – dominierend. Die Familieneinheiten hatten allerdings verschiedenste Organisationsformen. Monogamie wechselte mit Polygamie, Brautkauf und Mitgift existierten nebeneinander oder repräsentierten kulturelle und soziale Gegensätze; die Möglichkeiten der freien Wahl des Partners oder einer Scheidung wurden ganz unterschiedlich gehandhabt. All diese Faktoren hatten Auswirkungen auf die Strukturen von Familie und Prostitution. Von der Organisation der Familie hängt ab, welcher Status Prostituierten zugestanden wird; außerdem bieten unterschiedliche Familienstrukturen den Männern natürlich unterschiedliche Möglichkeiten für außerehelichen Geschlechtsverkehr. Meine Absicht war es nicht, systematisch alle archetypischen Formen von Familie und Prostitution gegeneinander abzuwägen. Aber wenn ich der Ansicht war, klare Zusammenhänge gefunden zu haben, habe ich dies formuliert.

In einigen Regionen und kleineren Gesellschaften hat die Prostitution zeitweilig fast die Institution Familie außer Kraft gesetzt. Jedesmal, wenn die Familienorganisationen zu klein oder zu unbedeutend wurden, führte dies zu sichtbaren demographischen Konsequenzen.

Klar geregelte Beziehungen zwischen den Geschlechtern waren immer die besten Voraussetzungen für eine stabile Sicherung der Nachkommenschaft und den Bestand der Sippe. Der Gegensatz zwischen Familie und Prostitution als Institutionen läßt sich aus unterschiedlichen Perspektiven untersuchen. Demographisch gesehen hat die Prostitution eine ganz andere Funktion als die Familie, denn Frauen, die sich prostituieren, haben mehr Geschlechtsverkehr, bekommen aber weniger Kinder als Frauen aus stabilen Familienverhältnissen. Prostituierte haben mehr Abtreibungen und Geschlechtskrankheiten und werden schneller steril als andere Frauen. Natürlich bekommen viele Prostituierte Kinder, aber es zeigt sich unter anderem an der hohen Kindersterblichkeit, daß das Prostitutionsmilieu ungünstigere Bedingungen für das Heranwachsen von Kindern schafft als ein beschütztes Familienleben.

Möglicherweise läßt sich der Grad des Konflikts zwischen der Familie als Institution und der Prostitution auch mit moralischen Kriterien messen. Die Familiengründung verpflichtet den Mann zu Verantwortung gegenüber seinen Kindern, die eine Frau sozusagen naturgemäß übernimmt. Die wenigsten Frauen lassen ihre Kinder im Stich, Männer tun es häufiger. Ein Mann, der Verantwortung für seine Kinder übernimmt, wird in fast allen Gesellschaften als moralischer angesehen als derjenige, der es nicht tut. So gesehen steht die Familie für eine positive Bindung, die Prostitution hingegen für eine negative Freiheit. Moralische Überlegungen können allerdings häufig nur sehr schwer in historische und gesellschaftswissenschaftliche Analysen eingebunden werden. Im Unterschied zu Geschlechtsverkehr und Geburt sind Liebe und Geborgenheit subjektive Größen, die sich statistischen Berechnungen und Evaluierungen entziehen. Wie viele andere bin ich der Überzeugung, daß ein prinzipienfestes, aber liebevolles Elternpaar, nette Großeltern und lustige Tanten und Onkel, vielleicht auch Geschwister die optimalen Voraussetzungen für die Entwicklung eines Kindes sind. Möglicherweise ist diese Erkenntnis sogar eine universalhistorische »Wahrheit« – sogar die Viktorianer, die heute für viele von uns eher Karikaturen sind, waren dieser Ansicht.

In der hochtechnologisierten Gesellschaft von heute ist es bequem geworden, moralische Fragen zu verdrängen, da wir ständig mit »neuen« Problemen konfrontiert werden, die so tun, als wären sie moralisch. Fragen, die mit Sex und Reproduktion, Glück und Geborgenheit zusammenhängen, führen heute in den USA und Europa in einem schon absurden Grad zu öffentlichen Debatten. Doch der Diskurs wird politisch geführt, nicht moralisch. Vorherrschend sind Doppelmoral und zweideutige Argumentationen; die Diskutanten denken scheinbar global, handeln aber nur in ihrem eigenen Interesse. Für mich bleibt es ein großes moralisches Paradoxon, daß unsere Welt übervölkert ist und Adoptionen über Grenzen hinweg erschwert werden, gleichzeitig aber große Summen in die Bekämpfung von Infertilität bei Frauen aus den reichen Ländern dieser Erde investiert werden.

Ein »Recht« ist negativ definiert durch die Pflicht der anderen, es zu respektieren. Jedesmal, wenn jemand ein »Recht« in Anspruch nimmt, werden andere in ihrer Entfaltung begrenzt. Die im 18. Jahrhundert definierten Menschenrechte – also die freie individuelle Wahl von Glauben, Meinungen, sexuellen Neigungen oder Lebensstil – sind folglich einfacher zu respektieren als die positiv definierten »Rechte«, für deren Verständnis in der westlichen Welt heute so gern geworben wird. Die Weltgesellschaft hat gegen Ende des 20. Jahrhunderts weder die wirtschaftlichen noch die technischen Voraussetzungen, um den Milliarden von Menschen auf der Erde ein »Recht«, Kinder zu bekommen, oder das »Recht« auf unbegrenzte medizinische Behandlung bei Krankheit zu garantieren. Es ist ein ethisches Dilemma für diejenigen, die dafür kämpfen, daß diese Dinge »Menschenrechte« werden. Allerdings sind viele Menschen, die so denken, eigentlich der Ansicht, daß diese Rechte nur für sie gelten sollten. Denn im Gedanken an die gesamte Weltbevölkerung ernsthaft ein »Recht« auf Sex oder Glück für sämtliche Behinderte, Geistesschwache, HIV-Positive und andere zu fordern ist herzlich naiv.

Die Rechtsfrage der Prostitution ist nicht ganz so kompliziert. Ein »Recht« auf unbezahlten Sex gibt es nicht. Und wenn sich jemand nicht prostituieren will, so ist es eine Straftat, ihn dazu zu zwingen. Wenn sich hingegen ein Mann oder eine Frau dafür entscheiden, ihren Körper zu verkaufen, müssen sie das volle »Recht« dazu haben, ohne deshalb diskriminiert oder bestraft zu werden. Und wenn der Kunde sich an die Absprachen hält, geht es zwischen dem Käufer und dem Anbieter von Sex um eine rein private Beziehung.

In den westlichen Gesellschaften wird immer wieder behauptet, eine Frau, habe das »Recht«, Mutter zu werden, sei sie nun verheiratet, alleinstehend oder lesbisch. Wenn man dies als ein »Recht« anerkennt, dann müssen auch die finanziellen Mittel für biologische Eingriffe oder die Adoption bereitgestellt werden. Allerdings ist dem »Recht« der Frau das »Recht« des Kindes auf Glück und ein »normales Leben« entgegenzuhalten. Prinzipiell will ich dieses Dilemma nicht diskutieren, da ich den zugrundeliegenden Gedanken nicht akzeptiere. Aber in letzter Instanz würde auch ich das Wohl des Kindes über das der Mutter stellen. Andererseits: Nicht akzeptabel ist es, wenn man – mit dem Hinweis auf das Wohl des Kindes – der Mutter gegen ihren Willen das Kind wegnimmt, nur weil sie lesbisch oder eine Prostituierte ist. Dann wird ihr Recht verletzt, das Recht auf einen sexuell abweichenden Lebensstil.

Viel ist seit der viktorianischen Zeit geschehen. Dennoch sind die Parallelen zwischen dem »alten« und dem neuen Feminismus, den Medien damals und heute oder der Syphilis- und der Aids-Debatte so überzeugend, daß man leichte Zweifel hegen kann, ob die Welt klüger geworden ist. Ich bin grundsätzlich der Ansicht, daß die Viktorianer in postmoderner Verkleidung noch immer unter uns sind.

Prostitution ist nicht universell, es gibt sie nicht in allen Gesellschaften. Dennoch gab es für den Verkauf von Sex schon immer einen breiten Kundenstamm. Man kann sich darüber aus vielerlei Gründen wundern. Aber ist Bertolt Brechts Definition, Prostitution sei »sexuelle Sklaverei«, wirklich so zutreffend, wie es zunächst scheint?

Menschen sind zweigeschlechtliche Wesen, deren physiologische Unterschiede trotz enormer gesellschaftlicher Veränderungen über Tausende von Jahren stabil geblieben sind. So verschieden Männer und Frauen sind, so unterschiedlich ist auch ihre Sexualität. Nichts deutet darauf hin, daß die weibliche Sexualität weniger ausgeprägt wäre als die männliche, nur ist es offensichtlich, daß sie sich anders entwickelt und ausdrückt, körperlich wie emotional. Möglicherweise hat Camille Paglia einem alten Gedankenschema zu Recht neues Leben eingehaucht, als sie zwischen männlich apollinischer Gezieltheit und weiblich dionysischem Chaos unterschied. Männer sind von Natur aus promisker als Frauen. Daher haben Frauen über Jahrtausende hinweg versucht, Männer zu mäßigen; häufig gemeinsam mit besonnenen, älteren Männern, die selbst erlebt haben, welch destruktive Folgen unregulierte Promiskuität haben kann. In den Hochkulturen des Westens wie des Ostens ist Prostitution die vorherrschende Lösung des gesellschaftlichen Dilemmas männlicher Promiskuität gewesen. Das ideologische Nebenprodukt war ein bipolarer Begriff von Weiblichkeit – der Gegensatz von Madonna und Hure –, der bei Männern wie Frauen zu einem verzerrten Geschlechterverständnisses führte.

Die Prostitution war bei weitem nicht immer und überall gleich häufig. Die größte Verbreitung findet sich in evolutionären Zwischenphasen, in denen ein Land oder eine Region von starkem Bevölkerungszuwachs geprägt wird, von Urbanisierung, Ein- und Auswanderung oder ökonomischen Transformationen. Beispiele dafür sind das Rom der Kaiserzeit, Westeuropa im 19. Jahrhundert, die USA in der Zeit des »Wilden Westens«, Japan im 18. Jahrhundert oder Südostasien heutzutage.

Bei den Indianern Nordamerikas, im alten Ostindien und in Polynesien hatten die Frauen schon immer große Freiheiten, hier war Prostitution unbekannt. Die westliche Welt hat immer wieder Zeiten mit relativer Freiheit für die Frauen erlebt. So gab es in der Kaiserzeit Roms und während des Zerfalls des römischen Imperiums viele sexuell sehr freizügige Frauen, bei denen es sich nicht um Prostituierte handelte – ein Phänomen, das dann aus der Geschichte beinahe verschwunden ist. Erst im 20. Jahrhundert, insbesondere nach 1960, kam es wieder zu einer größeren Unabhängigkeit der Frauen.

Größere weibliche Freiheit führt gewöhnlich zu einer relativen Schwächung, gleichzeitig aber auch zu einer höheren Spezialisierung des Sexgewerbes. Die Freiheit der Frauen hat aber darüber hinaus noch einen anderen, davon unabhängigen demographischen Effekt. Sexuell freie Frauen ähneln Prostituierten insofern, als sie häufiger Geschlechtsverkehr haben, aber weniger Kinder gebären. Manche Frauen wollen ganz einfach nicht Mutter werden, also darf niemand sie dazu zwingen. Andererseits werden viele Männer von sexuell freien Frauen abgeschreckt und entscheiden sich möglicherweise für den Sex mit Männern oder für einen enthaltsamen Lebensstil, und auch diese Entscheidungen sind zu respektieren. Denn sexuell sind wir Menschen keine primitiven Tiere, sondern vielleicht die geradezu kompliziertеste und feinfühligste Spezies der Geschichte. Mit Vernunft und Respekt, aber auch mit Reformen können gesellschaftliche Bedingungen geschaffen werden, in denen Frauen große Freiheit genießen und in denen unterschiedliche sexuelle Entscheidungen von Männern wie Frauen respektiert werden. Einige werden sich dafür entscheiden, Sex zu verkaufen, andere wollen sich sexuelle Dienstleistungen kaufen. Wenn sich weder der Käufer noch der Verkäufer in einer reinen Notlage befinden oder unter physischem Zwang stehen, ist eine solche sexuelle Transaktion nicht unmoralischer als jeder andere Handel.

Effektiver Sex mit Spezialisten kann sowohl für das Individuum wie für die Gesellschaft sinnvoll sein. Die Preisverhandlungen können wir inzwischen dem ICPR überlassen, dem International Committee for Prostitutes' Rights. Sehr viel Not könnte gelindert werden und in vielen Ländern würden sich die Verhältnisse ändern, wenn das ICPR seine Tarife durchsetzen könnte.

Kapitel 1

Die Huren Babylons

Die erste Prostituierte der Weltliteratur hat keinen eigenen Namen. Sie wird nur Schamchat genannt, im Altbabylonischen ein Synonym für ihre Profession. Sie begegnet uns in dem nach seiner Hauptperson benannten, über viertausend Jahre alten *Gilgamesch-Epos* aus Mesopotamien. Wie alle großen Helden ist Prinz Gilgamesch schön, einsam und mutig; darüber hinaus ist er sexuell unglaublich aktiv, weder Jungfrauen noch Jünglinge sind vor ihm sicher. Die Menschen seines Landes waren allerdings vernünftig. Sie erkannten, daß Gilgamesch so sexbesessen war, weil er sich langweilte. Rettung gab es nur, wenn die Götter ihm einen ebenbürtigen Mann an die Seite stellen würden. So entstand Enkidu. Er war ebenso groß und stark wie Gilgamesch, nur etwas muskulöser und behaarter. Und nun erscheint die erste Hure. Auf altbabylonisch wird sie auch als *harimtu* bezeichnet; die Gesetze des Hammurabi definieren sie als eine Hure von niederem Rang aus dem Tempel der Göttin Ischtar.

Ischtar, die Göttin des Krieges und der Liebe, ist eine interessante und gefährliche Göttin. Sie selbst sieht sich als Schutzgöttin aller Huren, egal, ob sie in ihren Tempeln arbeiten, sich vor den Türen anbieten oder versuchen, die Männer in den Wirtshäusern zu verführen. Ischtar bezeichnet sich als Hure, ihr geht es jedoch nicht um Sex gegen Bezahlung, sondern um die freie Entscheidung, mit welchem Mann sie schlafen will. In ihren Tempeln dienten viele Frauen, die sich gegen Zahlung eines bestimmten Betrages an den Tempel mit der heiligen Kraft ihrer Körper um die Männer kümmerten. Auch aristokratische Frauen standen in den Diensten Ischtars, allerdings war ihre Form der Göttinnenverehrung ein heiliges Geheimnis.

Schamchat, die Tempelhure aus der Stadt Uruk, sucht Enkidu in der Steppe auf, und der Wilde verbringt sechs Tage und sieben Nächte mit ihr. Sie verwöhnt ihn mit ganz unterschiedlichen Spielarten der Liebe, mit mütterlicher Fürsorge, Zärtlichkeit, Mystik, Erkenntnis und Sex. Sie lehrt ihn, das Brot zu brechen, Wein zu trinken und seinen Körper zu pflegen. Es ging also um weit mehr als nur um Sex, im Grunde erhält Enkidu einen Intensivkurs in Zivilisation. Die Hure ist die Kursleiterin, autorisiert durch die höchste Instanz des Tempels der Liebe. Nach dieser Woche ist Enkidu zivilisiert und in der Lage, in einer städtischen Gemeinschaft zu leben.

Das ist er, Schamchat, entblöße deine Brust!
Öffne deine Scham, auf daß er deine Reize nehme!
Schrecke nicht zurück, nimm seinen Atem hin!
Er wird dich sehen und sich dir dann nähern.
Breite deine Kleider aus, auf daß er auf dir liege.
Wirke an ihm, an ihm, dem Ur-Menschen,
mit den Künsten des Weibes!
Seine Liebe wird dich umschmeicheln.
Fremd wird ihm seine Herde dann sein,
in deren Mitte er aufwuchs. [...]
Sechs Tage und sieben Nächte stand Enkidu aufrecht
Und paarte sich mit Schamchat.
Als er sich an ihrer Lust gesättigt,
wandte er sein Gesicht der Herde zu [...]
Beschmutzt hatte Enkidu seinen ganz reinen Körper,
still standen da seine Knie,
die *sonst gewohnt,* mit der Herde zu laufen.
Geschwächt war da Enkidu,
sein Laufen war nicht mehr so wie zuvor.
Doch (mit einem Male) besaß er *Verstand,*

und tief war seine Einsicht.
Er kehrte zurück und setzte sich nieder, der Dirne zu
  Füßen.
Der Dirne sieht er ins Gesicht,
und was die Dirne spricht,
vernehmen (auf einmal) seine Ohren.

Die Dirne erzählt Enkidu von Gilgamesch: »Schön ist er an Männlichkeit, Erhabenheit ist ihm zu eigen, geschmückt mit Reizen ist sein ganzer Leib.« In der Nacht vor ihrer ersten Begegnung träumt Gilgamesch, daß ein Stern vom Himmel fällt, so groß, daß er ihn nicht heben kann. Aber er kann sich über ihn beugen wie über eine Frau. Und er träumt von einer Axt. Die alten Babylonier erkannten das Wortspiel, da die Worte für »Stern« und »Mann« beziehungsweise »Axt« und »männlicher Prostituierter« nahezu identisch waren. Seine Mutter erklärt ihm die Bedeutung des Traums: Er wird einen gleichwertigen Mann treffen.

Aber diese Art Helden kann nicht Freundschaft schließen, ohne zunächst die Kräfte zu messen. Es kommt zu einer gewaltigen Prügelei, an deren Ende beide aufgeben und einsehen, daß sie vollkommen gleich stark und mutig sind. Das Volk jubelt, denn nun hatte Gilgamesch endlich einen Ebenbürtigen gefunden. Die Frauen bereiten das Bett, dann küssen sich die Helden, werden die besten Freunde und planen gemeinsam große Taten. Noch immer verführen sie Jungfrauen, aber nicht mehr ganz so wild wie zuvor – die Freundschaft hält sie beide im Zaum.

Mesopotamien ist das Land zwischen den Flüssen Euphrat und Tigris, der heutige Irak. Im Altertum lösten sich hier die herrschenden Volksstämme ab: Die Sumerer begründeten die erste Zivilisation, dann übernahmen die Babylonier die Herrschaft; auf die Assyrer folgten die Neubabylonier, die 539 v. Chr. vom Perserkönig Kyros besiegt wurden. Das *Gilgamesch-Epos* entstand in der altbabylonischen Zeit um

1800 v. Chr., es ist das älteste bekannte Zeugnis der Prostitution. Über Jahrtausende war das Epos vergessen, inzwischen kennen wir es durch zahlreiche Keilschriftenfunde. Allerdings liegt bisher keine Fassung vor, die den vollständigen Text enthält. Die derzeit vorliegende Version setzt sich aus verschiedenen assyrischen sowie alt- und neubabylonischen Texten zusammen.

Der Mythenstoff hat einen vagen historischen Kern, tatsächlich gab es einen Sumererkönig Gilgamesch, der zwischen 2750 und 2600 v. Chr. lebte. Allerdings ist das Epos keine historische Darstellung. Und doch hat es eine enorme Bedeutung für unser Wissen über frühe soziale und sexuelle Verhältnisse, über die Beziehungen unter Männern sowie zwischen Männern und Frauen. Es sind Beziehungen, die auf Liebe, Respekt und Gewalt basierten. Besonders interessant sind die Informationen, die wir über Ischtar und die sexuellen Dienstleistungen der Frauen in ihren Tempeln erhalten.

Die Behauptung, daß die Prostitution »das älteste Gewerbe der Welt« sei, ist ein Gemeinplatz, aber keine fundierte Theorie. Einige sehr phantasievolle Spekulanten der Historikerzunft haben diese These vertreten; ja, es hieß sogar, Prostitution sei ein universelles und geradezu »notwendiges« Nebenprodukt jeder Gesellschaft, die sich auf einem bestimmten Entwicklungsstand befindet. Um diese Theorie aufrechterhalten zu können, wurde die Unterscheidung zwischen »natürlicher«, »gastfreier« und »geldvermittelter« Prostitution eingeführt. Promiskuität und Prostitution wären demnach per Definition ein und dasselbe Phänomen, und alle Frauen mit häufig wechselnden Geschlechtspartnern wären somit automatisch Prostituierte.

Monogamie und Treue sind allerdings auch bei Tieren nicht sonderlich verbreitet, und wer danach sucht, wird bei Löwen und Affen – ebenso wie in primitiven Stämmen – Formen von »natürlicher Prostitution« finden. Und in bevölkerungsarmen, geldlosen Gesellschaften wie den Eskimos oder den Indianern Nordamerikas ließe sich die »Prostitution der Gastfreundschaft« erleben.

Doch eine Definition der Prostitution, die so vage ist, daß sie nicht zwischen dem Verkauf von Sexualleistungen und dem freien Sex mit unterschiedlichen Partnern unterscheidet, wird auch den Begriffen Profession oder Gewerbe keinen Sinn geben können. Denn auch nach der unschärfsten Definition des Begriffs Profession muß der Beruf eines Jägers oder Ackerbauers, einer Hausfrau, eines Häuptlings, Priesters oder Arztes als deutlich älter angesehen werden.

Promiskuität und Prostitution oder freie Liebe und der Verkauf von Sex liegen sehr weit auseinander. Bei der Grenzziehung kann es allerdings Probleme geben, vor allem, wenn man sich ohne gesichertes Quellenmaterial weit in die Urgeschichte zurücktastet. Der Kulturphilosoph Johann Jakob Bachofen veröffentlichte in der zweiten Hälfte des 19. Jahrhunderts die Theorie, daß sich die Gesellschaft von einer promisken Freiheit über das Matriarchat zum Patriarchat entwickelt hätte. Eine derartige gesellschaftliche Entwicklung vollzog sich seiner Ansicht nach in mesopotamischen, jüdischen, ägyptischen, griechischen, römischen, indischen und chinesischen Varianten.

Friedrich Engels übernahm Bachofens Theorie, als er 1884 sein Buch *Der Ursprung der Familie, des Privateigentums und des Staats* schrieb, das zur Grundlage der marxistischen und feministischen Theorie über Geschlecht und Prostitution werden sollte. Bei Engels wie bei Bachofen begann die historische Entwicklung mit der Urpromiskuität und einer »Gruppenehe«. Geldökonomie, Klassenteilung und ökonomisches Ungleichgewicht führten laut Engels zu einer völlig neuen Entwicklung: Prostitution und Sklaverei wurden zu parallelen, eng verwandten Erscheinungen. Die Frauen einer schönen, neuen, kommunistischen Welt würden nicht allein von allen Sklavenbanden befreit sein, prophezeite Engels, sondern sie würden sich auch ihr »Recht« auf ein tugendhaftes Leben wiedererobern. Hier zeigte sich der alte Kommunist letztlich doch als Erzviktorianer.

Geschichtswissenschaft und Sozialanthropologie haben inzwischen ein weitaus größeres empirisches Wissen über frühere Zivilisationen erarbeitet, als es den Evolutionisten des 19. Jahrhunderts je zur Verfügung gestanden hatte. Anthropologen und Geographen kennen zahlreiche Gesellschaften ohne Prostitution – definiert als Tausch von Sex gegen Geld oder konkrete Wertgegenstände. Prostitution ist auch kein unumgängliches, »notwendiges« Entwicklungsphänomen, dies zeigen die ältesten Ackerbauzivilisationen. Die Hochkulturen Ägyptens, Chinas und des Indus-Deltas sind beinahe so alt wie die Mesopotamiens, und überall dort gab es mindestens zweitausend Jahre vor unserer Zeitrechnung Beamte, eine Priesterschaft und ein Schrift- und Geldsystem. Aber Prostitution kann in all diesen Zivilisationen erst sehr viel später nachgewiesen werden. In Mesopotamien gab es offenbar eine besondere Situation.

Ein merkwürdiger Gedanke, den man aus der Biologie übernahm, setzte sich in den Köpfen der Theoretiker des 19. Jahrhunderts fest. Sie stellten sich die Prostitution als das logische Resultat eines generellen kulturellen Umbruchs vor. Doch längst ist erwiesen, daß Prostitution ein spezifisches Kulturprodukt ist, das in einer Hochkultur entstand – in Mesopotamien – und sich erst dann in den umliegenden Kulturen verbreitete.

Die Prostitution entwickelte sich um die Tempel der Ischtar in Mesopotamien. Der Tempel war der Inbegriff von »Stadt«, er war als Haus eines Gottes oder einer Göttin identitätsstiftend. Dort bekam die Gottheit Nahrung und Kleidung, dort wurde sie gewaschen, versorgt und angebetet. Beinahe alle Aktivitäten einer Region geschahen so nahe wie möglich am Tempel. Vom Tempel aus wurde der Bau und Erhalt des Bewässerungssystems organisiert, der notwendigen Grundlage für die Landwirtschaft und die gesellschaftliche Entwicklung. Vor dem Tempeleingang gab es den Markt, ökonomische Transaktionen fanden jedoch ebenso oft im Tempel statt, denn dort befanden sich das Kornlager und die Schatzkammer. Ein Gott oder eine Göttin boten Schutz, also wurden Geld und edle Metalle in Kisten verschlossen und im Inneren des Heiligtums aufbewahrt – man zahlte dafür wie in unseren Tagen für die Anmietung eines Banksafes. Die Priester und Priesterinnen des Tempels verliehen Geld, gestatteten die Investition von Kapital und erhoben Zinsen auf die Einlagen. So erhielt der lydische König Krösus aus einem Tempel der Liebesgöttin das Startkapital, das zum Fundament seines legendären Reichtums werden sollte.

Die meisten größeren Tempel Mesopotamiens hatten einen gemauerten Treppenturm, der bis zu fünfundvierzig Meter hoch sein konnte. Ganz oben befand sich ein kleiner Tempel, in dem sich die Priesterinnen aufhielten, die besonders eng mit der Gottheit kommunizierten. Ein alter sumerischer Text läßt die Göttin der Liebe, die gleichzeitig die Göttin der Fruchtbarkeit war, selbst zu Wort kommen:

> Wer will meinen Schoß durchpflügen?
> Wer will das Korn durchpflügen, das so hoch wächst?
> Wer will meinen feuchten Acker fruchtbar machen?

Und der Gott, ein Verwandter und Liebhaber, antwortet:

> Mächtige Frau, der König wird deinen Schoß
> durchpflügen.
> Gott und der König werden es gemeinsam tun.

Im Tempel nahmen die Priesterinnen an heiligen Hochzeiten teil, sogenannten *hieros gamos,* bei denen der männliche Part vom König übernommen wurde. Es herrschte die Vorstellung, daß die Fruchtbarkeit der Erde durch die Zusammenarbeit zwischen einem irdischen Regenten und einer Frau, die die Göttin repräsentierte, gesichert werden mußte. Vor und während der Kornernte war diese Art sexuell betonter Riten vollkommen normal. Die heiligen Hochzeiten wurden religiös mit dem Wechsel der Jahreszeiten verknüpft, mit der Saat und der Reife des Korns, denn das Korn erlebte Befruchtung, Geburt und Tod wie die Menschen. Ein König, der nicht an diesen rituellen Hochzeiten teilnahm, riskierte, daß in der Bevölkerung Zweifel aufkamen, ob die Erde fruchtbar werden würde.

Besonders mutige Theoretiker meinten sich festlegen zu können, daß seit 6500 v. Chr. in den mesopotamischen Tempeln heilige Hochzeiten stattgefunden hätten. Strenggenommen stammt der älteste Text, der diese Riten beschreibt, jedoch »nur« aus dem Jahr 2800 v. Chr. Dieser Text erzählt von einer Oberpriesterin, die in einer mit Lapislazuli geschmückten Tür vor dem Allerheiligsten steht. Der Hausherr wird erwartet, er ist Gott und König in einer Person. Sobald er angekommen ist, führt ihn die Priesterin in das Heiligtum, in dem eine symbolische Hochzeit zelebriert wird. Niemand ist Zeuge, doch selbst die Tempeldiener von niederem Rang kennen die heilige Handlung. Die rituellen Handlungen im Tempel werden als religiöse Staatszeremonie interpretiert, die eng mit dem Fruchtbarkeitskult verbunden war. Sie gelten aber auch als symbolisches Zeichen dafür, daß ein König mit jeder Frau seines Reiches nach Belieben Geschlechtsverkehr haben konnte.

»Ungläubige« und Besucher aus anderen Gesellschaften haben die religiösen und kultischen Phänomene in Mesopotamien sicherlich erotischer und promisker gedeutet, als es von den Akteuren je selbst getan wurde. Im Laufe der Jahrhunderte ersetzte dann auch die Statue einer Gottheit den männlichen Teilnehmer, den König. Dadurch wurde die offensichtliche sexuelle Komponente dieses allerheiligsten Rituals in gewisser Weise abgemildert. Allerdings läßt sich nicht mit Sicherheit sagen, wie verbreitet die heiligen Hochzeiten in den Tempeln der Ischtar gewesen sind und wie intensiv und wie lange dieses Ritual von den Altbabyloniern und den Völkern, die in Mesopotamien die Herrschaft übernahmen, gepflegt wurde.

Der griechische Historiker Herodot lebte im 5. Jahrhundert v. Chr. Er war der erste Historiker, Geograph und Gesellschaftsforscher der westlichen Welt und wird gern als »Vater der Geschichtsschreibung« bezeichnet. Herodot reiste viel, und es war ihm ein besonderes Vergnügen, über die seltsamen Sexualpraktiken bei den Völkern östlich von Hellas zu erzählen. Im Jahr 440 v. Chr. besuchte Herodot Babylon.

Die Erzählungen der Bibel über Babylon zeichnen sich durch ein leicht durchschaubares religiöses Pathos aus. Im Vergleich mit den Mythen und Klagegesängen der Bibel wirken die Geschichten Herodots weitaus zuverlässiger. Über zweitausend Jahre lieferte Herodot daher den Basistext für alle, die sich für gesellschaftliche Verhältnisse, Religion und Sexualität der Kulturen östlich von Griechenland interessierten. Die Erzählungen der Bibel sind immer auf kritische Leser gestoßen, Herodots Geschichten dagegen haben weitaus weniger Leser angezweifelt. Aber darf man ihm glauben? Oder ist es vorstellbar, daß er seine Geschichten dreist um ein paar Räuberpistolen ergänzte, um die Neugier seiner Leser zu wecken?

So erzählt eine der meistzitierten Passagen Herodots davon, daß er mit eigenen Augen verfolgte, wie alle Frauen Babylons zu Ischtars Tempel kamen, um mindestens einmal im Leben Sex mit Männern zu haben, die ihnen unbekannt waren. Die meisten Frauen waren junge Mädchen, die entjungfert werden wollten. Die Mädchen hatten im Tempel zu bleiben und zu warten, bis ein Mann kam und sie erlöste. Herodot vermutet, daß die Häßlichste wahrscheinlich jahrelang im Tempel saß.

Bei den Nachbarvölkern in Syrien mußten laut Herodot auf Festen zu Ehren der Liebesgöttin alle Frauen entweder ihr frischgeschnittenes Haar opfern oder ihren Körper zur Verfügung stellen. Bei Festen für Adonis, den Sohn und Liebhaber der Göttin, schlug man sich aus Trauer um den Tod des Gottes mit bloßen Fäusten oder Peitschen. Dann folgte ein Freudenfest, das die Auferstehung, die Wiedergeburt des Adonis symbolisierte. Die Adonis-Statuen wurden mit Phalli geschmückt, und wieder einmal verkauften die Frauen ihr Haar oder ihren Körper. Auch dieser Verdienst fiel an den Tempel.

Karthago in Nordafrika wurde von Auswanderern aus Phönizien gegründet, einem dritten Nachbarland im Osten Griechenlands. Alle antiken Schriftsteller waren der Überzeugung, die phönizische Kultur sei ziemlich ähnlich der Babylons oder Syriens gewesen. In Karthago hatten alle armen Mädchen einige Jahre im Tempel der Göttin der Liebe zu dienen. Indem sie Fremden ihren Körper anboten, verdienten sie das Geld für die Mitgift, die reiche Mädchen von ihren Eltern erhielten. Die Phönizier bauten den Tempel der Liebesgöttin an der Küste, hoch über den Klippen, damit die Seeleute sich daran orientieren konnten und den Weg zum Hafen fanden. So erzählt es Valerius Maximus, ein jüngerer römischer Historiker.

Herodot und spätere griechische und römische Geschichtsschreiber verfaßten ihre Werke in den letzten Jahrhunderten vor unserer Zeitrechnung oder noch später. Sie zogen ihre Schlüsse retrospektiv, interpretierten die Vergangenheit mit viel Phantasie und waren geprägt von der Ideologie ihrer Zeit. Das altbabylonische Reich, über dessen Verhältnisse uns das *Gilgamesch-Epos* einen Eindruck vermittelt, ging um das Jahr 1200 v. Chr. unter. Es folgten die Assyrer, danach entstand das babylonische Reich, das in den Geschichten der Bibel beschrieben wird. Als Herodot nach Babylon kam, stand die Stadt bereits unter persischer Herrschaft. Wie groß kann die Ähnlichkeit zwischen dem Babylon, das Herodot besuchte, und dem alten Babylon, das über tausend Jahre zuvor existiert hatte, gewesen sein?

Griechische und römische Historiker und weite Teile der späteren Geschichtsschreibung behaupteten, daß die »Barbaren« in Mesopotamien, Syrien, Phönizien und Karthago identische Lebensformen gehabt hätten. Längst hat die Forschung ein wesentlich größeres Interesse an den Unterschieden der verschiedenen Kulturen und hütet sich, ein Zeugnis aus einer Periode oder einer Kultur so zu bewerten, als könnte es für ein größeres Gebiet oder eine längere Zeitspanne Gültigkeit haben.

Jahrtausendelang verfaßten Historiker große erzählende Berichte über die Verhältnisse der Vorzeit. Das *Gilgamesch-Epos* gilt als die älteste und interessanteste Quelle dieser Art; doch das Werk war lange vergessen und konnte somit nicht zu einem Teil der »Überlieferung« werden. Erst im 19. Jahrhundert und später fanden Archäologen immer neue Keilschriftvarianten des Epos, dazu kamen sumerische Tontafeln mit religiösen Inschriften und Berufsverzeichnissen, Gesetzessammlungen aus altbabylonischer und assyrischer Zeit, Feuerstätten von Wohnhäusern und religiöse Statuen. Zusammengenommen ergab dies eine vollkommen neue Basis für unser Wissen über das alte Mesopotamien und den Mittleren Osten.

Brautkauf und Mitgift sind Traditionen, die einen sehr unterschiedlichen Einfluß auf die Partner einer Ehe haben. Wenn eine Frau eine Mitgift bekommt, bedeutet dies, daß sie als Erbe eines Teils des elterlichen Eigentums anerkannt wird. Ein Sohn muß warten, bis die Eltern sterben, die Tochter bekommt ihren Teil, wenn sie heiratet. So wird sie als Partnerin attraktiv und kann eventuell auch die Ehe beenden, wenn sie mißlingen sollte. Eine Mitgift kann für die Frau als eine Art Garantie angesehen werden, sie sichert ihr eine gewisse Macht gegenüber dem Ehemann. Wenn die Ehefrau mit der Auflösung der Ehe droht, kann ihre Verwandtschaft vom Ehemann verlangen, daß bedeutende Werte zurückgegeben werden müssen.

Eine Gesellschaft, in der Brautkauf üblich ist, drückt damit ihre Achtung vor der Frau als Arbeitskraft aus. Eine Familie, die eine Tochter freigibt, wird als Kompensation für die Arbeitskraft, die sie abgibt, bezahlt. Eine Braut wird »verkauft«, und als Ehefrau hat sie keinerlei Eigentum, über das sie verfügen könnte.

Ungefähr tausend Jahre vor unserer Zeitrechnung sieht es so aus, als hätten die Griechen, die Phönizier und die Syrer ihren

Töchtern eine Mitgift gegeben, die Israeliten hingegen kauften ihre Bräute. Gründlich erforscht ist Assyrien, dort fanden sich beide Formen parallel als Kennzeichen der sozialen Unterschiede. In den höheren Klassen bekamen die Töchter eine Mitgift, häufig sogar eigene Sklaven. Bei den ärmeren Schichten war der Brautkauf üblich. Wahrscheinlich kamen beide Traditionen auch in der altbabylonischen und der sumerischen Zeit parallel vor.

Dennoch genossen Frauen in Mesopotamien keine besonders großen Freiheiten. Selbst diejenigen nicht, die der Aristokratie angehörten, über eigenen Besitz und damit über einen gewissen rechtlichen Schutz verfügten. Im mesopotamischen Haus entschied der Mann und kontrollierte das Eigentum. Die Mitgift stand aristokratischen Frauen nur in einem sehr begrenzten Umfang zur Verfügung, aber sie konnten die Mitgift auf ihre Kinder übertragen, bevor der Mann starb. Selten kam es auf Initiative der Frauen zu Scheidungen.

In Mesopotamien mußte ein Mann, der sich an der Frau eines anderen Mannes sexuell vergriff, diesem eine Frau seines Haushaltes übergeben, weil er ihn gekränkt hatte. Das Geschäft wurde abgewickelt, als ob es die Frau überhaupt nicht beträfe. Wenn die Ehe und das Familienleben auch die Frauen der Aristokratie so streng unterordneten, könnte dies ein Teil der Erklärung dafür sein, warum so viele Frauen ein sehr viel auskömmlicheres Leben im Tempel vorzogen.

Die Armen der Gesellschaft hatten selten die Mittel für eine Mitgift. Töchter wurden entweder als Braut oder Sklavin verkauft, oder man schickte sie in einen Tempel, wenn sie hübsch waren und die Priester und Priesterinnen Interesse an ihrer Erziehung hatten. In den Tempeln der Ischtar lernten die jungen Mädchen, zu Ehren der Göttin zu tanzen und zu singen und sich nach dem höfischen Reglement zu benehmen. Die Tempel waren weit mehr als nur Zentren der Fruchtbarkeitsrituale, sie dienten den jungen Mädchen auch als Schulen und Wohnungen, ähnlich den Klöstern im europäischen Mittelalter.

Die Tempel der Liebesgöttin waren aber auch Zentren des Wissens über Geburt, Verhütung und Sexualität. Und es waren nicht nur die Könige, die mit den Priesterinnen zusammen sein durften. Auch Aristokraten und Männer von niederem Rang konnten sich eine Frau des Tempels kaufen, sie bezahlten mit einem Opfer für die Göttin. Möglicherweise fühlte ein Mann, der eine Zeitlang mit einer Frau verbrachte, die sonst den Göttern diente, eine heilige Kraft seinen Körper und seinen Geist durchströmen. Häufig baten Männer aber auch aus gesundheitlichen Gründen um Hilfe. Aus religiösen Inschriften wissen wir, daß viele Tempelfrauen die Kraft besaßen, sexuelle Probleme und Krankheiten bei Männern zu heilen. Die Tempeldienerinnen waren Krankenschwestern und heilige Sextherapeutinnen in einer Person. Magische Texte, in denen es um die »Erbauung des Herzens« geht, wurden rezitiert, damit die Männer wieder gesund und stark wurden. Nur die Frauen des Tempels kannten die Rezeptur des magischen Öls, das sie während der Massagen benutzten.

Die jungen Mädchen, die im Tempel aufwuchsen, wuschen und pflegten die Gottheit. Wenn sie älter waren, mußten sie singen und tanzen und konnten an Männer verliehen werden, die im Tempel auf sie aufmerksam geworden waren. Alle Tempelfrauen, sowohl die Priesterinnen als auch die jungen Helferinnen, waren wohl davon überzeugt, daß sie durch ihre Taten der Göttin dienten. Ein Begriff wie »Prostitution« erscheint vor einem derartigen religiösen und legendenumwobenen Hintergrund doch zu einfach und zu modern; er beschwört die Vorstellung von schnellem Geschlechtsverkehr, nicht von heiligen Handlungen.

In den Gesetzen des alten Babylon gibt es eine eindeutige Verbindung zwischen den Priesterinnen im Tempel, ihren Helferinnen unter den Tempeldienerinnen und den freien Prostituierten außerhalb des Tempels. Alle drei Kategorien standen im Dienst der Göttin der Liebe, keine von ihnen lebte in der traditionellen Rolle als Hausfrau oder Tochter. Nun gab es durchaus Frauen, die nur einige Kinder- und Jugendjahre im Tempel verbrachten, allerdings wird in einigen Gesetzestexten den ärmsten Prostituierten außerhalb des Tempels ein derart niedriger Rang zugesprochen, daß es sogar verboten war, sie zu heiraten. Bei Tempelmädchen aus ärmeren Verhältnissen kam es vor, daß sie nach einigen Jahren im Tempel ein wenig Geld gespart hatten und dadurch zu attraktiveren Partien wurden. Allerdings hatten sie durch ihre Arbeit im Tempel auch bereits einige Erfahrungen. Es ist daher nicht leicht zu entscheiden, ob es sich bei der viertausend Jahre alten, in eine Tontafel eingemeißelten Warnung eines Vaters an seinen Sohn um einen guten Rat oder um ein Vorurteil handelt:

Heirate keine Hure,
Denn viele Ehemänner hatte sie schon,
Auch keine Priesterin des Tempels,
Denn geweiht hat sie sich den Göttern,
Und auch kein Tempelmädchen,
Die schon so viele befriedigte,
Im Stich lassen wird sie dich in der Not,
Und im Gespräch dich verhöhnen.

Einzelne Prostituierte wohnten außerhalb des Tempels in eigenen Häusern, den sogenannten *gagú,* häufig unter der Oberaufsicht einer älteren Frau, die Kontakt zum Tempel hatte. Die armen Prostituierten durften nach assyrischem Recht weder einen Schleier noch eine Kopfbedeckung tragen, sie unterschieden sich dadurch von Aristokratinnen, freien Frauen und Sklavinnen, die stets den Kopf bedeckt trugen.

Auch männliche Prostituierte gab es in Mesopotamien. Meist waren es Priester aus den Tempeln der Liebesgöttin und anderen Heiligtümern, die sich in Hingabe an ihre Gottheit rituell hatten kastrieren lassen. Es konnte sich bei den männlichen Prostituierten aber auch um ehemalige Priester oder Männer handeln, die nur vage Verbindungen zum Priesterstand hatten und sich nur so kleideten, als wären sie Eunuchen. Sehr vieles deutet jedoch darauf hin, daß auch die männliche Prostitution in Mesopotamien ursprünglich eng mit dem Tempel und dem religiösen Leben verknüpft war. Bisher konnten diese Zusammenhänge allerdings nicht eindeutig geklärt werden. Sumerische Tontafeln, die um 2400 v. Chr. entstanden, zeigen, daß sich die Liebesgöttin Wirtshaushuren und männlichen Prostituierten verbunden fühlte; seit uralter Zeit wird die Göttin der Liebe also nicht nur mit der »hohen« rituellen Sexualität assoziiert, sondern auch mit der Kneipen- und der männlichen Prostitution.

Unverheiratete Frauen innerhalb und außerhalb des Tempels hatten in vielerlei Hinsicht größere Freiheiten als verheiratete. Aber ging es ihnen besser? Ein verhältnismäßig neu entdecktes Fragment des *Gilgamesch-Epos* erzählt, wie Enkidu später noch einmal die Hure traf, die ihn zähmte. In der Zwischenzeit hatte er sich an das zivilisierte Stadtleben gewöhnt, war aber nicht wirklich davon überzeugt, daß die Zivilisation besser war als der Naturzustand. Am schlimmsten müsse es den Huren gehen, meinte Enkidu, denn sie müßten Schurken und Trunkenbolde bedienen und wurden geschlagen und gequält.

Die Hure, die den wilden Enkidu erlöste, stand in den Diensten der Göttin Ischtar. In der babylonischen Mythologie war Ischtar die Tochter des Mondgottes, ihr Symbol ist der Planet Venus, daher huldigen ihr der Morgen- wie der Abendstern: Jeden Morgen wird sie als Jungfrau geboren, jeden Abend wird sie zur Hure. Als Beschützerin der Krieger ist sie oft mit Schwert, Bogen und Pfeilköcher abgebildet; ihr Reittier ist der Löwe, und häufig hat sie mehrere Arme. Ischtar ist die Königin des Himmels und hat keine Rivalin in der Welt der Götter. Es gab in Babylon noch andere Göttinnen, die vor allem mit Geburt und Mutterschaft assoziiert wurden, doch sie wurden eher regional verehrt, hatten ein geringes Ansehen und einfache Namen wie Mama und Baba.

Ischtar war sexuell aktiv und fruchtbar, aber strenggenommen war sie keine Muttergöttin. Sie hatte zwei Söhne, die sie völlig vernachlässigte, denn Ischtar war Einzelgängerin. Allerdings war es auch nicht immer einfach, eine Göttin der Liebe zu sein, zumal wenn man wie Ischtar starke und ausgesprochen individuelle Gelüste hatte. Ihr hoher Verschleiß an Männern schreckte selbst die mutigsten Liebhaber ab.

Irgendwann in der mystischen Zeit bekam Ischtar auch Lust auf den kühnen und mutigen Gilgamesch. Doch der Held wies die Liebesgöttin mit einer vernichtenden Bemerkung zurück:

> (Du) *Frost,* der kein Eis gefrieren läßt!
> (Du) Türchen für die Tauben,
> durch das nicht Wind noch Wehen aufgehalten wird!
> (Du) Palast, der die (eigenen) Krieger niederstreckt! [...]
> (Du) Schuh, der den Fuß seines Besitzers drückt! –
> Welcher deiner Gatten blieb denn auf Dauer
> (wohlbehalten)?

Die beiden Freunde Gilgamesch und Enkidu verließen die Göttin Arm in Arm, und man kann sich Ischtars Wut vorstellen, als sie derart abgewiesen wurde. Die Strafe der Göttin ist nicht schwer zu erraten: Enkidu mußte sterben! Sieben Tage weinte Gilgamesch an der Leiche seines Freundes, das Leben schien ihm nicht mehr lebenswert. »Du Axt an meiner Seite, so verläßlich in meiner Hand! Du Schwert an meinem Gurt, du Schild, der vor mir ist! Du mein Festgewand, du Gurt für meine Kraftfülle!« Er bedeckte seinen Gefährten mit einem weißen Tuch »wie eine junge Braut ...« Sein Gebrüll war das einer Löwin, »die ihrer Jungen beraubt wird«.

Viele haben sich von Ischtar faszinieren lassen, der mächtigen Göttin der Liebe und des Krieges, die Gilgamesch so hart bestrafte. Bei den Sumerern hieß sie Inanna, und es ist ganz offensichtlich, daß Sumerer und Babylonier mit ihr die gleiche Göttin verehrten. Die mesopotamische Liebesgöttin ist die älteste aller Göttinnen, von denen wir Mythen und Aufzeichnungen kennen. Archäologische Funde aus dem Mittleren Osten, Westeuropa, Rußland und Indien haben bewiesen, daß seit der neolithischen Zeit in reinen Ackerbaugesellschaften wie in Jägerkulturen Göttinnen verehrt wurden. Nahezu überall fanden sich Figuren, die eine »Ur-Venus« der Jungsteinzeit darstellen: Frauenfiguren mit stark entwickelten Brüsten, Hüften und Gesäß. Beinahe überall wurden diese Figuren an Stätten gefunden, die man als Heiligtümer identifizieren konnte. Die Archäologen stießen auch auf einige wenige Figuren von uralten männlichen Gottheiten, insgesamt wurden jedoch mehr als viermal so viele Figuren von Göttinnen wie von Göttern gefunden. Es gibt daher zahlreiche Theorien über eine eigentliche »Urgöttin«, eine Gottheit, an die alle indoeuropäischen Völker vor sehr langer Zeit einmal glaubten, als die Frauen die Welt dominiert haben sollen und Gott weiblichen Geschlechts gewesen sein soll.

Die Griechen und die Römer verehrten die Liebesgöttin Aphrodite beziehungsweise Venus, die im Laufe der Jahrhunderte ebenfalls mehr und mehr verschmolzen. »Die Phönizier nannten Venus Astarte«, hieß es bei den Römern. Sie verglichen Götter der verschiedenen Regionen gern miteinander, um sie einordnen zu können. Jahrhunderte zuvor hatte Herodot die Ischtar der Babylonier eindeutig als die syrische Astarte beschrieben. Ashera hieß sie in Kanaan, Kybele in Phrygien und Aphrodite an der Küste Kleinasiens. Die Griechen und Römer nahmen dies als Beleg, daß diese Gebiete, obwohl sie weit voneinander entfernt lagen, dennoch gemeinsame kulturelle Züge hatten. Den Römern gefiel dieser Gedanke, da man vor allem in der Kaiserzeit großes Interesse daran hatte, die unterschiedlichen Kulturen und Religionen rund um das Mittelmeer zu vereinen und zu befrieden. Zur Zeit der Römer kam es zu einer starken Vermischung der Religionen und religiösen Überlagerungen. Häufig wurden die Göttinnen des Ostens mehr oder weniger in einer gemeinsamen Göttin vereint, in der Magna Mater, der Großen Mutter.

Außerhalb des römischen Imperiums, im damals bereits bekannten Indien, wurden Göttinnen verehrt, die Ischtar, Astarte und Venus ähnlich waren. Bei den Hindus hießen die Fruchtbarkeits- und Muttergöttinnen Devi oder Durga, es gab auch andere Namen, doch es war immer die gleiche Erscheinungsform einer »Göttin«. Auch im Norden und Nordwesten des römischen Reiches, auf keltischem, altnordischem oder germanischem Boden wurde Fruchtbarkeitsgöttinnen gehuldigt: Nerthus, Freia und Bamba.

Beinahe alle Mutter- und Liebesgöttinnen haben auf irgendeine Weise inzestuöse Liebesbeziehungen mit einem Sohn oder einem Verwandten, der damit auch zu einem Fruchtbarkeitssymbol wird, wenngleich auf einer untergeordneten Stufe. In allen Legenden stirbt er und steht wieder auf im Gleichklang mit dem jahreszeitlich bestimmten Wechsel zwischen Trockenheit und Regen, mit der Saat, dem Wachstum und der Ernte des Korns. Dieser nachrangige Sohn, Liebhaber oder Verwandte hieß Frei, Osiris oder Priapus, Eros, Adonis, Attis, Baal, Tammuz oder Shiva, je nachdem, wo auf der Welt man sich befand.

Das Verhältnis zwischen der Göttin und diesem Gott ist auf unterschiedliche Weise interpretierbar. Man muß sich nur einige Gedanken über das Verhältnis der weiblichen und männlichen Natur machen, um eine vergleichsweise einfache, spekulative Erklärung zu liefern. Mutter Erde ist stabil, das männliche Prinzip dagegen besteht aus einer immanenten Tendenz zur Erhebung (Erektion), Herbeiführung (Ejakulation) und dem Fall. Und diese Tendenz in Körper und Psyche des Mannes korrespondiert durchaus mit dem Ablauf der Jahreszeiten und des Lebens.

Seit der Antike war es üblich, nach einheitlichen Formen der Gottesverehrung zu suchen. So war der Planet Venus von Skandinavien bis Indien als Morgen- und Abendstern und als Symbol der Liebesgöttin bekannt. Die Bezeichnungen waren regional unterschiedlich, doch man kann davon ausgehen, daß es sich überall um den gleichen Fruchtbarkeitsgöttinnen-Kult handelte.

Es ist belegt, daß im gesamten indoeuropäischen Kulturbereich Priesterinnen einen zentralen Platz bei der Verehrung der Muttergottheit einnahmen, vermutlich weil Frauen die größte Ähnlichkeit mit der Gottheit hatten. Die Menschen der Frühzeit wußten offenbar nicht wirklich, welche Rolle der Mann bei der Fortpflanzung spielt. Dagegen wächst ein Kind in der Frau wie das Korn in der Erde. Die Fruchtbarkeit der Frau und ihre Fähigkeit, Leben zu schenken, gaben ihr ein natürliches Vorrecht in der Kommunikation mit der Gottheit. Frauen waren Priesterinnen und Orakel oder führten in Trance Tänze mit rituellen sexuellen Elementen auf. Nicht zuletzt deshalb finden weibliche Forscher und Philosophinnen die Theorie, daß ursprünglich Frauen die ältesten Gesellschaften und ersten Religionen dominierten, so ungeheuer reizvoll. Die Vorstellung ist verlockend, daß sich Herrschaftsstrukturen, die es in der Vergangenheit einmal gegeben hat, in der Zukunft wiederholen könnten. Und da eine gewisse Beweiskraft in dieser Theorie zu liegen scheint, wird sie um so heftiger vertreten. Denn wenn Frauen in der Urzeit leitende Stellungen einnahmen, kann das weibliche Geschlecht ja nicht schwächer sein als das männliche. Damit ist »bewiesen«, daß eine Frauenbefreiung nicht nur möglich, sondern sogar politisch realistisch ist.

Zu diesem heiklen Thema wäre viel zu sagen. Zunächst einmal vergingen Tausende von Jahren, bis die Menschheit überhaupt mit der Verehrung von Göttinnen begann und die unterschiedlichen Kulturen eine Schrift und Sprache entwickelten, die es uns ermöglichen, diese Göttinnen zu identifizieren und herauszufinden, wie sie genannt wurden, welche Bilder man sich von ihnen machte und welche Attribute sie hatten, welche Kleidung, Schmuck, Hilfs- und Reittiere. Darüber hinaus ist es leider ein nahezu unüberwindbares Problem, die Existenz eines ursprünglichen Glaubens an eine Göttin mit empirischen Argumenten zu begründen. Für die Religionshistoriker steht daher noch immer ein großes Fragezeichen hinter dem Problem, ob im gesamten Mittleren Osten tatsächlich eine »Große Göttin« verehrt wurde. Die These einer territorial noch größeren Verbreitung wird indes energisch zurückgewiesen. Moderne Religionshistoriker betrachten den Versuch einer Harmonisierung der alten Religionen als spekulativ und versuchen statt dessen, den individuellen Charakter einzelner Göttinnen und Götter zu beschreiben. Sie betonen die Unterschiede, ikonographisch wie kulturell.

In anderen Disziplinen gilt es weiterhin als fachlich akzeptiert, Theorien über *eine* weibliche Urgottheit zu vertreten. Eine starke Fraktion von Archäologinnen vertritt diesen Standpunkt, unterstützt von einer eher spekulativ orientierten Kulturforschung, die Theorien entwickelt über uralte gemeinsame Göttinnen, eine kulturelle Urgemeinschaft und über ein ursprüngliches Matriarchat mit einem gemeinsamen Mutter- und Fruchtbarkeitskult.

Tatsächlich wissen wir aber nicht viel Gesichertes über eine »ursprünglich« weibliche Dominanz in den indoeuropäischen Urgemeinschaften und Urreligionen. Empirisch läßt sich nur folgende allgemeine Aussage verantworten: Die kultische Verehrung von Mutter- und Liebesgöttinen nahm parallel zum Wachstum der Städte und der Zunahme von kriegerischen Auseinandersetzungen ab. Damit erhielten männliche Prinzipien – wie Tapferkeit im Kampf und der Schutz der Familie – eine vorherrschendere Stellung in der religiösen Vorstellungswelt. Liebe und Fruchtbarkeit konnten nicht mehr unabhängig verehrt werden.

Prostitution hingegen ist keine Frage der Theologie; es geht um ein Phänomen, das sich begrenzen, definieren und messen läßt. Und aus genau diesen empirischen Gründen sind wir noch immer fasziniert von der Liebesgöttin Ischtar, wissen wir doch, daß um ihre Tempel die früheste Prostitution in der Geschichte entstand.

In der Diskussion um die ältesten Belege für die Prostitution hat Ägypten nie eine ähnliche Rolle gespielt wie Mesopotamien. Dafür gibt es mehrere Ursachen. Im sogenannten Alten Reich Ägyptens, in dem Memphis die Hauptstadt war, gab es so gut wie keinen Fruchtbarkeitskult. Keine Göttin war so mächtig wie die männlichen Götter. Eine Ausnahme bildete möglicherweise Hathor, eine gefährliche Mondgöttin, die sowohl mit dem Reich der Lebenden wie der Toten in Verbindung stand. Doch auch in Ägypten gab es Priesterinnen, und über die vornehmsten wurde schon früh in mystischen Begriffen gesprochen, sie galten als Ehefrauen des Gottes Amon. Hathor wurde beinahe ausschließlich von Frauen verehrt. Aber wenn für sie oder andere einzelne Götter sexuell geprägte Rituale stattfanden, können sie im alten Ägypten nicht die gleiche Bedeutung gehabt haben wie in Mesopotamien. Die Prostitution in Ägypten entwickelte sich langsam und weitaus unabhängiger von den Tempeln.

Isis war ursprünglich eine rein lokale und periphere Gottheit. Mit der Zeit fanden die Priester es jedoch naheliegend, sie als Ehefrau und Mutter mit Osiris zu verbinden. Im Neuen Reich, nach 1600 v. Chr., verwandelte sich Isis in eine selbständige Muttergöttin und wurde immer häufiger mit ihrem Sohn auf dem Arm abgebildet, dem kleinen Horus.

Ägypten hatte wie Mesopotamien eine aristokratische Gesellschaftsordnung, die sich auf Sklavenhaltung gründete, allerdings spielten freie Bauern eine wichtigere Rolle. Obwohl Ägypten so wenige und schwache weibliche Gottheiten hatte, besaßen die Frauen der Oberklasse und der königlichen Familie weitaus mehr Freiheiten als Frauen im übrigen Mittleren Osten. Dies wirkte sich auch auf die bäuerliche Gesellschaft aus. Ägyptische Frauen verfügten über eigenes Eigentum und konnten ihren Ehemann auch unter Nicht-Ägyptern frei wählen. Weibliche Neugeborene wurden nicht getötet, und schon das läßt die ägyptische Kultur frauenfreundlicher erscheinen als alle anderen älteren Kulturen.

Auf ägyptischen Papyri und auf Wandmalereien in den Grabkammern sieht man weit mehr Frauen als sonst in den alten Kulturen, viele davon in ungewöhnlichen Rollen. Ausgesprochen wichtig waren Familienleben und Mutterschaft. Homosexualität zwischen Männern war durch die Legende von Isis' Sohn Horus bekannt, der von seinem Onkel Seth verführt worden war. Homosexualität und Prostitution gab es, aber in geringerem Umfang als in Hellas oder Mesopotamien. Es scheint auch Tempelprostitution gegeben zu haben, vielleicht als Resultat mesopotamischer Einflüsse.

Auf alten ägyptischen Papyrusrollen sind Sklavinnen abgebildet, Prostituierte, die sich die Lippen schminken; außerdem Positionen im Geschlechtsverkehr, was ebenfalls dafür spricht, daß es sich bei den weiblichen Parts um Prostituierte handelt. Auf einer Grabmalerei aus Theben ist eine Frau beim Geschlechtsakt zu sehen, die eine Art Laute in der Hand hält. Kunsthistoriker und Archäologen sind sich allgemein einig, daß es sich hier um eine Prostituierte handelt, die für einen Kunden musiziert.

Ägyptische Erzählungen handeln vom Kauf und Verkauf von Sex, in Parabeln werden sowohl Prostituierte als auch ihre Kunden beim Namen benannt. Viele Geschichten berichten über die Erfahrungen junger Männer im Bordell, und in Sprichwörtern ermahnen weise Männer die Jugend, sich von Wirtshäusern fernzuhalten, in denen sie von Frauen berührt werden. Alte Männer raten dazu, die Prostituierten auf der Straße zu ignorieren und statt dessen zu heiraten und das Familienleben zu pflegen. Doch diese gesamte moralisierende Literatur stammt aus den späten Perioden der ägyptischen Geschichte, viele Generationen nachdem Ägyptens Pharaos verwandtschaftliche Beziehungen und Ehen mit Mesopotamiens Prinzessinnen eingegangen waren.

Mit jeder neuen Königin erreichte eine neue Welle der phönizischen und mesopotamischen Kultur Ägypten. Schließlich kam sogar eine Liebesgöttin aus diesen Ländern, entweder Ischtar aus Babylon oder Ashera aus Kanaan. Im Mittleren Osten wurde diese Göttin in der Regel aufrecht auf einem Löwen stehend abgebildet. Auf ihrer Wanderung nach Ägypten verlor sie den Löwen als Reittier, bekam dafür aber einen Löwenkopf – in Übereinstimmung mit der ägyptischen Tradition, in der viele Götter Tierköpfe tragen. Auch Herodot erzählt einiges über Ägypten, doch seine Berichte stammen aus einer Zeit, in der Ägypten bereits von mesopotamischem, syrischem und schließlich auch griechischem Einfluß geprägt war.

Vielleicht hat Herodot recht, daß eine griechische Hetäre namens Rhodopis in Ägypten eine der erfolgreichsten Prostituierten aller Zeiten gewesen ist. Sie hat sich angeblich mit ihrem Verdienst eine eigene Pyramide bauen lassen. Doch wenn Herodot so weit geht zu behaupten, daß einige Pharaonen wie Cheops im Alten Reich und Ramses zwölfhundert Jahre später ihre Pyramiden mit dem Geld bauen ließen, das sie mit dem Verkauf von Liebesdiensten ihrer Töchter verdient hatten, dann sind das schlichtweg Anekdoten. Sie sind lediglich ein Zeichen, daß Prostitution im letzten Jahrtausend v. Chr. in Ägypten nicht als besondere Schande angesehen wurde und die Töchter des Pharao große Freiheiten genossen. Dies wird in hohem Maß auch durch jüngere ägyptische Quellen bestätigt.

In der hellenistischen und römischen Zeit, als Alexandria Zentrum des Landes wurde, hat sich die Prostitution in Ägypten erheblich ausgeweitet. Parallel dazu wurden die Freiheiten, die ägyptische Frauen einstmals genossen hatten, wesentlich eingeschränkt. Die Göttin Isis wurde nun im gesamten Mittelmeerraum verehrt. Religiöse Mythen aus dieser Zeit zeigen Isis auf der Flucht, das Kind Horus auf dem Arm. In diesen Legenden findet sie oft Zuflucht in einem Bordell oder heilt den Sohn einer Bordellwirtin. Isis hatte inzwischen die Eigenschaften anderer ägyptischer Gottheiten und des Ischtar-Ashera-Kultes in sich vereinigt.

In Ägypten ist der Kauf und Verkauf von Sex also ein jüngeres Phänomen als in Mesopotamien. Zwischen Euphrat und Tigris findet man die Prostitution so früh wie nirgendwo sonst. Und wie immer der kultische Ursprung gewesen sein mag, es begann in den Tempeln der Inanna und Ischtar. Erst später verbreitete sich die Prostitution von den Tempeln in die zivile Gesellschaft.

In älteren Theorien wird selten auf die unterschiedlichen kultischen Aufgaben der Frauen und die differenzierte Arbeitsteilung in den Tempeln hingewiesen. Folglich werden sämtliche Frauen der Tempel pauschal als Tempelprostituierte bezeichnet, aller Wahrscheinlichkeit nach zu Unrecht. Die Tempel waren von der gleichen Hierarchie geprägt wie die sie umgebende Klassengesellschaft. Frauen aus der Aristokratie bekleideten das Amt der Hohepriesterin ebenso selbstverständlich, wie ihre Schwestern und Kusinen Männer in Führungspositionen heirateten. Die aristokratischen Priesterinnen besaßen Eigentum; von anderen Frauen unterschieden sie sich in ihrer Kleidung, außerdem trugen sie edle Kopfbedeckungen und kostbaren Schmuck.

Heute würde man die Gruppe der Priesterinnen in den mesopotamischen Tempeln, die auf altbabylonisch *qadishtu* genannt werden, wohl überwiegend als Prostituierte der teuren und edlen Klasse ansehen, als die ersten Luxushuren der Geschichte. Da der Begriff *qadishtu* aber eigentlich nur »heilige Frau« bedeutet, hielten es einige Historiker für unglücklich, die *qadishtu* pauschal als »Tempelprostituierte« zu bezeichnen, zumal diese Frauen sich auch als Therapeutinnen und Beistand für Männer mit Problemen anboten.

Im alten Babylon gab es eine weitere Gruppe Priesterinnen von hoher Geburt, die *ishtaritu* oder *naditu* genannt wurden und zölibatär lebten. Auch sie dienten Ischtar, denn die Göttin war Jungfrau und Hure in einer Person und wurde in beiden Eigenschaften verehrt.

Außerhalb des Tempels und in untergeordneten Funktionen im Tempel lebten Frauen, über deren Funktion als Huren sich alle Untersuchungen einig sind. Die *harimtu* wurden zum Teil als Sklavinnen gekauft, sie gingen in die Wirtshäuser, ihr sozialer Rang entsprach beinahe dem von Bettlerinnen. Wahrscheinlich nahmen unter den billigsten Huren sehr viel weniger Frauen tägliche Aufgaben im Tempel wahr, als man bisher angenommen hat; möglicherweise sind die engen Kontakte zum Tempel auch im Laufe der Jahrhunderte allmählich verlorengegangen. Die Liebesgöttin Ischtar jedoch offenbart sich in alten religiösen Texten in ihrer ganzen Promiskuität, und sie selbst bezeichnet sich ganz offen als Hure. Der Legende nach ging sie als Schutzgöttin der billigen Prostituierten allein in die Wirtshäuser, als wäre sie mit ihnen wesensverwandt.

Die Königin Semiramis ist eine der wenigen Frauen aus der altbabylonischen Zeit, von der viele Wissenschaftler glaubten, ihre biographischen Daten seien gesichert. Semiramis wurde berühmt durch eine jüngere hellenistische »Biographie« des Ktesias, der behauptete, daß die Königin, bevor sie König Ninos, den Gründer von Ninive, heiratete, eine Prostituierte gewesen sei. Sie selbst gründete Babylon und legte die berühmten, nach ihr benannten hängenden Gärten an. Heute glauben die Archäologen eher, daß Semiramis eine mythische Figur ist, die Ktesias erfunden hat. Ihr Vorbild war vermutlich die jüngere assyrische Königin Samuramat, die um 800 v. Chr. lebte. Als Königin hätte sie an den kultischen sexuellen Handlungen in den Tempeln der Ischtar problemlos in ihrer Eigenschaft als Hohepriesterin und *qadishtu* teilnehmen können. Wer Semiramis oder Samuramat als »Ex-Prostituierte« bezeichnet, begeht also eine tendenziöse Fehlinterpretation. Bei den Griechen war dies gängige Praxis, denn sie wollten sich von den Barbaren des Ostens abgrenzen. Allerdings riskieren diejenigen, die heute wie die feministische Wissenschaft am eifrigsten bemüht sind, die Tempelfrauen Mesopotamiens von ihrem jahrtausendealten schlechten Ruf zu befreien, eine Fehlinterpretation, denn sie denken vom Frauenbild unserer Tage aus.

Es ist sehr lange her, seit das alte Babylon seine große Zeit hatte, und doch begegnet uns bereits hier eine verblüffend aktuelle Sicht der Prostitution. Der zweite Held des *Gilgamesch-Epos*, der behaarte Wilde Enkidu, mußte sterben, weil die Göttin es so verfügte. Wenige Sekunden vor seinem Tod erkannte Enkidu, welches Schicksal ihn erwartete, und in seinem Zorn stieß er eine Verwünschung aus. Möglicherweise wandte er sich direkt an Ischtar, vielleicht aber sogar an alle Frauen. Und wer hätte nicht Mitgefühl mit einem jungen Mann, der spürt, wie sein Leben zu Ende geht? Kein Wunder, daß die allerletzten Worte, die der junge Enkidu vor viertausend Jahren ausstieß, die Hure Schamchat verfluchen:

> Komm her, Schamchat, ich will dir das Schicksal bestimmen,
> ein Schicksal, das nie ein Ende finden wird auf immer und ewig! […]
> Nicht mögest du den Hausstand deiner Wonne gründen!
> Nicht mögest *deinem Nachwuchs* du *deine Brust* entblößen! […]
> Im Schatten der Stadtmauer seien die Stellen,
> an denen du stehst!
> Disteln und Dornen sollen dir die Füße zerfetzen!
> Der Trunkene und der Durstige mögen dich schlagen
> in dein Gesicht! […]
> Statthalter und Fürsten mögen dich lieben! […]
> Dir gegenüber möge der Soldat sich nicht zieren,
> seinen Gürtel soll er öffnen für dich!
> Er möge dir geben Obsidian, Lapislazuli und Gold,
> kostbare Ohrgehänge seien die Gabe für dich! […]
> Deinetwegen möge verlassen werden die Mutter von Sieben, die Gattin!

Kapitel 2

Patriarchen und Priesterinnen

Eine der ältesten Schilderungen der Prostitution kennen wir aus einer Geschichte des Alten Testaments. In der Genesis, im 1. Buch Mose, tritt Tamar auf, die Schwiegertochter von Juda, einem der zwölf legendären Stammväter des Volkes Israel. Juda hatte Tamar, wie es in dieser Gegend üblich war, für den vollen Preis einer Ehefrau gekauft und sie seinem ältesten Sohn überlassen. Doch dem Sohn gelang es nicht, das Mädchen vor seinem Tode zu schwängern. Juda überließ sie seinem zweitgeborenen Sohn Onan. Der verweigerte sich jedoch dem Geschlechtsverkehr mit Tamar, vergoß seinen Samen auf den Boden und starb, so wird erzählt, vor Schreck und Entsetzen. Juda schickte Tamar in Witwenkleidern zurück zu ihrer Familie. Sie hatte sich als Fehlinvestition erwiesen.

Juda ist eine mythische Figur, und doch ist er ein ausgezeichneter Repräsentant der westsemitischen Beduinen, die seit dem 2. Jahrtausend vor unserer Zeitrechnung Kanaan bewohnten, das Land zwischen Jordan und dem Mittelmeer. Die Geschichte von Juda und Tamar ist Teil einer Reihe von belehrenden Familiengeschichten, die um das Jahr 1000 v. Chr. erdacht wurden, um an die Lebensbedingungen einer noch früheren Zeit zu erinnern, einer Urzeit, in der Kanaan nur dünn besiedelt war und von Großfamilien dominiert wurde. Nach ein paar hundert Jahren der mündlichen Überlieferung wurden diese Geschichten um 800/700 v. Chr. aufgeschrieben. Die historisch erzählende Form der Texte wirkt so überzeugend, daß viele Leser bis heute überzeugt sind, es handele sich um

Tatsachenberichte. Aber Juda, sein Stammvater Abraham und die anderen Mitglieder ihrer Sippe sind Sagenhelden, keine historischen Personen. Archäologen, Theologen und Religionsforscher sind sich einig, daß die Volksgruppe, die durch Abraham und Juda repräsentiert wird, seit undenklichen Zeiten in Kanaan lebte. Einige wurden sehr früh seßhaft, andere blieben Halbnomaden, lebten in Zelten und zogen mit ihrem Vieh innerhalb eines klar begrenzten Gebietes umher.

In der alten Patriarchenzeit bestand die gesellschaftliche Grundeinheit aus Klans oder Großfamilien, es war eine Kultur männlicher Chauvinisten. Der Älteste hatte in seinem Klan die Macht, als Verwandte anerkannt wurden lediglich die männlichen Mitglieder der Gruppe. Der Patriarch favorisierte normalerweise den ältesten Sohn, kaufte jedoch meist auch seinen übrigen Söhnen Bräute und Sklaven. Frauen wurden gekauft oder verkauft wie Vieh. *Ketubah* hieß der Vertrag, der bei einem Brautkauf aufgesetzt wurde, der Wert einer Braut wurde umgerechnet in Ochsen oder Ziegen. Wenn ein Mann keinen angemessenen Brautpreis für seine Tochter erzielen oder aus finanzieller Notlage nicht auf ein gutes Angebot warten konnte, kam es vor, daß er sie als Sklavin weit unter Preis verkaufte.

Ehefrauen und Töchter arbeiteten im Zelt beziehungsweise in seiner Nähe, für die Bestellung des Bodens waren Sklavinnen zuständig. Sie mußten Früchte und Pflanzen sammeln und betrieben nach dem saisonbedingten Abtrieb des Viehs vom Hochland in die Ebene einen eher unsystematischen Ackerbau. Der Patriarch nahm an der Arbeit teil, Luxus war unbekannt. Judas Mutter Lea, seine Großmutter Rebekka und andere Frauen der Sippen standen mit ihren Sklavinnen vor Sonnenaufgang auf, bereiteten das Essen, spannen und webten.

Viehbesitzer und Hirten ziehen in der Regel männliche Gottheiten vor, während die Verehrung von Muttergöttinnen oder männlichen Fruchtbarkeitsgöttern vielfach ein Kennzeichen stabiler Ackerbaugesellschaften ist. Viehbesitzer verbinden im Gegensatz zu Ackerbauern mit Aussaat und Wachstum keine religiösen Gefühle, sondern interessieren sich in erster Linie für den Ochsen und seine zentrale Rolle in ihren Lebenszusammenhängen. Die meisten anderen Völker des Mittleren Ostens verehrten Götter beiderlei Geschlechts, doch so, wie Juda und seine Vorväter und Brüder in den Büchern Mose beschrieben werden, gab es für sie nur einen Gott: eine strenge maskuline Gottheit, die wahrscheinlich nicht einmal einen Namen hatte und sich den einzelnen Patriarchen gegenüber sehr verschieden zu offenbaren wußte. Dieser Gott wurde mit der größten Schlichtheit verehrt, nicht mit Weihrauch und Tänzen in einem Tempel, sondern auf einem Hügel nahe den Häusern und Zelten.

In Judas Sippe wurde immer die führende Rolle des Mannes in der Schöpfungsgeschichte betont, doch im Unterschied zu vielen anderen männlichen Göttern war dieser Gott der Hügel weder erotisch fixiert noch promisk oder sonderlich potent. Nur ausnahmsweise stellte man ihn in Gestalt einer Schlange dar, normalerweise schien er geradezu asexuell zu sein, eine sehr ernste und einsame Gottheit. Und doch meinten die Gläubigen, er sei allmächtig, allwissend und alles sehend, und sie sollten die Erfahrung machen, daß er rivalisierenden Göttern eifersüchtig und feindlich gegenüberstand. In den Legenden wird erzählt, wie dieser Gott sich seinen Anhängern offenbarte: Er zeigte sich Judas Vater Jakob und seinem Stammvater Abraham. Generationen später war es klar, daß sie alle die gleiche Gottheit verehrten, die inzwischen auch einen Namen erhalten hatte: Jahve.

Die arme Tamar war äußerst unglücklich, als ihr Schwiegervater sie in Schande verstieß. Sie war überzeugt, daß nicht sie die Schuld an der Kinderlosigkeit trug, und das wollte sie beweisen. Daher schlich sie eines Tages zu Judas Zeltplatz, nicht in ihrer Witwentracht, aber vollkommen verschleiert. Tamar sah aus wie eine Frau, die Sex gegen Bezahlung anbot, ihr Schwiegervater erkannte sie nicht. »Was willst du mir geben, wenn du zu mir kommen darfst?« fragte die junge Frau den alten Mann. »Ich will dir einen Ziegenbock von der Herde senden«, antwortete er. Er überließ Tamar sein Siegel, seinen Ring und seinen Stab als Pfand für die spätere Bezahlung, und dann bekam Juda, was er wollte.

Am Tage darauf sandte Juda einen Mann ins Dorf, um nach der Frau suchen zu lassen, mit der er geschlafen hatte. Er wollte sein Versprechen halten, sie bezahlen und sein Eigentum zurückerhalten. Aber die Leute im Ort erklärten, daß bei ihnen keine Frau wohne, die Liebesdienste gegen Bezahlung anbot. Ein wenig verwirrt ließ Juda die Geschichte auf sich beruhen. In der Zwischenzeit hatte sich Tamar wieder als Witwe gekleidet und war zu ihrer Familie zurückgekehrt. Drei, vier Monate später war klar, daß sie ein Kind erwartete. Juda war noch immer ihr Schwiegervater und damit der unmittelbare Vormund. Zunächst wollte er sie hart bestrafen, denn eine schwangere Witwe brachte Schande über ihn und seine toten Söhne. Tamar sollte verbrannt werden. Da zeigte sie den Stab, das Siegel und den Ring und offenbarte Juda den tatsächlichen Zusammenhang. Gleichzeitig hatte sie bewiesen, daß nicht sie unfruchtbar war, sondern Judas Söhne versagt hatten. Juda hatte ihr Unrecht getan, als er sie fortjagte.

Tamar gebar Zwillinge. Der alte Juda nahm sich der Jungen an, wollte die Schwiegertochter aber weder erneut verheiraten, noch sie seinem dritten Sohn überlassen. Die Annahme liegt nahe, daß Tamar ganz einfach zu viel Initiative und Intelligenz gezeigt hatte, mehr als sich für eine Frau gehörte. Die Zeit arbeitete dennoch für sie, im Evangelium des Matthäus wird sie als eine der wenigen Stammütter von Jesus von Nazareth aufgeführt.

Die Geschichte von Tamar und Juda ist der erste Hinweis auf käuflichen Sex im Alten Testament; die Ereignisse sind so angelegt, daß wir sie ungefähr auf das 12. Jahrhundert vor unserer Zeitrechnung datieren können. Andere, vom 1. Buch Mose unabhängige Quellen bestätigen, daß der Kauf und Verkauf von Ehefrauen und Töchtern, aber auch von sexuellen Dienstleistungen in Kanaan durchaus üblich war.

Jakob, der Vater von Juda und elf anderen Söhnen, ist eine der interessantesten Erscheinungen des Alten Testaments. Zusammen mit seiner Mutter stahl er seinem großen Bruder das Erstgeburtsrecht, er schlug sich mit seinen Enkeln, heiratete seine Kusinen Rahel und Lea, hatte aber auch Kinder mit ihren beiden Sklavinnen. In seinem Volk kannte man zu dieser Zeit weder ein Inzesttabu noch ein Verbot von Geschlechtsverkehr zwischen unverheirateten Personen, obwohl nur für eine Braut, die noch Jungfrau war, der volle Preis bezahlt wurde. Die Patriarchen unterhielten keinen Harem, aber es stand ihnen frei, mehrere Ehefrauen gleichzeitig und mit unterschiedlich vielen Frauen Geschlechtsverkehr zu haben.

Vergewaltigungen wurden als Verletzung des Eigentums eines anderen Mannes angesehen, nicht als Kränkung der weiblichen Ehre. Normalerweise wurde nach einer Vergewaltigung der volle Jungfernpreis bezahlt und das Mädchen geheiratet, in diesem Fall war eine spätere Scheidung ausgeschlossen. Als aber Judas Schwester Dina vergewaltigt wurde, verzichteten ihre Brüder auf diese Lösung. Die Angelegenheit hatte Schande über sie gebracht, denn immerhin waren sie zu zwölft, um auf ihre Schwester aufzupassen. Statt dessen rächten sie sich grausam, indem sie sämtliche Männer aus der Stadt des Vergewaltigers umbrachten.

Wenn eine Prostituierte weit genug von ihrer Familie entfernt ihrer Arbeit nachging und wenn die Männer, mit denen sie schlief, ihren Vater und ihre Brüder nicht kannten, machte sie ihrer Familie keine Schande. Strenggenommen brachte sie auch keine Schande über die Männer, mit denen sie Geschlechtsverkehr hatte. Das Alte Testament akzeptiert grundsätzlich die Prostitution wie auch den Besuch bei Prostituierten – vorausgesetzt, es sind »fremde« Mädchen und nicht die Töchter der eigenen Familie, die ihren Körper verkaufen. Da der Prostitution nur weit vom väterlichen Haus entfernt nachgegangen werden konnte, waren die Frauen häufig Witwen oder Waisen, geflüchtete Sklavinnen oder junge Mädchen, die ihre Familien verlassen hatten.

Es war also keine Schande für den alten Juda, mit seiner Schwiegertochter, die er für eine Prostituierte hielt, geschlafen zu haben, wenn wir der Genesis trauen. Ehrenrührig wäre es hingegen gewesen, hätte er nicht gezahlt. Denn die Prostituierten schenkten oft einen kleinen Teil ihres Verdienstes einem lokalen Heiligtum. Und Abraham und seine Nachkommen respektierten zu diesem Zeitpunkt noch immer die anderen Göttinnen und Götter der Region, obwohl sie selbst nicht mehr an sie glaubten.

Im 1. Buch Mose wird parallel zu der Geschichte von Juda und Tamar ein anderer längerer Handlungsstrang verfolgt. Einer von Judas Brüdern ist der Held dieser Geschichten: Josef, der von seinen Brüdern in die Fremde verkauft wurde. In Ägypten mußte sich Josef gegen Anschuldigungen zur Wehr setzen, die Frau des Potiphar sexuell belästigt zu haben, doch schließlich wurde er Haushofmeister bei Potiphar und Traumdeuter des Pharao.

Als Juda, Ruben, Benjamin und die übrigen Brüder von einer Hungersnot getrieben nach Ägypten reisten, um dort Korn zu kaufen, begegneten sie ihrem Bruder nach vielen Jahren wieder. Nun war Josef aber keineswegs böse auf sie, sondern eher froh, daß er seiner Familie helfen konnte. Die Legende berichtet, daß die Familie lange in Ägypten blieb.

Ägyptische Quellen aus dem 12. und 11. Jahrhundert v. Chr. liefern nur einige wenige verstreute Hinweise auf hebräischsprechende Stämme und Völker in Kanaan. Dennoch ist es möglich, daß eine kleine Gruppe Israeliten – eventuell als Sklaven – einige Zeit im ägyptischen Kernland lebte und von den dortigen Gewohnheiten beeinflußt worden ist. Die Mythen erzählen auch, daß schließlich ein Mann als Führer eines Aufstandes und als Religionsstifter auftrat: Moses, die eigentlich zentrale Figur des Alten Testaments.

Mit Ausnahme der Genesis sind die Bücher Mose im Prinzip eine Sammlung von Geboten, Gesetzen und Vorschriften. Durch sie wurde der Jahve-Kult zu einer eigenständigen Religion. Die Bücher sind literarisch ungemein intelligent komponiert, denn bei all ihrem schweren religiösen Stoff wird eine ausgesprochen spannende Geschichte erzählt. Und der eigentliche Geniestreich besteht darin, daß Moses darin als direktes Sprachrohr und Gesprächspartner Gottes gleichzeitig auftritt. Nach einer Reihe vorbereitender Treffen mit Moses tritt Jahve in seiner besonderen Eigenschaft als ein aktiv handelnder Gott in Erscheinung, der eine deutlich definierte Beziehung zu »seinem« Volk hat. Er hat bereits ihre Väter und Vorväter geführt und geleitet, doch nun kann er dem Volk verpflichtende Versprechungen für die Zukunft machen. Gleichzeitig ist Moses die zentrale Figur einer Entwicklung, in der ein Volk auf mystische Weise zu seiner eigenen Geschichte zurückfindet, symbolisch dargestellt durch das primitive Nomadenleben in der Wüste Sinai. Nach dieser rituellen Reinigung führt die Geschichte den Leser moralisch und religiös gestärkt zurück in die Gegenwart.

Den Büchern Mose folgt das Buch Josua, und die legendäre Wüstenwanderung endet abrupt in einem Religionskrieg. Moses wird durch Josua ersetzt, einen Mann mit ganz anderen Eigenschaften. Er ist ein Stratege und Krieger, belagert Jericho und vernichtet es. Dann erobert er das Land Kanaan zurück, das inzwischen angeblich von gottlosen Nicht-Israeliten mit einem ganz anderen Glauben überzogen wurde.

Die Geschichten der Bücher Mose und Josua sind indes keine historischen Tatsachenberichte, es sind religiöse Propagandaschriften. Da Kanaan tatsächlich ohne Unterbrechung von Israeliten bewohnt wurde, ist es schlicht falsch zu behaupten, das Land hätte zurückerobert werden müssen – ganz abgesehen davon, ob diese Sichtweise mit all dem in Übereinstimmung zu bringen ist, was die zionistische Geschichtsschreibung heute gern behauptet. Eine kleine Gruppe von Israeliten mag aus Ägypten in den Sinai zurückgekommen sein, allerdings mußten sie niemanden bekämpfen. Wenn irgend etwas in Kanaan Streit auslöste, dann waren es die inneren sozialen und religiösen Spannungen unter den hebräisch sprechenden Israeliten. Der Wiedereroberungskrieg ist wie die Wüstenwanderung eine Legende, die ausschließlich erdacht wurde, um Sinn und Absicht der religiösen Propaganda und ihre geniale Struktur zu legitimieren.

Jahrzehntelang haben Archäologen alte Ansiedlungen in Kanaan untersucht. Sie sind sich einig, daß es in den Jahrhunderten nach 1200 v. Chr. zu einem dramatischen Bevölkerungszuwachs gekommen sein muß. Auch die letzten Israeliten waren jetzt seßhaft geworden und lebten in Ziegelhäusern. Mit der zunehmenden Arbeitsteilung wuchsen die kleinen Städte mit ihren Kaufleuten, Handwerkern und Prostituierten. Einer besonderen Priesterkaste, den Leviten, wurde das religiöse Monopol der Jahve-Verehrung übertragen. Das Bevölkerungswachstum und andere Veränderungen der Lebensform führten wahrscheinlich dazu, daß man sich an die Übergangszeit wie an einen Eroberungskrieg erinnerte. Denn es kam durch diese Entwicklung zu inneren Streitigkeiten. Nachdem der Ackerbau rein quantitativ, aber auch in seiner Bedeutung für die Versorgung der Bevölkerung zunahm und parallel dazu die ursprüngliche nomadische Tierhaltung zurückging, entwickelten sich andere religiöse Bedürfnisse und Vorstellungen. Der Wechsel der Jahreszeiten, die Zeit der Saat und der Ernte sowie Überlegungen zu Boden und Ertrag begannen die Israeliten zu beschäftigen; der Zuchtstier war nicht mehr so wesentlich. Die Vermutung liegt nahe, daß die nun folgenden religiösen Auseinandersetzungen eng mit diesen Entwicklungen verknüpft sind.

Die offizielle Lehre der Israeliten ging davon aus, daß es falsch ist, sich ein Bild von Gott zu machen. Doch in den Feuerstätten der alten israelitischen Siedlungen fanden die Archäologen relativ viele Hausgötter. Die meisten Figuren sind weiblichen Geschlechts und verkörpern eine Fruchtbarkeitsgöttin. Sie stammen überwiegend aus der Zeit zwischen den Jahren 800 bis 586 v. Chr., als die Exilzeit in Babylon begann; einige Figuren sind allerdings deutlich älter. Die weiblichen Gottesfiguren zeigen die Göttin Ashera, eine Fruchtbarkeitsgöttin, die in ganz Kanaan bekannt war und sowohl von den Ammoniten wie den Philistern und Phöniziern verehrt wurde. Sie erinnert ein wenig an Astarte, die etwas nördlicher angebetet wurde; wahrscheinlich ist sie auch mit der babylonischen Ischtar verwandt. Die israelitischen Ashera-Figuren unterscheiden sich allerdings deutlich von denen, die man in anderen Siedlungen gefunden hat: Diese Ashera hat ziemlich große Brüste, aber keinen Unterleib, sie läuft nach unten zylinderförmig aus.

Samson ist ein israelitischer Sagenheld, über den wir im Buch der Richter sehr viel erfahren. Möglicherweise enthalten die Geschichten einen historischen Kern aus der Zeit nach 1000 v. Chr. Samson erklärte eines Tages seinen Eltern, daß er sich in ein Mädchen aus dem Volk der Philister verliebt habe. Seine Eltern protestierten, aber Samson setzte sich durch, und so kaufte der Vater dem Sohn die fremde Frau. Ähnliches passierte wahrscheinlich in vielen anderen Familien zu dieser Zeit. Samsons Heirat ist das Abbild eines kulturellen Wechsels, von nun an wurden Ehen zwischen den Israeliten und ihren kanaanäischen Nachbarn geschlossen. Sie sprachen die gleiche Sprache und lebten in einer Region, nur ihr Glaube unterschied sich ein wenig. In manchen Texten des Alten Testaments werden die eingeheirateten Frauen den Volksstämmen der Amoriten oder Jebusiten zugeordnet, dann wiederum kommen sie aus dem Land der Philister und Phönizier, Edom oder Moab. Diese Heiraten beförderten den Ashera-Kult, zumal die Göttin ohnehin bereits in der gesamten Region verehrt wurde; lediglich der Jahve-Kult wurde ausschließlich von den Israeliten praktiziert.

Die israelitischen Frauen waren arbeitsam und fleißig; sie trugen die Hauptverantwortung für den Korn-, Gemüse- und Weinanbau, sie bereiteten das Essen, spannen und nähten. Allerdings fanden sie auch die Zeit für bestimmte, von Frauen dominierte religiöse Handlungen und Zeremonien. So arrangierten sie Pubertätsriten für ihre Töchter und bildeten sich in Gesang und Tanz aus. Wenn sie den *mehelot* tanzten, verwendeten sie ein Tamburin oder eine Trommel, die *top* genannt wurde. Ihre Klage- wie Dankeslieder richteten sich ebenso an Ashera wie an Jahve, aber nur Ashera wurden Kuchen mit der Bitte um Fruchtbarkeit geopfert.

Jahrhundertelang verehrten israelitische Frauen Ashera zu Haus, gleichsam privat; viele Frauen nahmen sie wahrscheinlich als »ihre« Gottheit an, während Jahve der Gott der Männer war. Gewöhnlich werden unter den Göttern Ehen arrangiert, wenn unterschiedliche religiöse Strömungen aufeinandertreffen. Die Priester und Priesterinnen beider Religionen gehen dann für beide Seiten nutzbringende Allianzen ein, und gleichzeitig werden diese »Ehen« zwischen einer männlichen und einer weiblichen Gottheit durch Legenden verstärkt. Solch eine Ehe mußten die Israeliten nicht einmal konstruieren, denn jeder Einwohner von Kanaan hatte gelernt, daß Ashera mit Elohim, dem Himmelsgott, verheiratet war – der »höchsten« Gottheit überhaupt. Sehr bald schon wurden er und Jahve ganz einfach zu ein und derselben Gottheit erklärt.

Archäologische Ausgrabungen belegen, daß israelitische Familien Jahve und Ashera häufig als Mann und Frau verehrten; ein kluger Kompromiß, der den Ashera-Kult in vieler Hinsicht entschärfte.

Israelitische Männer liebten es, stundenlang über juristische und moralische Probleme zu diskutieren. Sehr gern klagten sie dabei über die allgemeine Gottlosigkeit. Nun wurde der Jahve-Kult von Männern dominiert, als Priester, als Sänger oder Musiker. Und mit der Zeit verschärfte sich die Forderung nach einer deutlichen Abgrenzung von »fremden« Religions- und Lebensformen.

Die Israeliten sprachen Hebräisch, eine der drei kanaanäischen Sprachen, die eng verwandt war mit Phönizisch im Westen und Moabitisch im Süden. Um das Jahr 800 v. Chr., möglicherweise ein wenig früher, entwickelte sich in allen drei Sprachen ein Schriftsystem mit zweiundzwanzig Buchstaben. Die Buchstabenschrift war praktisch und weitaus einfacher zu erlernen als die sumerischen, ägyptischen und akkadischen Schriftzeichen. Jede dieser Schriften hatte mehr als tausend verschiedene piktographische Symbole. Nach 800 v. Chr. wurde in Israel mit der Niederschrift der zahlreichen alten Gesänge und religiösen Texte begonnen. Viele Frauen konnten lesen und schreiben und ihren Kindern eine elementare Bildung vermitteln, doch bei der Niederschrift der alten Mythen, Hymnen, Klagegesänge, Gleichnisse und Gesetze lehnten die Männer jegliche weibliche Unterstützung ab.

Die Auseinandersetzung mit Unmoral, religiösen Unsitten und der Verehrung fremder Götter ist ein Kennzeichen beinahe all dieser Texte. Bestimmte Teile der Bücher Mose wurden erst um 400 v. Chr. hinzugefügt, doch sämtliche Schriften aus der Zeit der Könige berichten von einer Epoche, in der sich die Religionen zu vermischen begannen. Gemeinsam ist diesen Überlieferungen, daß sie sich eindeutig gegen jede religiöse Nivellierung aussprechen.

Die nun fixierten Gesetze verboten einem Mann, sich sexuelle Freiheiten gegenüber einer Sklavin herauszunehmen, wenn sie bereits einen Freund gefunden hatte. Verboten waren Tätowierungen ebenso wie der Geschlechtsverkehr mit Tieren und jungen Männern. Es gab klare Regeln, wann und unter welchen Bedingungen es möglich war, eine Tochter als Sklavin zu verkaufen. Andererseits erklärten die Bücher Mose auch ganz deutlich, daß ein Vater es unter keinen Umständen zulassen dürfe, seine Tochter zu einer Tempelprostituierten werden zu lassen.

In den Büchern Mose werden zwei verschiedene Vokabeln verwendet, die beide mehr oder weniger korrekt mit dem Wort »Prostituierte« übersetzt worden sind. *Kedesha* oder *kadesha* ist ein sehr starker und nicht sonderlich häufig gebrauchter Begriff, der von der älteren Theologie mit »Tempelhure« übertragen wurde. Wörtlich bedeutet er jedoch »heilige« oder eher »scheinheilige Frau«. Bezeichnungen wie »Hexe« oder »Zauberin« liegen nahe, werden aber in den Bibelübersetzungen nicht verwendet. So wie der Begriff in den Büchern Mose und einigen jüngeren Schriften gebraucht wird, könnte man meinen, eine solche Frau würde sich mit der religiösen Verehrung einer Göttin wie Ashera oder eines männlichen Abgottes wie Baal befassen. Denkbar ist aber auch, daß allein die Vorstellung, eine Frau könnte eine religiöse Zeremonie für Jahve leiten, so abstoßend erschien, daß das Wort auch in diesem Zusammenhang eingesetzt wurde. Selbstverständlich könnte der Begriff auch für alle drei Situationen verwendet worden sein. Was immer eine solche Frau auch getan haben mag, für die Bücher Mose sind ihre Taten so negativ, daß es im Alten Testament für eine Frau kaum eine schlimmere Bezeichnung als *kadesha* gibt.

Zonah, die Vokabel, die gewöhnlich mit »Hure« oder »Dirne« übersetzt wird, ist bedeutend schwächer, dafür kommt sie aber in Hunderten von unterschiedlichen Zusammenhängen vor. Die Bedeutung des Wortes umfaßt alles, von der professionellen Sexarbeiterin bis hin zum »Flittchen« oder einer gottlosen Frau. Eine Herausforderung für jeden Übersetzer der Bibel. Denn selbst, wenn sie einmal als *zonah* bezeichnet wurde, kann eine Frau später durchaus wieder als anständig beschrieben werden. So erzählt das Buch Josua beispielsweise die Geschichte von der »guten« Hure Rahab, die ein Wirtshaus bei Jericho unterhielt. Sie huldigte anderen Göttern und betrieb die Prostitution als Nebenerwerb, doch sie half Josua bei der Belagerung von Jericho und wählte somit die richtige Seite. Das änderte ihr Ansehen. Als nach der Eroberung alle Einwohner Jerichos getötet wurden, blieb Rahab verschont und wurde mit ihrer Familie von den Israeliten aufgenommen.

»Dem Herrn sollen keine Opfer gebracht werden, die durch Prostitution verdient wurden, oder Opfer von einem homosexuellen Eunuchen«, heißt es im 4. Buch Mose, wenn man sich an eine neuere protestantische amerikanische Bibelübersetzung hält. Das Verbot von homosexuellen Praktiken wurde mit den Gesetzestexten verschärft, wahrscheinlich gegen den Widerstand einer Gruppe von Priestern, die sich weiterhin bemühten, das Interesse der Israeliten an einem anderen männlichen Gott aufrechtzuerhalten: an Baal, einem Sturm- und Fruchtbarkeitsgott, den viele Gläubige seit undenklichen Zeiten in ganz Kanaan an Grabhügeln, Quellen und Bäumen anbeteten.

Wahrscheinlich kam es zu dieser Zeit zu einer verstärkten Kultivierung der Baal-Verehrung, in jedem Fall bekannten sich zunehmend mehr Gläubige und Priester zu dieser Gottheit. Bei den Jahve-Anhängern gilt Baal als weitaus größere Bedrohung als Ashera, denn dieser Gott war männlichen Geschlechts und hatte eine eigene Priesterschaft. Außerdem war Baal verheiratet mit Anat, von der es hieß, sie sei Jungfrau. In der israelitischen Agitation gegen den Baal-Kult wurde unter anderem behauptet, seine Priester seien weich, feminin, homosexuell und trügen weibische Gewänder. Zweifellos entsprachen diese keineswegs der Auffassung israelitischer Männer, wie Kleidung und Benehmen zu sein hatten. Die Baal-Priester waren glattrasiert und rieben sich ihre Körper regelmäßig mit wohlriechenden Ölen ein. Rasiermesser werden in den Schriften auch immer wieder im Zusammenhang mit Eunuchen erwähnt. Offenbar praktizierten einige Baal-Priester im Zuge ihrer Gottesverehrung auch die rituelle Kastration; eine Praxis, die sonst nur noch in Syrien und Babylon verbreitet war.

König Salomon gilt als der Staatsgründer Israels. Es gelang ihm, in einem politischen Entscheidungskampf wahrscheinlich in der Zeit von 970 bis 930 v. Chr., die alten Klan- und Stammesstrukturen einzureißen und statt dessen ein Steuerwesen, bürokratische und militärische Strukturen, eine religiöse Hierarchie und eine Zentraladministration einzuführen. Symbole dafür wurden sein Palast und der Tempel in Jerusalem. Dieses Bild von König Salomon basiert insbesondere auf den Büchern der Chronik, die in der Exilzeit in Babylon um 500 v. Chr. entstanden. Die Autoren waren besessen von dem Wunsch, den Juden eine goldene Vergangenheit zu liefern, sie sollten glauben können, daß Jerusalem einst ebenso reich und mächtig gewesen sei wie Babylon! Informationen zeitgenössischer Quellen aus Ägypten und Mesopotamien widerlegen allerdings diese Behauptung. Und wenn jüngere römische Quellen positiv über Salomon berichten, dann deshalb, weil sich bis zur Zeit der Römer längst das glorifizierende Salomon-Bild der jüdischen Geschichtsschreibung durchgesetzt hatte.

Tatsächlich weiß man aber weder, ob Salomon reich noch ob er charismatisch oder verführerisch gewesen ist. Möglicherweise war die Königin von Saba eine echte Fürstin auf der Durchreise, vielleicht ist aber auch sie nur eine erfundene Figur. In den Büchern der Chronik wird eine ägyptische Prinzessin als eine der Ehefrauen Salomons genannt. Als Nebenfrauen hatte er Prinzessinnen aus Moab, Ammon, Edom und Sidon. Aber daß es insgesamt siebenhundert Ehefrauen und dreihundert Konkubinen gewesen sein sollen, belegt ausschließlich die Übertreibungslust des Autors.

Tatsächlich bauten die Israeliten um diese Zeit ihren Tempel, ein großes Gotteshaus, wie sie es von den benachbarten Volksstämmen kannten. Der Tempel wurde als irdische Kopie von Gottes himmlischem Palast gesehen und hatte daher sehr viel Ähnlichkeit mit den Tempeln der Nachbarvölker, die indes anderen Göttern geweiht waren. Wahrscheinlich hat kaum eine Frau in der Umgebung Salomons den Gott Jahve verehrt; römische Historiker behaupten, sie hätten Venus und Priapus gehuldigt, und meinten damit Ashera und Baal. Alles deutet darauf hin, daß König Salomons vierzigjährige Regierungszeit von religiösem Synkretismus geprägt war, dem Versuch, verschiedene Gottheiten und religiöse Riten zu vereinen. In den Büchern der Chronik spielt Salomon dennoch eine merkwürdige Doppelrolle. Auf der einen Seite tolerierte er offensichtlich die Anbetung fremder Götter durch die Israeliten; doch um seine Legende nicht zu zerstören, wurde alle Schuld daran seinem Sohn Rehabeam gegeben, der unter dem Einfluß seiner Mutter Naama stand, einer Ammoniterin.

Salomons Tempel wurde zum Symbol dieser religiösen Vereinigung, er wurde zu einem Zentrum, in dem mehreren Göttern gedient wurde. Jahve verehrte man im Mittelschiff, die Bundeslade war das Symbol seiner ewigen Anwesenheit. In den Seitentempeln betete man Ashera und Baal an, dort standen ihre Bildnisse. Es ist höchst wahrscheinlich, daß in den hinteren Räumen des Tempels rituelle sexuelle Handlungen vollzogen wurden. Und wie in Syrien oder Mesopotamien boten außerhalb des Tempels Frauen sexuelle Dienste gegen Bezahlung an. Jerusalems Tempel wurde damit zu einem Gotteshaus, das absolut vergleichbar war mit den anderen großen Tempeln dieser Zeit.

Unter König Salomon prosperierten der Handel und andere Formen des geschäftlichen Lebens wie nie zuvor. Davon profitierte auch die Prostitution. So ist es wahrscheinlich, daß Salomons weises Urteil in der berühmten Geschichte, in der sich zwei Frauen um einen Säugling streiten, eine Entscheidung im Streit zwischen zwei Priesterinnen der Ashera war; folglich wurden sie in der religiösen Ikonographie als Prostituierte dargestellt.

»Mein Sohn, gehorche der Zucht deines Vaters und verlaß nicht das Gebot deiner Mutter«, heißt es in einem der Sprüche, die man Salomon zuschreibt, um zu betonen, daß er neben all seinen anderen Tugenden auch große Weisheit besaß. Und er schließt die Warnung an: »Laß dich nach ihrer Schönheit nicht gelüsten in deinem Herzen, und laß dich nicht fangen durch ihre Augenlider!« Mit anderen Worten: Halte dich fern von Prostituierten, egal, wie sehr sie dir auch schmeicheln. Immer wieder liest man in den Sprüchen Salomons Warnungen vor Prostituierten, ein deutliches Zeichen, daß ihre Zahl in der Zeit des Königs anstieg.

Ein alttestamentarischer Text aus dem 1. Buch Samuel, niedergeschrieben im Laufe des 6. Jahrhunderts v. Chr., liefert ein konkretes Abbild von den Verhältnissen der damaligen Zeit. Die Geschichte handelt vom Oberpriester Eli und seinen Söhnen, die wie ihr Vater Priester waren. Eines Tages entdeckte Eli, daß seine Söhne mit den Frauen schliefen, die ihnen während des Gottesdienstes assistierten. So wie die Geschichte erzählt wird, handelte es sich nicht um unbedeutende Seitensprünge, sondern um etwas sehr viel Schwerwiegenderes. Alles deutet darauf hin, daß Elis Söhne an gottesdienstähnlichen Handlungen teilnahmen, bei denen es auch zu sexuellen Ritualen kam. Eli und seine beiden Söhne müssen sterben, und aus dem schutzlosen Tempel wird daraufhin die Bundeslade gestohlen. So wurde mit der größten Deutlichkeit gezeigt, welche Konsequenzen diese Art von Heidentum hat.

Das 1. Buch Samuel verlegt die Ereignisse in eine Vorzeit, die wir auf das Jahr 900 v. Chr. datieren könnten, doch die Geschichte wurde für die damaligen Zeitgenossen geschrieben, das heißt, die Botschaft war aktueller und belangvoller: Wahrscheinlich wurde in der Zeit der Könige von den Israeliten die Tempelprostitution noch praktiziert; ja, es ist sogar denkbar, daß sich auch die Priester des Jahve daran beteiligten, besonders wenn in diesem zeitgenössischen Text so ausführlich darauf hingewiesen wird.

»Heilige Prostitution« kann unter den Jahve-Priestern allerdings nicht sonderlich häufig vorgekommen sein, denn offiziell hatten sie keine weiblichen Helfer. Ashera jedoch wurde von weiblichen Priestern angebetet. In der Zeit der Könige wurde sie mehr als je zuvor verehrt, sie hatte reguläre Priesterinnen, die mit den Priestern des Baal zusammenarbeiteten. Die Möglichkeit für kultischen Sex und Prostitution im Tempel war somit gegeben.

Es ist nie ganz klar, wie buchstäblich negative Charakteristiken wie »Tempelhure« oder »Baals Hurenbursche« im Alten Testament genommen werden dürfen. Zuweilen beschimpft ein Prophet die Ashera-Priesterinnen, die Prostituierten im und um den Tempel und die promisken oder homosexuellen Baal- und vielleicht auch Jahve-Priester. Aber genauso oft sind die Ausdrücke ganz einfach Teil eines kraftvollen, ja gleichsam pornographischen Metaphern-Repertoires, mit dem die Propheten einen Ungläubigen brandmarkten.

Die Bücher der Chronik sind relativ spät entstanden, und doch wird in ihnen behauptet, Salomons Sohn Rehabeam hätte die heilige Prostitution, das Eunuchenwesen und parallel dazu die Verehrung von Ashera und Baal in einem Tempel begünstigt, den sein Vater zu Ehren Jahves hatte erbauen lassen. Auch die Priester des Baal sollen sich zu Rehabeams Zeiten prostituiert haben; es ist bekannt, daß dies auch in Phönizien und Syrien vorkam. Die Hauptfrage ist, ob die Berichte in den Chroniken nicht vom Eindruck des babylonischen Exils vollkommen überlagert wurden. In Babylon wurde versucht, Salomon zunächst einmal positiv zu beschreiben, um dann von der umfassenden moralischen Auflösung in späterer Zeit zu berichten. Waren all diese Geschichten nun Märchen und Pornographie, oder steckt doch ein wahrer Kern in ihnen?

Glücklicherweise haben wir ältere schriftliche Quellen und die Archäologie, die über die Formen der Gottesverehrung bei den Israeliten Aufschluß zu geben vermögen. Daß Ashera seit Salomons Zeit immer mehr Anhängerinnen fand, ist offensichtlich. Allerdings war die israelitische Ausgabe der Fruchtbarkeitsgöttin im Vergleich mit anderen Regionen tugendhafter. Bei den Phöniziern, die den Israeliten kulturell am nächsten standen, hatten Ashera-Figuren häufig Hüften und einen Unterleib, bei den Israeliten nicht. Möglicherweise verehrten sie die Göttin ausschließlich als Lebensspenderin und Mutter, und nicht wie ihre Nachbarvölker als Sexualsymbol.

Die Texte des Alten Testaments, die in Babylon entstanden, verwenden die Bezeichnung »Königin des Himmels«, ein Begriff, der sie mit Babylons Ischtar und Kanaans Ashera assoziiert. Höchstwahrscheinlich wird es also Tempelprostitution auch in Jerusalem gegeben haben, wie in vielen Texten erwähnt. Zu viele Bibelworte sprechen von heiligen Huren, als daß es sich dabei immer nur um Schimpfworte hätte handeln können.

Nur die Weisheit Gottes kann einen Mann vor den Nachstellungen der Prostituierten retten, erklären die Sprüche Salomons. Diese Mädchen haben ihren Mann verlassen und aufgehört, Gottes Gesetze zu befolgen. Um im Alten Testament als Hure, *zonah,* bezeichnet zu werden, mußte nicht unbedingt Geld im Spiel sein. Der Begriff zeichnet das Bild einer Frau, die gleichzeitig »frei« und »treulos« ist. Eine Prostituierte ist frei von ihrem Vater und ihren Brüdern, aber sie ist ihnen und anderen Männer gegenüber auch treulos. Wenn eine Frau nicht als Ehefrau oder Sklavin aus dem Haus ihres Vaters in das Haus eines anderen Mannes ziehen wollte und sich statt dessen entschloß, unabhängig zu bleiben, spricht vieles dafür, daß sie sich durch den Verkauf ihres Körpers ernährte. Für das Alte Testament sind jedoch nicht die Bezahlung, sondern sexuelle Freiheit und Treulosigkeit die Definitionsmerkmale einer Hure – ein Begriff mit vielen Nebenbedeutungen.

Paradoxerweise wurde mit der Bezeichnung »Hure« auch jede Frau der israelitischen Nachbarvölker belegt, die eine Mitgift mit in die Ehe brachte. Denn sie war »treulos«, weil sie nicht Jahve verehrte. Und die Mitgift machte sie gleichsam »frei«, denn sie konnte – im Unterschied zu israelitischen Töchtern – ihren Mann verlassen, ihren Besitz zusammenpakken und zurück zu ihrer Familie gehen, ohne ihre männlichen Verwandten in Verlegenheit zu bringen.

Die Frauen des Alten Testaments sind entweder gut und treu

oder schlecht und untreu. Allerdings werden gute Frauen nicht als »unfrei« definiert, dafür werden positive Begriffe verwendet. Das Ideal ist die gehorsame Hausfrau, die tugendhafte Tochter oder die ergebene Sklavin. Es gibt ziemlich viele Frauen dieser Art, wahrscheinlich wird gerade deshalb so gut wie nie von ihnen berichtet.

Ohne Frau zu leben war für die Anhänger Jahves nicht erstrebenswert. Wenn man indes die Geschichten des Alten Testaments ernst nimmt, könnte man fast auf den Gedanken kommen, die Männer seien allesamt Junggesellen gewesen. Es wird ganz einfach vorausgesetzt, daß ein Mann von »guten« Frauen umgeben ist. Moses beispielsweise ist der Mann, von dem in der Bibel am meisten die Rede ist, sein Name wird rund dreitausendmal genannt. Seine Ehefrau Sippora wird dreimal erwähnt, eher nebenbei, ohne daß man irgend etwas Interessantes über sie erfährt. Keine von Moses zahlreichen Töchtern wird erwähnt, ein hinreichender Beweis, daß sie allesamt gehorsam, tugendhaft und ergeben waren. Wenn wir überhaupt eine detailliertere Information über eine gute Frau bekommen, dann die, daß sie die Augen niederschlägt und besonders passiv und schüchtern ist. Weitaus mehr läßt sich da doch von den Huren berichten, die von Natur aus aufsässig und eigenwillig verlockend sind.

Esther ist Hauptperson einer volkstümlichen biblischen Erzählung, die einige Generationen vor der Zeit Jesu aufgeschrieben wurde. Esther war durchaus nicht schüchtern, und gegen die Verführung durch einen heidnischen Perserkönig setzte sie sich mit Absicht nicht zur Wehr. Doch Esther hielt heimlich an ihrem Glauben fest, konnte so alle »Fremden« täuschen und letztendlich ihr eigenes Volk retten. Sie gehorchte, und damit dienten ihre Schläue und ihre Hurerei einer guten Sache. Es gelang ihr, das Ansehen einer tugendhaften, gehorsamen und treuen Frau zu erlangen.

Initiative, starke Frauen werden im Alten Testament mit wenigen Ausnahmen als gottlos und bedrohlich oder als Verführerin dargestellt. In Sodom hatte Lots Ehefrau ein wüstes Leben geführt, und ihr Ehemann verbot ihr, sich beim Weggehen noch einmal zur Stadt umzudrehen. Daß sie es dennoch tat, beweist, wie sehr sie ihr früheres Leben vermißte. Doch damit wurde sie »untreu« und erstarrte zur Salzsäule. Sinnlichkeit und Tatkraft ist eine weitere gefährliche Kombination. In den Texten des Alten Testaments werden Königinnen beinahe immer als Frauen beschrieben, die sich schminken, andere Götter anbeten und ihren Mann beherrschen. Wie bei den Huren zieht hier eine schlechte Eigenschaft eine andere nach sich. Und so wettern die Propheten in den Schriften, als säße in jedem Fenster eine Prostituierte und hinter jedem Busch eine Hure, als belagerten untreue Frauen die Gassen und lauerten an jeder Ecke den Männern auf.

Das Alte Testament charakterisiert Huren als unverschämt, arrogant, aufsässig, willig und verführerisch. Doch trotz ihres schändlichen Benehmens werden Huren nicht von vornherein als schlecht verurteilt; ihr Verhalten erscheint eher schicksalsbestimmt und logisch: So ergeht es jeder Frau, auf die ihre Väter und Brüder nicht ordentlich aufpassen.

Irgend etwas im Körper oder Wesen der Frau ist es, das unausweichlich zur Sünde neigt. Konsequenterweise ist es fast immer eine Hure, die den Mann in die Falle lockt, nicht umgekehrt: »Denn am Fenster meines Hauses schaute ich durchs Gitter und sah … einen törichten Jüngling. Der ging über die Gasse … in der Dämmerung, am Abend des Tages, als es Nacht wurde und dunkel war. Und siehe, da begegnete ihm eine Frau im Hurengewand, listig«, so wird in einem der Sprüche Salomons der Auftritt einer Hure beschrieben. »Wild und unbändig, daß ihre Füße nicht in ihrem Haus bleiben können. Jetzt ist sie draußen, jetzt auf der Gasse und lauert an allen Ecken.«

Der tapfere, starke Samson hatte eine Schwäche, die Frauen. Er mochte von seinen Besuchen bei Prostituierten in Gaza nicht lassen und wurde trotz zahlreicher Warnungen von einer Philisterfrau nach der anderen verführt. Die hübsche Dalila war nur eine von vielen Frauen, die den Riesen Samson betörten und ihm so seine Geheimnisse entlockten. Dalila beweist, wie gefährlich eine Hure sein kann; ihr ist die Kastration Samsons zuzuschreiben, der Verlust seiner Manneskraft. »Er folgt ihr alsbald nach, wie ein Stier zur Schlachtbank geführt wird, und wie ein Hirsch, der ins Netz rennt, bis ihm der Pfeil die Leber spaltet; wie ein Vogel zur Schlinge eilt und weiß nicht, daß es das Leben gilt.«

In den Sprüchen Salomons ist stets eine Hure die Erklärung für den Kontrollverlust eines Mannes. Natürlich kann sich ein Mann aus Hochmut und Stolz gegen Jahve versündigen, doch meist hat ihn zuvor eine Frau vom rechten Weg abgebracht.

Eine Erklärung, warum im Alten Testament Frauen so häufig als Hure charakterisiert werden, ist sicherlich in den großen Schöpfungsmythen zu suchen, in den Erzählungen über den Anfang der Welt und den Sündenfall. Die erste Sünde der Urzeit ist ja nichts anderes als eine Warnung vor allen späteren Sünden. Mit einer Erklärung der Entstehung der Sünde fällt es leichter, sich dem Rätsel der Prostitution zu nähern.

Was ist im Garten Eden tatsächlich passiert? Hat Eva Adam und die gesamte Menschheit ins Verderben geführt? Oder läßt sich die Schuld auf andere Verhältnisse schieben? Diejenigen, die Eva ganz oder teilweise freisprechen möchten, haben gewöhnlich eine alternative Erklärung: Eine phallische und sehr beredte Schlange, der gefallene Engel Satan, verführte Eva zu der schicksalhaften Ursünde. Wer aber war Eva, was wissen wir von ihr? Sie gehört zu den problematischsten Gestalten des Alten Testaments. Sie wird in nur drei kurzen Kapiteln erwähnt, die aus einer seltsamen Mischung von Schöpfungslegende und gleichnishafter Erklärung der Sünde bestehen. Danach wird mit keinem einzigen Wort mehr von ihr berichtet. Eva ist keine dominante Figur im israelitischen Kanon.

Die römisch-katholische Kirche hat alles verändert. Dort wurde ein Text kanonisiert, der die Eva-Problematik sehr viel zentraler positioniert. Es handelt sich um eine Schrift aus dem 2. Jahrhundert v. Chr., das sogenannte *Ecclesiasticus*. Die päpstliche Kirche gab Eva die Hauptverantwortung für den Sündenfall; in der jüdischen Tradition und in vielen evangelischen Glaubensrichtungen lag die größere Schuld immer bei Satan und anderen gefallenen Engeln.

Aber das *Ecclesiasticus* ist nicht der einzige Text in dieser Diskussion, ein anderer alter jüdischer Text, der hundert Jahre jünger ist, wird normalerweise *Das Buch von Adam und Eva* genannt. Hier läßt ein unbekannter Autor Eva selbst zu Wort kommen. Ihr Bericht über die Entstehung der Sünde und des Leids ist eindeutig. Sie behauptet von sich selbst, ein zutiefst verdorbenes, sündiges und unberechenbares Wesen zu sein. Dieser Text liefert eine vollkommen andere Sicht auf die Frau als die alttestamentarischen Schriften, hier steht ihre grundsätzlich unzüchtige Natur als geschlechtliches Wesen im Mittelpunkt.

Gelesen wurde dieser Bericht vor allem in der Urkirche. Deutlich ist sein Einfluß auch in den Briefen von Paulus und Johannes, die einige Hinweise auf die Rolle Evas enthalten. Eva und der Apfel hätte eines der unschuldigsten Märchen der Weltgeschichte sein können, doch ließen gewichtige, frauenfeindliche griechische Vorstellungen eine unschuldige Legende zur Schreckensvision werden.

Adam, der erste Mann auf der Erde, wurde neunhundertdreißig Jahre alt, Methusalem neunhundertneunundsechzig Jahre. Die mystischen Texte des Christentums und des Judentums berichten ausführlich über die Patriarchen und ihre ungeheure Lebenskraft. Niemanden interessierte dagegen, wie alt Eva wurde. Von den Frauen hört man selten. Zwischen Adams Eva und Abrahams Sara zählen die Ahnentafeln der Genesis eine endlose Reihe von Männern auf, darunter lediglich zwei Frauen: Ada und Silla, die beide aus der Familie Kains stammen.

»Kains Töchter sahen die Engel, die vom Himmel fielen. Sie untersuchten sie und zeigten ihnen ihre Geschlechtsorgane. Sie hatten ihre Augen wie Huren bemalt. Nachdem die Frauen die Engel verführt hatten, wurden sie von ihnen als Ehefrauen genommen.«

Diesen Text schrieb der jüdische Rabbi Elkiezer im frühen 7. Jahrhundert v. Chr., vergleichbare Schilderungen finden sich in vielen jüdischen Schriften. In kabbalistischen Texten ist die Geschichte von Gottes *grigori* oder Wächterengeln ebenfalls überliefert. Sie hießen Azazel und Semjazza und kamen zur Erde, um Adams Familie nach der Vertreibung aus dem Paradies zu beschützen. Evas Enkelinnen erkannten sehr bald, daß die beiden Engel ihren Begierden nützlich sein konnten. Das Leben auf der Erde hatte sie schon nach wenigen Generationen sehr viel wilder und aggressiver werden lassen als ihre Stammmutter. Ihre Kleidung und ihre Schminke charakterisieren sie als Frauen einer ganz besonderen Art. Rabbi Elkiezer vergißt nicht zu berichten, daß Evas Enkelinnen mit den Engeln für zahlreiche Nachkommen sorgten.

Im 2. Jahrhundert vor unserer Zeitrechnung ging es in einer heftig geführten Debatte unter jüdischen Schriftgelehrten um Eva und ihre weiblichen Nachkommen, um Sünde und Scham im Garten Eden und auf der Erde. Zu Gunsten von Eva und ihrer Nachkommenschaft führten viele Satan und seine Schar der gefallenen Engel ins Feld. Ben Sira war einer der wenigen, die Eva die größte Schuld gaben. Doch obwohl er eine Minderheit repräsentierte, hatte seine Sicht den größten Einfluß auf die Nachwelt.

In einigen jüdischen Überlieferungen wurde zu Evas Verteidigung angeführt, daß sie lediglich Adams zweite Ehefrau gewesen sei. Die erste Frau in Adams Leben war nach dieser Schöpfungslegende Lilith, ein gefallener weiblicher Engel. Doch das Verhältnis zwischen Adam und Lilith war problematisch, denn Lilith hatte offenbar ein sehr dominantes und forderndes Wesen. So bestand sie darauf, während des Geschlechtsaktes oben zu liegen, und als Adam versuchte, sie zur Missionarsstellung zu zwingen, lachte sie ihn aus und verließ ihn sofort. Adam war einsam, als seine erste Ehefrau verschwand, erst da bekam er die weitaus gehorsamere Eva. Lilith hingegen suchte sich angemessenere Partner bei den gefallenen Engeln.

Wir wissen mehr über Lilith als über die rätselhafte Eva. Lilith hat tiefe Spuren hinterlassen, und im Laufe der Geschichte bekam sie eine ganze Reihe von Anhängern. Im Nahen Osten und entlang der Küsten des Schwarzen Meeres war sie als Göttin der Eulen bekannt, gleichzeitig verehrte man sie an vielen Orten als Liebesgöttin. Auf alten Reliefs kann man sie in einer Kombination aus Vogel, Schlange und Mensch sehen, auf einigen Abbildungen hält sie den Schlüssel des Lebens in ihrer Hand. In der Vorstellung der jüdischen und christlichen Völker ist Lilith seither Satans Braut. Zeitweilig wird sie als das Gegenbild der Jungfrau Maria dargestellt; in ihrer dreifachen Eigenschaft als Satans Mutter, Ehefrau und Tochter.

Satan und Lilith treten insbesondere im Volksglauben und der Mystik des Judentums auf, obwohl die Rabbiner normalerweise kein sonderlich großes Interesse an Engeln und Dämonen hatten. Doch die Figur der Lilith ist zu allen Zeiten eine Projektionsfläche für die männliche Phantasie gewesen, zumal sie enorm fruchtbar war und ununterbrochen Töchter gebar. Alle wurden sie Liloth genannt, nach der Mehrzahl des mütterlichen Namens. Gern suchen diese weiblichen Dämonen Männer auf, die allein im Bett liegen; mitten in der Dunkelheit der Nacht springen sie ihre unschuldig schlafenden Opfer an. Ihre Auferstehung hat die Höllenkönigin in den letzten Jahrzehnten vor allem durch die Frauenbewegung der westlichen Länder erlebt. Heute wird die erste mythische Rebellin unserer Zivilisation als Symbol des Feminismus verehrt.

Engel und Dämonen sind androgyne Geschöpfe; doch während die Engel nahezu geschlechtslos daherkommen, sind die gefallenen Engel zweigeschlechtlich und multisexuell. Allerdings erscheint der einzelne, individuelle Engel mit den vorwiegenden Merkmalen eines Geschlechts. Einige »weibliche«

Engel werden vom Volksglauben eng mit der Prostitution und dem Verkauf von Sex in Verbindung gebracht. Eiseth Zenuim und Agrat-bal-Mahlat, die beiden bekanntesten, sind indes nicht die Schutzengel der Prostituierten, sondern stehen im Dienste des Bösen und werden als Bräute und Huren Satans angesehen.

Asmodeus heißt der hübscheste und am häufigsten beschriebene dritte Prostitutionsengel. Er taucht in vielen Texten auf, von dem apokryphen *Buch Tobias* über den jüdischen und christlichen Volksglauben bis hinein in die protestantische Dichtung. Er ist der Prinz der Hölle, der unwiderstehlichste aller Verführer. Den einzigen Schutz vor ihm bieten eindringliche Gebete zum Erzengel Michael, nur er war in der Lage, Asmodeus zurückzuhalten. Asmodeus war der Sohn von Naahma der Angenehmen, der Favoritin Satans. Und obwohl er gegen seinen Vater Satan rebellierte, war er bei ihm und seinem Harem sehr begehrt.

Die jüdische Tradition und der protestantische Glaube erklären die Sünde zum absolut Bösen. Wenn Frauen zu Huren werden und Männer sich verführen lassen, geschieht dies durch die Dämonen des Bösen. Es liegt nicht an Eva und ihrer Natur, wie es die katholische Kirche gemeinhin behauptet. Die Hölle ist bevölkert von einem Heer von Verführern: Lilith und ihren Töchtern, Satans Huren und den Engeln der Prostitution. Alle sind sich einig, alle haben das gleiche Ziel: die Menschen zu verführen, damit sie noch mehr sündigen. Das ganze Huren- und Dirnenwesen ist ein Teil von Satans Plan, denn in seiner bösen Vorstellungswelt gibt es nur einen Rivalen.

Die Königin Isebel war vermutlich die dominierende Persönlichkeit Israels im 9. Jahrhundert v. Chr. Von ihr zeichnen die Bücher der Chronik das dunkelste Portrait. Isebel war die Hure Babylons und die Königin der Sünde in einer Person. Israels Königin schminkte sich die Augen und die Lippen und stellte sich in ein Fenster des Palastes, als wäre sie käuflich.

Sie ist wie Salomon eine historische Person. Zu ihrer Zeit war Salomons Großreich bereits in zwei kleinere Reiche geteilt. Das Land im Süden wurde Judäa genannt, das Reich im Norden hatte den Namen Israel, hier hatte eine neue Dynastie den Thron bestiegen. Isebel war die Tochter eines phönizischen Königs und verheiratet mit Ahab, der 869 v. Chr. die Königswürde in Israel erbte. Ahab hielt wie Salomon eine Vermischung der Religionen in seinem Reich für normal, er selbst bevorzugte vermutlich den Jahve-Kult. Isebel dagegen verehrte Baal und Ashera mit einer für ihre Zeit einzigartigen Intensität und Intoleranz, und so flammten die schwelenden Religionsstreitigkeiten wieder auf und führten zu einem offenen Konflikt.

Denn Isebel rief nicht allein zum Krieg auf. Auch Jahve hatte seine Propheten, und einige davon waren ziemlich intolerant. Sehr bald schon waren sie blind vor Wut auf eine Königin, die sich mit den Eunuchenpriestern des Baal und der Ashera umgab, die den Einsatz von weiblichen Priestern befürwortete und selbst die Rolle der Oberpriesterin übernahm. Außerdem galt sie als gierig. Isebel hatte nämlich ein Auge auf einen Weinberg geworfen, der einem unschuldigen Großbauern namens Nabot gehörte, weshalb sie seinen Tod befahl.

Offenbar hatte nie zuvor jemand von königlichem Blut Ashera und Baal so intensiv gedient wie Isebel. Und sie wollte keinerlei religiöse Kompromisse akzeptieren, nicht einmal eine »Ehe« zwischen Ashera und Jahve, den ein großer Teil des Volkes im täglichen Gottesdienst mit anbetete. Isebel wollte ganz einfach jeder Form des Jahve-Kultes ein Ende bereiten und veranlaßte daher ein blutiges Massaker unter seinen Propheten. Ihre kompromißlose Strategie konnte nur mit einem totalen Sieg oder einer grausamen Niederlage enden. Die religiöse Unsicherheit und die gegenseitige Skepsis unter den Repräsentanten der verschiedenen Glaubensrichtungen, die alle Hebräischsprechenden über Jahrhunderte geprägt hatte, kulminierten nun in einer Reihe regelrechter Schlachten. Isebel schwor, den Propheten Elias zu töten, nachdem dieser einen Opferwettkampf zwischen den Jahve- und den Baal-Priestern arrangiert und einen strahlenden Sieg davongetragen hatte. Elias floh in den Süden des Sinai.

In dem sich anschließenden Religionskrieg führte Isebel die eine Partei an, während der Prophet Elias und der Anführer des Aufstandes Jehu an der Spitze der Gruppe standen, die am Ende obsiegte. Isebels Schicksal mußte grausam sein, schließlich war sie die härteste Gegnerin, die Jahve-Anhänger je gehabt hatten, und noch dazu eine Frau. Isebel war nicht vorbereitet auf eine totale Niederlage. So kleidete sie sich mit all ihren königlichen Insignien, schminkte sich die Augenbrauen grün und die Lippen rot, breitete ihr Haar aus und stellte sich in ein Fenster des Palastes. Das war eine gleichzeitig königliche wie religiöse Symbolhandlung. Sie trat als heilige, sich prostituierende Oberpriesterin auf, sie war die irdische Verkörperung der Göttin Ashera und gleichzeitig Israels Königin. Dem fanatischen Jehu gelang es jedoch, drei Eunuchen so einzuschüchtern, daß sie ihre Oberpriesterin aus dem Palastfenster stießen. Ihr Blut spritzte auf, und die aufgeschreckten Pferde vor dem Palast zertrampelten den Körper der Königin bis zur Unkenntlichkeit. Dann kamen die Hunde und nagten das Fleisch von den Knochen. Die Überreste der königlichen Priesterin wurden zum Abfall geworfen.

Die Geschichte von Isebel wurde in den brutalsten Details geschildert, die den Chronikschreibern einfielen, um den vielen Israeliten im Exil Mut zu machen, die in Babylon täglich mit einer ähnlich schändlichen Religion konfrontiert waren. Doch obgleich Isebel tot war, hörte der Religionsstreit in der Zeit der Könige nicht auf, denn ihre Verwandten König Ahasja und Königin Atalja blieben weiterhin Anhänger des Ashera-Kults. Es gibt guten Grund zu der Annahme, daß die Schriften hier den tatsächlichen Ablauf der Geschichte sehr genau referieren. Auch andere Könige im Reich Juda, wie Amon oder Manasse, verehrten Ashera und Baal. Hundertfünfzig Jahre lang wurden diese »falschen« Götter verehrt, ebenso lange, so die Propheten, wanderten Huren über die Berge Israels und »buhlten unter jedem grünen Baum«. Möglicherweise waren israelitische Mädchen unter den weltlichen Huren weniger häufig zu finden, jedenfalls liebten es die Propheten, gegen »fremde Frauen« aus Ägypten, Syrien und Babylon zu wettern.

Wenn man erst einmal anfängt nachzuzählen, stößt man im Alten Testament alle paar Seiten auf eine neue Prostituierte. Der Richter Jeftah war der Sohn einer Prostituierten, und zwei seiner Töchter gingen dem Gewerbe ihrer Großmutter nach. Der Prophet Hosea heiratete eine Frau namens Gomer; sie verließ ihn und begann wieder, sich zu verkaufen, obwohl sie drei Kinder von ihm bekommen hatte. Samson war der Sohn einer Tempelprostituierten und besuchte weltliche Huren, wann immer ihn die Lust überkam.

Im Jahr 612 v. Chr. begann eine religiöse Reformbewegung unter den Jahve-Anhängern, die möglicherweise das Ende des alten Baal- und Ashera-Kultes einleitete. In einem Text des Propheten Jeremia aus dieser Zeit wendet sich Gott Jahve direkt an den Propheten, um sich über die Ehefrau zu beklagen, die so viele seiner Anhänger ihm zugeschrieben hatten: »Siehst du nicht, was sie tun in den Städten Judas und auf den Gassen Jerusalems? Die Kinder lesen Holz, die Väter zünden das Feuer an und die Frauen kneten den Teig, auf daß sie der Himmelskönigin Kuchen backen, und fremden Göttern spenden sie Trankopfer mir zum Verdruß ... Ich habe euren Vätern ... nichts gesagt noch geboten von Brandopfern und Schlachtopfern.«

König Josia, ein Nachkomme Salomons, zerstörte das große Ashera-Bildnis im Tempel von Jerusalem und jagte die Prostituierten fort, die sich dort aufhielten und für die Göttin tanzten und Kleider webten. Die Bücher der Chronik berichten, daß Josia die letzten Baal-Priester erschlug. Seither war es vorbei mit der Verehrung von Baal und Ashera. Gleichwohl lebten beide in verschiedenen Regionen und Legenden weiter und wurden schließlich zu Dämonen, sehr verschiedenen Verkörperungen des Teufels.

Niemand kann sexuelle Schandtaten mit solch dröhnendem Donnergrollen anprangern wie die alttestamentarischen Propheten. In den Jahren um 600 v. Chr. sah Hesekiel furchtbare Hurenböcke und liederlich schamlose Huren, wohin er auch schaute. Der Fall Jerusalems stand kurz bevor! Im Jahr 586 v. Chr. nahm der neubabylonische König Nebukadnezar Jerusalem ein und zerstörte Salomons prächtigen Tempel. Es folgte die Gefangenschaft der Juden im damaligen Zentrum der Prostitution: Babylon.

Im Babylon des 5. Jahrhunderts v. Chr. gab es kaum mehr Relikte der »heiligen« Prostitution oder Riten aus der sumerischen oder altbabylonischen Zeit. Aber die weltliche Prostitution hatte ein unvorstellbares Ausmaß angenommen, überall gab es vom Tempel unabhängige, kommerzielle Bordelle.

Die gefangenen Juden wurden in eigene, abgeschlossene Viertel einquartiert; eines lag innerhalb der Stadt, ein anderes mit dem Namen Tel Aviv an einem Kanalbett. Die Juden kamen in der festen Überzeugung, daß ihre Religion der babylonischen bei weitem überlegen war; die Ablehnung der fremden Sitten und Gebräuche bestimmte sämtliche Texte, die sie niederschrieben. In der Zeit des Exils predigten die Propheten Jeremia, Hesekiel und der zweite Jesaja und schrieben Klagelieder über die Gefangenschaft und das Buch Daniel. Viele dieser Schriften vermitteln einen Eindruck von der Atmosphäre der Stadt, und die Furcht vor allem Fremden bekam einen gemeinsamen Namen: die »Hure Babylon«.

Als der Perserkönig Kyros 539 v. Chr. in Babylon einrückte, bekamen die Juden die Möglichkeit, nach Jerusalem zurückzukehren und den Tempel wieder aufzubauen. Die meisten blieben jedoch in Babylon. In den folgenden Jahrhunderten lösten sich im ehemaligen Kanaan die herrschenden Weltmächte ab; in Alexandria die Perser, Alexander der Große und die Ptolemäer, in Antiochia die Seleukiden und Syrer. Nach einer kurzen Phase der Freiheit folgte eine neue Unterwerfung, nun unter die Herrschaft Roms.

Zu dieser Zeit war Jahve längst der alleinige Gott im neuerbauten Tempel Hesekiels, seine Exfrau Ashera war zusammen mit ihren Priesterinnen für immer vertrieben. Kein jüdischer Moralist mußte mehr gegen die heilige Prostitution kämpfen, selbst als Schimpfwort war es aus der Mode gekommen. Apokryphe Schriften wie das *Buch Tobias,* die *Pseudoepigraphen* und das *Ecclesiasticus* belegen jedoch, daß es in der Region, die zur Zeit der römischen Besetzung Palästina genannt wurde, Prostitution in erheblichem Ausmaß gab. In Jerusalem, Gaza und Samaria sangen die Huren und spielten ihre Harfen. Entweder sprachen sie ihre Kunden direkt auf der Straße an, oder sie waren in besonderen Häusern untergebracht, die nach griechisch-römischem Vorbild mit einem roten Zeichen als Bordelle gekennzeichnet waren. Palästina war unter den Einfluß der westlichen Hemisphäre geraten. Auch die Prostitution begann sich den tonangebenden Städten der Zeit anzupassen: Athen, Korinth, Alexandria und Rom.

Kapitel 3

Die neue Freiheit der Griechen

Im Jahr 399 v. Chr. wurde Sokrates in Athen zum Tode verurteilt, angeblich, weil er »an andere Götter glaubte als die Stadt«. Darüber hinaus warf man ihm vor, er habe »die Jugend verdorben«. Mit einundsiebzig Jahren leerte er den Giftbecher, nachdem er seine Ehefrau Xanthippe rechtzeitig fortgeschickt hatte. Nicht um sie zu schonen, sondern weil er es vorzog, im Kreise seiner jungen männlichen Bewunderer zu sterben. Die kluge Hetäre Aspasia, die einige Jahre zuvor gestorben war, wäre wohl die einzige Frau aus Athen gewesen, die Sokrates an seinem Todeslager akzeptiert hätte. Ein Umstand, der uns nicht nur etwas über den Philosophen verrät, sondern mehr noch über die Rollenverteilung der Geschlechter im klassischen Hellas.

Im 5. Jahrhundert v. Chr., zur Blütezeit der griechischen Kultur und der Demokratie Athens, führten die Frauen ein langweiliges und züchtiges Leben zu Hause. Die Männer pflegten das gesellschaftliche Leben untereinander, intellektuell, emotionell und sexuell. Sklaven verrichteten die grundsätzlich notwendigen Arbeiten; freigelassene Sklaven und Periöken, also Ausländer, hatten den gesamten Handel übernommen. Der Volksredner Demosthenes brachte es auf den Punkt, als er feststellte, die griechischen Männer seiner Zeit hätten »Hetären für die Freude, Konkubinen für die Pflege des Körpers und Ehefrauen, um eine legitime Nachkommenschaft und einen ordentlich geführten Haushalt zu gewährleisten«.

Die einzigen weiblichen Personen, die von den Männern des

klassischen Griechenlands als nahezu gleichwertig akzeptiert wurden, waren geschulte Luxusprostituierte, die Hetären.

Um das Jahr 550 v. Chr. kam es in der griechischen Geschichte zu einer Wende. Im Laufe von drei bis vier Jahrhunderten hatte sich die griechische Kultur entwickelt und vom griechischen Festland bis nach Kreta, Kleinasien, Sizilien und ins heutige Südfrankreich ausgebreitet. Nun versuchten die Bewohner der griechischen Stadtstaaten, ihre Kultur zu konsolidieren und die städtischen Gesellschaften weiterzuentwickeln. Die Entwicklung richtete sich nicht nur gegen die eigene, alteingesessene Aristokratie, sondern vor allem gegen die sogenannten Barbaren, von denen sie umgeben waren – insbesondere das Perserreich, das sie von Osten her bedrohte.

Einige griechische Stadtstaaten an der Küste Kleinasiens versuchten sich 499 v. Chr. gegen die persische Vorherrschaft zu erheben. Dies führte zu zwei großen Strafexpeditionen, die von den Perserkönigen Dareios und Xerxes angeführt wurden. Doch die griechischen Stadtstaaten schlossen sich daraufhin nur um so enger zusammen, denn es ging ganz einfach um den Untergang oder den Sieg der griechischen Kultur. Das Perserheer war gewaltig, zehnmal größer als das Heer der Griechen. Gefährlich war jedoch lediglich die aus Aristokraten bestehende Kavallerie der Perser, das Fußvolk bestand überwiegend aus zwangsausgehobenen Sklaven. Es waren unwillige, unmotivierte Männer, die den wenigen, aber gutausgebildeten Griechen nicht standhalten konnten, zumal die Griechen davon überzeugt waren, für Freiheit und Demokratie zu kämpfen.

Um den Verteidigungskampf der griechischen Städte gegen die Perser bildete sich schnell eine Reihe von Mythen. Mit ihren Beschreibungen der Kriege schufen die griechischen Historiker Herodot und Thukydides einen Archetypus, auf dem im wesentlichen alle Vorstellungen der politischen Ideengeschichte des Westens basieren: auf einem grundsätzlichen

Gegensatz zwischen West und Ost, zwischen freien Männern und barbarischen Horden.

Weitaus unbekannter ist, daß sich auch grundlegende Formen der westlichen Sexualität aus dem Widerstand gegen die Barbaren des Ostens und ihre unzivilisierten Perversionen entwickelten. Die griechische Demokratie, die Gesetzgebung, die Kriegstechnologie und die Literatur entstanden aus der erklärten Opposition gegen die Barbaren. Ebenso formten sich die griechischen Ideale einer rationalen, aber herzlichen Mannesliebe und der säkularisierten Prostitution im Gegensatz zu ihren Vorstellungen vom »ungesunden« Liebesleben der Barbaren im Osten.

Auf den griechischen Vasenbildern ist dies nachzuvollziehen: Häufig sieht man darauf griechische Jünglinge, sexuell zwar passiv, jedoch niemals feminin dargestellt. Ein griechischer Mann, gleich welchen Alters, ist auf einem erotischen Vasenbild immer athletisch und muskulös, dies gilt für den jungen Mann wie für sein älteres Pendant. Das Geschlechtsorgan eines griechischen Mannes wird immer relativ klein dargestellt, die Vorhaut ist vor der Eichel zusammengebunden. Die Griechen empfanden das als schön, sauber und zivilisiert. Die Hetären, die als einzige Frauen nackt abgebildet wurden, sind auf den Vasenbildern ebenfalls immer schlank und wohlgestaltet.

Im Gegensatz dazu werden sämtliche Barbaren abstoßend und erschlafft gezeigt, entweder sind es effeminierte Eunuchen, oder sie sind einfach nur häßlich und fett. Und alle sind mit großen, schlaffen Geschlechtsorganen versehen. Man braucht nur einen Blick auf eine Vasenmalerei zu werfen, um zu verstehen, daß sich die Griechen als die klügeren und schöneren Menschen sahen, die ein weitaus ästhetischeres Sexualleben pflegten als ihre unzivilisierten Nachbarn im Osten.

Der kulturelle Unterschied in ihrer Sicht war fundamental: Bei den primitiven Persern regierten dekadente Alleinherrscher und intrigante Königinnen, die von lokalen Tyrannen und Satrapen unterstützt wurden. Sie ließen sich von den *hierodu-*

len, von Tempelprostituierten und Eunuchen, bedienen. Im Westen, im freien und modernen Hellas, gab es Demokratie, Kultur, sportliche Wettkämpfe und Liebe unter Männern. Der gesellschaftlich führenden Schicht standen gebildete und gut geschulte Prostituierte zur Verfügung, die Männer, die nicht der Oberschicht angehörten, konnten öffentlich kontrollierte Bordelle benutzen.

Aspasia, Phryne und andere griechische Hetären waren in vielerlei Hinsicht die ersten freien Frauen der Weltgeschichte. Vor ihrer Zeit gab es ägyptische, mesopotamische, lydische und persische Prinzessinnen, die dem Bildungsstandard ihrer Zeit entsprachen und tanzen, singen und repräsentieren konnten. Nur waren sie für ihre Aufgaben geboren und erzogen worden. Die Geschichte der griechischen Hetären verlief anders. Sie mußten sich innerhalb der Gesellschaft nach oben kämpfen, sie erkauften sich die Freiheit, eroberten die Literatur und trainierten ihre Körper. Ihnen gelang mit Hilfe der einflußreichsten Männer ihrer Zeit ein größerer gesellschaftlicher Aufstieg als jeder Prinzessin in den östlichen Reichen.

»Du, Solon, hast gesehen, wie die Stadt voll war von jungen Männern unter dem Druck ihrer natürlichen Bedürfnisse, sie wichen vom rechten Weg ab und gerieten daher in Verruf. Darum hast du Frauen gekauft und sie an verschiedenen Orten zum gemeinsamen Nutzen untergebracht ... Dort stehen sie nun, und alle sind nackt, damit man nicht betrogen wird. Jeder bekommt, was er sieht. Vielleicht fühlst du dich nicht recht wohl, oder dir ist ein wenig traurig zumute. Gut, gut, die Tür ist offen, bezahl nur eine Münze und tritt ein; keine Prüderie, kein Gewäsch, keine Abfuhr. Du kannst sofort kopulieren, wenn du willst, und genau so, wie du willst. Und wenn du abspringst, kannst du dem Flittchen erklären, daß sie sich zum Teufel scheren kann. Sie ist für dich jetzt eine Fremde.«

So wird es einigermaßen brutal in *Die Männer aus Delphi* formuliert, einem Fragment einer verlorengegangenen Komödie des griechischen Dichters Philemon aus dem Jahr 290 v. Chr. Solon, um den es in der Komödie geht, war der große Staatsmann im Athen des 6. Jahrhundert v. Chr. Ihm gelang es, den Streit zwischen Aristokratie und Bauernschaft zu schlichten, eine allgemeine Schuldentilgung durchzusetzen und die Schuldknechtschaft abzuschaffen. Damit wurde Solon zum eigentlichen Begründer der westlichen Demokratie. Sämtliche politischen Entscheidungen wurden seither in öffentlichen Debatten und unter Berücksichtigung der von Solon schriftlich fixierten Gesetze getroffen.

Doch Solon ist auch der Urheber der modernen Sexindustrie, denn die von ihm veranlaßten Sexualreformen hängen eng mit seinem übrigen Reformwerk zusammen. Um diese Sexualreformen geht es Philemon in seiner Komödie. Vom 6. Jahrhundert v. Chr. an präsentierten die griechischen Stadtstaaten der restlichen Welt rund um das Mittelmeer ein gutorganisiertes und staatlich kontrolliertes Prostitutionswesen. Es funktionierte losgelöst von den religiösen und rituellen Rahmenbedingungen, die das Angebot von sexuellen Dienstleistungen zuvor noch in hohem Maß bestimmt hatten. Solons Sexualreform bestand vor allem darin, daß er einen Gebäudekomplex errichten ließ, den man später *porneia* nennen sollte, »das Haus, in dem die Leute nackt umhergehen«. Er ließ Sklavinnen und junge Sklavenmädchen kaufen und füllte mit ihnen die Häuser. Zusätzlich sorgte er für die Ausbildung des Personals. Der Eintrittspreis in die Bordelle wurde so niedrig angesetzt, daß er sich der politischen Zustimmung der Mehrzahl seiner Mitbürger sicher sein konnte.

In Athen und der Hafenstadt Piräus waren vom 6. Jahrhundert v. Chr. an sowohl weibliche als auch männliche Prostituierte zu kaufen, wobei die männlichen besonderen staatlichen Kontrollen unterlagen. Athens Bordelle wurden rasch zu einer lukrativen Nebeneinnahme für die Stadt und nahmen Ephesos einen wichtigen Marktanteil ab. In der ehemals sehr populären Stadt an der Küste Kleinasiens existierte bis dahin lediglich die althergebrachte Tempelprostitution. Zeitgenössischen Berichten zufolge entwickelte sich parallel zu Athen eine ebenso blühende Bordellszene in Korinth; die westlich von Athen gelegene Hafenstadt war seit langem eines der Hauptzentren für Handel und Seefahrt.

Gut fünfzig Jahre nach den Perserkriegen übernahm Athen die Führung der griechischen Stadtstaaten. Doch Athen war nicht die »Hauptstadt« eines »Reiches«. Korinth, Sparta und Theben waren auf dem griechischen Festland ebenso bedeutende Stadtstaaten und spätestens im 4. Jahrhundert v. Chr. Athen gleichgestellt. Dazu kamen Ephesos und Milet an der Küste Kleinasiens, im Norden Byzanz an der Meerenge des Bosporus und im Westen Syrakus auf Sizilien. Im weit entfernt liegenden Nordwesten, dem heutigen Südfrankreich, hatten die Griechen ebenfalls eine Kolonie gegründet. Massalia, das spätere Marseille, lag nach Ansicht der Griechen inmitten primitiver keltischer Stämme.

Die klassische Periode der griechischen Geschichte umfaßt lediglich die einhundertfünfzig Jahre, die zwischen den Perserkriegen und dem Sieg des Nachbarstaates Makedonien über die Griechen in den Jahren um 330 v. Chr. liegen. In dieser vergleichsweise kurzen Periode erreichte die griechische Kultur ihren Höhepunkt. Es war die Zeit des Theaters, der Kunst und der Architektur. In der Volksversammlung Athens traten immer wieder glänzende Redner hervor, und die griechische Philosophie hatte ihre Blüte mit Sokrates, Platon und Aristoteles. Und all diese Philosophen, Dramatiker, Politiker und bildenden Künstler suchten weibliche Gesellschaft bei den Hetaren – gebildeten, eleganten und sexuell freizügigen Frauen, wie sie die Geschichte bis dahin nicht gekannt hatte.

Die klassische griechische Polis wurde von Männern dominiert, idealisiert wurden männliche Körper und männliche Tugenden. Brutale Ringkämpfe und graziöser Tanz wurden gleichermaßen geschätzt, beides galt als nahezu aristokratische Fertigkeit. Wollte sich eine Frau damit messen, war schon eine gehörige Portion Schönheit, Intelligenz, Wissen und Witz notwendig. So wußte die Hetäre Mania durchaus mit zwei rivalisierenden Athleten umzugehen: »Ich ging mit dir ins Bett, Leontinos, und beinahe gleichzeitig mit Antenor. Denn ich war fest entschlossen, ein für allemal herauszufinden, was zwei olympische Sieger in ein und derselben Nacht für mich tun könnten!«

Der griechische Historiker und Geograph Strabo behauptete, es habe im 5. Jahrhundert v. Chr. in Korinth eintausend Prostituierte gegeben, etwas weniger in Athen. Die beiden Städte waren etwa gleich groß, die Bevölkerungszahl lag zwischen dreißig- und vierzigtausend Einwohnern. Demzufolge hätte sich mindestens eine von zehn erwachsenen Frauen in Athen und Korinth prostituiert. Allerdings variierten die Verhältnisse von Stadt zu Stadt. Spartas Frauen zum Beispiel genossen größere Freiheiten als Frauen in anderen griechischen Städten, sie trieben Sport, trugen Waffen und bewegten sich frei. In Sparta gab es weit weniger Prostituierte als im übrigen Griechenland, obwohl die Geschichtsschreibung auch die Namen von einigen Prostituierten aus Sparta bewahrt hat, etwa der Hetäre Kottina.

In Korinth und Ephesos war die Prostitution zunächst weniger säkularisiert als in Athen, die meisten Prostituierten unterstanden den lokalen Heiligtümern, dem Tempel der Aphrodite in Korinth und dem Artemis-Tempel in Ephesos. Doch auch hier glich sich die Prostitution im Laufe der Zeit immer mehr dem Vorbild Athens an. Der religiöse Hintergrund verschwand indes nicht vollständig, nur weil das sexuelle Angebot säkularer und sachlicher wurde. Gerade die bestbezahlten Hetären Athens fanden bisweilen Gründe, um als Priesterinnen der Aphrodite aufzutreten. Vor allem bei großen Feierlichkeiten schmückte sich der sonst recht weltliche Berufsstand mit einer religiösen Fassade und rief den Schutz der Göttin herbei.

Das Wort *hora* ist griechisch, der Begriff erfuhr jedoch bereits in der hellenistischen Zeit eine Bedeutungserweiterung; er wurde nicht nur für Huren, sondern ganz allgemein für sexuell aktive Frauen verwendet. Die Griechen hatten für Prostituierte aber auch eine Reihe weiterer Bezeichnungen, beispielsweise *porne* oder Umschreibungen wie »Schlafzimmermöbel«, »Gemeindearbeiterin« oder »Würfel«.

Die griechischen Sexarbeiterinnen waren in drei sozial deutlich abgestufte Kategorien eingeteilt. *Deiktriden* oder »ausgestellte Mädchen« waren die Frauen auf der untersten Stufe der sozialen Rangleiter. Sie waren diejenigen, die sich in den Fenstern oder Türen der Bordelle ausstellten. Nahezu alle Deiktriden waren Sklavinnen und lebten häufig in äußerst erbärmlichen Verhältnissen; in der Regel standen ihnen nur wenige Quadratmeter als Lebensraum zu. Tagsüber waren sie oft den verächtlichen Blicken des Publikums ausgesetzt, die Kinder durften sie hänseln. So ist es nur zu verständlich, daß ihr Wunsch, sich außerhalb der Bordelle aufzuhalten, relativ begrenzt war. Laut Gesetz war es den Deiktriden in den meisten Städten ohnehin verboten, sich vor Einbruch der Dunkelheit auf der Straße zu zeigen, damit respektablen Frauen und Minderjährigen ihr Anblick erspart blieb. In Piräus und im Hafengebiet von Korinth wurde diese Regel allerdings nicht sonderlich ernst genommen. Aufgrund dieser erbärmlichen Lebensweise litten Deiktriden häufig an Geschlechts- und anderen Krankheiten. Häufige Abtreibungen waren bei den griechischen Prostituierten üblich, zusätzlich führten Gonorrhöe und Pilzinfektionen zu verminderter Fruchtbarkeit. Viele griechische Männer hatten daher die irreale Vorstellung, Prostituierte könnten keine Kinder bekommen. Der damals vorherrschende Aberglaube stützte die Ansicht, dies sei so, weil sich der Samen mehrerer Männer gegenseitig neutralisieren würde. Natürlich bekamen die Prostituierten Kinder, aber weniger als verheiratete Frauen. Eine Tochter konnte in einem Bordell oder in der Nähe eines Bordells arbeiten und mit der Zeit die Tätigkeit der Mutter übernehmen. Mit einem Sohn verhielt es sich anders, viele Prostituierte setzten alles daran, ihre männlichen Nachkommen in der bürgerlichen Gesellschaft zu etablieren.

Der Kriegsheld Themistokles war der sichtbare Beweis, daß es eine arme Deiktride mit Hilfe ihres Sohnes weit bringen konnte. Themistokles stieg während der Perserkriege zu einem der führenden Politiker Athens auf.

Ein erheblich angenehmeres Leben als die Deiktriden führten die *auletriden.* Die Auletriden waren Gesangs- und Tanzmädchen, freie Frauen mit besonderen Fertigkeiten. Sie traten öffentlich auf, spielten Flöte, Zither und Trommel und tanzten. Einige konnten mit Bällen jonglieren, fechten oder akrobatische Zirkuskunststücke aufführen. Die Auletriden ließen sich zur Unterhaltung privater Gesellschaften ordern. Mit ihren künstlerischen Fähigkeiten waren sie bei Feierlichkeiten und Zeremonien einsetzbar, dabei traten sie nackt oder in durchsichtigen Gewändern auf. Auletriden waren in der Lage, relativ viel Geld zu verdienen, daher war der Übergang zu der Klasse der Prostituierten mit dem höchsten gesellschaftlichen Ansehen fließend. Im Unterschied zu den Deiktriden waren die Auletriden äußerst populär bei den Kindern und Jugendlichen der griechischen Städte, häufig wurden sie mit Spitznamen wie »Spatz«, »Sonnenstrahl« oder »Blumenmädchen« geehrt.

Noch freier bewegen durften sich die *hetären* oder »Begleiterinnen«: Sie hatten mehr Freiheit als die Ehefrauen der Bürger, obschon sie nicht die gleichen Rechte hatten wie die Töchter und Ehefrauen des Bürgertums. In Athen gingen die Hetären nachmittags im *kerameikos* spazieren, der Gartenanlage zwischen der Akademie und dem sich anschließenden offiziellen Friedhof der Stadt. Die Grabmonumente wurden als private Briefkästen genutzt. Mit einem Lidstift schrieb eine Frau den Namen des Mannes auf, den sie am gleichen Abend empfangen wollte. Der Kunde konnte auf dem gleichen Grabstein antworten, und nach einem einleitenden Kompliment hatte dann das Angebot in Form eines Geldbetrages zu folgen.

In der Öffentlichkeit waren die Hetären allgemein bekannt,

zumal es nur eine begrenzte Anzahl von ihnen gab. Bei einer Volkszählung in Athen um das Jahr 400 v. Chr. registrierte man einhundertfünfunddreißig Hetären; die Zahl der Auletriden und Deiktriden muß dagegen ein Vielfaches betragen haben.

»Liebe mich ewig, aber werde nicht eifersüchtig, wenn andere dasselbe tun!« Der Lyriker Asklepiades aus Samos berichtet, daß eine Hetäre mit dem Namen Hermione diese Worte auf einen Gürtel gestickt hatte, den sie ständig trug; der Text war umrankt von den schönsten Blumen. Die Hetären stellten nicht nur die Elite unter den Prostituierten, viele Historiker sind der Ansicht, daß sie überhaupt zu den führenden Frauen ihrer Zeit gehörten. Um so mehr waren sie auch Verleumdungen ausgesetzt. So hieß es im 5. Jahrhundert v. Chr. über Athen, es gäbe dort keine anderen Frauen mehr zu sehen als Hetären und Auletriden. Ehefrauen und junge Mädchen aus gutbürgerlichen Verhältnissen lebten zurückgezogen, die billigen Prostituierten waren von der Straße verbannt. Hetären und Auletriden dominierten die Straßen, Theatervorstellungen und öffentlichen Veranstaltungen, einige von ihnen machten sogar im politischen Leben ihren Einfluß geltend.

Die Oberklasse der griechischen Prostituierten empfing ihre Kunden gern zu eleganten Abendessen. Um die Gäste mit Gesang und Tanz zu unterhalten, nahmen einige Hetären die Dienste von Auletriden in Anspruch; sie selbst waren verantwortlich für philosophische Gespräche, Witze, Flirts und Sex. Zuweilen feierten die Hetären mit ihren Kunden regelrechte Saufgelage, dann wiederum entwickelten sich die Feste zu reinen Sexorgien. In der Regel passierte dies alles in den eigenen, komfortabel ausgestatteten Häusern der Hetären.

Manchmal richteten sie auch Feste aus, zu denen Männer keinen Zutritt hatten, jedenfalls nicht am frühen Abend. Von einer solchen Feier berichtet ein Brief, den die leichtlebige Megara an ihre Freundin Bacchis schrieb. Der Brief beginnt mit einer Kritik an Bacchis, weil sie wegen einer Affäre nicht an einem Fest der Mädchen teilgenommen hatte. Philomena, eine weitere Freundin, war gerade ein wesentlich festeres Verhältnis mit einem Mann eingegangen, hatte sich jedoch trotzdem aus dem Schlafzimmer geschlichen, um ihre Freundinnen zu treffen: »Wir feierten lange im Schatten der Bäume, und obwohl ich schon früher viel getrunken habe, habe ich es doch noch nie so genossen. Am allerkomischsten wurde es, als Tryallis und Myrinna zu wetteifern begannen, wer am besten mit dem Hintern wackeln kann … Wir veranstalteten auch andere Wettbewerbe; aber wie du weißt, gibt es niemanden, der Philomena schlagen kann, wenn es um den Bauch geht. Sie ist ja auch die einzige, die noch nie ein Kind darin getragen hat … Später gingen wir durch die Straßen und machten alle möglichen Späße. Es endete in Deximachos' Haus in der Straße der Goldschmiede, der Bursche hat nämlich gerade eine größere Summe von seinem Vater geerbt, wie du weißt …«

Die erste Lyrikerin der Weltliteratur, Sappho aus Mytilene, betrieb um 600 v. Chr. eine Frauenschule auf der Insel Lesbos. Sappho schrieb eine Reihe von Gedichten und Liedern, die zur Rezitation gedacht waren. Viele handeln von der Liebe unter Frauen, von der Liebe zwischen Mutter und Tochter oder nahen Freundinnen; ihr Vermächtnis ist der Begriff der lesbischen Liebe. Später hieß es, auch Sappho habe eine Zeitlang als Hetäre gearbeitet, die moderne Forschung hält dies aber für nicht sehr wahrscheinlich. Naheliegender ist, daß sie einige Zeit eine Liebesbeziehung zu einer Hetäre unterhielt. Mit Sicherheit aber läßt sich sagen, daß eine Schule, wie Sappho sie betrieb, ohne eine breite Schicht von gebildeten, freien, unabhängigen und vermögenden Frauen undenkbar gewesen wäre. Ähnliches gilt für ihre Gedichte und deren Inhalte. Die Prostitution war keine Voraussetzung für Sapphos Lyrik, aber sie benötigte die Hetären als Vermittler. Und für Frauen, die zu Sapphos Zeit ein freies Leben führen wollten, war der Verkauf von Sex im Grunde der einzige Erwerbszweig.

Als sich in Athen und anderen griechischen Städten die professionelle Prostitution etablierte, kam es zur Gründung von regelrechten Sexschulen. In den Reden des Demosthenes ist von einer Frau namens Nikarete zu lesen, die junge Mädchen auf dem Sklavenmarkt kaufte, sie ausbildete und für ein Vielfaches weiterverkaufte. Immerhin scheint Nikarete ihren Schülerinnen auch beigebracht zu haben, sich von ihren Sklavenfesseln zu befreien.

In der antiken griechischen Literatur gibt es keine Berichte, daß sich Frauen aus dem Bürgertum prostituierten. Bei den Männern verhielt es sich anders; wenn es um homosexuelle Beziehungen geht, war allerdings der Übergang von der Prostitution zur Nicht-Prostitution schon immer ein wenig transparenter.

Die Griechen hatten, wie viele Völker der Antike, zahlreiche Begriffe für die männliche Prostitution, der gebräuchlichste Ausdruck war *hetairekos*. In der Mitte des 4. Jahrhunderts v. Chr. ging es bei einer der großen Debatten der Athener Volksversammlung darum, ob der bewunderte Politiker und Ringer Timarkos von der Politik ausgeschlossen werden müsse. Seine Feinde warfen ihm vor, er hätte sich in seiner Jugend prostituiert und könne daher nicht mehr als »freier Athener« angesehen werden. In aller Öffentlichkeit diskutierte ganz Athen eine Woche lang sämtliche Liebesbeziehungen, die der noch immer athletisch aussehende Timarkos zu anderen Athenern unterhalten hatte. Sicherlich wurde die Debatte auch so hitzig geführt, weil viele Athener in eine ähnliche Situation geraten konnten. Allerdings waren die Beziehungen von Männern zu Hetären nie von öffentlichem Interesse gewesen. Plötzlich entwickelte sich die Kontroverse um Timarkos zu einer Moraldiskussion über außereheliche Beziehungen überhaupt, egal ob es sich dabei um Frauen oder Männer handelte.

Aischines führte als Hauptankläger an, daß Timarkos als junger Mann sehr viel Zeit in einem Badehaus in Piräus verbracht hatte. Wohlhabende Männer hatten dort dafür bezahlt, seinen Körper bewundern zu dürfen. Nun war das Verhältnis zu homosexuellen Handlungen damals einigermaßen zweideutig. Für sehr effeminierte Homosexuelle wurde der abwertende Begriff *kinakosi* verwendet, in klarem Gegensatz zu *hoplit*, dem Ideal eines wehrhaften Bürgers. Andererseits ist in vielen Männerfreundschaften Griechenlands ein eindeutig homoerotischer Unterton herauszuhören. Und doch, so Aristophanes, fühlten sich die Griechen eher beleidigt, wenn junge Männer sexuelle Dienste gegen Bezahlung anboten; bei Frauen war man toleranter. Es war also nicht falsch, wenn sich Timarkos als männliches Idealbild hatte bewundern lassen, ein Fehler aber wäre es gewesen, wenn er dafür Geld genommen hätte.

Man fragte sich beispielsweise, ob Trimarkos' Beziehung zu einem Mann namens Misgola kommerziellen oder einfach nur emotionalen Charakter gehabt hatte. Aischines war überzeugt, daß Geld geflossen war; folglich hätte sich Timarkos, der die Gesetze kannte, in das öffentliche Register der Prostituierten eintragen lassen müssen. Das allerdings hätte seine politische Karriere ruiniert. Timarkos wurde bei seiner Verteidigung von dem respektierten Politiker und Redner Demosthenes unterstützt, der unter anderem auf das scheinbar elementare Faktum hinwies, daß Timarkos eben nicht im Register der Athener Prostituierten aufgeführt war. Der Angeklagte war gebildet, seine Familienverhältnisse waren gut. Das sprach für seine Unschuld. Die Debatte endete schließlich mit Timarkos' Freispruch, allerdings hatte sein Ruf gelitten. In Athen blieb als Haupteindruck, daß es offensichtlich recht viele Männer gab – hauptsächlich Sklaven –, die ihr Geld mit Prostitution verdienten.

Der überwiegende Anteil der Athener Prostituierten waren weibliche Sklaven, aus diesem doppelten Grund waren sie unter anderem von der Volksversammlung ausgeschlossen. Demgegenüber hatten sich die Auletriden und Hetären häufig die Freiheit erkauft. Gewöhnlich geschah dies folgendermaßen: Eine Frau suchte sich eine kleine Gruppe von Kunden, die den Kredit absicherten, um sich aus dem Bordell freizukaufen. Danach bezahlte sie den Kredit in Raten zurück. Anschließend begann sie Geld zu verdienen; eine Nacht mit einer Hetäre kostete gut hundertmal mehr als ein kurzer Koitus in einem Bordell. Für eine Prostituierte, die wußte, wie populär sie war, lohnte sich also ein möglichst früher Freikauf.

Die Hetären waren weitaus besser bezahlt als alle anderen Prostituierten, aber sie hatten auch erheblich höhere Ausgaben. Sie brachten den Göttern große Opfer, sie hatten gut ausgestattete Häuser, weiche Betten und elegante Kleidung. Außerdem kostete es viel Geld, die physische Schönheit zu bewahren, ihren wichtigsten Aktivposten. Ein großer Teil des Tages wurde, neben Lesen, mit der Schönheitspflege verbracht.

Die Korintherin Laïs hatte die schönsten Brüste ihrer Zeit. Zu ihren Kunden zählte sie unter anderen Philosophen der unterschiedlichsten philosophischen Richtungen. Zu den führenden Hedonisten gehörte der immer elegant gekleidete Frauenliebhaber Aristipp. Er wollte Laïs jedes Jahr für zwei Monate mit auf die Insel Ägina nehmen, und er zahlte gut. Auf der anderen Seite war der Zyniker Diogenes dafür bekannt, daß er Laïs' Vorzüge umsonst genoß. Schließlich wurde sie zum Thema eines philosophischen Disputs, in dem Aristipp erklärte: »Ich bin Laïs gegenüber großzügig, damit sie sich an mir erfreut, und nicht, damit andere an den gleichen Vergnügungen gehindert werden.«

Doch selbst die populärste Hetäre konnte sich zu teuer verkaufen. Auch Demosthenes wollte Laïs einmal besuchen. Aber der Preis, den sie verlangte, war zehnmal höher, als er gedacht hatte, und der ältere Staatsmann lehnte würdevoll ab: »Ich bin nicht darauf vorbereitet, einen so hohen Preis dafür zu bezahlen, daß ich riskiere, mich dafür schämen zu müssen.« Laïs soll angeblich geantwortet haben: »Und ich bin nicht gewillt, mich billiger zu verkaufen. In diesem Fall müßte nämlich ich mich schämen.«

»Ich war in Byzanz eine Hure und schenkte Liebe all denen, die sie brauchten. Kallihoë war mein Name. Die Wollust war mein

Fach. Gezeichnet von der Geißel der Liebe, hat Thomas diese Inschrift auf mein Grab gesetzt und somit den Schmerz gezeigt, der in seiner Seele wohnte. Sein Herz schmolz und wurde weich wie Wachs.«

Diese bewegende byzantinische Grabschrift ist nur eines von vielen Zeugnissen, die in der hellenistischen Welt zur Prostitution gefunden wurden. Auch auf Vasen oder Trinkgefäßen wurden häufig Szenen aus dem Leben der Prostituierten festgehalten.

Es war tabu, Ehefrauen und Töchter nackt darzustellen; rund neun von zehn Frauen auf griechischen Keramiken und Trinkgefäßen müssen daher Hetären oder Auletriden sein. Ein ausgesprochen häufiges Motiv sind sexuelle Stellungen, ausgezeichnet geeignet für anregende Diskussionen zu später Stunde bei Trinkgelagen.

Die Archäologie ist allerdings nur eine der vielen Möglichkeiten, sich über die Prostituierten des alten Griechenlands zu informieren. Es gibt auch umfassende schriftliche Quellen wie Volkszählungen, Steuerlisten und Gerichtsakten, ganz abgesehen von der Vielzahl epischer und dramatischer literarischer Zeugnisse. Im Werk von Platon und Aristoteles stößt man auf Kommentare zur Prostitution, ebenso bei den bekannten und unbekannteren griechischen Historikern. Aristophanes schrieb eine Serie von kurzen Hetären-Biographien, von denen sich Fragmente erhalten haben, ebenso wie Menander porträtierte er in seinen Komödien häufig Prostituierte. Herondas schrieb im 4. Jahrhundert v. Chr. ein Lehrbuch der Prostitution, das leider verlorengegangen ist; der gelehrte Alkiphron trug Hetären-Briefe zusammen, und Machaon aus Sycion sammelte viele biographische Anekdoten von berühmten Prostituierten. Am umfassendsten aber wird die Prostitution von einem griechisch-jüdischen Autor, dem Satiriker Lukian aus Samosata, behandelt, der rund einhundert Jahre nach Christi Geburt lebte. Insgesamt vierundzwanzig Romane in Dialogform schrieb Lukian über die Prostitution, viele dieser Dialoge sind

Gespräche zwischen Müttern und Töchtern aus dem Prostituiertenmilieu über die Geheimnisse der Sexualität.

Die bekanntesten aller Hetären des klassischen Hellas sind zwei sehr unterschiedliche Frauen: Aspasia und Phryne. Aspasia war die Tochter eines gewissen Axiokos aus der griechischen Stadt Milet an der Küste Kleinasiens. Er war ein freier Mann, der aber nicht mit Geld umgehen konnte und seine Tochter in den Aphrodite-Tempel des Ortes gab – eine übliche Form, um ein unerwünschtes Mädchen loszuwerden. Nachdem man sie im Tempel erzogen und sicher auch sexuelle Praktiken gelehrt hatte, kam Aspasia um das Jahr 450 v. Chr. nach Athen, um ihre Karriere als weltliche Hetäre zu beginnen. Sehr rasch wurde sie zur Inhaberin eines größeren Etablissements und hatte mehrere jüngere Frauen in ihren Diensten, die alle elegant, hübsch und eloquent waren. Wie schön Aspasia selbst gewesen ist, zeigt eine berühmte Statue von ihr. Außerdem war sie eine Meisterin der Rhetorik, witzig, gewandt und von umfassendem Wissen. Zeitweilig gehörte »ganz Athen« zu ihren zahlenden Gästen und nahm an den Banketten und Festen in ihrem Haus teil.

Perikles, der größte Staatsmann seiner Zeit, war der von den Athenern gewählte Führer und General in der Endphase der Perserkriege. Gleichzeitig baute er den attischen Seebund auf, der die politische Führung Athens nach den Perserkriegen sichern sollte. Perikles wurde Aspasias erster fester Liebhaber, zugunsten dieser leichtlebigen Hetäre verließ er seine ehrbare, gesetzlich angetraute Ehefrau. Als Geliebte ihres einflußreichsten Politikers hatten die Athener Aspasia bis dahin toleriert, nun reagierten sie anders – als Perikles' Beinahe-Ehefrau wurde Aspasia gehaßt. Poeten und Komödiendichter griffen sie an, Gerüchte wurden in Umlauf gesetzt. Angeblich, so hieß es, betätigte sie sich auch weiterhin als Bordellwirtin und organisierte von dem Haus aus, in dem sie mit Perikles lebte, eine Art Begleitservice für halb Athen.

Sogar der sonst selten klatschsüchtige Platon glaubte zu wissen, daß die Hetäre Aspasia und nicht der Staatsmann Perikles die Reden schrieb, die dieser vor der Volksversammlung in Athen hielt, ein Forum, bei dem Frauen weder Zugang noch Rederecht hatten. Und der Komödiendichter Aristophanes behauptete sogar, Aspasia sei schuld am Peloponnesischen Krieg gewesen.

Die kühle, beinahe königliche Aspasia wurde ab 430 v. Chr. im Theater wie auf der Straße verhöhnt. Der Volkszorn erreichte seinen Höhepunkt, als Aspasia vor Gericht wegen angeblicher Korruption angeklagt wurde. Perikles' Macht schwand zusehends, ebenso wie seine Rednergabe. Schließlich wußte er sich keinen anderen Rat mehr, als seine Geliebte mitten in der Volksversammlung zu umarmen und in heftiges Weinen auszubrechen. Das erwies sich als die effektivste Verteidigung: Aspasia wurde freigesprochen und in Athen wieder respektiert.

Als Perikles 429 v. Chr. starb, war Aspasia eine ältere Frau, die nun mit Lysikles zusammenzog, einem anderen politischen Führer. Aspasia betrieb zu dieser Zeit eine Schule für junge Frauen. Sie unterrichtete die Mädchen in Philosophie und Rhetorik, nicht in Sexualpraktiken, obwohl böse Zungen dies weiterhin behaupteten. In all diesen Jahren hatte Aspasia gesellschaftlichen Kontakt zu Sokrates und Platon, der mit der Hetäre Arkenassa zusammenlebte. Sokrates, der fast ausschließlich Männer bevorzugte, akzeptierte Aspasia als Diskussionspartnerin ebenso wie die philosophisch geschulte Hetäre Theodata. Vor ihrem Tod erlebte Aspasia noch, daß ihr Sohn, den sie gemeinsam mit Perikles hatte, als vollwertiges Mitglied in die Volksversammlung aufgenommen wurde.

Beinahe ebenso bekannt wie Aspasia wurde die Hetäre Phryne, die mehr als ein halbes Jahrhundert später lebte. Phryne wuchs in der kleinen Stadt Thespiai in Böotien auf; sie stammte aus einfachen Verhältnissen und hatte ihre Kindheit mit dem Pflücken von Kapern verbracht, einer aufreibenden

Arbeit. Als Jugendliche kam sie nach Athen, wo sie aufgrund ihrer außerordentlichen Schönheit auffiel. Es dauerte nicht lange, bis sie mit ihrem Aussehen Geld verdiente.

Ihre Schönheit offenbarte Phryne allerdings kaum. Selten zeigte sie sich in einem öffentlichen Bad, und selbst ihre Liebhaber bekamen sie meist nur bei gedämpfter Beleuchtung zu sehen. Nur bei großen religiösen Festen verhielt sie sich anders. Hier glaubte Phryne, als eine Manifestation der Götter auftreten zu müssen. Während der Mysterienspiele von Eleusis, die alljährlich nördlich von Athen stattfanden, zog sie sich vor einer riesigen und gebannt zuschauenden Menschenmenge nackt aus. Und wenn Poseidon oder Aphrodite in Piräus gefeiert wurden, konnte Phryne allein und nackt durch die Zuschauer schreiten, ins Meer steigen und wieder auftauchen – als symbolische Inszenierung der mystischen Geburt der Göttin aus dem Meeresschaum. Der Kreis ihrer Bewunderer wuchs immer mehr, aber auch die Anzahl der Feinde.

340 v. Chr. bezichtigte ein Mann mit dem Namen Euthias in der Volksversammlung Phryne der *asheia,* der Gottlosigkeit. Das war damals ein unscharfer Begriff, der gern gegen Menschen verwendet wurde, die man nicht mochte. Bei einer derartigen Anklage kam es ganz auf die Richter an. So wie sich Phrynes Fall darstellte, hing die Entscheidung von der Frage ab, ob ihre Schönheit Ausdruck von Hexerei oder göttlicher Ausstrahlung sei. Zwei andere bekannte Hetären, Bacchis und Myrinna, hatten unterdessen einen ihrer Kunden, den prominenten Redner Hypereides, überzeugt, die Verteidigung Phrynes zu übernehmen.

Zur Überraschung aller ging er im Gerichtssaal auf die Angeklagte zu und begann sie auszuziehen, so wie sie es selbst ein Jahr zuvor während der Mysterien von Eleusis getan hatte. Während die Versammlung fassungslos dasaß, begann Hypereides mit seiner gut vorbereiteten Verteidigungsrede. »Die Richter waren beim Anblick dieser Göttlichkeit so von heiliger Ehrfurcht ergriffen, daß sie es nicht wagten, die Prophetin und

Priesterin der Aphrodite zu töten«, schrieb der Historiker Athenaeus. Hypereides' Plädoyer war eindeutig; Phrynes Auftritt war keine Blasphemie, sie hatte mit ihrer Inszenierung lediglich einem religiösen Gefühl Ausdruck verliehen, das sie mit dem Großteil der Griechen teilte: Noch immer war es möglich, Göttern und Halbgöttern zu begegnen, auf einem Höhenzug, bei einer dunklen Quelle oder an einem Fluß.

Phryne erfreute sich eines langen Lebens und zeigte sich im Alter großzügig. Theben bot sie an, den Wiederaufbau der von den Mazedoniern zerstörten Stadtmauern zu finanzieren, die Bürger lehnten indes ab. Denn Phryne hatte für die Mauer eine Inschrift gefordert: »Philipp von Mazedonien hat sie zerstört, aber Phryne, die Hetäre, hat sie wiederaufgebaut.« Das war zuviel für die guten Thebaner, sie zogen es vor, künftig ohne Verteidigungsanlagen zu leben.

Auch nach ihrem Tod lebte Phryne weiter; der Bildhauer Praxiteles hatte sie für seine Statuen der Göttin Aphrodite Modell stehen lassen. Für die Nachwelt wurden sie zum Inbegriff von weiblicher Schönheit überhaupt. Eine der Statuen wurde zusammen mit einer Skulptur des Liebesgottes Eros in ihrer Heimatstadt Thespiai aufgestellt, die beiden Statuen sollten schon bald zum Zentrum eines Liebeskults werden.

338 v. Chr. besiegte der mazedonische König Philipp die freien griechischen Stadtstaaten Theben und Athen, die Niederlage bedeutete das Ende der griechischen Demokratie. Philipps Sohn Alexander der Große besiegte den Perserkönig Darius und eroberte Syrien, Ägypten, Mesopotamien und das gesamte persische Zentralland.

Alexander heiratete Roxana, eine Prinzessin aus dem fernen Baktrien, nordwestlich von Indien. Allerdings umgab er sich lieber mit hübschen Männern und Hetären, und vielleicht stand ihm die freimütige Athenerin Thaïs sogar am nächsten. Plutarch zufolge soll sie in einer weinseligen Nacht mit Alexander – unmittelbar vor dem Einmarsch in Persepolis, einer der

Hauptstädte des Perserreiches – darum gebeten haben, persönlich Feuer an den Palast des zu dieser Zeit schon lange toten Perserkönigs Xerxes legen zu dürfen. Auf diese Weise wollte sie Rache nehmen für die Greueltaten, die Xerxes hundertfünfzig Jahre zuvor an den Athenern verübt hatte.

Die neue Kultur, die von Alexander und seinen Nachfolgern ausging, wurde als Hellenismus bekannt. Alexanders Hof bestand aus einer Mischung aus effeminierten östlichen Eunuchen und schönen westlichen Hetären – östlicher Despotismus und östliche Religion vermischten sich hier mit griechischer Philosophie, Literatur und Wissenschaft. Phönizier, Juden, Babylonier und Syrer begannen nun, in einer Art »griechischer« Staatsbürgerschaft Seite an Seite zu leben; Griechisch wurde zu ihrer gemeinsamen Sprache. Besonders deutlich erlebte man die Entwicklung in der neuen Großstadt, die Alexander selbst gegründet und zu seiner Hauptstadt gemacht hatte: Alexandria im heutigen Ägypten.

Nach dem Tode Alexanders des Großen wurde die ambitionierte Thaïs mit Alexanders mazedonischem Feldherrn Ptolemäus verheiratet. Mit ihm begründete sie eine der hellenistischen Dynastien in Ägypten.

In der Zeit des Hellenismus war die Prostitution eine Wachstumsbranche. In den großen Städten wie Antiocha und Alexandria wurden gutgeführte Bordelle nach dem Vorbild Athens eröffnet. Parallel dazu gab es noch immer Formen der Tempelprostitution, besonders in den kleinen Städten oder in Orten, in denen es noch keine organisierten Bordelle gab.

Die Geschichtsschreibung hat naturgemäß die meisten Kenntnisse von den Prostituierten, denen es gut ging. Wie Thaïs gelang es einigen Hetären, in gehobene gesellschaftliche Positionen aufzusteigen, als Königin, Prinzessin oder Fürstin. In Pergamon heiratete eine Hetäre einen Aristokraten und wurde die Mutter eines späteren Königs, eine andere bekam einen Sohn, der Prinz von Zypern werden sollte. Viele Hetären heirateten Satrapen, die Vasallen der persischen und hellenistischen Könige. Die beiden griechischen Hetären Gnathena und Glykera wurden Königinnen im hellenistischen Seleukidenreich, dessen Hauptstadt Babylon war. Die Athener Hetäre Lamia war zuerst die Geliebte des Königs in Alexandria, dann in Mazedonien. Einige Herrscher des ptolemäischen Reiches in Ägypten taten es ihrem Gründer nach und nahmen sich griechische Hetären als Ehefrauen. Agatholika, die Ehefrau Ptolemäus IV., wurde unter den vielen Königinnen mit einer Vergangenheit als Hetäre am bekanntesten; viele ihrer Untertanen hielten sie für die eigentliche Herrscherin über Ägypten. Kleopatra, die berühmteste Königin des hellenistischen Ägyptens, war nicht nur Politikerin von Rang, sondern auch eine souveräne Verführerin. Mit Cäsar und Antonius ließ sie gleich zwei der bedeutendsten Männer ihrer Zeit blind vor Liebe werden. Diese letzte Repräsentantin der Ptolemäerdynastie erklärte häufig – und durchaus stolz –, daß sie väterlicherseits von Generälen und Staatsmännern abstamme, mütterlicherseits aber von einer nahezu ungebrochenen Abfolge von Hetären.

Kapitel 4

Heilige Prostitution bei den Hindus

Die in Sanskrit verfaßten Verse der *Vedischen Hymnen* gehören nicht nur zu den ältesten Zeugnissen der Menschheit, sondern auch zu den ältesten Texten, die wir überhaupt aus einer indogermanischen Sprache kennen. Sie können ebenso erotisch wie religiös sein:

> Der Schoß der Frau ist wie ein Altar,
> Ihr Schamhaar heiliges Gras,
> Ihre Haut eine Altarschale für den Opfertrank des Körpers,
> Die Schamlippen das Feuer, das alles verzehrt.

Die erste Hochkultur Indiens entwickelte sich ungefähr 2500 Jahre v. Chr. im unteren Indus-Tal, im heutigen Belutschistan in Pakistan. In den folgenden hundert Jahren verbreitete sich diese offenbar von Mesopotamien beeinflußte Kultur nach Norden, in Richtung Himalaja. Das dunkelhäutige Volk ließ eine reiche Zivilisation entstehen, heute zeugen davon nur noch Steine, schriftliche Zeugnisse liegen nicht vor. Diese Menschen verehrten Fruchtbarkeitsgöttinnen und waren religiös, aber praktizierten auch sie die »heilige Prostitution«?

Um 1700 v. Chr. erschienen die Arier, ein kriegerisches, primitives Volk, das männliche Götter verehrte; die Verehrung von Göttinnen verlor dadurch allmählich an Bedeutung. Die Arier führten eine praktischere Sprache ein, das Sanskrit, sowie die vedische Religion, aus der sich der Hinduismus entwickelte.

Die vedischen Texte belegen, daß das Volk mit dem Phänomen Prostitution durchaus vertraut war, das vedische Wort *sadharani* verweist auf eine Frau, die Sex gegen Geld verkauft. In den *Upanishaden*, einer Sammlung jüngerer Sanskrittexte, wird von den Söhnen unverheirateter Frauen erzählt und von Studenten, die sich mit solchen Frauen über die Bezahlung streiten. Unter anderem wird behauptet, daß verheirateten Frauen die Leidenschaft fehlt, die man bei Prostituierten findet.

Die Griechen waren in Westeuropa die ersten, die darüber klagten, daß es in Indien an historischem Denken fehle. Dort weigerte man sich, chronologisch zu denken, das geht aus jedem der alten Texte hervor. Es werden keine Erklärungen geliefert – und wenn, dann nur in Mythenform –, es werden keine Urheber genannt, kein Fürst sagt etwas Konkretes zu einem Diener, einer Hure oder einem Weisen. Nicht einmal eine Gottheit handelt konkret, alles ist »alte indische Weisheit«, alles ist von einem heiligen Mann in einer fernen Vorzeit »gesehen« worden. Ein wesentlicher Grund, daß aus Indien lediglich mythische Berichte bekannt sind, lag sicherlich in der ausschließlich mündlichen Überlieferung der indischen Texte, die über weit mehr Generationen hinweg weitergegeben wurden als in jeder anderen Kultur.

Alte Sanskrittexte sprechen von »umherstreifenden« Frauen, von weiblichen »Vagabunden« und »sexuell aktiven, unverheirateten Mädchen«; einiges weist darauf hin, daß sich diese Frauen verkauften. Häufig wird angedeutet, daß sich »öffentliche Frauen« überwiegend rot kleideten. Sogar ihr Goldschmuck hatte einen rötlicheren Schimmer als üblich; offenbar sollte dieser Farbton Dämonen vertreiben. Die Farbe beschützte all diejenigen, die sich dafür entschieden hatten, in einer moralischen Grauzone zu leben. Aber wirklich präzise Informationen über die Prostitution in der frühen vedischen Zeit existieren nicht, und die überlieferten Texte enthalten auch nichts über die Verhältnisse in der prävedischen Phase.

Genaueres erfahren wir durch eine Legende, in der erzählt

wird, daß Dirghatamas, ein blinder heiliger Poet der Veda-Zeit, in Indien als erster auf die Idee kam, Liebesdienste gegen Geld anzubieten. Aber mehr erfahren wir nicht, weder über ihn, noch über seine Motive, Freunde oder Feinde. Es könnte sich ebensogut zweitausend Jahre wie tausend Jahre vor Christus abgespielt haben.

Die ersten glaubwürdigen Berichte über die Prostitution in Indien stammen aus der Zeit um 1000 v. Chr., als sich Religion und Kultur des Hinduismus auszubreiten begannen. Die Gründung der ersten Hindustaaten in Indien fiel in die Zeit, als in Rom die Stadtrepublik entstand, als die beiden jüdischen Königreiche Juda und Israel ihre Freiheit verloren und die Griechen ihre ersten freien Stadtstaaten ausriefen. Von dieser Zeit an wird die indische Geschichte für uns chronologisch etwas transparenter, aber bei weitem nicht so klar, wie man es sich wünschen würde.

Der wichtigste der frühen Hindustaaten lag am Ganges, es war Maghada, das spätere Maurya-Reich, das ungefähr von 320 bis 187 v. Chr. existierte. Kulturelle, sprachliche und religiöse Einflüsse haben Indien immer vom Westen und Norden aus erreicht, von dort aus wurden sie an die Völker und Staaten im Südosten des Subkontinents weitervermittelt. Unter dem Einfluß des Perserreiches begann man in Maghada, die alten Sanskritüberlieferungen aufzuschreiben. Alexander der Große und seine Nachfolger brachten griechische und hellenistische Einflüsse nach Indien; zu diesem Zeitpunkt war die Kultur der Hindu jedoch bereits so fest verankert, daß alle weiteren Versuche, Einfluß auf die indische Kultur zu nehmen, nur noch eine kleine gesellschaftliche Schicht erreichten und folgenlos blieben.

Immer wieder wird behauptet, daß Qualität und Umfang der Literatur der frühen Hindus mit der griechischen und römischen Literatur vergleichbar seien, allerdings ist das einigermaßen übertrieben. Es liegen zahlreiche literarische und religiöse Texte vor, sogar Gesetzestexte. Doch die Tradition der kontinuierlichen Geschichtsschreibung war bei den Hindus so gut wie unbekannt; die gesellschaftlichen Verhältnisse des alten Indiens können also nur aufgrund der wenigen vorhandenen religiösen und literarischen Quellen beleuchtet werden.

Im letzten Jahrhundert vor Christus jedenfalls finden sich in den Texten erheblich mehr und genauere Bezeichnungen für Prostituierte. Die Gesetzestexte dieser Zeit haben wesentlich eindeutigere Definitionen für Frauen, die sexuelle Dienstleistungen verkaufen. Insgesamt hat man im jüngeren Sanskrit über dreihundert verschiedene Begriffe unterschieden; das ist nicht nur ein Zeichen für die Sprachvielfalt der Zeit, sondern auch für einen florierenden Markt für Liebesdienste.

Eine gebildete Luxusprostituierte, die in den vierundsechzig Künsten ausgebildet ist, auf die im *Kamasutra* angespielt wird, ist eine *ganika*; eine Tempelprostituierte eine *devadasi,* eine billige Hure eine *vecya,* und eine Frau, die Männern hinterherläuft, wurde *pumscali* genannt. Es gibt Bezeichnungen für heilige Prostituierte und Gesellschaftsdamen, für lotusduftende Wesen, Soldatenhuren und Freudenmädchen, für Hüftschwingerinnen, nach Fisch stinkende Nutten und ganz ordinäre Frauen, die billigen Sex auf der Straße anboten.

Rama und Krishna heißen die beiden großen Heldenfiguren des Hinduismus. Beide sind jung, hübsch und mutig. Sie sind Gottheiten, denn sie sind Teil der irdischen Inkarnationen des Gottes Vishnu. Ihre göttliche Herkunft erklärt die Stärke der jungen Männer, durch ihre Jugend und Schönheit haben sie jedoch auch gewisse menschliche Züge, gleichsam wie Märchenprinzen.

Rama ist die Hauptperson des Epos *Ramayana* (»Das Leben Ramas«), während Krishna sowohl im hinduistischen Nationalepos *Mahabharata* als auch in den Sanskrittexten auftritt, die *Puranas* genannt werden. Beide Helden gelten als Vorbild irdischer Männer. Das *Ramayana* erzählt von der Suche des treuen Bogenschützen Rama nach seiner entführten Ehefrau

Sita. Er schaut keine andere an und würde nicht einmal im Traum daran denken, ihr untreu zu werden. Rama und Sita sind in Indien das Symbol für eine glückliche Ehe.

Krishna, der Flötenspieler, hingegen ist nicht so tugendhaft wie Rama. Es würde ihm auch schwerfallen, denn alle Frauen, die ihm begegnen – Verheiratete und Jungfrauen –, entblößen sich und geben sich ihm tanzend hin, sobald sie ihn erblicken. Von Indiens Prostituierten wurde Krishna dreitausend Jahre lang als ihr Beschützer verehrt, als wäre er einer von ihnen.

Im *Ramayana* und im *Mahabharata* ist sehr viel von Prostitution zu lesen. Ramas Vater rüstet beispielsweise das Heer seines Sohnes aus mit »Frauen, die von ihrer Schönheit leben und ihre Worte zu wählen wissen ... zur Unterhaltung meines Sohnes und seiner tapferen Helfer«. Rama ist tugendhaft, doch seinen Männern wird jegliche sexuelle Befriedigung zuteil, die sie sich wünschen. Und im *Mahabharata* heißt es nach einer Schlacht: »Schickt Boten in die Stadt und erzählt von unserem Sieg. Damit sich junge Frauen für uns ankleiden und für uns spielen können, mit den hübschesten Freudenmädchen an der Spitze.«

Daß Rama sein Verlangen bezwingt, unterscheidet ihn von allen anderen mystischen Helden und Prinzen, die sich normalerweise gern »mit Elefanten, Pferden und Freudenmädchen amüsieren«. Normalerweise konnte ein hinduistischer Held jede Frau glücklich machen, und der sexuelle Umgang mit einem solchen Mann war etwas Ehrenvolles. Der Hinduismus räumte dem freiwilligen Geschlechtsverkehr einen hohen Stellenwert ein, Vergewaltigungen hingegen waren verpönt. Bezahlter, organisierter Sex hatte seinen Platz irgendwo in der Mitte. Wenn ein Mann nicht imstande war, eine Frau von sich zu überzeugen, konnte Geld als Mittel der Überredung eingesetzt werden. Wer sich aber Sex mit Gewalt oder Macht erzwang, wurde geächtet. In alten hinduistischen Sexualanleitungen wird ausdrücklich davor gewarnt, und nach dem Gesetz wurde es streng bestraft.

Ein indisches Sprichwort lautet: »Eine Frau genießt das Essen doppelt so sehr wie ein Mann, sie hat ein viermal größeres Wissen, ist sechsmal mutiger und hat achtmal so viel Freude am Sex.« Die Hindukultur ist geprägt von großer sexueller Freiheit, kombiniert mit einem ambivalenten Blick auf die Frau. So wird im *Ramayana* erzählt, alle Geschöpfe hätten ursprünglich nur ein Geschlecht gehabt, eine Sprache gesprochen und seien alle gleich schön gewesen. Dann entschied sich der Schöpfer, zu differenzieren und von allen das Beste zu nehmen. Das Resultat war die Frau. An einer anderen Stelle des Epos wird die Frau hingegen als Wurzel alles Bösen bezeichnet. Und der weise Eremit Narada behauptet, daß dem weiblichen Geschlecht die moralische Stärke der Männer fehle. In den Mythen werden Indiens Frauen mit dem Tod und der Unterwelt in Verbindung gebracht, mit Feuer und Schlangen. Im *Ramayana* und im *Mahabharata* werden Freudenmädchen für ihre Schönheit gepriesen, und kurz darauf wird die gleiche Bezeichnung als Schimpfwort benutzt:

> So schlecht wie zehn Schlachthäuser ist ein Wirtshaus
>   am Weg,
> So schlecht wie zehn Wirtshäuser am Weg ist eine Hure,
> So schlecht wie zehn Huren ist ein böser König.

Der Hinduismus kennt zwei männliche Hauptgötter. Der eine ist der würdige Vishnu, der in einer harmonischen Ehe mit der sanften Lakshmi lebt, dem Vorbild aller guten Ehefrauen. Der andere männliche Hauptgott ist Shiva. Doch das Wesen, mit dem ihn die Mythen in einer Art Ehe verbinden, ist mehr als eine Ehefrau. Devi, wie sie neutral genannt wird, ist eine Gottheit, die ebenso mächtig ist wie die beiden Hauptgötter. Dadurch gestaltet sich Shivas und Devis »Ehe« ausgesprochen stürmisch, es ist ein Kampf der Geschlechter mit außerehelichen Aktivitäten auf beiden Seiten. Die Mutter- und Liebesgöttin Devi ist entfernt verwandt mit Ischtar und Aphrodite. Ihr *yoni,* ihr heiliger Schoß, wird entweder allein oder zusammen mit einem *lingam* angebetet, Shivas heiligem Phallus. Die große Hindugöttin erscheint in verschiedenen Gestalten, und sie trägt verschiedene Namen. Wenn sie sich Parvati oder Gauri nennt, zeigt sie sich als Mutter und Hausfrau, als Durga ist sie unnahbar, und als Kali strafend und kastrierend. Bisweilen reitet sie auf Löwen, Tigern und anderen Großkatzen, sie kann abgeschlagene Männerköpfe in den Händen halten, trinkt Dämonenblut und hockt sich auf Liebespaare.

Der ungemein potente Shiva ist Schöpfer und Zerstörer in einer Person, er trägt das Schwert, Perlen und eine Schlange um den Hals. Als Gott des kosmischen Tanzes wird er zum Verbündeten und Beschützer der Prostituierten wie der Tänzerinnen.

Der Mythos von König Bhangasvana erzählt, daß ihm die Götter gestatteten, erst Vater von einhundert Söhnen zu werden und sich dann zur Frau umwandeln zu lassen. Als Frau gebar er weitere einhundert Söhne. Da er ein so erfahrener Mensch war, hatten die Götter des Himmels schließlich Mitleid mit ihm und ließen ihm die Wahl, ob er Frau oder Mann sein wollte. Bhangasvana entschied sich, weiterhin als Frau leben zu wollen: »Denn die Frau hat in der Vereinigung mit dem Mann größere Freuden, als sie der Mann mit der Frau hat.«

Dennoch blieb die Rolle der Frau ambivalent. In nur wenigen Kulturen wurde die Schönheit der Frau so besungen wie in Indien, und noch immer werden Frauen mit einem enormen öffentlichen Respekt behandelt. Hindu-Frauen konnten sich außerhalb ihrer Häuser frei bewegen und waren keinerlei Belästigungen ausgesetzt. Zu Hause allerdings war eine Frau die Sklavin ihres Mannes. Während eine untreue Ehefrau furchtbar bestraft wurde, galt ein Mann der Aristokratie, der nicht in der Gesellschaft von gebildeten Prostituierten verkehrte, als unmännlich und ungebildet.

Bei den Hindus unterhielten ausschließlich Männer der adligen Familien Harems. Nur wenn ein gewöhnlicher Bauer mit seiner Ehefrau keine Kinder bekam, nahm er sich eine weitere Frau mit dem Ziel, einen Sohn zu zeugen. Der Hinduismus favorisierte männliche Nachkommen. Die Geburt eines Mädchens konnte als Bestrafung für Sünden in einem früheren Leben angesehen werden. Für ein Mädchen, das keine Brüder hatte, erzielte man immer einen niedrigeren Brautpreis. Die Hindus praktizierten eine Form des Brautkaufes, bei der die Ehefrau immer in die Familie des Mannes zog. Es war eine Schande, nicht verheiratet zu sein, und es war eine Schande, unverheiratete Töchter oder Schwestern im Haus zu haben. Schändlich war es, nach dem Tod des Mannes als Witwe zurückzubleiben, ehrenvoll, sich auf den Scheiterhaufen zu werfen und mit dem Mann in den Tod zu gehen.

Im alten Indien erhielten die Frauen keinerlei Ausbildung. Selbst Frauen aus vornehmen Familien konnten weder lesen noch schreiben, handarbeiten oder tanzen. Singen durften sie ausschließlich in weiblicher Gesellschaft, niemals mit Männern als Zuhörern. Die Aufgabe der Frau bestand darin, ihren Mann zu verwöhnen; egal wie er sie behandelte, sie mußte ihn als einen Gott sehen. Der Ehemann durfte seine Frau dagegen als »Dienerin« oder »Sklavin« bezeichnen. Dieses Geschlechterverhältnis schuf gute Entwicklungsbedingungen für alternative, »freiere« und unabhängigere Frauenrollen, entweder als Tempelhure oder einfache Prostituierte. Das Problem bestand nur darin, daß Frauen, die sich dazu entschieden, als Dienerinnen ebenfalls Männer zu befriedigen hatten: sowohl die Götter des Hindu-Himmels wie die zahlenden Kunden auf der Erde.

Die überwältigende Zahl erotischer Zeichnungen in der säkularen Hindu-Kultur und die offensichtlich erotischen Skulpturen der Tempel haben Besucher Indiens lange Zeit als das herausragende Element dieser Kultur beeindruckt. Die Hindus stellten sich den Himmel voller tanzender Freudenmädchen vor – feenartige Wesen oder Sexengel, schöner als alle irdischen Frauen. *Apsarasas* wurden sie genannt, und Menaka war die schönste von allen. So wie man in Europa die Zahl und den Rang der Engel diskutierte, erstellten die gelehrten indischen Brahmanen des Mittelalters Namenslisten und veranstalteten mythologische Volkszählungen unter den himmlischen Apsarasas und ihrer mythischen Begleiter und Liebhaber, den *ghandharven.* Die Apsarasas inspirierten Götter, Helden und normale Männer. Es überrascht nicht, daß die irdischen Hindu-Tempel mit einer Art Kopie der Apsarasas ausgestattet wurden. Es waren die *devadasi* oder Tänzerinnen, die Göttern und Männern symbolisch die gleichen Dienste auf Erden erweisen sollten.

In den Tempeln und Pagoden dienten junge Mädchen und erwachsene Tempelfrauen den Göttern in der gleichen Weise, wie Ehefrauen und Töchter zu Hause ihre Männer oder Väter bedienten. Jeden Morgen sangen und tanzten die Tempelmädchen zu Ehren des Gottes, tagsüber fegten und wuschen sie, oder sie fächelten den Gottesbildern Luft zu, damit ihnen nicht zu heiß wurde. Abends sangen und tanzten sie erneut, nicht nur zur Ehre der Gottheit, sondern auch um die Männer zu erfreuen und anzuregen, die den Tempel besuchten.

In den alten Hindu-Tempeln waren aber nicht nur Apsarasen abgebildet, sondern auch Muttergöttinnen und Göttinnen niederen Rangs, die von der Hüfte an aufwärts nackt dargestellt wurden. Wahrscheinlich waren die Tempeltänzerinnen des alten Indien ebenso leicht bekleidet. Frauen in Südindien konnten sich noch im 20. Jahrhundert auf der Straße mit nackten Brüsten zeigen, obwohl die Hindufrauen im Laufe der vergangenen beiden Jahrhunderte immer längere Kleidungsstücke verwendeten, um sich zu bedecken. Eine Entwicklung, die auf den Einfluß des Islams und des Christentums zurückzuführen ist.

Bis heute schmücken und verzieren die Hindus ihre Götter. Auch die Tempeltänzerinnen schmückten sich. Edelsteine, Parfum, hübsche Stoffe und Tätowierungen waren normal, die Frauen schminkten sich mit Safran und schwärzten sich die

Wimpern. Je nach Einkommen trugen sie Halsketten, Ringe und Halsbänder aus Kupfer oder Gold.

Ausländische Reisende haben beschrieben, wie Brahmanenpriester in den Dörfern nach jungen Mädchen Ausschau hielten. Die Priester wollten für die Gottheit die Schönsten der jeweiligen Gegend rekrutieren. Dabei gab es unterschiedliche Methoden. Wenn es ein Mädchen war, opferten viele Eltern ihr erstes Kind gern einem Tempel. Das war besser als Kindesmord, und man versicherte sich der Unterstützung der Gottheit, damit es beim nächsten Mal ein Junge wurde. Einige Mädchen wurden direkt an den Tempel verkauft, andere entschieden sich freiwillig, dort zu dienen. Ein Mädchen mit einer Devadasi als Mutter hatte ohnehin die Gottheit zum Vater und wurde sofort adoptiert.

An den Tempeln der Göttin Devi hielten sich auch Eunuchen auf, die sich selbst kastriert hatten. Sie tanzten und sangen auf Hochzeiten und prostituierten sich. Eigentlich war Homosexualität bei den sonst sexuell so freizügigen Hindus eindeutig tabuisiert, andererseits wurde Sex mit einem Eunuchen als passivem Partner akzeptiert.

Auch in den vielen Tempeln, die niederen oder lokalen Gottheiten geweiht waren, lebten Tänzerinnen. Die formelle Aufnahme und Weihe fand im Alter von zehn, zwölf Jahren statt, unabhängig davon, in welchem Alter die Mädchen in den Tempel gekommen waren. Bei dieser Zeremonie verloren sie ihre Jungfräulichkeit und wurden symbolisch mit einem Baum, einem Messer oder einem Schwert verheiratet. In den Tempeln Shivas war die Defloration ein besonderes Ritual: Shiva wurde häufig in Form eines symbolischen Phallus verehrt, auf den sich die Mädchen setzen mußten.

In der prävedischen Zeit waren die meisten Tempelmädchen der Muttergöttin verbunden, ähnlich wie in Babylon oder am Mittelmeer. Auch nach 500 v. Chr. gibt es nur wenige Anzeichen, die darauf hindeuten, daß andere sexuelle Kulthandlungen in den Tempeln stattfanden als die rituellen Weihen. Allerdings wurde in der unmittelbaren Umgebung der Heiligtümer bezahlter Sex angeboten, an dem der Tempel durch Nebeneinnahmen partizipierte.

Die Tänzerinnen waren Tempeldienerinnen zweiten Ranges, sie waren den Priestern untergeordnet, die das Heiligtum verwalteten und die Gottesdienste leiteten. Doch die Mädchen waren die eigentliche Zierde eines Tempels; sie trugen wesentlich zu den eingehenden Opfergaben bei, und die Brahmanenpriester, von denen die Tempelkassen verwaltet wurden, wußten um ihre Bedeutung. In der Regel hielten sich zehn bis zwölf Mädchen in einem kleineren Tempel auf, in den großen entsprechend mehr. Der Chinese Hsuin Tsang, der Indien im 7. Jahrhundert n. Chr. besuchte, berichtete, er habe in Multan ganze »Horden« von Tänzerinnen gesehen. König Tajaraja stattete eine Pagode, die er in Tanjore bauen ließ, mit vierhundert Tänzerinnen aus. Und im Tempel von Samantha gab es fünfhundert Devadasi; man kann davon ausgehen, daß dort vierundzwanzig Stunden am Tag gesungen und getanzt wurde. Die Lieder der Tänzerinnen handelten traditionsgemäß von den erotischen Bedürfnissen der Götter, und im Laufe der Jahrhunderte empfand man sie mehr und mehr als obszön. Daher begannen auch die Brahmanen zu singen, Hymnen von eher geistlichem Inhalt.

Die Prostitution in der Umgebung des Tempels erzielte die höchsten Einnahmen. Religiös gesehen gab es dabei nur geringe Probleme, denn die Götter der Hindus sind nicht eifersüchtig. Nach dem Gottesdienst konnten sich interessierte Männer persönlich mit einer Tempeldienerin verabreden, lieber wurde es aber gesehen, wenn der Kontakt durch eine ältere Frau aus dem Tempel vermittelt wurde. Einige Tänzerinnen benutzten eigene Zimmer innerhalb des Tempelbezirks, die wohlhabenden Kunden nahmen die Mädchen mit nach Hause. Pilger, die von weither kamen, konnten die Tänzerinnen noch um einen weiteren Dienst bitten: Sie durften sich von den Mädchen umsonst die nackten Füße küssen lassen.

Die Tempelmädchen hatten zusätzliche Einkünfte, wenn sie auf Hochzeiten und bei anderen Gelegenheiten sangen und tanzten. Es war üblich, sie aus Anlaß eines offiziellen Besuchs zu bestellen. Ebenso lud man die Tänzerinnen ein, um private Gäste zu unterhalten. Sie mußten die Gäste begrüßen und ihnen eine Schale mit Rosenwasser, Betelnüsse, Früchte oder andere Geschenke des Gastgebers überreichen. Anschließend tanzten und sangen sie bis zum Ende des Festes. Wenn ein Gast dabei ihre private Gesellschaft wünschte, war das eine Angelegenheit zwischen ihm und der Matrone, die den Mädchen wie ein Schatten folgte.

Es ist nicht einfach zu entscheiden, wie eng die Frauen, die bei derartigen Gelegenheiten tanzten und häufig auch sexuelle Dienste leisteten, mit dem Tempel verbunden waren. Wahrscheinlich hielten es die meisten Kunden allerdings für ehrbarer, sich von Tänzerinnen unterhalten zu lassen, die im Dienste der Gottheit standen, als von rein säkularen Prostituierten. So erzählt ein Sanskrittext des Schriftstellers Megasthenes aus dem 4. Jahrhundert v. Chr. von Rupinika aus der heiligen Stadt Mathura, dem heutigen Muthra. Der Legende nach soll Krishna dort seine ersten Taten und Wunder ausgeführt haben. Die schöne und reiche Rupinika war eine *ganika,* eine Tempelhure. Zwischen ihren Kundenbesuchen erschien sie jedoch immer wieder im Vishnu-Tempel, um Gott zu dienen und zu seiner Ehre zu singen und tanzen.

Ambapali heißt die älteste indische Prostituierte, deren Name bekannt ist. Sie lebte um 500 v. Chr. und war eine wirkliche Ganika, möglicherweise die gelehrteste und reichste im damaligen Maghada. Ambapali wurde zu einer historischen Figur durch ihre Beziehung zu Prinz Siddhartha Gautama aus Kapilavastu im nördlichen Gangestal, der unter dem Namen Buddha zum Religionsstifter wurde.

Ambapali lud den jungen Prinzen Siddhartha der Überlieferung nach im Jahr 530 v. Chr. zum Mittagessen ein und war von ihm beeindruckt. Ambapali wurde zur Legende. Große Teile ihres Vermögens opferte sie der neuen buddhistischen Bewegung, an ihrer Arbeit als Tempelhure und ihrem Lebensstil änderte sie allerdings nichts. Ganz anders zwei andere Ganikas unter Buddhas Anhängerinnen: Adahasi und die hübsche Vimala hörten auf, als Huren zu arbeiten, als sie sich zum Buddhismus bekannten – ein Schritt, der erheblich zu ihrem und Buddha Gautamas Ruhm beitrug. Allerdings halten buddhistische Gelehrte Geschlechtsverkehr nicht für eine Sünde. Sie erheben zwar die sexuelle Abstinenz über die fleischlichen Freuden, aber auch buddhistische Tempel sind – in bester Tradition des Hinduismus – mit Apsarasas verziert, und viele Ganikas glaubten an Buddhas Lehren, ohne deshalb gleich ihr Leben zu verändern.

Einige hundert Jahre nach seinem Tod wurden die *Jataka*, die Erzählungen über das Leben und die Taten Buddhas, verfaßt. Sie enthalten auch einige Legenden und Gleichnisse über Prostitution. So starb beispielsweise eine Ganika, die von einem jungen Adligen im voraus bezahlt worden war, beinahe den Hungertod, weil sie sich so streng an die Ethik ihres Berufes hielt. Der junge Mann war, bevor sie noch miteinander schlafen konnten, in den Krieg abkommandiert worden. Die Frau wiederum war der Ansicht, daß sie unmöglich einen neuen Kunden bedienen durfte, bevor nicht der junge Mann die Wonnen erlebte, die sie ihm in Aussicht gestellt hatte. Es verging eine sehr lange Zeit. Der vereinbarte Preis von dreitausend Rupien war sicherlich ein gewaltiger Betrag für eine Nacht, aber er war eine magere Lebensgrundlage für drei Jahre.

Kautilya war der erste politische Philosoph in der Geschichte Indiens. Er war der Ratgeber von Chandragupta, dem König des Maurya-Reiches im 4. Jahrhundert v. Chr., der sein Reich erfolgreich gegen westliche Eroberungsabsichten verteidigte. Kautilya schilderte die sozialen, ökonomischen und steuerlichen Verhältnisse des Maurya-Reiches in seinem Buch *Artha-*

sastra. In einem Kapitel beschreibt er die Hofprostitution und ihre Überwachung. Die Ganikas des Hofes konnten nicht nur singen und tanzen, sondern im Gegensatz zu verheirateten Frauen in Indien auch lesen und schreiben. Sie besaßen das Privileg, Fächer, Sonnenschirme und Goldschmuck zu tragen, doch trotz ihrer Position hatten sie mit jedem Mann zu schlafen, wenn es der König befahl. Lehnten sie ab, wurden sie ausgepeitscht oder mußten eine Strafe bezahlen. Zwei Tagesverdienste hatten sie pro Monat als Steuern abzuführen, rechtlich waren sie Musikern oder Schauspielern gleichgestellt.

Kautilya erklärt auch die Hierarchie der Ganikas untereinander. Die oberste Schicht hatte direkte Verbindungen zum König, die nächste bewegte sich am Hofe der Königin und der Prinzessinnen, und die unterste Klasse stand Dienern und königlichen Gästen von niederem Rang zur Verfügung. Eine Ganika war eine rechtlich anerkannte Person und durfte Vermögen, Land und Sklaven besitzen. Sie verlor nicht ihre Kastenzugehörigkeit, wenn sie sich prostituierte, es sei denn, sie empfing Kunden aus niedrigeren Kasten. Eine königliche Ganika wurde zeremoniell als oberste Kurtisane des Staates eingesetzt; sie konnte Frauen von geringerem Rang ihre Position zuweisen und Auseinandersetzungen zwischen Prostituierten schlichten.

Im alten Indien waren – ähnlich wie in Ägypten, in Hellas oder China – die ärmsten Prostituierten häufig Sklavinnen. Sie waren billiger als Spucknäpfe und wurden *kumbas* oder ebenso herabsetzend *kumbadasi* genannt. Wahrscheinlich fand die Rekrutierung für die Armenprostitution unter den unverheirateten Töchtern mittelloser Familien statt, dazu kamen Witwen, die ihrem Mann nicht in den Tod folgen wollten.

Wie in anderen Hochkulturen auch, waren Indiens gelehrte und schriftkundige Männer vor allem daran interessiert, über Prostituierte mit einem gewissen Ansehen zu schreiben, Frauen, die häufig literarisch und künstlerisch veranlagt waren. Daher wissen wir auch in Indien am allerwenigsten über die Armenprostitution. In der jüngeren Hindu-Literatur ist immer wieder von verheirateten Frauen zu lesen, die sich heimlich prostituieren, von Huren, die der Armee in den Krieg folgen, von lokalen Bordellen und Badehäusern und von der Prostitution auf den Marktplätzen. Kautilya zufolge hatten im 4. Jahrhundert v. Chr. auch die armen Prostituierten ein Recht auf Sicherheit, was ihnen möglicherweise einen weit besseren Schutz gegen Gewalt bot als ihren Kolleginnen im alten Europa. Allerdings war die Voraussetzung, daß die Frauen Steuern gezahlt hatten.

In Indien wurden Prostituierte als Mitglieder der Gesellschaft angesehen; das bedeutete aber auch, daß Kunden Forderungen gegen Prostituierte geltend machen konnten, die ihre Versprechungen nicht erfüllten.

Begegnete ein Hindu auf der Straße zufällig einer Prostituierten, nahm er es als ein gutes Omen; eine zufällige Begegnung mit einer Witwe hingegen wurde als schlechtes Zeichen gewertet. Dennoch fand der Besuch von Prostituierten eher heimlich statt; fand eine Ehefrau heraus, daß ihr Mann bei einer Hure gewesen war, hatte sie das Recht, ihn zu beschimpfen und sogar zu schlagen. Ein Brahmane hatte sich nach einem Besuch bei einer Prostituierten streng festgelegten Reinigungsritualen zu unterziehen. »Bordellwirtinnen« heißen auf Sanskrit *pari charicka*. Allein dadurch, daß dieses Wort existiert, wissen wir, daß sich in den indischen Küstenstädten schon sehr früh ein organisierter Bordellbetrieb entwickelt hat, unabhängig von fürstlichen Residenzen und religiösen Heiligtümern.

Um 700 n. Chr. breitete sich der Buddhismus in ganz Indien aus, parallel zum Hinduismus. Die buddhistischen Texte nehmen zur Prostitution eine distanziertere Haltung ein als die Texte der Hindus – wohlgemerkt, ohne daß Prostitution darin moralisch verdammt wird. Auf dem indischen Subkontinent verlor der Buddhismus allerdings im Lauf der Zeit wieder an Boden, neue Anhänger fanden sich in China und später in Japan. Eine kulturelle und politische Erneuerung brachte der

Islam. Einmal mehr wurde Indien vom Westen her bedrängt, erst durch die Araber, dann durch türkischsprechende Völker aus Zentralasien. Im 13. Jahrhundert wurde Nordindien von türkischen Sultanen in Delhi regiert. Einer ihrer Nachkommen war der puritanische Aurangseb, der gegen Ende des 17. Jahrhunderts die Hindu-Tempel zerstören ließ und den umfassendsten Versuch in der Geschichte Indiens unternahm, die heilige wie die weltliche Prostitution zu unterbinden. Doch trotz des muslimischen Drucks blieben im Süden, in Kaschmir und einigen anderen Staaten die Hindu-Fürsten an der Macht. Dort übten Hindus und Moslems vielerorts ihre religiösen Bräuche nebeneinander aus, und gegen die Prostitution wurde nirgendwo vorgegangen.

Unangefochten von Propheten, Religionsstiftern und der islamischen Expansion bewahrte der indische Kontinent sein hinduistisches Fundament und seine Besonderheiten. Und allmählich, auch mit den sich entwickelnden Handelsbeziehungen mit Arabern, Portugiesen, Franzosen und Briten, breitete sich die weltliche Prostitution in den Küstenstädten und Militärlagern Indiens aus. Als sich im 18. Jahrhundert die Engländer in Indien festsetzten, waren es neben der rituellen Witwenverbrennung vor allem die Tempeltänzerinnen, die sie am meisten beeindruckten.

Die Tempelprostitution, die in der Geschichte aus Babylon, Jerusalem und Rom bekannt war, verschwand in den westlichen Ländern spätestens im 3. oder 4. Jahrhundert n. Chr. In Indien sollte die Tempelprostitution selbst zweihundert Jahre englischer Kritik überstehen. Offiziell wurde sie 1947 im Zuge der Unabhängigkeit Indiens per Gesetz abgeschafft, doch noch immer ist sie in einigen wenigen Tempeln Nordindiens zu finden, und relativ weitverbreitet ist die Tempelprostitution nach wie vor im südlichen Teil des Subkontinents.

Kapitel 5

Die Töchter Roms

»Wer nun aber glaubt, die Jugend müsse sich auch käuflicher Liebe enthalten, der ist gewiß sehr sittenstreng (wie könnte ich's leugnen) – er bricht jedoch nicht nur mit der Großzügigkeit unserer Zeit, sondern auch mit den Gepflogenheiten und Zugeständnissen unserer Vorfahren. Denn wann war das nicht gang und gäbe, wann hat man's getadelt, wann verboten – kurz, wann wäre das Erlaubte nicht erlaubt gewesen?« Der römische Redner und Staatsmann Marcus Tullius Cicero vertritt einen eindeutigen Standpunkt in seiner Verteidigungsrede »Pro Caelio«, die er im Jahr 56 v. Chr. auf dem Höhepunkt seiner Macht hielt. Eine Rede, die im Lateinunterricht der Gymnasien wohl eher selten durchgenommen wird.

Das Verhältnis der westlichen Kultur zur Prostitution wurde weniger durch das Judentum oder das alte Hellas geprägt, sondern vor allem durch Rom. Das »Rom«, das dieses Erbe hinterließ, ist jedoch nicht das Rom der Papstkirche oder des Kaisers, und es ist nicht die dekadente und kosmopolitische Hauptstadt des Imperiums, die von Vermischung der Rassen und Religionen, von Sexorgien und Zirkus geprägt ist. Die Kultur, der wir unsere Haltung gegenüber Sexualität und Prostitution verdanken, ist älter: Es ist die Moral des patriarchalischen und republikanischen Roms.

Cicero gewann den Prozeß mit einer Verteidigungsrede, in der er bewies, daß die Prostitution einer alten Tradition entsprach, die Jahrhunderte in der Stadt existiert hatte – seit der *Urbs Condita*, der sagenumwobenen Gründung Roms, bis in die spätere Zeit der Republik. Es gab sogar eine mythische Verbindung zwischen Rom und der Prostitution. So wurden Roms Stadtgründer, die Zwillinge Romulus und Remus, angeblich von einer Wölfin gesäugt und von einem Hirten gefunden. Er brachte sie seiner Ehefrau Larentia, die für sich und die Knaben mit sexuellen Dienstleistungen Geld verdiente. Weil Larentia so viele Liebhaber hatte, nannten die anderen Hirten sie eine Wölfin, eine *lupa*. Der Sage nach kaufte sie mit dem Geld, das sie durch die Prostitution verdient hatte, den Palatin, einen der sieben Hügel Roms; Roms erstes *lupanarium* oder Bordell ist somit älter als die Stadt selbst.

Gleichzeitig war in der römischen Republik die Ehe die eigentliche gesellschaftliche Grundfeste. Die Gesellschaft war patriarchalisch organisiert, die römische Matrone genoß jedoch weitaus größere Freiheiten als die Frauen im alten Hellas. Die römischen Ehefrauen und Töchter konnten sich frei bewegen und hatten häufig eine gewisse Bildung genossen. Einige spielten sogar eine politische Rolle, insbesondere wenn ihre Männer längere Zeit fort waren, im Krieg oder als Verwalter unterworfener Provinzen. Traditionell genossen treue Ehefrauen und Mütter, aber auch züchtige Töchter großes Ansehen. Aufgrund dieser hohen Ideale war es Prostituierten verboten, sich in den Tempeln der Juno, der Basis des Familien- und Ehefrauenkults, oder der Vesta aufzuhalten, wo jungfräuliche Priesterinnen dienten. Die Familienehre war eine der römischen Primärtugenden, und das Hausfrauenideal war stets die mythische Lucretia: Nachdem man sie vergewaltigt hatte, nahm sie sich das Leben, um die Ehre ihres Mannes zu retten. Scheidungen waren in Rom dennoch nicht ungewöhnlich; sie wurden pragmatisch als wirtschaftliche und familienpolitische Angelegenheiten behandelt.

Nur in den Tempeln der Venus, der römischen Göttin der Liebe, durften römische Ehefrauen ausnahmsweise der Promiskuität frönen. Hier erhielten sie Anleitungen in Sexualpraktiken, und hier gab es auch weibliche wie männliche Prostituierte, schließlich standen Venus und Adonis in enger Beziehung zueinander. Während der Feierlichkeiten für die Frühlingsgöttin Flora traten Prostituierte bei Pantomimenaufführungen nackt auf, wenn man vom Blumenschmuck absieht.

Die Römer waren der Ansicht, Sex und Liebe seien zwei verschiedene Dinge. Liebe war ein Gefühl, das den Eltern und dem Vaterland vorbehalten bleiben sollte. Ausnahmsweise konnte man ähnliche Gefühle auch einer treuen Ehefrau oder einem Ehemann gegenüber entwickeln, aber erst nach vielen Jahren des Zusammenlebens. Sex konnte man hingegen jederzeit haben, wenn der jeweilige Partner einverstanden war und man nicht einen Mann von Stand, seine Frau oder seine Tochter beleidigte. Die Römer dachten entspannt über die Sexualität, hatten aber eine eher negative Einstellung zur Liebe, die man für ein gefährliches Gefühl hielt. Als »Sklave der Liebe« setzte man die Ehre der Familie und seinen eigenen Selbstrespekt aufs Spiel. Am schlimmsten war es, sich in Untergebene – Diener, Sklaven oder Prostituierte – zu verlieben.

Von 500 v. Chr. an hatte Rom einen offiziellen Wächter über die Moral, den Zensor. Zum berühmtesten Zensor wurde Marcus Porcius Cato, Cato der Ältere oder auch Cato Senex. 184 v. Chr. war er der Tugendwächter Roms. Zu dieser Zeit expandierte die kleine Stadtrepublik durch Kriege gegen ihre Nachbarvölker in Italien, die Umbrer, Samniten und Etrusker, gegen Griechenland auf beiden Seiten der Adria sowie gegen den Hauptfeind im Süden, die ursprünglich phönizische Kolonie Karthago an der nordafrikanischen Küste. Unsterblich wurde Cato der Ältere durch die Schlußsequenz all seiner Reden vor dem römischen Senat, in der er auf Karthago als große Gefahr für Rom hinwies: »Ceterum censeo, Carthaginem esse delendam« (»Und im übrigen bin ich der Meinung, daß Karthago zerstört werden müsse«).

Eines der bekanntesten Zitate, in denen es um Prostitution geht, ist Catos Bemerkung zu einem jungen Patrizier, den er aus dem Bordell kommen sah: »Ich ehre dich für deine Tugend!

Denn wenn eure Adern vor Lust anschwellen, ist es besser, ihr geht dort hinein – als euch an unseren ehrbaren Frauen zu vergreifen.« Doch die alten Römer waren der Ansicht, daß Bordellbesuche diskret abzulaufen hatten und keinesfalls allzu häufig vorkommen sollten. Als Cato einige Tage später den jungen Patrizier wieder aus einem Bordell kommen sah, nahm er seine Lobpreisung zurück.

Römische Patrizier genossen den kostenlosen sexuellen Verkehr mit ihren Haussklavinnen. Cato der Ältere sorgte sich um Roms Grenzen wie um seine Moral, aber beim Sex mit seinen Sklavinnen glaubte er im Recht zu sein. Er wurde dafür von seinen Kindern kritisiert, doch der Hüter der Moral antwortete lediglich: »Warum soll ich meine Frau zur Unzeit mit meiner Lust belästigen?« Horaz faßte diese Haltung in einem sarkastischen Text zusammen: »Rufst du nach goldenen Pokalen, wenn der Durst dir in der Kehle brennt? Verschmähst du, wenn dich hungert, alles außer Steinbutt und Pfauenbraten? All deine Sinne sind in Aufruhr und ein Dirnchen, ein junger Sklave zur Hand, die dir sogleich zu Willen sind; magst du dann lieber bersten vor ungestillter Gier? Das ist nicht mein Geschmack; mir liegt die Liebe mehr, die rasch bereit und leicht sich gibt.«

Cato vertrat in sexuellen Fragen ausgesprochen rationale Ansichten, auch in seinem eigenen Haushalt. Innerhalb seines Anwesens durften die männlichen Sklaven mit den Sklavinnen schlafen, allerdings hatten sie an Cato eine kleine Gebühr zu entrichten. Er wollte in seinen eigenen vier Wänden die volle Kontrolle behalten.

Der Prostitution, die ursprünglich fast zum Symbol der Stadtrepublik Rom geworden war, wurde ausgesprochen diskret nachgegangen, häufig außerhalb der Stadtmauern. Nur bei einigen wenigen Anlässen traten die Huren der Republik aus dem Schatten, um am öffentlichen Leben teilzunehmen. Dies geschah während der Lupanaria-Feierlichkeiten zur Gründung der Stadt und am 23. April, wenn die Liebesgöttin Venus in ihrer Eigenschaft als *volgivava,* als Straßenmädchen, gefeiert wurde. Das dritte jährliche Fest, an dem Prostituierte offen teilnehmen konnten, war die Floralia-Feier im Mai. Normalerweise durften Prostituierte nur bei diesen drei Gelegenheiten öffentlich in Erscheinung treten und für die Bürger Roms tanzen. Flora, die man als Blumengöttin verehrte, war eine Prostituierte gewesen, die dem jungen Rom das Vermögen vererbt hatte, das sie sich in ihrer langen Karriere erarbeitet hatte. Flora wurde alljährlich am 3. Mai in Roms vornehmster Arena geehrt, dem Circus Maximus. Und die Tradition gebot es, daß die Prostituierten sämtliche Spiele und Tänze anführten.

Zu seiner Zeit als Zensor besuchte Marcus Porcius Cato ein einziges Mal den Circus Maximus während der Floralia-Festlichkeiten. Als die Prostituierten nackt hereinliefen, bemerkten sie den strengen alten Mann. Eine tödliche Stille senkte sich über den Platz. Der Tugendwächter erhob sich ruhig, hob den Arm, um seine Augen mit einem Zipfel seiner Toga zu bedekken und verließ den Circus Maximus würdevoll. Ganz Rom schwieg. Erst zehn Minuten später wurde das Fest nach altem Brauch fortgesetzt.

Die römische Tradition legte Wert auf Selbstbeherrschung; sie galt als Voraussetzung für ein erfülltes Sexualleben wie für ein gutes Leben überhaupt. Wer seine Gefühle nicht beherrschen konnte, würde weder sexuell erfolgreich sein, noch konnte er damit rechnen, als vollwertiger Römer angesehen zu werden. Vor diesem Hintergrund sind die zahlreichen unglücklichen Liebesbeziehungen zwischen Dichtern und Prostituierten zu interpretieren, von denen die römische Literatur voll ist. Die von den Poeten geliebten Frauen waren gebildet, künstlerisch begabt und hatten literarische Qualitäten, die sie zu geeigneten Musen werden ließen. Dennoch standen diese Frauen sozial auf einer niedrigeren Stufe als die Dichter, die damit schmerzhafte masochistische Beziehungen eingingen.

So war Ovid, der wohl berühmteste Dichter zur Zeit des Kaisers Augustus, in eine Corinna verliebt. Zu des Dichters Pein lebte sie aber von der Prostitution. Die technischen Details der Liebe beschrieb Ovid in seinem vielgelesenen Buch *Ars Amatoria* (*Liebeskunst*), das man getrost als ein Handbuch der Prostitution verstehen kann. Ovid genoß die engen Beziehungen, die er zu vielen, überwiegend verheirateten Huren unterhielt, das Milieu kannte er genau. Doch von allen Frauen bevorzugte er Corinna, ihr waren seine besten und persönlichsten Gedichte gewidmet. Ovid starb im politischen Exil, wie so viele freie Männer seiner Zeit. Und auch für Corinna entwickelten sich die Dinge nicht gut: Sie endete als billige Straßenhure für arme Seeleute am Ufer des Tiber.

Noch schlimmer verhielt es sich mit dem weniger bekannten Poeten Properz. Er verstrickte sich in eine Liebesbeziehung, die sämtlichen römischen Ehrenkodizes widersprach. Selbstquälerisch, ja, selbstzerstörerisch bis hin zur Peinlichkeit wurde dieser Dichter zur Schande für die Männer Roms. Für die Voyeure der Literaturgeschichte wurde sein Werk allerdings zu einem um so größeren Vergnügen.

Ob es an dem Historiker Hostilius gelegen hat? Er hatte eine unglaublich schöne Tochter, die er nach allen Regeln verwöhnte. Außerdem sorgte er für die beste literarische Bildung. Sie trug den eleganten Namen »Cynthia«, war gebildet, witzig und kultiviert, konnte tanzen, singen und die Laute spielen. Und sie war nicht nur in der Lage, mit den Dichtern ihrer Zeit zu diskutieren, sie schrieb selbst Gedichte. Dabei lebte sie auf großem Fuß, offenbar weit über ihre Verhältnisse.

Cynthia hielt es nicht für unschicklich, mit mehreren Männern gleichzeitig ins Bett zu gehen und dafür bezahlt zu werden, obwohl sie eigentlich größere Geschenke von einflußreichen Männern vorzog. Ihr jahrelanger Hauptkunde war ein reicher römischer Beamter, der in Illyrien stationiert war. Doch der Bewerber, den sie am häufigsten abwies, sollte sie unsterblich werden lassen.

Sextus Propertius, so lautete der komplette Name des Dichters, ist jung gestorben, wahrscheinlich mit Mitte dreißig im Jahr 15 v. Chr. Nur selten durfte er Cynthia besuchen, die Auserwählte seines Herzens. Um so häufiger schlief er auf ihrer Türschwelle oder irgendwo in der Nähe, von wo aus er sie heimlich beobachten konnte. »Sie liebt weder die Macht noch die Romanzen, sondern beurteilt ihre Liebhaber nur nach dem Geldbeutel«, schreibt er in einem klassischen Klagegesang, der das Gefühl vieler gescheiterter Liebhaber widerspiegelt. Properz hatte kaum Geld, wollte Cynthia aber ganz für sich haben.

Das Dilemma ließ sich nicht lösen. In einigen Gedichten beklagt er all die Gerüchte, die er über Cynthia hören muß, in anderen Elegien preist er betrübt ihre Schönheit. Properz mag unrealistisch und aufdringlich gewesen sein, Cynthia wird dadurch dennoch nicht sympathischer. Die Elegien des Dichters ließen sie trotzdem unsterblich werden:

Und im Nu reißt Cynthia die Tür auf zum Garten,
Nicht die Haare geschmückt, rasend, aber doch schön.
Zwischen den kraftlosen Lippen entglitt da sofort mir
 der Becher,
Und, vom Wein schon erschlafft, wurden die Lippen
 ganz fahl:
Doch sie blitzt mit den Augen und tobt, wie's der Liebe
 nur möglich.
Das war ein Schauspiel, wie in einer eroberten Stadt.
Auf der Phyllis Gesicht stürzt sie mit zornigen Nägeln …

Diese Frau starb unter fürchterlichen Umständen, sie wurde von einer älteren Prostituierten vergiftet. Der Auftraggeber der Giftmörderin war allem Anschein nach ein freigelassener Sklave mit guten Kontakten zu Kaiser Augustus und seinem Hof. Möglicherweise hatte sich Cynthia den Exsklaven zum Feind gemacht, indem sie ihn als Kunden abwies.

Unmittelbar vor Beginn unserer Zeitrechnung war Rom bereits die Hauptstadt der römischen Kaiser, das kosmopolitische Zentrum des Westens. Julius Caesars Neffe Augustus wurde zum alleinherrschenden Imperator eines Imperiums, das sich von Judäa und Ägypten im Osten bis nach Spanien im Westen und Gallien im Norden erstreckte; Britannien sollte etwas später kolonisiert werden. Das Reich umfaßte noch andere wichtige Städte wie Antiochia, Alexandria, Byzanz und Karthago. Die kaiserliche Hauptstadt blieb jedoch dominierend. Hunderttausende Menschen strömten hierher: gebildete griechische Hauslehrer, jüdische Kaufleute, spiritistische ägyptische Mystiker und italienische Bauern, die weder lesen noch schreiben konnten, hellhäutige Sklaven, die man als Kriegsgefangene aus Germanien im Norden oder aus Thrakien am Schwarzen Meer mitbrachte, Negersklaven aus Nubien. Auf dem Höhepunkt ihrer Macht lebten zweieinhalb Millionen Menschen in der römischen Hauptstadt. Die Arbeit erledigten Sklaven, Freigelassene und »Fremde«. Ehemalige Sklaven, die der Kaiserfamilie oder anderen reichen Familien gehört hatten, durften Handel treiben und konnten schnell ein Vermögen verdienen. Und sie versteckten ihr Gold und ihre Edelsteine nicht, sehr zum Ärger der römischen Aristokratie und der armen Bevölkerung Roms. Weniger als ein Prozent der römischen Bürger während der Kaiserzeit waren Nachkommen aus republikanischen Patrizierfamilien. Italiens Bauernhöfe hatten sich in Latifundien verwandelt, von Sklaven bewirtschaftete Großgüter – die ehemaligen Bauern dagegen waren in Scharen nach Rom gekommen. Hier lebten sie als *proletarii,* als Besitzlose, aber im Rang freier römischer Bürger. Und diesen gegenüber zeigte sich Rom als Sozialstaat, jeder freie Römer hatte das Recht auf ein finanzielles Existenzminimum, auf Brot und den Besuch des Zirkus.

In der Kaiserzeit muß es wie reiner Sarkasmus geklungen haben, wenn die Beamten der alten Patrizierklasse noch immer die Familie als Grundlage der Gesellschaft priesen. Der Großteil der römischen Bevölkerung bestand aus der verarmten Unterschicht freier Römer sowie rund einer Million Sklaven. Nur noch die wenigsten Paare heirateten nach römischem Recht, ob sie nun römische Bürger waren oder nicht. Sklaven hatten ohnehin keinerlei Recht dazu. Juden, Ägypter, Phrygier und Griechen hatten nicht nur neue Religionen und neue Philosophien nach Rom gebracht, sondern auch ganz neue Vorstellungen von Liebe und Ehe.

Auch unter den Patriziern heiratete man nicht mehr. Man schlief mit Sklaven beiderlei Geschlechts, mit anderen toleranten Aristokraten oder mit Prostituierten. Kaiser Augustus versuchte Heiratsunwillige mit einer Geldbuße zu bestrafen und wollte die Frauen belohnen, die mehr als drei Kinder bekamen. Widerspenstige Frauen aus den oberen Schichten reagierten jedoch auf den Befehl, indem sie sich in den öffentlichen Verzeichnissen der Stadt als Prostituierte registrieren ließen. So verloren sie ein wenig an Ansehen, konnten dafür aber so leben, wie sie wollten.

Der Moralphilosoph Seneca war der Lehrer des jungen Kaisers Nero. Seneca versuchte der Jugend die Ideale der alten Zeit zu vermitteln, über seinen Schüler sagte er: »Er hat nichts falsch gemacht, er liebt nur eine Prostituierte. So etwas ist nicht ungewöhnlich, der Bursche ist jung. Gebt ihm ein wenig Zeit, dann wird er sich bessern und eine Ehefrau finden.« Aber im 1. Jahrhundert n. Chr. suchten sich kaiserliche Nachkommen wie Nero und sein Halbbruder Caligula keine ordentlichen römischen Matronen mehr wie in der guten alten Zeit. Die jungen Männer fanden zahlreiche Partner beiderlei Geschlechts und der unterschiedlichsten Hautfarben in ihrer eigenen Familie und aus entlegensten Ländern und Regionen. Der innere Zirkel der julianisch-claudischen Herrscherdynastie konnte sich sämtliche Ausschweifungen erlauben. So organisierte die Kaisergattin Messalina, die mit Caligulas Onkel Claudius verheiratet war, im Palast einen Beischlafwettbewerb mit Sylla, der bekanntesten Prostituierten Roms. Es galt herauszufinden, wer in einer Nacht die meisten Männer bedienen konnte. Messalina gewann.

Die Kaiserzeit Roms ist eine merkwürdige, beinahe paradoxe historische Periode. Die größte Besonderheit dieser Epoche war, daß die Hälfte der gewaltigen Stadtbevölkerung aus einer freien, aber armen und ungebildeten Unterklasse stammte, die keine Arbeit fand und vom Staat ernährt werden mußte. Die Sexualmoral dieser Schicht war bald ebenso lax wie die der Patrizier, schließlich war Sex zu allen Zeiten ein sehr probates Mittel gegen Langeweile. Und so waren jetzt freier Sex und Prostitution genauso beliebt wie die Zirkus- und Gladiatorenspiele, die von der Stadt veranstaltet wurden. Sex gab es überall und jederzeit, gratis und gegen Bezahlung. Die wirklich gebildeten Kurtisanen empfingen ihre Kunden nach Vereinbarung zu Hause, ähnlich wie seinerzeit die griechischen Hetären. Einige von ihnen kamen tatsächlich aus Griechenland oder Syrien; andere nahmen lediglich griechische Namen an, weil sie gerade in Mode waren: Phlogis, Chloe, Chione, Lesbia, Saufeia oder Thaïs. Einige der bestbezahlten Huren hatten jedoch solide römische Namen wie Lydia, Celia, Marulla oder Delia.

Bezahlten wie unbezahlten Geschlechtsverkehr konnte man in den Theatern oder in den Thermen bekommen, den großen eleganten Bädern, die die Stadt beherrschten. Die *Lupanaria* waren die organisierten Bordelle auf den Mauern der Stadt oder direkt davor, auf den Hügeln des Esquilin und des Viminal, auf dem Caelius oder nahe dem Circus Maximus. In den Bordellen arbeiteten freie Römer und Sklaven, Frauen wie Männer. *Fornices* wurden die weniger gut organisierten Sexetablissements genannt, die sich in den Säulengängen unter den Theatern befanden; und *stabula,* ein Stall, war ganz einfach irgendein Platz, an dem es möglich war, eine Orgie zu organisieren. An der Via Sacra lagerten elegante Prostituierte in Sänften, die keinen Vorhang hatten; jeder konnte sich die halbnackten Frauen ansehen. Ihre männlichen Konkurrenten bewegten sich dagegen zu Fuß. Mit eindeutiger Körpersprache und erregenden sexuellen Geräuschen machten sie den Passanten klar, daß sie jederzeit zu Diensten standen.

Eine *meretrix,* eine »Frau, die Geld verdient«, war eine freie und in Rom geborene Prostituierte, die bis zum Abend ein ruhiges, bürgerliches Leben führte. Dann erschien sie wie jede andere Nachtarbeiterin im Bordell. Sie war in der Regel im öffentlichen Prostituiertenverzeichnis registriert, bezahlte Steuern und war bestrebt, es sich nicht mit den Behörden zu verderben. Eine *meretrix* trug die Toga der Männer, nicht die Stola, das übliche weibliche Bekleidungsstück. Purpur war als Kleiderfarbe verboten, sie hatte möglichst Sandalen und geblümte Stoffe anzuziehen, und sie durfte ihr Haar nicht wie die römischen Matronen aufstecken. Viele Prostituierte hatten ein eigenes Interesse daran, sich von den übrigen Frauen zu unterscheiden. Sie färbten ihr Haar rot oder blond, schminkten sich mit rotem Make-up und kleideten sich in Seidenstoffe, die ihre wichtigsten Attribute hervorhoben. Auch Frauen aus besseren Familien schlichen sich bisweilen in die Bordelle ein, manche aus Spaß, andere wegen des Nebenverdienstes. Diese *famosae* wurden jedoch von jeder richtigen Hure verachtet.

Der Begriff »Prostitution« stammt aus dem Lateinischen – jemand »prostituiert« sich, wenn er sich anbiedert oder seine Geschlechtsorgane zeigt. Allerdings wird die Bezeichnung erst im Spätmittelalter auf Personen angewandt, die durch den Verkauf von Sex Geld verdienen. Die Römer hatten eine Reihe anderer Vokabeln, um diesen Vorgang zu beschreiben: Eine Frau, die beispielsweise mit lauter Stimme Kunden auf sich aufmerksam zu machen versuchte, wurde eine *lupa,* eine Wölfin, genannt. Eine *prostibula* war eine unregistrierte Hure, eine Freischaffende, die nicht besser war als eine *famosa.* Sie wurden auch als »Nachtmücken« oder »Straßenwanderinnen« bezeichnet. Ein »Bäckermädchen« verkaufte kleine Kuchen in Form von Geschlechtsorganen, um eventuellen Kunden den rechten Weg zu weisen. Und eine »Friedhofarbeiterin« war eine Prostituierte, die in der makabren Rolle einer professionell Trauernden sich als Hure auf den Friedhöfen anbot. Eine *blitida* oder *copa* fand man in Schenken, in denen billiger Wein ausgeschenkt wurde, eine »Huhn« genannte Hure war darauf aus, ihren Kunden Geld über die vereinbarte Summe hinaus abzunehmen, und als *fellatrix* wurde eine Spezialistin für Oralsex bezeichnet. Griechische Künstlernamen waren oft ein Zeichen der sexuellen Verfügbarkeit, und im Plural wurde die Bezeichnung *doris* zu einem Synonym für Mädchen, die sich nackt in den Türöffnungen anboten.

Männliche Prostitution breitete sich augenscheinlich erst in der Kaiserzeit Roms in einem Maß aus, daß dieses Phänomen von den Behörden registriert und darüber in der zeitgenössischen Literatur geschrieben wurde. Zur Kaiserzeit herrschte allgemein die Ansicht, daß eine Fellatio von einem Mann besser ausgeführt würde als von einer Frau, viele Männer spezialisierten sich daher auf diese Praxis. Daneben gab es zahlreiche männliche Prostituierte, die zum Analverkehr zur Verfügung standen, vorzugsweise als der passive Part, da für einen römischen Mann die Aufnahme von Samen im allgemeinen als diskriminierend galt. Dennoch kam es häufig vor, daß Kunden einen aktiven männlichen Partner bestellten. Vermittelt wurde er durch ein Bordell oder eine Gladiatorenschule, allerdings mußte es diskret ablaufen, denn es hätte der Ehre eines freien Römers geschadet, wenn bekannt geworden wäre, daß er beim Geschlechtsverkehr die passive Rolle einnahm.

Rom unterschied sich in der Kaiserzeit vom Rest der antiken Welt vor allem dadurch, daß männliche und weibliche Prostituierte gleich behandelt wurden. In den großen Bordellen arbeiteten männliche Prostituierte Seite an Seite mit ihren weiblichen Kolleginnen, nur in den kleineren Bordellen wurde nach Geschlechtern getrennt. Ein Prostituierter konnte, vor allem, wenn es sich um einen durchtrainierten Sportler handelte, ausnahmsweise auch eine Frau als Kundin bekommen. Da in der Stadt jedoch sehr viele Männer zur Auswahl standen, gab es nur wenige Frauen, die für sexuelle Dienstleistungen bezahlten. Unorganisierte männliche Prostitution florierte auf der Straße ebenso wie die weibliche. Und daß man so viel mehr männliche Prostituierte auf der Straße sah als in den Bordellen, lag ganz einfach daran, daß Männer sich besser verteidigen konnten als Frauen.

Obwohl die männliche Prostitution so verbreitet und akzeptiert war, versuchten die Behörden Roms hartnäckig, die Kastration von Männern zu bekämpfen, egal, ob die Kastration nun einem sexuellen Zweck dienen sollte oder aus religiösen Gründen vorgenommen wurde. Rom kannte seit den Zeiten der Republik sogenannte *atti* oder *galli,* kastrierte Priester des Adonis, hatte ihnen aber bis zum Jahr 77 v. Chr. den Zutritt zur Hauptstadt verwehrt. Erst dann erlangten sie aufgrund von toleranteren religiösen Ideen die Bürgerrechte. Es gab drei bekannte Formen der Kastration: Bei den *castrati* waren sowohl der Penis als auch die Hoden durch einen sauberen Schnitt entfernt; den *spandones,* den Halbkastrierten, hatten man ihre Hoden abgerissen, während die Hoden der *thilibiae* zusammengedrückt und zerquetscht worden waren. Dadurch wurde ihre Samendrüse zwar dauerhaft geschädigt, aber die meisten waren dennoch zum Geschlechtsverkehr fähig. Martial erläutert in einem ironischen Epigramm, warum einige Frauen Sex mit solchen Männern bevorzugen: »Du fragst, Pannychus, warum deine Celia nur mit Eunuchen verkehrt? Nun, Celia möchte die Blumen einer Hochzeit, nicht die Früchte.«

Sklavenbesitzer und Bordellwirte, die Kastraten beschäftigten, oder Ärzte, die Kastrationen durchgeführt hatten, wurden bestraft. Und es nützte einem Bordellwirt gar nichts, wenn er sich damit verteidigte, daß es eine Nachfrage nach Eunuchen gäbe. Kastrationen galten bei den Römern als dekadenter östlicher Brauch, der in keiner Weise der römischen Tradition und Moral entsprach. Irgendwo hat jede Gesellschaft eine äußerste moralische Grenze. Im Rom der Kaiserzeit war sie dort, wo sich das Messer den männlichen Geschlechtsorganen näherte.

Wir kennen aus der Kaiserzeit die Namen und biographischen Details von vielen *procuri,* von Männern, die männliche Kunden bedienten, und von einzelnen *luperci,* Gigolos, die Frauen aus den gehobenen Ständen befriedigten. Am bekanntesten wurden männliche Prostituierte, die gleichzeitig als Tänzer oder Schauspieler arbeiteten, sie waren zu ihrer Zeit enorm populär. Mnester hieß ein junger Schauspieler, mit dem Caligula eine vieldiskutierte Affäre hatte. Paris war der Name des ersten Jünglings, mit dem sich Nero einließ, und auch von Sporus, einem hübschen, aber effeminierten Kastraten, konnte Nero nicht die Finger lassen.

Bis zu einem gewissen Grad versah man auch die Prostitution der Kaiserzeit mit einem religiösen Überbau, denn Rom stand im Laufe der Jahrhunderte zunehmend unter dem Einfluß von Religionen östlicher Herkunft. In den römischen Tempeln für die griechische Demeter, die phrygische Kybele, die ägyptische Isis oder Astarte aus Karthago, die im Laufe der Zeit alle zusammen unter der Sammelbezeichnung *magna mater* verehrt wurden, war es den Priesterinnen durchaus gestattet, sich zu prostituieren. Orgiastische Riten wurden zu einem Teil der Verehrung; es waren Feste, die die leichtbekleideten und heiteren Bacchanalen, die Roms Republik zu Ehren von Venus und Flora hatte ausrichten lassen, zu wahren Sonntagsschulveranstaltungen werden ließen.

Aedile nannte sich eine Gruppe römischer Beamter, die seit der Zeit der Republik die Aufsicht über das Straßenleben, die öffentlichen Feste und die Wasserversorgung hatten. In der Kaiserzeit schmolz die Macht der Aedile, doch Caligula gab ihnen einen neuen Verantwortungsbereich: Sie hatten darauf zu achten, daß die Bordelle die gesetzlichen Öffnungszeiten einhielten, von drei Uhr nachmittags bis zum Sonnenaufgang des nächsten Tages.

Darüber hinaus oblag den Aedilen die Registrierung der römischen Prostituierten.

Als erstmals ein derartiges Register vorlag, gab es lediglich sechsundvierzig offizielle Bordelle in der Millionenstadt. Dafür waren die größten Bordelle – wie das berühmte *libidinium consistorium,* das »Haus für alle Lüste« – allerdings auch gewaltig groß. Gleichzeitig registrierten die Aedile 35 000 Frauen- sowie rund 2000 Männernamen. Allerdings hatten sich in die Register auch eine Reihe promisker Frauen aufnehmen lassen, die nicht unbedingt als Prostituierte arbeiteten. Sie wollten Problemen mit den Aedilen, der Familie oder einem früheren Liebhaber aus dem Weg gehen. Denn nur wer öffentlich registriert war, war bei regelmäßigen Herrenbesuchen sicher vor Strafen, Anzeigen oder dem unangenehmen nächtlichen Auftauchen von Beamten. Die Aedile waren auf dem Papier verpflichtet, auch bei nichtregistrierten promisken Frauen Kontrollbesuche vorzunehmen. Bestimmt fanden es die Beamten hochinteressant, prominente Frauen mit einem nächtlichen Hausbesuch zu überraschen, vor allem, wenn ein strenger Vater oder ein eifersüchtiger Liebhaber dafür bezahlte.

Der Satiriker Martial lebte gegen Ende des 1. Jahrhunderts n. Chr. Er ist der Autor des ersten Reiseführers durch Roms Unterwelt, eine Art Katalog der besten und übelsten Prostituierten seiner Zeit. Seine Zeitgenossen fanden die Beschreibungen so zutreffend, daß sie überzeugt waren, er kenne sie alle. Fest steht, daß Martial manche Prostituierte sehr nüchtern beschrieben hat, andere wiederum ausgesprochen boshaft:

So übel riecht die Thaïs wie
des gieren Walkers Tontopf nie
– der eben grade altersschwach
und mitten auf der Straße brach –
nicht wie der Bock, der eben springt,
nicht wie der Löwenrachen stinkt (...)
Damit der Dunst, der sie verschandelt,
sich mittels andren Duftes wandelt,

geht, ach wie oft!, sie in das Bad
und legt dort ihre Kleider ab,
zeigt grün sich von Pomadenkram,
verbirgt sich unter scharfem Schlamm,
bedeckt sich viermal oder drei-
mit einem fetten Bohnenbrei.
Nach dieser tausendfachen List,
meint sie, daß sie gesichert ist,
tat alles: Riecht das Frauenzimmer
Thaïs nach Thaïs – so wie immer.

Martials Beschreibungen waren so witzig, daß sie zu Volksliedern wurden und an den Straßenecken Roms gesungen wurden, doch längst nicht alle Prostituierten waren glücklich darüber. Ein Grund für seine barschen satirischen Frauenbeschreibungen war sicher, daß er den Frauen konsequent junge Männer vorzog. Allerdings war Martial nicht gegenüber allen Frauen so verächtlich wie gegen Thaïs.

In einer Gesellschaft, in der die Sklaverei zentrale, tragende Institution ist, gibt es gewisse Probleme mit dem Gebrauch des Begriffs »Prostitution«. Es ist sicherlich nicht falsch, alle Orte, an denen Sex käuflich zu erwerben war, Bordelle zu nennen. Aber wie soll man die Sklaven bezeichnen, die dort arbeiteten, wenn sie für ihre Leistungen keinen Lohn bekamen? Diese »Prostituierten« waren eher Sexsklaven. Dennoch wurden sie nicht so genannt, denn mit dem Begriff des »Sexsklaven« hatte man bereits die freien Römer belegt, die tatsächlich vom Sex besessen waren. Kaiser Domitian könnte man als einen solchen Sklaven des Sexus bezeichnen: Ohne ein Dutzend Sklavinnen konnte er kein Bad nehmen.

Caligulas Beziehung zu Mnester, Neros wilde Spiele mit dem schönen Paris und seine »Ehe« mit Sporus sind in erster Linie Ausdruck des selbsterlassenen Rechts absolutistischer Herrscher auf sexuelle Spiele und die ungehinderte Ausübung von

Gewalt. In der Kaiserzeit nahm man lediglich Anstoß, wenn ein Mitglied der Kaiserfamilie oder ein anderer hoher Aristokrat eine passive oder masochistische Rolle in einer homosexuellen Beziehung einnahm oder wenn ein Mann besserer Herkunft sich von einer Frau aus der Unter- oder der Sklavenklasse ausnutzen ließ. Solche Verhältnisse führten dazu, daß die gesamte Klasse, der man angehörte, an Respekt einbüßte. Die Männer der damaligen Zeit und spätere Historiker fanden weniger die erotischen Exzesse der Kaisertochter Julia oder der kaiserlichen Ehefrauen Messalina und Agrippina schockierend als die Tatsache, daß Sklaven und Proletarier in dominanten sexuellen Rollen daran beteiligt waren.

Unter den Prostituierten in den Bordellen damals gab es sehr viele Sklaven, die über Essen und Kleidung hinaus nur eine äußerst geringe oder überhaupt keine Bezahlung bekamen. Kriegsgefangene waren offiziell die einzigen Sklaven, die man in Rom kaufen konnte. Doch bereits in der frühen Kaiserzeit wurden viele der jungen Frauen und Männer, die in den Bordellen arbeiteten, aus Ländern verschleppt, die weit außerhalb der Grenzen des römischen Imperiums lagen. Professionelle Sklavenjäger mit einem besonderen Auge für die menschliche Schönheit wußten, daß junge, attraktive und gutgebaute Sklaven aufgrund ihrer Physis den Transport besser überstanden und daß für sie auch besser gezahlt wurde.

Bei älteren, nicht ganz gesunden Sklaven gab es häufig ein Transportproblem. Ältere oder weniger attraktive Sklavinnen wurden für billiges Geld der Armee an den Grenzen verkauft, der Bedarf an Prostituierten im römischen Heer war groß. Die Sklavenprostituierten, die in den Bordellen der Garnisonen arbeiten mußten, waren am schlimmsten gestellt. Sie hausten in winzigen Zellen, waren schlecht gekleidet und wurden miserabel versorgt. Die Heeresleitung versuchte soviel Profit wie möglich mit ihnen zu erzielen, doch oft waren in der Nähe der Grenzen neue Sklaven einfach billiger zu beschaffen als zusätzliche Verpflegung, um sie einigermaßen am Leben zu erhalten.

Römischen Soldaten war es nicht gestattet zu heiraten, obwohl mancher sein halbes Leben in militärischen Diensten verbrachte. Als stillen Protest gegen die Militärprostitution hatten daher relativ viele Soldaten eine Geliebte in der Nähe des Lagers, sie boykottierten die kleinen, dreckigen Sexzellen, die die Heeresleitung für sie eingerichtet hatte.

Der Komödiendichter Plautus ist wahrscheinlich der römische Autor, der am meisten über die tragischen Seiten der Prostitution geschrieben hat. Plautus läßt in einem seiner Stücke einen Sklaven erklären, daß er seine Tage lieber mit einem eisernen Gewicht auf der Schulter in einem Steinbruch verbringen würde, als Sklave in einem Bordell zu sein.

Auf der anderen Seite kann man sich heute natürlich fragen, was wohl »schlimmer« gewesen sein mag: Prostituierter oder beispielsweise Gladiator zu sein? Unter den Gladiatoren gab es eine Minderheit von freien Männern, die meisten jedoch waren Sklaven und standen vollkommen unter der Kontrolle der Gladiatorenschule, der sie angehörten. Sicher, einem siegreichen Gladiator jubelte in der historischen Sekunde des kurzen Triumphes ganz Rom zu. Doch auch der beste Kämpfer konnte den nächsten Kampf verlieren, und für einen Gladiator bedeutete eine Niederlage in der Regel den Tod. Ein Sexsklave mit Ambitionen und Selbstvertrauen hatte häufig genug mehrere Möglichkeiten, um sich aus der Knechtschaft zu befreien. Sie oder er konnte sich zum Beispiel von einem Stammkunden für private Zwecke aus dem Bordell freikaufen lassen. Häufiger war jedoch, sich aus dem Kundenkreis eine Gruppe von Gönnern aufzubauen, die die Kaution für einen Kredit stellten. Die Prostituierte kaufte sich frei und zahlte den Kredit mit Zinsen zurück.

Dreihundert Jahre nach Christi Geburt veränderte sich das römische Reich. Germanische Stämme bedrängten die Grenzen der Zivilisation von Norden und Osten, der Einfluß und die Macht des Militärs wurden größer, die zentrale Rolle Roms wurde geschwächt. Das soziale und ethnische Konglomerat, aus dem die Bevölkerung des Riesenreiches bestand, befand sich in moralischer Auflösung. Religiös war das Volk zersplittert zwischen östlichen Mysterienreligionen, griechischem und römischem Glauben, Judentum, Gnostizismus und arianischem und katholischem Christentum, sprachlich zwischen Griechisch, Latein, Keltisch und Aramäisch.

Kaiser Konstantin war ein typischer Abkömmling seiner Zeit. Der erfolgreiche General war der Sohn Helenas, einer in Ungnade gefallenen kaiserlichen Konkubine. Konstantin kam zunächst in Gallien und Britannien an die Macht und mußte sich mit vier Mitkaisern auseinandersetzen. Als er im Jahr 313 n. Chr. zum alleinigen Kaiser ausgerufen wurde, wechselte er die Religion, er wurde Christ und verfügte die Religionsfreiheit im gesamten Reich. Im Jahr 325 rief er zu einem Kirchentreffen in Nizäa auf, einigte die Christenheit und konzentrierte die gesamte politische Macht in der Hand des Kaisers. Gleichzeitig verlegte Konstantin den Mittelpunkt des Reiches nach Osten und etablierte Byzanz unter dem Namen Konstantinopel als neue Hauptstadt.

Der erste christliche Kaiser wurde auch zum ersten Gesetzgeber in der Geschichte, der Prostituierten, die über eine eigene Wohnung verfügten, eine gewisse Rechtssicherheit verschaffte. Ein Übergriff auf eine solche Frau war ungesetzlich, er wurde jetzt gleichgestellt mit dem Vergehen an Ehefrauen oder Jungfrauen.

Konstantins Nachfolger waren jedoch nicht in der Lage, das christliche Reich zu erhalten. Das römische Reich wurde in ein oströmisches Reich mit dem Zentrum Konstantinopel und ein weströmisches Reich mit Rom als Hauptstadt geteilt. Mit dem Beginn der Völkerwanderung wurden Rom und die westlichen Teile des Reiches von germanischen Stämmen überrannt, die auf dem alten römischen Territorium ein ostgotisches, ein westgotisches, ein burgundisches und ein fränkisches Reich gründeten. Von der östlichen Kapitale Konstantinopel aus versuchten die christlichen Kaiser dem Druck standzuhalten. Der größte Staatsmann unter ihnen war Kaiser Justinian, der Anfang des 6. Jahrhunderts lebte. Der exzellente Heerführer regierte Konstantinopel und das gesamte oströmische Reich, hielt die Invasion aus dem Norden auf und schloß Frieden mit den Persern im Osten. Justinian veranlaßte den Bau der Großkirche Hagia Sophia und setzte die Doktrin durch, daß nicht der Papst, sondern der Kaiser das Oberhaupt der Kirche ist. Er wollte auch eine christliche Rechtsordnung schaffen. Derart ausgeprägte Ambitionen führen in der Regel zu gewaltigen Reformen oder zum Fall eines Staatsmannes. Doch Justinian hatte Glück. Das erste Gesetz, das er änderte, war eine altrömische Verordnung, die es Männern aus der Senatorenschicht verbot, Schauspielerinnen oder Prostituierte zu heiraten. Jemand, der an einen barmherzigen Gott glaubt, so erklärte Justinian, muß auch Gesetze schaffen, die für Bekehrung und Reue offenstehen.

525 n. Chr. heiratete er zum zweiten Mal, diesmal die kurz zuvor zum Christentum übergetretene Theodora, eine geläuterte und bekehrte Sünderin. Die Heirat fand in der neuen Hagia Sophia statt, von der böse Zungen behaupteten, sie sei der Heiligen Hure geweiht. Theodora war eine schöne, anziehende Frau, deren Aussehen legendär war; in den Augen ihrer Zeitgenossen wurde sie zur eigentlichen Herrscherin Konstantinopels. Justinians erste Begegnung mit ihr fand in einer Vergnügungsstätte nahe des Hippodroms statt; sie war Mitte dreißig, er Ende fünfzig. Theodora war die Tochter eines Wirts und einer Akrobatin, in ihrer Jugend hatte sie sich von einer Fellatrix zu einer Meretrix emporgearbeitet, die zehn Athleten in einer Nacht befriedigen konnte. Als sie Justinian zum ersten Mal begegnete, arbeitete sie als Schauspielerin, ihre Spezialität waren sexuell betonte Darstellungen. Sie war zum Christentum konvertiert, was es ihr sicherlich noch einfacher machte, Justinian vollkommen hörig werden zu lassen.

527 n. Chr. wurde Justinian Kaiser und Theodora Kaiserin. Gemeinsam definierten sie die Ehe in einer erstaunlich moder-

nen und im römischen Reich bisher unbekannten Weise neu. Justinian erklärte, die »gegenseitige Zuneigung ist die Grundlage der Ehe«. Sein Ehegesetz schuf die legale Basis für Scheidungen, entsprechend den christlichen Prinzipien der Zeit. Homosexuelle Handlungen an öffentlichen Orten ließen Theodora und Justinian bestrafen, doch schloß dies eine grundsätzliche Toleranz gegenüber homosexuellen Beziehungen nicht aus. So heiratete einer ihrer engen Berater, Strategius, seinen männlichen Geliebten. Auch ließ Justinian in einer ägyptischen Kirche einen Seitentempel einrichten, der den heiligen Märtyrern Sergius und Bacchus geweiht war, die als Paar selig gesprochen wurden. Allerdings bekämpfte das kaiserliche Paar alles promiske Verhalten. Zuhälter und Bordellwirte wurden aus der Hauptstadt verbannt, Sex in öffentlichen Badehäusern war verboten, die Geschlechter wurden getrennt, Mütter und Söhne hatten in unterschiedlichen Bassins zu baden.

Theodoras Biographie, ihre »heimliche Geschichte«, wie es später hieß, verfaßte der Historiker Prokop aus Caesarea in Palästina. Er beschreibt, daß sie nach ihrer Hochzeit noch mindestens einmal als charismatische Artistin und Tänzerin aufgetreten ist. Schon wenn sie den Rockzipfel etwas anhob, hatte sie die volle Aufmerksamkeit des Volkes, und es gelang ihr auf diese Weise, eine Reihe von politischen Unruhen zu beenden, die sich spontan bei ein paar wilden Zirkusveranstaltungen zu entwickeln drohten.

Theodora kannte die Lebensbedingungen von jungen Mädchen aus der Unterschicht und von erwachsenen Prostituierten; sie setzte sich dafür ein, Kinderarbeit zu verbieten und die Lebensbedingungen für alle Frauen in der Ostkirche zu verbessern. Vor unserer Zeitrechnung hatten mittellose Familien im Osten überzählige Töchter an die Tempel verkauft. Mit der Einführung des Christentums als Staatsreligion war es vorbei mit der Tempelprostitution. Doch der Verkauf von Töchtern hörte damit nicht auf, er war nun säkularisiert zu Sklaverei. Theodora versuchte ein Gesetz zu erlassen, das nur die Händler bestrafen sollte, um den Handel mit jungen Sklavinnen in Konstantinopel zu beenden und so dem übrigen Königreich ein Vorbild zu liefern.

Kaiserin Theodora wurde zur ersten wirklichen Reformatorin der Prostitution in der Geschichte. Zusammen mit Justinian sorgte sie für ein Arbeitsverbot von Minderjährigen in Bordellen, und sie setzte durch, daß Prostituierte und weibliche Sklaven elementaren Rechtsschutz vor Vergewaltigungen bekamen. Theodora funktionierte später einen kaiserlichen Palast zu einem festen Wohnsitz oder Kloster für ehemalige Prostituierte um und nannte ihn »Bekehrung«. Dies geschah zur gleichen Zeit, als man in Arles im merowingischen Südfrankreich das erste Frauenkloster errichtete. Hier durften jedoch ausschließlich tugendhafte Frauen mit aristokratischer Herkunft eintreten. Theodoras Initiativen waren sozial und frauenfreundlich. Gemessen an den kaiserlichen Ehefrauen und Töchtern Roms einige hundert Jahre zuvor ist Theodora in jeder Beziehung eine Ausnahmeerscheinung.

Kapitel 6
Reuige Sünderinnen

Jesus von Nazareth starb an einem Freitagabend um das Jahr 25 n. Chr. Der Apostel Johannes erwähnt namentlich drei Frauen, die vor dem Kreuz in der Menge standen: die Mutter Maria, Jesus' Tante Maria Salome, die Mutter von Jakobus und Johannes, und Maria Magdalena, eine ehemalige Sünderin, von der Johannes schreibt, Jesus habe sie »geliebt«.

Der Sektenführer starb spät in der Nacht. Der Evangelist Markus betont, daß die Jungfrau Maria und Maria Magdalena ausgeharrt hätten, bis die Leiche vom Kreuz genommen wurde. Seine männlichen Jünger hatte der Mut verlassen, einige von ihnen waren fischen gegangen. Jesus von Nazareth hatte gepredigt, er werde von den Toten auferstehen, doch nur die Frauen glaubten wirklich daran, vor allem Maria Magdalena. Der Evangelist Johannes berichtet, daß sie am Sonntagmorgen nach der Kreuzigung allein zum Grab ging und es offen fand, der Stein davor war weggerollt. Das Matthäus-Evangelium behauptet, Maria Magdalena sei zusammen mit Maria Salome zum Grab gegangen, die anderen Evangelisten sprechen von einer ganzen Gruppe Frauen. In allen Evangelien tritt Maria Magdalena jedoch als die Anführerin der weiblichen Jünger auf; sie spielt als die wichtigste der Frauen eine ebenso zentrale Rolle wie Petrus bei den Männern.

Daß ein erwachsener jüdischer Mann allein lebte, war absolut ungewöhnlich und wurde im Palästina der damaligen Zeit nicht toleriert. Ein Mann mußte in einer Ehe oder einer Beziehung leben, bis er mindestens einen Sohn oder eine Tochter gezeugt hatte. Erst dann durfte er allein leben, wenn er ein solches Leben vorzog. Johannes der Täufer vermied den Umgang mit Frauen und lebte als Eremit, aus diesem Grund wurde er heftig kritisiert. Doch weder die Pharisäer noch die Schriftgelehrten griffen Jesus wegen seines abweichenden Lebensstils an. Er war ihnen jedoch ein wenig zu sinnlich, zu liberal. Denn Jesus ließ es zu, daß man ihm die Füße mit teurem Balsam salbte und daß sich unter seinen Anhängern Sünderinnen befanden. Allerdings deutet alles darauf hin, daß Jesus, wie es üblich war, mit einer Frau zusammenlebte; nur war sie offenbar die Verkörperung der Sünde.

Der Apostel Paulus stand unter dem Einfluß der altgriechischen Geheimlehre der Orphik und deren negativer Ansichten über Frauen. Paulus führte nach dem Tod Jesu den Zölibat ein und predigte in den altchristlichen Gemeinden von Griechenland und Rom ein asexuelles Lebensideal, so daß man später stillschweigend davon ausging, Jesus hätte zölibatär gelebt. Wenn Jesus Kinder gehabt hätte, würden es die Evangelisten sicherlich erwähnt haben. Aber eine Frau wurde einfach als so normal angesehen, daß eine Erwähnung nicht für notwendig erachtet wurde.

Beim Anblick des leeren Grabes begriff Maria Magdalena, daß Petrus geholt werden mußte. Auch der Anführer der männlichen Jünger sollte dieses Bild sehen und glauben. Als Petrus gegangen war, kehrte Maria Magdalena noch einmal zum Grab zurück, vielleicht um ihre Gedanken zu ordnen. Doch sie blieb nicht allein. Zunächst erschienen einige Engel, dann Jesus selbst.

Das Gespräch zwischen Jesus und Maria Magdalena, so wie es der Evangelist Johannes beschreibt, kann als ein Wiedersehen zweier Geliebter gelesen werden. Als Jesus sie sah, sagte er nur: »Frau!«. Das war die traditionelle und vielleicht auch etwas herablassende Art, mit der ein jüdischer Mann zu dieser Zeit die Frau, die er liebte, bezeichnete. Er tröstete sie, so gut er konnte, aber umarmen konnten sie sich nicht: »Noli me tangere«, »rühre mich nicht an«, sagte er nur vorsichtig, als sie es versuchte, denn nun war er nicht mehr länger ein Mann aus Fleisch und Blut.

Wer war diese Maria Magdalena? Und was für eine Sünderin ist sie gewesen, bevor sie Jesu von Nazareths Geliebte und die Anführerin der Frauen unter seinen Jüngern wurde?

Das Christentum hatte sich zunächst innerhalb der Grenzen des römischen Imperiums verbreitet. Im 1. Jahrhundert n. Chr. bestand die Bevölkerung des römischen Reiches zu zirka zehn Prozent aus Christen und Juden, allerdings unterschied lediglich eine kleine Minderheit der übrigen Bevölkerung eindeutig zwischen diesen beiden Richtungen. Im Jahr 60 n. Chr. wurde der Apostel Paulus in Jerusalem von Juden verhaftet und von den Römern befreit, einige Jahre später zerstörten die Römer den Tempel in Jerusalem und schickten die Juden in ihr zweites Exil. Gleichzeitig begannen sie mit der Verfolgung der Anhänger des Christentums.

In der Urkirche wurde intensiv über die Stellung der Frauen diskutiert, vor allem über die Rolle von Frauen, die sich prostituieren. Einerseits hatte dies ganz direkt mit der Person Maria Magdalenas zu tun, andererseits mußte sich die frühe christliche Kirche in einer doppelten Opposition gegen die Göttinnenverehrungen in Rom und den östlichen Provinzen des Kaiserreiches behaupten. In diesen Religionen hatte die Gottheit eine doppelte Rolle als Liebessymbol und Kultobjekt. Dazu kam, daß sich das Christentum während des römischen Kaiserreiches in einer Epoche entwickelte, die vom Verlust familiärer Bindungen und von Promiskuität geprägt war.

Die Figur der Maria Magdalena verursachte daher einen jahrhundertelangen Kirchenkampf zwischen dem Papst in Rom und den verschiedenen Sekten, die man aus dem Christentum ausgrenzen wollte, es herrschte ein Kampf zwischen westlicher und östlicher Theologie. Alle, die Maria Magdalena eine zentrale Position in der christlichen Lehre zustanden, verteidigten das Recht der Frauen, in Versammlungen zu sprechen, und zeigten Verständnis dafür, daß die Menschen als körperliche, sexuelle Wesen leben. Hinter dem Konflikt um die Bedeutung Maria Magdalenas verbarg sich der Geschlechterkampf vieler Generationen und letztlich auch die Forderung nach größerer sexueller Freizügigkeit. Am Ende verloren die Anhänger Maria Magdalenas die Auseinandersetzung und wurden als Ketzer verdammt.

Die Frage nach der historischen Maria Magdalena wirft mindestens ebenso viele Probleme auf, wie die Frage nach dem historischen Jesus. In beiden Fällen müssen die in unterschiedlichen Variationen überlieferten Quellen geprüft werden, die unser Wissen über Maria Magdalena und Jesus bestimmen. Im wesentlichen wird man sich auf die leider kargen Berichte der vier kanonisierten Evangelisten über Maria Magdalena stützen.

Im Lukas-Evangelium lesen wir von einer Maria, die in Magdala am See Genezareth wohnte. Jesus trieb sieben Dämonen aus ihrem Haus, eine hohe und nahezu mystische Zahl. In späteren Disputen wurde vor allem diese Geschichte als Beweis für sexuelles Fehlverhalten und Prostitution genommen, der Name Magdalena wurde sogar als eine Art Schlüsselbegriff für Prostitution gedeutet. Die Evangelisten Johannes und Lukas erzählen von einer Sünderin, die Jesus die Füße mit ihren Tränen wäscht und mit ihren Haaren trocknet, bevor sie den Erlöser mit einem kostbaren Öl salbt. Lukas verlegt das Geschehen in das Haus eines Pharisäers namens Simon. Johannes berichtet von den Vorwürfen des Judas, daß Jesus eine derart kostspielige Fußpflege zulasse, denn durch den Verkauf des Kruges mit dem Salböl hätte doch vielen Armen geholfen werden können. Im Lukas-Evangelium zeigt Jesus mit seiner Antwort Verständnis für Maria: »Sie aber hat meine Füße mit Salböl gesalbt … Ihre vielen Sünden sind vergeben, denn sie hat viel Liebe gezeigt.«

Die Sünderin im Haus des Pharisäers Simon soll sieben Ehemänner gehabt haben. Diese Zahl bedeutet allerdings eine Art euphemistischer Code für kommerzielle sexuelle Dienstleistungen. Im Johannes-Evangelium wird von einer ähnlichen Salbung erzählt, das Geschehen wird jedoch nach Betanien verlegt, wo drei von Jesu Verwandten wohnten: Maria, Martha und Lazarus.

Vieles spricht dafür, daß drei verschiedene historische Frauengestalten zu einer zentralen Gestalt der Urkirche verschmolzen: eine namenlose »Sünderin«, die sich prostituierte, Maria aus Bethanien und Maria Magdalena. Diese drei Frauen formten im Laufe der Jahrhunderte die Person, die wir als zweitwichtigste Frau des Neuen Testaments kennen: Maria Magdalena, die Frau am Grab, die Frau, »die Jesus liebte«. Natürlich ist es möglich, daß damals tatsächlich eine Verwandte von Jesus als Prostituierte arbeitete, bis ihre »Dämonen« ausgetrieben wurden, sie eine Liebesbeziehung mit dem Meister begann und zu seiner wichtigsten Schülerin wurde. An und für sich ist diese Interpretation nicht weniger glaubhaft als die Geschichten der Evangelien über Jesus von Nazareth. Allerdings ergibt sich damit das theologische Problem, wie die Gestalt der Maria Magdalena zu interpretieren ist, deren Einfluß sogar die Apostel Petrus und Paulus überstrahlt.

Es verging eine relativ lange Zeit, bis man in den verschiedenen Teilen der Urkirche begann, die Jungfrau Maria zu verehren. Maria Magdalena jedoch, die heilige Hure, wurde seit Gründung der Urkirche verehrt und hatte zu allen Zeiten zahlreiche Anhänger.

»Ich bin die Erste und die Letzte, die Gehaßte und die Verachtete, die Hure und die Heilige, die Hausfrau und die Jungfrau, unfruchtbar und fruchtbar.« Diese Worte könnten aus einem Text stammen, in dem sich Babylons Göttin Ischtar oder die Göttin Astarte aus Syrien erklären. Tatsächlich ist es Maria Magdalena, die zu uns in einem christlichen Text spricht, der in der Urkirche eifrig gelesen und heftig diskutiert wurde.

Das Evangelium der Maria Magdalena kennen wir heute nur als griechisches Fragment aus dem 2. Jahrhundert; der erhaltene Teil des Textes reicht jedoch aus, um eine Frau zu zeigen, die ganz offensichtlich nie von der eigenartigen Idee des Paulus gehört hatte, daß Frauen in den Versammlungen der Gemeinde zu schweigen hätten. Maria Magdalena mischt sich in den Disput um das Gleichnis vom Senfkorn ein, kommentiert es mit großer Autorität. In diesem Evangelium schäumt Petrus vor Wut und brüllt: »Sprach er wirklich mit einem Weib, ohne daß wir davon wußten? Sollen wir alle uns umdrehen und ihr zuhören? Zog er sie uns vor?«

Maria Magdalena ist auch die Hauptfigur eines weiteren, nicht kanonisierten, aber häufig gelesenen und diskutierten Evangeliums, des vermutlich im 3. Jahrhundert entstandenen *Thomas-Evangeliums.* Wie in vielen Texten dieser Zeit wird auch hier ein anderes Bild von Jesus und Maria Magdalena vermittelt als in den vier kanonisierten Evangelien. Sämtliche Schriften, die sich mit Maria Magdalena beschäftigen, zeigen deutliche Züge einer gnostischen Glaubensrichtung, die in den ersten beiden Jahrhunderten nach Christus innerhalb der Urkirche sehr stark gewesen ist. Die Nachwelt wußte vom Gnostizismus lange nur durch die polemischen Streitschriften zweier Kirchenväter, die um das Jahr 200 entstanden: durch die Texte von Irenäus, dem späteren Bischof von Gallien, und Florens Tertullian aus Karthago, dem ersten christlichen Autor, der lateinisch schrieb.

In unseren Tagen wissen wir erheblich mehr über die Gnostiker und die Urkirche, unter anderem durch die spektakulären Schriftrollenfunde 1945 bei Nag Hammadi in Ägypten. Dadurch wurde eine Reihe von Schriften wiederentdeckt, die seit dem Mittelalter verschwunden waren, die man aber in der Urkirche gekannt und gelesen hatte. Sowohl im *Philippus-Evangelium,* der *Ersten Apokalypse des Jakobus* und dem *Dialog des Erlösers* ist Maria Magdalena Jesu wichtigste Jüngerin; in manchen dieser Schriften ist sie auch seine Geliebte, wodurch ihre Autorität noch gesteigert wird. Wie jede andere »Witwe« eines Religionsstifters kann sich Maria Magdalena auf die intuitive Einsicht bei Fragen berufen, die die Lehre betreffen.

Noch mehr über Maria Magdalena ist in den zentralen Schriften der Gnostiker zu lesen, der *Pistis Sophia* und dem *Evangelium nach den Ägyptern.* In einem alten Psalm bittet Jesus Maria Magdalena persönlich darum, die Jünger aufzurütteln, die nach seinem Tod verzweifelt versuchten, am See Genezareth ihren alten Beruf als Fischer wieder aufzunehmen. Sie sollen aber in die Welt gehen, um Menschenfischer und gute Hirten zu werden:

> Steht auf, laßt uns gehen, es ist ihr Bruder, der ruft ...
> Sag zu ihnen: Es ist ihr Meister ...
> Gebrauch all dein Wissen und deine Klugheit,
> Bis sie die Schafe den Schäfern zurückgebracht haben.

Eine Maria Magdalena mit solchen Führungseigenschaften und -auftrag war eine Bedrohung für alle männlichen Anhänger, die das Erbe und die Lehre allein verwalten wollten.

Die kirchliche Tradition ist den Kirchenvätern Irenäus und Tertullian gefolgt. Irenäus führte einen generellen Kampf gegen alle gnostisch beeinflußten Christen. Und auch Tertullian, ein lupenreiner Antifeminist in der Tradition von Paulus, kämpfte in seinem bekanntesten Werk *Apologeticum* und vielen anderen Schriften gegen die Frauen in der Urkirche. »Eine jede einzelne von euch ist eine Eva. Ihr habt den Mann zerstort, das Abbild Gottes. Und wegen euch mußte Gottes Sohn sterben«, heißt es im *Apologeticum.*

In der klerikalen Hierarchie der Gnostiker gab es bereits vor der Zeit Jesu ein hohes Maß an Gleichberechtigung. Für die Gnostiker war es daher nicht ungewöhnlich, Maria Magdalena eine zentrale Position zuzuteilen und zu erklären, daß sich die wahre christliche Tradition durch sie vermittele, zumal die gnostische Lehre auch weibliche Propheten und Erzengel kannte. So hatte der weibliche Erzengel Sophia die Gabe, Neugierde und sexuelle Begierden zu wecken; ihre zahlreichen Söhne wurden zum Teil ihre Liebhaber.

Eine der Hauptursachen, warum Irenäus und Tertullian die Gnostiker als Ketzer betrachteten, war deren Idee, daß vor dem männlichen ein weibliches kosmisches Prinzip existiert hatte. Viele Gnostiker stellten sich ein zeitloses Urreich vor, daß von einer Kraft namens Sophia oder Weisheit regiert wurde, noch bevor der Schöpfer in Erscheinung trat. Diese chaotische Urkraft wurde als Mutter und Ehefrau des eher konkret schaffenden oder bauenden Gottes angesehen. Als Archetypus war Sophia eine Variante der Göttinnen der älteren östlichen Welt. Dem Christentum wurde sie schließlich in einer eher halbherzigen Variante einverleibt, in Form der Jungfrau Maria.

Erstaunlich ist, daß die *Offenbarung des Johannes* in den offiziellen kirchlichen Kanon aufgenommen wurde. Denn in diesem Text tritt die mystische Sophia auf und wird in einer erotisch geschilderten Wiedervereinigung zu Sophia Jesu, seiner Braut. Für die kirchliche Lehre ist diese »Hochzeit« ein großes Problem. Denn eine wirklich überzeugende Interpretation durch die kirchlichen Autoritäten gibt es nicht, egal, ob Sophia nun als gnostischer Erzengel interpretiert wird, als Maria, die jungfräuliche Mutter, oder als die Hure Maria Magdalena.

In den ersten Jahrhunderten der Urkirche wurde Maria Magdalena von vielen Gläubigen als Oberpriesterin oder Hauptjüngerin anerkannt. Und obwohl die Kirchenväter alle Glaubensrichtungen, die ihr eine zentrale Position in der Lehre geben wollten, intensiv bekämpften, war es noch im 4. und 5. Jahrhundert allgemeiner Konsens, daß Maria Magdalena die Geliebte von Jesus von Nazareth gewesen ist. So stand es nicht nur in vielen Überlieferungen, sondern zum Teil eben auch in den Schriften, die nun zu den kanonischen Texten erklärt wurden, an die die Christenheit künftig zu glauben hatte.

Sehr lange war man in der Urkirche ausgesprochen skeptisch gegenüber der Verehrung von Heiligen. Dafür gab es zahlreiche Gründe. Die Basilikaform der Kirchenbauten war ein Erbe der heidnischen Tempel und Versammlungshäuser; viele Kirchen waren auf altem Tempelgrund errichtet, einige waren sogar umgebaute ehemalige Tempel. Dies führte notwendigerweise dazu, daß viele Symbole der älteren Religionen in den Kirchen weiterlebten, häufig getarnt als Heiligenverehrung. Wenn in einem Gotteshaus ein »Heiliger« verehrt wurde, verband sich damit oft der Glaube an eine alte lokale Gottheit, möglicherweise sogar an eine Reinkarnation eines Gottes, der dort in früherer Zeit angebetet wurde. So setzte sich in Gallien die Verehrung des phallischen Liebesgottes Priapus oder Adonis in neuer Gestalt fort, nun als Anbetung von Sankt Guignol, dem Heiligen der Urkirche mit dem zweifellos größten Geschlechtsteil.

Schließlich begann man in der Urkirche auch die Jungfrau Maria als Gottesmutter zu verehren. Die Tradition entstand in den östlichen Kirchen des römischen Reiches, in ehemaligen Tempeln, in denen zuvor Liebesgöttinnen wie Aphrodite, Astarte oder Kybele verehrt worden waren. All diese Göttinnen galten als Jungfrauen und Huren. Vielerorts waren jedoch die jungfräulichen Vorzüge der älteren Gottheiten so dominant, daß die früheren Traditionen problemlos mit dem Christentum verschmelzen konnten. Und so opferten fromme christliche Frauen in Syrien und Kleinasien der »Göttin Maria« Kuchen und Wein in der Hoffnung, schwanger zu werden, ein Brauch, der bereits seit ewigen Zeiten praktiziert wurde.

Auch unter den Christen im Westen und im Norden setzte sich allmählich der Marienkult durch. In den kommenden tausend Jahren behielten die Feste zu Ehren Marias Elemente vorchristlicher Fruchtbarkeitsrituale, sie wurden allerdings durch lateinische Gebete und heiliges Weihwasser veredelt. Die Ähnlichkeiten waren dennoch auffällig. Als Liebesgöttin hatte Maria eine inzestuöse Beziehung zu dem männlichen Gott, der ihr Vater, Mann und Sohn war. In ihrer Eigenschaft als

Jungfrau wurde sie zur Beschützerin aller Mönche und Männer im Zölibat; auch dies knüpfte an eine lange Tradition in der Geschichte an: an die Kastratenpriester des Ostens.

Durch die Anbetung heiliger Huren, die alternativ oder parallel zur Jungfrauenverehrung stattfand, konnten weitere religiöse Empfindungen absorbiert werden, die die Gläubigen mit den alten Göttinnen verbanden. Es sollte nicht bei Maria Magdalena bleiben, und so wuchs im Laufe der Jahre die Anzahl heiliger Prostituierter beträchtlich. Die Legendenliteratur der Urkirche ist voll von geläuterten Huren. Es schien, als wolle das Volk am liebsten von solchen Frauen hören oder sie anbeten, die ein aufregendes Liebesleben hinter sich hatten und nun um so tiefer bereuten.

Eine solche Figur war Thaïs, eine Exprostituierte, die angeblich im 4. Jahrhundert in Alexandria lebte und zu den Heiligen gehört, die auch in der neueren Literatur- und Kulturgeschichte bekannt sind. Ihr literarischer Ruhm wurde durch Roswitha von Gandersheim begründet, die im 10. Jahrhundert ein religiöses Passionsspiel mit Thaïs als Hauptperson schrieb.

Thaïs wurde als Christin erzogen. Sie war eine Schönheit, die erlesene Kleider, teure Edelsteine und ein angenehmes Leben liebte. Aber Thaïs war nicht damit zufrieden, »sich selbst mit einer kleinen Handvoll echter Liebhaber zu ruinieren«. Sie versuchte, »zur Obsession aller Männer zu werden« und sie in den Abgrund der Sünde zu ziehen, wie es in einer Version der Legende heißt. Alexandrias bedeutendste Männer verschwendeten ihr Hab und Gut, um mit der schönen Thaïs zusammen zu sein.

Der männliche Widerpart in allen Legen um Thaïs ist ein Teilnehmer des Konzils von Nizäa: Bischof Paphnutius, ein Schüler des heiligen Antonius. Paphnutius verstand nicht, wie eine so hübsche Schöpfung wie Thaïs so viel Unglück anrichten konnte, und er wußte sich keinen anderen Rat, als sie zu Hause aufzusuchen. Als Kunde verkleidet, besuchte er sie und begann sofort ein tiefsinniges Gespräch über den Weg zum Frieden, über Sünde und Sühne. Und die Moral siegte. Thaïs verbrannte auf der Stelle ihre Kleider, verschenkte all ihren Schmuck und ließ sich in eine enge Klosterzelle sperren. Essen und Brot bekam sie durch ein Fenster in der Wand, eine Latrine gab es nicht. Nach drei Jahren war die Zelle voller Exkremente. Thaïs reinigte sich von der Sünde, indem sie an ihren eigenen Ausscheidungen erstickte. Von einer Engelsschar wurde sie ins Paradies getragen.

Eine verwandte Legende erzählt von Maria aus Edessa in Mesopotamien, die im 6. Jahrhundert lebte. Sie war die Nichte eines christlichen Mönchs namens Abraham, des ehemaligen Bischofs von Bithynia nahe Byzanz. Mit sieben Jahren kam Maria in seine Obhut, und der asketische Onkel baute sich fernab der Zivilisation eine Zelle, die nur durch ein Fenster zugänglich war. Maria paßte sich dem Lebensstil ihres Onkels an und verbrachte all ihre Zeit mit dem Lesen heiliger Schriften. Ein junger Mönch aus der Nachbarschaft bemerkte, wie das fromme junge Mädchen wuchs und sich entwickelte. Eines Tages gelang es ihm, sie zu überreden, ihre Zelle zu verlassen, um mit ihm zu beten. Als Maria wieder bei Sinnen war, entdeckte sie, daß sie ihre Jungfernschaft verloren hatte. Ihr war klar, daß der einzig angemessene Ort für sie nun ein Bordell war. Also reiste sie nach Alexandria, der sündigsten Stadt der damaligen Zeit. Zunächst nahm Onkel Abraham keine Notiz davon, daß seine Nichte verschwunden war; er nahm an, daß sie sich in einer tiefen Meditation befand. Zwei Jahre später hatte er begriffen. Er kleidete sich wie ein Soldat, zog einen Goldring auf, den ein Schüler ihm geschenkt hatte, fand die Nichte in Alexandria, vereinbarte einen Preis und nahm sie mit in seine Unterkunft. Als Maria ihren Onkel berührte, löste sein Geruch eine wahre Sintflut an Tränen aus. Sofort begann sie ihrem Kunden von der guten Zeit zu erzählen, die sie mit ihrem Eremitenonkel in der Wildnis gehabt hatte. Um das weinende Mädchen zu trösten, bestellte der Kunde Speisen; zum ersten Mal seit fünfzig Jahren brach der Eremit sein Gelübde, niemals Brot zu essen. Nachdem er gegessen hatte, offenbarte er sich seiner Nichte. Maria war sofort einverstanden, mit ihm in die Wildnis zurückzukehren. Dort vollbrachte sie Wunder, kurierte Krankheiten und wurde schließlich wie ihr Onkel heiliggesprochen.

Eine weitere heilige Prostituierte namens Maria – oder Marianne – hatte den Beinamen »die ägyptische«. Sie lebte nach ihrer Läuterung siebzehn Jahre in der Wüste, von nur drei Scheiben Brot und wilden Kräutern. Ihre Reue war von einer solchen Kraft, daß sie, nur indem sie sich bekreuzigte, Menschen auf dem Wasser gehen lassen konnte. Und als ihre Leiche in eine Löwengrube geworfen wurde, verließen die Löwen respektvoll die Grube.

Pelagia war der Name einer Tänzerin aus Antiochia, die wertvolle Perlen sammelte. Aber auch sie bereute sofort all ihre Sünden, als sie einem heiligen Mann, dem Bischof Nonnus, begegnete. Das Mädchen stahl seine Kleider und ging in die Wüste; dort wurde sie als Eunuch Pelagius berühmt, der nahe einem Olivenhain in einer Grotte wohnte. Erst nach ihrem Tod entdeckte man, daß der heilige Eremit in Wahrheit eine Frau war. Auch Pelagia wurde heiliggesprochen.

Unter den weiblichen Heiligen der Urkirche gab es nur wenige Frauen ohne eine Vergangenheit als Sünderin; ehrbare, unverheiratete Frauen, die ein eigenständiges Leben führten, waren selten. Die heilige Katharina aus Alexandria und die heilige Cäsaria aus Cluny wurden im Mittelalter – mit dem Aufkommen des Klostergedankens – zu Vorbildern der wenigen weiblichen Führer, die man als Äbtissinnen und Priorinnen akzeptierte. Verheiratete Matronen wurden in der Urkirche dann als Heilige verehrt, wenn sie einen heiligen Sohn geboren und aufgezogen hatten, so Elisabeth und Anna als Mütter von Johannes dem Täufer und der Jungfrau Maria, Monika, deren Sohn Augustinus war, und Helena, die Konstantin gebar.

Beim überwiegenden Teil der weiblichen Heiligen handelte es sich um Jungfrauen. Es sind junge Mädchen, die lieber sterben wollten, als ihre Tugend zu opfern, und so zu Märtyrerinnen wurden: Lucia, Agnes, Barbara, Irene, Agape, Chionia, Marina und viele andere. Bereits einige Jahrhunderte vor den ersten Klostergründungen war die ewige Jungfernschaft ein kirchliches Frauenideal und ließ diese Art von Heiligenleben plausibel erscheinen.

Vor diesem Hintergrund ist besonders bemerkenswert, daß in der Spätantike so viele ehemalige Prostituierte zu Heiligen gemacht wurden: Pelagia, Thaïs, Theodata und die zahlreichen Marien-Verkörperungen waren lediglich die bekanntesten und populärsten Prostituierten des östlichen Mittelmeerraumes, die heiliggesprochen wurden. Im Laufe der Zeit tauchte dieses Phänomen auch in Nordeuropa auf: So betrieb die heilige Afra im 4. Jahrhundert in Augsburg ein Bordell. Auch sie starb als Märtyrerin, nachdem sie von einigen geistlichen Kunden bekehrt worden war. Drei ihrer Kolleginnen, Digna, Eunomia und Eutropia, kümmerten sich nach ihrem Tod um die sterblichen Überreste und wurden ebenfalls heiliggesprochen. Bei der heiligen Vreke aus Lüttich und der heiligen Verena aus Zurzach handelt es sich gleichfalls um bekehrte Prostituierte.

Die Vorstellung der reuigen Sünderin hat einen ausgesprochen starken Appellcharakter. Eine hübsche Frau mit einer fleischlichen Vergangenheit spricht den Körper wie die Seele an, bei Männern und Frauen. Aber auch diese Geschichten brauchen ein gutes Ende – in Reue und Keuschheit.

In der Legendenliteratur der Urkirche gibt es neben geläuterten Huren und ihren Rettern noch eine weitere Figur, die häufig auftaucht: der tugendhafte Mann, dem es gelingt, sich von allen Frauen fernzuhalten. Niemals würde er auch nur versuchen, eine Dirne zu erretten, alle Huren scheut er wie die Pest. Als Vorbild aus den Evangelien diente dabei Johannes der Täufer, der die verführerische Königstochter Salome abgewiesen hatte.

Die theologische Begründung der Frauendiskriminierung lieferte jedoch Paulus, der sexual- und frauenfeindlichste aller Apostel. Paulus war von der orphischen Skepsis gegenüber Frauen und ihrer Ablehnung der Sexualität beeinflußt; selbst den geringsten körperlichen Kontakt mit einer Frau hielt er für schädlich. Den Verkehr mit einer Prostituierten geißelte er als Untat, mit der gleichsam der heilige Körper Jesu Christi beschmutzt würde. Eine Reihe von Legenden wurde erdacht, um diese Botschaft zu verkünden.

Um das Jahr 380 stieß der heilige Johannes Chrysostomos in Syrien eine Hure von einem Felsen, um seine Widerstandskraft gegen fleischliche Versuchungen zu demonstrieren. Der heilige Hieronymus, ein vielseitig gebildeter Eremit, leitete gegen Ende des 4. Jahrhunderts die Arbeiten an der *Vulgata*, der ersten vollständigen lateinischen Bibelausgabe. Hieronymus erzählte die Geschichte eines jungen Mannes, der in einem wunderbaren Garten mit einer schönen Prostituierten eingesperrt war. Er bewahrte seine Unschuld, indem er sich die Zunge abbiß und sie der Frau ins Gesicht spuckte.

Als einer der vier großen Kirchenväter der Urkirche repräsentierte Hieronymus jedoch lediglich eine von vielen Positionen im Umgang mit der Prostitution. Der nahezu allwissende Hieronymus ging nicht so analytisch vor wie andere Kirchenväter und vertrat im Einklang mit den alttestamentarischen Propheten die Ansicht, daß jede promiske Frau als Hure bezeichnet werden müsse. Für ihn spielte es keine entscheidende Rolle, ob sich eine Frau bezahlen ließ oder nicht.

Augustinus, der bedeutendste Kirchenvater und Zeitgenosse von Hieronymus, teilte im Prinzip dessen sexualfeindliche Grundeinstellung. Aber Augustinus hatte einen weitaus realistischeren und abwägenderen Blick auf die Prostitution als die Traditionalisten von Paulus bis Hieronymus. Augustinus war in Karthago geboren worden und wurde im frühen 5. Jahrhundert Bischof von Hippo. Bevor er zum Christentum konvertierte, hatte er philosophisch wie sexuell viel erlebt und erfahren. Seine autobiographischen *Bekenntnisse* festigten seinen

Ruf als schwerer Sünder in seiner Jugend; seinen Predigten verlieh das aber nur um so mehr Gewicht.

Er formulierte die bekannte Metapher von den »zwei Köpfen« des Mannes, von denen einer vollkommen unkontrollierbar zwischen den Beinen baumelt. Augustinus betonte, daß das männliche Geschlechtsorgan dazu neigt, ein sehr eigenständiges Leben zu führen, wodurch es ständig zu einem Konflikt zwischen Körper und Seele kommt.

Mit diesem Blick auf den männlichen Körper überrascht es kaum, daß sich Augustinus bei seiner Haltung zur Sexualität auf die klassische römische Tradition berief. Er ging davon aus, daß die Prostitution notwendig ist, um die Lust zu dämpfen und zu regulieren: »Aufer meretrices de rebus humanis, tubaveris omnia libidinibus« (»Verbannt man Huren aus der menschlichen Gesellschaft, verbreitet sich die Geilheit überall«). Diese »Erklärung« aus dem Jahr 386 wurde zu einem der meistverwendeten Zitate in der gesamten Prostitutionsliteratur. Indem der eingefleischte Ex-Sünder Augustinus die Prostitution als eine Art Sicherheitsventil in der Gesellschaft verteidigte, als ein Bollwerk gegen die generelle Sittenlosigkeit, bekam diese Lehrmeinung ein um so größeres Gewicht. Augustinus' Lehre von der Notwendigkeit der Prostitution etablierte sich als theologisches Dogma.

Die Ehe blieb eine Frage der persönlichen Entscheidung. Immerhin war nur einer der beiden Begründer der Kirche, Paulus, unverheiratet gewesen. Petrus hatte geheiratet, und über Jesus wurde nur ungern diskutiert. Dennoch rangierte der Zölibat über der Ehe, der Witwenstand über einer erneuten Heirat; die edelste Form eines Frauenlebens blieb die Jungfernschaft. Die Jungfrau Maria war wieder zur Jungfrau geworden, sobald sie Jesus zur Welt gebracht hatte. Ihr Eheleben mit Joseph, ohne jeglichen sexuellen Kontakt, war ein Leben in Reinheit. Im Grunde genommen galt alles Geschlechtsleben als Bestätigung der Lust einer gefallenen Menschheit.

Die Urkirche wollte jede positive Meinung über sinnliche

Frauen auslöschen. Als Augustinus sich als der führende Kirchenlehrer durchsetzte, mußten die Verteidiger weiblicher Sinnlichkeit aufgeben. Prostitution wurde zwar toleriert, aber jede Prostituierte wurde exkommuniziert und aus der Gemeinde ausgestoßen. Christliche Männer waren aufgefordert, sich von Prostituierten fernzuhalten, allerdings wurde ihnen vergeben, wenn sie nicht widerstehen konnten.

Gregor, der den Beinamen »der Große« erhielt, stammte aus einer alten, edlen römischen Politikerfamilie, er studierte Jura und übernahm erste politische Aufgaben in Rom zur Zeit seines Niedergangs. Ähnlich wie man Caesar seinerzeit die Königskrone aufgedrängt hatte, wurde Gregor im Jahr 590 die Papstwürde angetragen. Nur widerwillig nahm er an, begann allerdings umgehend mit umfassenderen Reformen als alle seine Vorgänger. Unabhängig von den jeweiligen Bischofssitzen reorganisierte er Klöster, er brachte Ordnung in die Liturgie und die theologische Lehre und sanierte die Ökonomie der Kirche. Gregor sollte auch gelingen, das Problem endgültig zu lösen, zu dem Maria Magdalena inzwischen für die Kirche geworden war. Er erließ einfach ein Dekret, in dem verfügt wurde, daß diese Frau nicht Jesu Geliebte gewesen sei, sondern eine Verwandte. Deshalb hätten die Evangelisten geschrieben, Jesus habe diese Frau »geliebt«.

Gregor hatte begriffen, daß diese Frage auf die Dauer zu einem unhaltbaren Problem für die Kirche werden könnte. Schließlich war nicht nur die Prostitution Maria Magdalenas ein Problem für die Kirche, sondern auch die Verwandtschaft mit Jesus Christus. Die offizielle theologische Lehre der Zeit Gregors ging davon aus, daß man mit einer Person, mit der man entfernt verwandt war, weder eheliche noch sexuelle Beziehungen unterhalten durfte. Die Kirche forderte die Aufklärung der verwandtschaftlichen Verhältnisse bis ins siebte Glied; jegliche Ehen mit näheren Verwandten galten als Sünde. Eltern und Geschwister waren Verwandte ersten Grades,

Onkel, Tanten, Vettern und Kusinen zweiten Grades, Nichten und Neffen gehörten zur Verwandtschaft dritten Grades. Ein päpstliches Dekret im Hochmittelalter vereinfachte die Probleme und reduzierte den Nachweis der Genealogie von sieben auf vier Stufen. Doch auch dann hätten Maria Magdalena und Jesus noch ein absolut ungesetzliches und ungebührliches Verhältnis gehabt.

In dieser Angelegenheit konnte es nur die Lösung geben, jegliche Zweideutigkeit auszumerzen. Der Beschluß des päpstlichen Stuhles war daher einfach und unkompliziert: Maria Magdalena stammte aus der Gegend um das Dorf Bethanien, dort hatte die Familie das prächtige Gut Magdala besessen. Sie war jung und eine Verwandte von Jesus, deshalb hieß es in den Evangelien, Jesus habe diese Frau »geliebt«. Mit ihr verhielt es sich wie mit dem jungen Johannes, der einzigen anderen Person, für den die Evangelisten einen ähnlich starken Begriff verwendeten. Auch Johannes wurde von Jesus »geliebt«, denn er war der jüngste Vetter mütterlicherseits und neben Jesus der Liebling der ganzen Familie. Maria Magdalena wurde kurzerhand auf eine Stufe mit Johannes gestellt und beide zu Lieblingsverwandten des Meisters erklärt.

Plötzlich wurde das Bild klar. Das Mädchen war eine geradezu exemplarische kleine Schwester, verwöhnt und verzogen. Und sie hatte zwei vorbildliche ältere Geschwister: die strebsame Martha und den frommen Lazarus. Ihre Schönheit und Sinnlichkeit hatten die kleine Schwester auf den falschen Weg gebracht. Doch dann hatte sie ihren guten Vetter getroffen, und er hatte sie auf den sicheren Pfad der Tugend zurückgeführt. Seine Geliebte war sie keineswegs geworden. Wohl hatte Maria Magdalena mit anderen Männern geschlafen, aber niemals mit Jesus. Gregor der Große legte die Geschichte so überzeugend dar, daß später so gut wie niemand mehr daran zu zweifeln wagte. Es gelang ihm, seine Version durchzusetzen, jedenfalls beinahe.

In Byzanz und der Ostkirche erhielt sich die traditionellere

Sichtweise, hier war Maria Magdalena noch immer eine ehemalige Prostituierte und Sünderin. Und auch in westeuropäischen Gemeinden, die Rom und dem päpstlichen Stuhl nicht so nahe standen, sahen viele Gläubige in ihr weiterhin die Geliebte von Jesus Christus. Auch über das weitere Leben Maria Magdalenas hielten sich zwei unterschiedliche Versionen. Die griechischen Christen glaubten zu wissen, daß sie Maria, die Mutter von Jesus, mit nach Ephesos nahm und sie dort bis zu ihrem Tod pflegte. Das Problem dieser Darstellung war, daß sie die Rolle von Maria Magdalena als »Schwiegertochter« stützte. Eine andere, lateinisch überlieferte Legende wurde daher von den Päpsten in Rom in Umlauf gebracht und schließlich durch die Schrift *In veneratione Mariae Magdalenae,* die Abt Odo von Cluny nach 920 verfaßt hatte, autorisiert. Darin werden Bibelstoff und Legenden zu einer logisch zusammenhängenden Erzählung systematisiert. Hier verliebte sich die junge Frau in Johannes, und in Kana wurde eine Hochzeit zwischen den beiden vorbereitet. Doch dann kam Jesus und bat Johannes, sein Leben der Verkündigung zu weihen. Das trieb die liebesuchende Maria Magdalena in die Prostitution. Im Hause des Pharisäers Simon traf Jesus später seine junge Verwandte wieder, sie ließ sich zu seinen Füßen nieder und begann zu bereuen. Dann reihte sie sich ein in die Schar der Jünger. Einige Jahre nach Jesu Tod wurde sie aus Palästina vertrieben. Zusammen mit Martha und Lazarus sowie einigen Jüngern und Dienern ging sie an Bord eines Schiffes ohne Ruder, Segel oder Steuer. Doch Gott steuerte und ließ die ganze Schar bis zur römischen Stadt Massilia in Gallien kommen, dem heutigen Marseille.

Dort ging Maria Magdalena zuerst an Land. Sie war so schön und predigte so überzeugend von Christus, daß das Volk sofort zu glauben begann. Maria Magdalena ließ eine gallische Prinzessin von den Toten auferstehen, worauf sich noch viele weitere Menschen zum christlichen Glauben bekehren ließen. Lazarus wurde der erste Bischof von Massilia, Maria

Magdalena verbrachte den Rest ihres Lebens büßend und betend allein im Wald von St. Baume in Südfrankreich.

Maria Magdalena erlitt nicht den Märtyrertod wie ihr Bruder Lazarus. Sie starb in Ruhe, umgeben von Engeln, Jüngern und ihrer treuen Schwester Martha, die acht Tage trauerte und dann selbst starb. Im 11. Jahrhundert wurden Maria Magdalenas Gebeine aus der Provence in die Benediktinerabtei von Vézelay überführt; ihre Reliquien gehören zu den heiligsten in Burgund und machen das Kloster bis heute zu einer beliebten Wallfahrtsstätte.

Kapitel 7

Die Freudenmädchen im China der Tang-Zeit

Yü Hsüan-chi hieß ein Mädchen aus Chang'an, der Hauptstadt der Tang-Dynastie. Es ist das heutige Xi'an in Nordchina am Huangho, dem Gelben Fluß. Yü wurde 844 geboren, in einer Epoche der chinesischen Geschichte, die mit der Karolingerzeit in Europa zusammenfällt. Yü kam aus einer armen Handwerkerfamilie, sie war hübsch, lebenslustig, intelligent und hatte ein natürliches Talent für Gesang und Tanz. Bereits im Alter von zwölf oder dreizehn hatte sie Umgang mit zahlreichen jungen Studenten Chang'ans; die meisten von ihnen kamen aus dem chinesischen Beamtenadel und sollten selbst Mandarine werden.

Das junge Mädchen hatte den Kontakt zu den Studenten offensichtlich selbständig gesucht. Die Studenten entdeckten rasch, daß sie viele Talente hatte, sie selbst wurde vor allem durch das Verfassen von Gedichten bekannt. Bis heute sind es vor allem diese Gedichte, die ihr einen Platz in der chinesischen Geschichte sichern. Mit einigen Studenten von Chang'an, die die junge Yü mit Geschenken überschütteten, begann sie ein sexuelles Verhältnis. Schon bald hatte sie sich zu einem Freudenmädchen auf dem höchsten Niveau ihrer Zeit entwickelt und wußte um den dadurch erlangten sozialen Status.

Wenn wir die chinesische Geschichtsschreibung ernstnehmen, existierte der Beruf, den Yü im 9. Jahrhundert ergriff, in China bereits seit langer Zeit. Schon in den Jahren 800 v. Chr., als China noch in kleine, feudale Fürstentümer zersplittert war, gab es Prostituierte. Damals sollen unter Leitung des Philosophen und Staatsmannes Kuang Chung Bordelle eingerichtet worden sein. Er war der Ratgeber von Fürst Huan aus Chi, dem damals größten und zentral am Mittelteil des Huangho-Flusses gelegenen Kleinstaat. Kuangs Absicht war es, dem Fürsten mehr Geld für die Staatskasse zu verschaffen, und sein Plan hatte Erfolg.

China ist die einzige Hochkultur, bei der man davon ausgehen darf, daß sich die Prostitution unabhängig von westlichen Einflüssen entwickelte. Es ist daher von besonderem Interesse zu erfahren, wann dort mit dem Handel von sexuellen Dienstleistungen begonnen wurde. Aufzeichnungen über Bordelle aus früherer Zeit, die von jüngeren Autoren überliefert wurden, können allerdings kaum als Zeugnisse herangezogen werden; auch die Geschichtsschreiber Chinas hatten die Tendenz, die Ereignisse der Vorzeit im Licht der eigenen Zeit zu sehen und moderne Begriffe auf alte soziale Verhältnisse anzuwenden. Die chinesischen Überlieferungen haben allerdings einen wahren Kern: Herrscher aus kleineren Fürstentümern und Männer der eher schwachen Kaiserfamilie kamen zum Fürsten von Chi, um für ihren Haushalt oder ihren Harem hübsche Mädchen zu kaufen. Von der modernen Geschichtsschreibung wird Fürst Huans Initiative daher auch als eine Art spezialisierter Sklavenmarkt beschrieben, und der Ratgeber des Fürsten müßte eigentlich eher als Sklavenhändler und nicht als Bordellbetreiber bezeichnet werden.

Als die Han-Dynastie viele Jahrhunderte später China geeint und konsolidiert hatte, bestimmten andere soziale Verhältnisse das Stadtleben und den Handel. Aus der Zeit des Kaisers Wu, etwa 100 Jahre v. Chr., belegen archäologische Funde und kaiserliche Rechnungen, daß sich zusammen mit dem kaiserlichen Heer große Lager von Prostituierten durch China bewegten; es waren Frauen, die gegen Bezahlung den aristokratischen Offizieren wie den einfachen Soldaten zur Verfügung standen. In den größeren Städten hatten private Bordelle eröffnet, die auch Handwerkern und Kaufleuten zugänglich waren. Sie wurden häufig als *chang-chia* oder »Häuser mit singenden Mädchen« bezeichnet und waren zum Teil ausgesprochen luxuriös eingerichtet.

Doch es war die Zeit der Tang-Dynastie, die – vor allem im 8. und 9. Jahrhundert nach Christus – reiches und vielfältiges historisches und literarisches Material über die Prostitution hervorbrachte. Seither bietet die chinesische Literatur eine Vielzahl von Informationen über berühmte Prostituierte sowie Gedichte, die von ihnen oder für sie geschrieben wurden. Yü Hsüan-chis Gedichte sind vermutlich die bekanntesten; sie werden in den Schulen und Universitäten Chinas noch immer gelesen und interpretiert.

Als Yü sich dem Ende ihrer Teenagerjahre näherte, ließ sie sich überreden, mit einem Studenten aus einer guten Mandarin-Familie in die Provinz zu ziehen. Seine Eltern hatten vorab für eine sozial gleichwertige Ehefrau gesorgt. Yü sollte seine Zweitfrau werden. Als leichtlebige Handwerkertochter konnte man ohne machtvolle Verbündete im China des 9. Jahrhunderts kaum mehr erwarten, und wenn Yü sich vernünftig verhielt, hätten weder die erste Ehefrau noch ihre Familie irgend etwas an diesem Arrangement auszusetzen gehabt. Yü Hsüan-chi indes hatte andere Erwartungen an das Leben und die Liebe, die ein junger Mandarin aus der chinesischen Provinz kaum erfüllen konnte. Sie schrieb zu dieser Zeit Liebesgedichte, die von Literaturwissenschaftlern, die sich mit den Nuancen der Tang-Poesie auskennen, für erstaunlich freizügig gehalten werden.

Im damaligen China gab es drei große Religionen oder Lehrsysteme, die jeweils ihre eigene Sicht auf die Sexualität und das Verhältnis der Geschlechter hatten. Alle basierten auf Grundtexten, die um 500 v. Chr. entstanden waren. Der Konfuzianismus war eine Art öffentlicher Morallehre, während Taoismus und Buddhismus regelrechte Religionen waren. Alle drei Strömungen beeinflußten das chinesische Handeln und Denken.

Pragmatisch eingestellte Chinesen richteten sich ihr Leben so ein, daß sie aus allen drei Lehren etwas übernahmen. In China heiratete man taoistisch, ließ sich aber nach den konfuzianischen Regeln begraben.

Die Konfuzianer lehrten, daß Frauen minderwertige Geschöpfe seien, und wünschten, daß die Geschlechter so getrennt wie nur irgend möglich lebten. Man hielt Frauen geistig und kulturell für unfähig, dem Mann irgend etwas Bedeutendes zu vermitteln. Die konfuzianische Moral, die treue Ehefrauen und züchtige Töchter forderte, diente der Erweiterung der Sippe und dem Erhalt des Patriarchats; Ehen wurden mit der Absicht geschlossen, den Familien- und Verwandtenverband zu stärken. Der Taoismus und die tantrische Richtung innerhalb des Buddhismus hatten dagegen eine andere Sicht. Von diesen Strömungen wurde sexuelle Aktivität nachgerade empfohlen; Männer sollten sich von Frauen anregen lassen, da das weibliche Geschlecht in der Lage ist, die Lebenskraft der Männer zu stärken. Die Taoisten propagierten ein Sexualleben innerhalb und außerhalb der Ehe und waren nicht zuletzt erklärte Verfechter des kommerziellen Sexes. Die Lehre fand daher schnell Anhänger unter den gebildeten Prostituierten.

Der Taoismus und der Buddhismus waren religiöse und mystische Lehren, die sich durch Tempel und Klöster verbreiteten, zu denen Frauen Zugang hatten und wo sie respektiert wurden. Die Beamtenschaft und der Kaiserhof wurden jedoch vom Konfuzianismus dominiert, der sich auch an den Universitäten durchgesetzt hatte. Die Studenten in Chang'an, die hier auf ihre Karrieren vorbereitet wurden, kamen in der Regel aus einflußreichen Familien. Sie wurden in einem besonderen Maß von der konfuzianischen Lehre geprägt. Es ist anzunehmen, daß Yü Hsüan-chi mit der konfuzianischen Haltung gegenüber der Frau keineswegs sympathisierte; die Frage ist nur, ob sie etwas davon ahnte oder wußte, als sie in die Provinz zog.

Jeder Sohn aus einer Mandarinenfamilie wußte, wie wichtig es war, mit der Frau Kinder zu zeugen, die seine Familie für ihn ausgesucht hatte. Zwei Familien mit gemeinsamen Nachkommen bildeten eine bedeutende Allianz. Dem konfuzianischen Denken gemäß war das einzelne Individuum der Sippe untergeordnet, und Yüs Mann dürfte kaum anders gedacht haben.

Yü war mit ihrem Sexualleben jedoch ausgesprochen unzufrieden. Denn obwohl der Taoismus alle Formen des Sexuallebens grundsätzlich positiv betrachtete, durfte ein Mann einen Samenerguß nur zulassen, wenn er die ernsthafte Absicht hatte, ein Kind zu zeugen. Und darauf konnte Yü als Zweitfrau nicht hoffen. Es war ihr Schicksal, kinderlos zu bleiben, eingesperrt als Zweitfrau eines Ehemannes, der sich intellektuell mit seiner ersten Frau langweilte. Mit Ausnahme der Frauen aus den Familien ihres Mannes und seiner Hauptfrau durfte sie mit anderen Menschen nicht verkehren. Diese Frauen jedoch waren tugendhaft, prüde und ohne jede literarische Bildung, wie es bei Frauen der chinesischen Oberklasse generell der Fall war.

Anderthalb Jahre dauerte diese »Ehe« zwischen dem jungen Mandarin und dem Mädchen aus der Hauptstadt, das allmählich in dem Ruf stand, anspruchsvoll, impertinent, aufbrausend und schnell beleidigt zu sein. Als sie dem konfuzianischen Familiengefängnis endlich entronnen war, suchte sie moralische Unterstützung und Stärkung in einem taoistischen Kloster in der Hauptstadt Hsien-i-kuan. Hier lebten ehemalige Prostituierte, Witwen und geschiedene Frauen zusammen mit jungen unverheirateten Mädchen, die keinerlei Aussicht auf eine Ehe hatten.

Damals wurde in allen taoistischen Klöstern relativ viel Wein getrunken, und die Priester hatten durch die Versorgung der Klöster mit Wein gute Sondereinnahmen. Die Folge war, daß die freizügigeren Frauen die Gäste des Klosters beinahe auf die gleiche Weise unterhielten wie in den Bordellen der Stadt. In der Zeit der Tang-Dynastie war Wein selten. Aus diesem Grund galt es als Statussymbol, wenn man es sich leisten konnte, viel zu trinken; die Prostituierten konkurrierten hier mit den Männern. Frauen, die viel Wein vertrugen, genossen ein hohes soziales Ansehen.

Yü Hsüan-chi verbrachte anderthalb Jahre in dem taoistischen Kloster der Hauptstadt. Dann verliebte sich die Poetin erneut, diesmal in Wen Ting-yün, einen der bekanntesten Dichter ihrer Zeit. Mit ihm ging sie im Kaiserreich auf Reisen, und mit der Zeit etablierte sich Yü Hsüan-chi ernsthaft als die literarisch und kulturell führende Figur der chinesischen Avantgarde des 9. Jahrhunderts.

Im alten China waren alle größeren Städte stolz auf ihre Freudenmädchen, die sich mit ihrem Gefolge ungehindert bewegen durften, in Gilden organisiert waren und Steuern zahlten. Zur Zeit der Sung-Dynastie im 13. und 14. Jahrhundert erhielten sie zeremonielle Rollen bei den Hochzeiten der oberen Klassen und traten mit Gesang und Tanz auf.

Bereits in den früheren Dynastien waren die chinesischen Aufzeichnungen voller Berichte über homosexuelle Beziehungen zwischen gleichaltrigen und gleichrangigen Männern, aber auch zwischen älteren Aristokraten und jungen Männern von niedrigerem Rang oder Eunuchen. Vor allem aus der kaiserlichen Umgebung wurde über derartige Verhältnisse berichtet. Über männliche Prostitution hingegen liegen aus China erst relativ spät Berichte vor, sie verbreitete sich vor allem in der Sung-Periode. Im 13. und 14. Jahrhundert boten sich männliche Prostituierte auf der Straße und in den Bordellen häufig in Frauenkleidern an.

Chou Mi, ein Autor des 14. Jahrhunderts, unterschied zwischen drei Kategorien von Prostituierten: Die gebildeten und kultivierten Kurtisanen bildeten die Spitze, in der Mitte standen die Prostituierten aus den Weinstuben und Bordellen, den »Häusern mit den singenden Mädchen« oder den »Häusern mit den grünen Zimmern«. Auf der untersten Stufe der sozialen Rangleiter standen die Straßenmädchen und Huren in den billigen Bordellen, die niemals irgendeinen gesellschaftlichen

Status erreichten. Selbst in der Sung-Zeit, als Prostitution verbreiteter war als je zuvor, kam es vor, daß in einzelnen Provinzen die Billigprostitution gesetzlich verboten wurde.

Die billigsten Prostituierten waren in großen Etablissements untergebracht. Häufig bot man speziellen Kundengruppen wie den Seeleuten in den Hafenquartieren besondere Bordelle an. Die Rekrutierung von *ying-chi,* den Mädchen für die Soldaten im Krieg, übernahmen die Behörden. In Friedenszeiten wurden diese Mädchen in die privat betriebenen Bordelle zurückgeschickt.

Die Prostituierten in den Bordellen wurden vornehmlich von jungen Männern aus den mittleren und unteren Klassen frequentiert. Viele der großen Bordelle waren in Staatseigentum. Zuweilen hatte die billige Bordellprostitution einen kriminellen Hintergrund, häufig arbeiteten hier die weiblichen Angehörigen eines Mannes, der im Gefängnis saß. Einige von ihnen wurden von Polizisten oder Beamten rekrutiert, um in den Hurenvierteln und zweifelhaften Stadtgebieten für Ruhe und Ordnung zu sorgen. In einigen Landesteilen Chinas war es üblich, Mädchen, die in kinderreichen Familien keinen großen Wert hatten, an Bordellbetreiber zu verkaufen; andere wurden schlichtweg von spezialisierten Mädchen-, Knaben- und Frauenhändlern aus den Dörfern verschleppt. In Kriegsregionen und an den Grenzen der kaiserlichen Zivilisation der Han-Zeit hatten die Schlepper freie Hand.

Die privaten und öffentlichen Bordelle Chinas wurden von den Behörden reguliert, kontrolliert und besteuert. Die Bürokratie hatte eine jahrhundertelange Erfahrung und folgte uralten Prinzipien.

Prostituierte der mittleren Schicht waren in Gilden organisiert, ähnlich wie die wohlhabenden Kurtisanen. Alle Gilden bezahlten Steuern. Die Bordellbesitzer bezahlten eine Steuer aus ihren Einkünften. Dafür genoß das gesamte Gewerbe einen gewissen Schutz der öffentlichen Hand. Große Bordelle hatten zusätzlich ihre eigene, ständige Wachmannschaft. Die Wachen hatten allerdings nicht nur die Sicherheit der Prostituierten und ihrer Kunden zu gewährleisten, sie mußten auch unliebsame Konkurrenz bekämpfen und wurden auf der Straße gegen unregistrierte jugendliche Prostituierte beiderlei Geschlechts eingesetzt, die keine Steuern bezahlten.

Leider haben die Huren in den Bordellen die Schriftsteller der Tang- und Sung-Periode nicht so beschäftigt wie die »berühmten«, in der Literatur verewigten Prostituierten. Daher lassen sich die Unterschiede zwischen den einzelnen Bordellen nur schwer beschreiben. Unklar ist nicht nur, wieviel Gewalt oder Zwang nötig gewesen ist, um die große Gruppe der ärmsten Prostituierten zu kontrollieren. Ebenso wenig wissen wir darüber, ob diese Frauen Hunger und anderen Qualen ausgesetzt waren, beziehungsweise wie früh sie starben, wenn sie bereits als kleine Kinder in die Bordelle gekommen waren.

Im China der Tang-Zeit gab es so gut wie kein männliches Konkurrenzgebaren auf sexuellem Gebiet. Wahrscheinlich hatten Chinas Mandarine, Offiziere und Kaufleute ebenso viel Spaß am Vergleichen wie Männer in anderen Kulturen, doch sie prahlten weniger mit ihren sexuellen Leistungen. Zumal die Männer aus der Oberschicht es gewohnt waren, daß das Sippenoberhaupt ihr Heim ständig mit neuen Frauen versorgte.

Chinesische Frauen aus guter Familie waren, wie erwähnt, weder literarisch noch künstlerisch gebildet. Sie traten höflich und bescheiden auf und legten Wert auf ihr Äußeres. Daran durfte sich allerdings nur der Ehemann erfreuen. Kein Mann von Einfluß zeigte sich öffentlich mit Frauen aus seinem eigenen Hausstand.

Und doch konkurrierten die chinesischen Männer um Frauen, obwohl es nicht in erster Linie um Sex ging. Vor allem, wenn die Frauen in dem Ruf standen, stilvoll und elegant zu sein. In der Zeit der Tang-Dynastie wurden Prostituierte zu Schlüsselfiguren des eleganten, mondänen Lebens. Ein Mann, der sich mit den berühmtesten zeitgenössischen Dichterinnen und Sängerinnen umgab, hatte Kultur und Bildung, er stieg im sozialen Ansehen. Auf Reisen und bei offiziellen Besuchen traten Beamte oder Schriftsteller daher gern mit gebildeten Prostituierten auf; schließlich handelte es sich um Frauen, die sich zu benehmen wußten und intelligente Konversation treiben konnten. Reiche Mandarine unterstützten die literarisch oder musikalisch gebildeten Kurtisanen in der Stadt nicht wegen ihres Sexappeals oder ihrer Schönheit, es ging um das Ansehen, das diese Frauen in den Augen anderer Männer hatten. Sie waren ein Maßstab für guten Geschmack und Stil.

Diese Verhältnisse bestimmten auch weitgehend das Leben von Yü Hsüan-chi, als sie im Alter von zwanzig Jahren berühmt wurde. Fanden prominente Prostituierte wie Yü in literarischen oder biographischen Werken Erwähnung, wurden zunächst ihre Fertigkeiten in Gesang, Tanz und Literatur gerühmt, erst dann ihr Aussehen. Der Esprit einer entwaffnenden Replik und die Fähigkeit, eine plötzliche Trennung oder emotionale Enttäuschung klaglos zu ertragen, wurden hoch geschätzt. Diese Eigenschaften ermöglichten es den Männern, sich in ihrer Gesellschaft zwanglos und entspannt zu benehmen, ohne daß sie das Gefühl haben mußten, dadurch ihre Männlichkeit aufs Spiel zu setzen.

Eine wohlhabende Prostituierte verwendete allem Anschein nach ebenso viel Energie auf ihre Karriere wie die Männer, die Erfolge im militärischen, politischen oder geschäftlichen Leben vorzuweisen hatten. Je berühmter eine Prostituierte wurde, desto weniger mußte sie auf sexuellem Gebiet tun. Ein Freudenmädchen von hohem Rang erwartete, daß sie lange umworben wurde, bevor sie einem Mann ihre Aufmerksamkeit schenkte. Im Umfeld einer nahezu unerreichbaren Frau entwickelte sich daher eine besonders schwärmerische Liebesliteratur.

Yü schien dies offenbar nicht sonderlich goutiert zu haben. Denn sie war nicht nur elegant und witzig, sie war gleichzeitig auch sehr sinnlich, gefühlvoll und lebenslustig. Und sie war überhaupt nicht damit zufrieden, nur aus kulturellen und snobistischen Gründen begehrt zu sein. Warum sollte sie – die selbst um die Qualität von Sprache wußte – sich also über Liebeslyrik freuen, die nur aus Prestigegründen verfaßt worden war? Offenbar begann sich Yü in diesen Jahren eingesperrt zu fühlen, obwohl sie sich in der Hauptstadt des größten Reiches der Welt auf dem Höhepunkt ihres Erfolges befand. Diesmal war es nicht das langweilige und provinzielle Familienleben, das sie unglücklich werden ließ, diesmal war es das mondäne, avantgardistische Hauptstadtdasein, das ihr wie ein Gefängnis vorkam. Der Erfolg war für sie qualvoll, sie hatte das Gefühl, allmählich an ihrem eigenen Mythos zu ersticken.

Yü war zum größten Sexsymbol ihrer Zeit geworden. Das war jedoch nicht gleichbedeutend mit einem befriedigenden Sexualleben, wovon sie noch immer träumte. Jedesmal, wenn ein neuer reicher und einflußreicher Mandarin sie umwarb, mußte sie erfahren, daß er bereits eine Ehefrau und eine Geliebte hatte. Entweder fürchtete er sich vor ihr auf sexuellem Gebiet, oder er war an ihr nicht als Frau interessiert, sondern nur als Trophäe.

Vieles spricht dafür, daß Yü eine geradezu masochistische Freude daran hatte, die Heuchelei dieses dekadenten Spiels aufzudecken und zu enttarnen. Es ist nicht klar, ob sie bewußt eine Provokationskampagne begann oder alles nur aus reiner Verzweiflung und Verwirrung geschah, jedenfalls wurden ihre gesellschaftlich nicht akzeptablen erotischen Eskapaden immer zahlreicher. Skandal folgte auf Skandal, und vergeblich fragte man nach der Logik ihre Handelns. Um so mehr redete man in Chang'an über sie.

Wahrscheinlich war Yü Hsüan-chis Leben im Vergleich mit den Hunderttausenden von Prostituierten im China des 9. Jahrhunderts alles andere als typisch. Aus ihrer Zeit sind umfassende Zeugnisse nur von einer kleinen Handvoll Freudenmädchen überliefert. Man kennt ihre Gedichte, ihre Malereien und

Zeichnungen, und es heißt, daß sie alle alt und glücklich starben. Tausende von Prostituierten hingegen starben sehr jung; ihr Dasein war offenbar so elend, daß es nicht wert war, sich ihrer in der Literatur zu erinnern. Yüs Leben war anders. Sie starb jung, schön und reich – ungeheuer berühmt, aber auch fürchterlich gehaßt.

Ganz offen spielte sie einige der einflußreichsten Mandarine gegeneinander aus; möglicherweise hat sie ihnen auch erklärt, daß irgendein junger Mann, dessen Namen sie wahrscheinlich noch nie gehört hatten, mit seinem Wissen und seiner Bildung mehr wert sei als sie alle zusammen. Bei ihrer nadelspitzen Zunge hätte sie sich eigentlich mit wenigstens einem Mandarin gutstellen müssen, der bereit war, ihr Freund zu bleiben.

Ihr Leben endete in einer Katastrophe. Einige Polizeibeamte, die von Yü beleidigt worden waren, beschuldigten sie, ihre Zofe zu Tode gepeitscht zu haben. Es wurden zahlreiche falsche Zeugen mobilisiert. Daß Yü Temperament hatte, wußte die Hälfte der Hauptstadt, schließlich hatte sie so gut wie jeder schon einmal angetrunken erlebt. Aber diese Sache schmeckte geradezu nach Komplott! Die Unterschrift eines einzigen mächtigen Mandarins hätte ausgereicht, und Yü wäre gerettet gewesen. Aber nun war kein Mann von Einfluß mehr bereit zu helfen. Yü wurde zum Tode verurteilt und im Jahr 871 im Alter von siebenundzwanzig Jahren hingerichtet. In einem ihrer letzten Gedichte vor ihrem Tod beklagt sie die Abwesenheit ihres Geliebten:

> Getrennt von dir,
> Was kann ich bieten?
> Nur dieses eine Gedicht,
> Von meinen schimmernden Tränen benetzt.

Kapitel 8

Zünfte, Klöster und Landstreicher

Auf den Altarbildern mittelalterlicher Kirchen in Europa wird die Heilige Familie in der Regel in der Bürger- oder Bauerntracht der jeweiligen Gegend dargestellt. Die Städte des Mittelalters waren voll mit symbolischen Hinweisen auf die Familie als Fundament der Gesellschaft.

Aber die städtische und dörfliche Gesellschaft Europas geriet auf eigenartige Weise in Konflikt mit ihren eigenen Werten. In der zweiten Hälfte des 14. Jahrhunderts begann die volkstümliche Literatur genau die Werte zu verhöhnen, die man unter anderem in den Kirchen verteidigte. So wurde behauptet, die Ehe sei eine Falle. Allgemein herrschte die Auffassung, daß mit der Heirat jegliche Form von freiem Leben ein Ende fände. Die Liebesgeschichten des 14. und 15. Jahrhunderts endeten selten mit einer Hochzeit und Glockengeläut, sondern im Regelfall mit einer ganz realen sexuellen Vereinigung. Bei der Lektüre dieser Texte drängt sich der Eindruck auf, daß sämtliche Ehefrauen des späten Mittelalters untreu waren, die meisten Männer betrogen wurden und junge Mönche nichts anderes als Sex im Kopf hatten. Es war offensichtlich eine Zeit der Sittenlosigkeit.

Nimmt man das Ausmaß der Prostitution zum Maßstab für die Unmoral, dann scheint diese Einschätzung richtig zu sein. In keiner Phase der europäischen Geschichte hatte die Prostitution bessere Bedingungen, nie zuvor hatte sie ein derartiges Ausmaß angenommen. Im späten Mittelalter existierten öffentliche Hurenhäuser, *prostibula publica,* in ganz Zentraleuropa, von Neapel bis London, in Nürnberg wie in Leipzig. In Frankreich sprach man von *borde, bordieau* und *bordelet,* es entsprach dem italienischen *bordello.* Die Bezeichnungen waren abgeleitet vom altsächsischen *borda,* dem Begriff für »kleines Haus«. Nur das englische Wort *brothel* hat eine andere sprachliche Wurzel, es entstand aus einem Wort für »verwüstet« oder »zerstört«. Im täglichen Leben verwendeten die Menschen des Mittelalters häufig Umschreibungen und sprachen von »Klöstern« oder »Frauenhäusern«, vom »Haus der Tante«, dem »Rosengarten«, dem »Schweinestall« oder sogar dem »Gefängnis«. Daß viele Menschen Hurenhäuser als Klöster bezeichneten, ist nicht sonderlich überraschend. Denn Klöster waren die einzige Form des Wohnens außerhalb des familiären Verbandes, die das Mittelalter kannte. Die Volksliteratur des Spätmittelalters hat daher gern Parallelen zwischen Klöstern und Hurenhäusern, zwischen Prostituierten und Nonnen als Archetypen gezogen.

Hure und *Hurerei* sind bekannte Begriffe aus der kirchlichen Gesetzgebung und der Theologie, allerdings bezeichnet dort der Begriff »Hure« alle Formen des außerehelichen Geschlechtsverkehrs, unabhängig davon, ob damit Geld verdient wurde oder nicht. Normalerweise war eine Frau, die man eine »Hure« nannte, keine Prostituierte, sondern leichtlebig. Bei dem skandinavischen Wort *frille,* das mit »Mätresse« oder »Konkubine« zu übersetzen wäre, gab es so gut wie keine negativen Konnotationen, es entsprach unserem heutigen »Lebensgefährten«. In den Städten lebten viele Frauen in festen Beziehungen, ohne verheiratet zu sein; einige, weil sie nicht genügend Geld für eine Hochzeit hatten, andere, weil sie den Segen der Kirche nicht bekamen, da der Partner möglicherweise ein zu enger Verwandter war. Eine dritte Gruppe von Frauen hatte einen Priester, einen Mönch oder einen Kaufmann aus einer anderen Stadt als Versorger.

Die mittelalterliche Stadtbevölkerung kannte den Unterschied zwischen einer verheirateten Frau, einer Konkubine, einer Hure und einer tatsächlichen Prostituierten. Eine Frau, die davon lebte, sexuelle Dienstleistungen zu verkaufen, wird in den lateinisch verfaßten Texten als *meretrix* bezeichnet; in der Alltagssprache hieß sie in Südeuropa *puta* oder *puttana* und *la garce, ribaud, fille joyeuse* oder *fillette* in den französischsprachigen Ländern. In England sprach man von *strumpet* oder *harlot,* und in Deutschland sagte man *Dirne.* In den nordeuropäischen Ländern wurde sowohl *puta* wie *portkone* (»Frau in der Tür«) benutzt, am gewöhnlichsten aber war *skøge.* Allerdings gab es auch in Nordeuropa Kunden, die auf freundlicheren Bezeichnungen wie »Nonnen« und »Novizinnen« bestanden.

Vor dem Jahr 1200 waren im nördlichen Teil Skandinaviens käufliche Liebesdienste so gut wie unbekannt. Den Bauern und wohlhabenden Männern standen Frauen, die leibeigen waren, zur Verfügung, wenn es sie nach Abwechslung verlangte. Der Handel und die Christianisierung machten aus den wilden Wikingern zivilisierte Europäer, und im späten 13. Jahrhundert gab es einige wenige Städte, die so groß waren, daß sie regelrechte Prostituierte ernährten. Allerdings war die Prostitution in den nordischen Städten – wie Oslo, Bergen, Kopenhagen oder Helsingør – nicht so straff organisiert wie in Süd- oder Mitteleuropa. Wirklich große, gutorganisierte Bordelle hat es in Skandinavien niemals gegeben, kleinere Huren- und Badehäuser, in denen käuflicher Sex angeboten wurde, hingegen schon.

Dijon in Burgund und das norwegische Bergen sind die beiden mittelalterlichen Städte, in denen die Prostitution am genauesten dokumentiert ist. 1485 gab es in Dijon achtzehn kleine Hurenhäuser mit jeweils zwei oder drei Mädchen, alle betrieben von Witwen oder Ehefrauen von Handwerkern, darüber hinaus zwei große Bordelle sowie ein öffentliches Bad unter professioneller Leitung. Insgesamt waren dort hundert Frauen als Prostituierte beschäftigt.

Bergen war nach zeitgenössischen Maßstäben eine mittelgroße Stadt hoch im Norden. Dort lebten achttausend Menschen, halb so viele wie in Dijon, aber es gab ebensoviele Prostituierte wie dort. Eine Ursache war die große Zahl unverheirateter Deutscher, die in Bergen für die Hanse arbeiteten; darüber hinaus waren die zahlreichen Kirchen und Klöster dem Gewerbe förderlich. Eine Steuerliste aus dem Jahr 1521 verzeichnet hundertfünfzig unverheiratete Frauen, die in Bergen unabhängig von ihren Familien lebten. Rund ein Drittel waren Konkubinen oder Mätressen von Geistlichen und Kaufleuten der Hanse, die übrigen gut hundert Frauen lebten von der Prostitution.

Daß französische Städte wie Dijon und Lyon mit einer doppelt so großen Einwohnerzahl wie Bergen nicht so viele Prostituierte beherbergten, lag an den kürzeren Entfernungen zwischen den Städten Mitteleuropas, darüber hinaus boten sich käufliche Mädchen auch in den Dörfern oder an den Landstraßen an. Im spärlich besiedelten Norden war es außerhalb der fünf größten Städte schwierig, käuflichen Sex zu finden. Die wenigen Frauen, die sich anboten, hatten jeweils die gesamte Region als Markt.

In Norditalien und England begann die öffentliche Kontrolle der Prostitution im 13. Jahrhundert. In Städten wie Bologna und Venedig wurden um 1260 besondere Hurenviertel eingerichtet. Diese Entwicklung vollzog sich allerdings nicht wirklich kontinuierlich und organisiert; es kam durchaus vor, daß ein Fürst oder Stadtrat die Kontrollen während einer Regierungsperiode verschärfte, sein Nachfolger aber wieder vernachlässigte. Als der Große Rat von Venedig 1538 ein Dekret veröffentlichte, in dem es hieß, »die Prostitution sei absolut unverzichtbar für die Welt«, war dies ein Zeichen des damaligen Zeitgeistes. Im größten Teil Zentraleuropas waren inzwischen öffentliche Registrierungen und regelmäßige Kontrollen der Prostituierten die Norm.

In Frankreich war die öffentliche Prostitution ursprünglich

in Südfrankreich und im Rhone-Tal am stärksten verbreitet, hatte sich aber im Laufe des 14. Jahrhundert nach Norden in Richtung Flandern und nach Westen bis in die süddeutschen Städte ausgedehnt. Im 15. Jahrhundert dominierte die organisierte Bordellprostitution halb Europa. In Süd- und Westeuropa gab es in der Regel auch in den Kleinstädten ein winziges Hurenhaus mit fünf bis zehn Frauen; in ganz Europa, vom Norden bis zum Süden, existierten in den größeren Städten »Rotlichtbezirke«, in denen sich die Bordelle befanden.

Außerdem waren in den meisten mittelalterlichen Städten öffentliche Badehäuser für die allgemeine Hygiene eingerichtet, die jedoch zusätzlich kleine Räume ohne Badewannen anboten. Mit anderen Worten, hierher kam man nicht nur, um sich zu waschen. Die größten Badehäuser verfügten über große Gesellschaftsräume und gut ausgestattete Küchen, die Pasteten und Wein anboten. Gegen einen Aufpreis konnten Männer einen Einzelraum in Gesellschaft einer jungen Frau, einer Angestellten des Bades, bekommen oder dort einige Stunden mit einer scheinbar tugendhaften Frau aus der Nachbarschaft verbringen. Offiziell gingen Frauen nur in die Badeanstalt, um sich zu waschen, gleichzeitig bot sich aber die Gelegenheit, eines der intimen Zimmer für ein Schäferstündchen mit ihrem Liebhaber zu nutzen.

Im Hoch- und Spätmittelalter wurden auch in Norwegen und Dänemark Badehäuser eingerichtet. Um 1230 hatte der Lehnsmann Aron Hjorleivsson ein erstes Badehaus auf dem königlichen Gutshof von Bergen eröffnet. Wie überall bezahlte man zuerst den Eintritt an den Besitzer des Bades, am Ende wurde die Badefrau bezahlt; die Summe war abhangig davon, wieviel Hilfe beim Waschen, Pflegen und Rasieren nötig gewesen war und wieviel Bier man getrunken hatte. Für eventuelle sexuelle Dienste mußte zusätzlich gezahlt werden. In England und Deutschland gab es mehr Bade- als Hurenhäuser; in London wurden die Badehäuser *stews* genannt und trugen Bezeichnungen wie »Hirsch«, »Clique« oder »Schwan«.

In Frankreich fiel die Kontrolle der Prostitution in den Aufgabenbereich eines öffentlichen Beamten, den man *le roi des ribaudes* oder *rex ribaldorum* nannte, den König der Banditen oder Schurken. Abgesehen von der Aufsicht über die Prostituierten war ihm in vielen Orten die Verantwortung für die Festnahme und Züchtigung von Gewalttätern, Dieben und Verrückten übertragen. Häufig war er auch der oberste Scharfrichter.

Der Verkauf von sexuellen Dienstleistungen war zu allen Zeiten ein primär weiblicher Erwerbszweig. In den Bordellen, Bade- und Hurenhäusern war häufig eine ältere Frau für den Betrieb und die täglichen Arbeiten zuständig. Sie war die Bordellwirtin, die im Französischen als *maquerelle,* in vielen anderen Sprachen als »Äbtissin« bezeichnet wurde. Daneben gab es männliche Bordellbetreiber und Aufseher; Freunde der Prostituierten, die sich ihr Brot als Kuppler verdienten oder Kunden für das Bordell warben, in dem sie und ihre Freundin wohnten. François Villon, der französische Dichter und Provokateur, Raufbold und Freier aus dem 15. Jahrhundert, arbeitete zeitweilig als Kuppler und Zuhälter; wenn wir seiner »Ballade von der dicken Margot« Glauben schenken, war er mit einer Prostituierten liiert. Die Ballade handelt von einer vitalen und leichtlebigen Prostituierten, die Historiker aufgrund einer Reihe von zeitgenössischen Prozessen identifizieren konnten. 1455 besang Villon sich selbst, seine Freundin und ihre Freier auf eine ausgesprochen liberale Weise.

Wenn ich die Schöne liebe, dienstbereit,
bin ich darum ein Schurke, ein Fallot?
Sie hat für Sonderwünsche immer Zeit,
ich greif zu Schwert und Schild auf ihr Gebot.
Wenn Kundschaft kommt, so hat es keine Not,
ich bin ganz still, hol eine Kanne Wein,
bring Wasser, Käs, Brot und Obst herein.
Und wenn sie zahlen, sag ich: »*Bene stat.*
Und laden Sie sich wieder bei uns ein,
in unsrer Wirtschaft, hier läuft so was glatt.«

François Villon lebte in Paris, das Mitte des 15. Jahrhunderts rund hunderttausend Einwohner und nach Schätzungen zwischen fünf- und sechstausend Prostituierte hatte. »Die Föderation der Huren in Paris«, die Hurenzunft der Stadt, hatte viertausend Mitglieder, als der Verein 1474 ein offizielles Geschenk von König Ludwig IX. erhielt. Darüber hinaus gab es zahlreiche unorganisierte Huren, so daß sich damals wahrscheinlich jede vierte Frau zwischen zwanzig und dreißig Jahren prostituierte. Daß es so viele waren, hatte mit dem Mißverhältnis zwischen den Geschlechtern in der Großstadt zu tun. Paris war voller Studenten und Soldaten, Priester und Mönche, Hofleute und Schreiber in staatlichen Diensten; es waren überwiegend unverheiratete junge Männer. Viele zogen zurück in die Provinz, wenn sie ein Alter von dreißig Jahren überschritten hatten, dann hatten sie in der Regel die Mittel erworben, um zu heiraten. Zuvor lieferten sie die Existenzgrundlage für die Prostitution in Paris.

Um das Jahr 1480 führte Papst Sixtus IV. eine Volkszählung durch und registrierte in Rom siebentausend Prostituierte bei einer Gesamtbevölkerungszahl von siebzigtausend Einwohnern. In Rom lebten weniger Frauen als in Paris, aber mehr Prostituierte. Allerdings hat die Zählung in Rom möglicherweise nicht klar unterschieden zwischen Frauen, die in einer festen Beziehung mit Geistlichen lebten, und Frauen, die mit häufig wechselnden Partnern ihr Geld verdienten. Dennoch gibt es keinen Zweifel, daß die Prostitution auch in Rom blühte.

Die »dicke Margot« François Villons in Paris buhlte im Wettbewerb mit der »höflichen Maria«, »Floria aus dem Wald«, der »schalkhaften Ysabeau«, »Aliz aus Bern«, der »kleinen Normandie« und »Marion am Arsch« um die Kunden. Auch in Bergen gab es einschlägige Spitznamen für die bekanntesten Damen des Gewerbes. »Maggi fünf Finger im Arsch« wohnte im Pfarrhof, »Anne frisch im Angebot« direkt daneben. »Karine die Schlange«, »Kirstine Lautfurz« und »Marine Neuschnee« teilten sich Wohnung und Kunden, und ein Stück von ihnen entfernt wohnten die »große Ragnhild«, »Dänen-Karin«

und »Donner-Citzele«. In Bergen durchaus bekannt waren auch »Maggæ Arsch«, »Karin Mehlstock« und »Christine Schweineroggen«.

In Dijon kamen im 15. Jahrhundert nur wenige Prostituierte von außerhalb, zwei Drittel waren in der unmittelbaren Umgebung der Stadt geboren. Sie waren Töchter von Witwen oder armen Handwerkern, viele hatten mit sechzehn, siebzehn Jahren mit der Arbeit begonnen. Beinahe die Hälfte der Mädchen war vergewaltigt worden, bevor sie anfingen, sich zu prostituieren. Anders dagegen eine Weltstadt wie Florenz. Hier stammte die Hälfte der Prostituierten aus Nordeuropa, sie kamen aus den Niederlanden, Frankreich und Deutschland. Nur ein Drittel waren Toskanerinnen.

Die religiöse Literatur des 14. und 15. Jahrhunderts kennt nur zwei Auswege aus der Prostitution: Die Sünderin wird entweder durch Aufnahme in ein Kloster gerettet, oder sie wird direkt in den Himmel geholt. Häufig kommt ihr dabei die Jungfrau Maria zu Hilfe. In keiner dieser religiösen Erzählungen ist davon die Rede, daß eine Prostituierte heiratete und eine Familie gründete. In der realen Welt hatten Prostituierte jedoch durchaus Mann und Kinder; viele waren verheiratet oder lebten mit dem Kindsvater zusammen, ohne daß dies ihr Arbeitsleben beeinträchtigte.

In England gab es ein Gesetz, das Prostituierten die Ehe verbot; in Frankreich und anderen europäischen Ländern existierten keine vergleichbaren Gesetze. In den großen französischen Städten wie Paris, Dijon oder Lyon war ungefähr ein Drittel aller Prostituierten gesetzlich verheiratet, noch mehr Frauen hatten feste Partner. Häufig arbeiteten sie als Schlepper, die ihren Partnerinnen die Kunden zuführten. Im Jahr 1400 ging die Prostituiertenorganisation gegen ein Mädchen vor, das offenbar eine Affäre hatte, die gegen die Berufsehre verstieß. Es hieß, sie habe einen jungen Mann ausgehalten, der nach Auffassung der Zunft keine ausreichenden Gegenleistungen erbrachte. Es sei in Ordnung, so wurde argumentiert, wenn sich eine Prostituierte eine Zeitlang mit nur einem festen Kunden begnügte und damit praktisch von einer Hure zu einer Liebhaberin mutierte. Umgekehrt war dies nicht möglich. Wenn ein Mann mit einer Prostituierten zusammenlebte, mußte er entweder einer eigenen Arbeit nachgehen oder einen Job im Bordell annehmen. Der betreffende junge Mann allerdings weigerte sich und verließ seine Geliebte und Paris.

In den südlichen Teilen Europas zogen Frauen umher und verkauften sich an den Landstraßen, in Tälern oder dünn besiedelten Waldgebieten. Diese Form der Prostitution war ohne männliche Begleitung nicht unproblematisch. Wenn eine Frau sich keinen Mann leisten konnte, der sie permanent beschützte, heuerte sie bisweilen einen Bettler oder Vagabunden an, der ihr in einer kritischen Situation zu Hilfe kam, häufig mit brutaler Gewalt. Umherreisende Prostituierte konnten, wenn sie zu alt für die Arbeit, krank oder unterernährt waren, vorübergehend in einem Nonnenkloster Zuflucht finden. Es galt als Christenpflicht, das Tor für alleinstehende, vagabundierende Frauen zu öffnen. Der Gedanke dahinter war, daß die bedrängte Seele im Kloster nicht nur Unterkunft fand, sondern vielleicht auch zu Glauben und Moral zurückfand. Die meisten Frauen zogen jedoch weiter, wenn sie wieder zu Kräften gekommen waren.

»Eine Frau soll vor dem Geschlechtsverkehr ihre inneren Organe mit in Wolle gewickelten Fingern reinigen und sich innen wie außen mit einem vollkommen sauberen Stück Stoff abtrocknen; darauf soll sie ihre Beine so breit spreizen, daß sämtliche Flüssigkeit herausläuft. Dann trocknet sie sich noch einmal, kaut erfrischende Gewürzkräuter und spritzt Rosenwasser auf ihr Geschlecht. Erst jetzt kann sie sich dem Kunden nähern.« Die Regeln der Trotuta aus Salerno erklärten detailliert, wie man sich auf einen Freier vorbereitete. Die meisten europäischen Bordellwirtinnen des Spätmittelalters waren im Besitz dieses Wissens und gaben es an die Mädchen in ihren Diensten weiter.

»Äbtissinnen« oder Bordellmütter hatten zahlreiche Aufgaben: Sie hatten unter anderem darauf zu achten, daß Kunden »gekobert« wurden und geflohene Nonnen oder minderjährige Mädchen im Alter von dreizehn oder vierzehn Jahren nicht »anschaffen« gingen. Und sie gaben Unterricht in Reinlichkeit. Es waren mehr Regeln zu beachten, als den Kunden klar war. So durften in den kleineren Hurenhäusern mehrere Kunden gleichzeitig empfangen werden, aber niemals zwei aus einer Familie. Neben der Aufsicht über Sauberkeit und Moral hatte die Bordellwirtin den lokalen Behörden über sämtliche Angelegenheiten zu berichten, die sie von ihren Mädchen erfuhr, wenn auswärtige Kunden das Bordell besucht hatten. Die Prostituierten durften sich zudem nicht mit Männern aus ihrer Heimatstadt oder mit Jungen, die jünger als sechzehn Jahre alt waren, einlassen. Auch Juden und Muslime hatten bei christlichen Huren nichts zu suchen; die Frauen hatten klare Anweisungen, den Beischlaf abzulehnen, wenn sie entdeckten, daß ein Freier beschnitten war.

Die Bordellmutter achtete auch darauf, daß die Prostituierten keinen unschicklichen Analverkehr oder allzu intensive Küsse gestatteten. Sie taten es ohnehin selten, denn es war nicht üblich, daß eine Hure ihren Körper auf eine andere Art als die orthodoxe anbot. Oralverkehr galt als unrein, Analverkehr wurde als große Sünde angesehen. In den Bordellen wurde der vaginale Geschlechtsverkehr mit der Frau auf dem Rücken und dem Mann zuoberst praktiziert. In den Lehren der Kirchenväter hieß es, dies sei die einzige Stellung, die Gott akzeptiere, sowohl im Bordell wie in der Ehe. Die »Äbtissinnen« hatten auf die strikte Einhaltung dieser Regeln zu achten. Dennoch kam es zu einer ganzen Reihe von Klagen; Gerichtsunterlagen belegen, wie es in den Bordellen zuging. Meist berichteten Nachbarn, was sie gesehen hatten; allerdings war es ausgesprochen selten, daß sie von schlimmeren Dingen erzählen konnten als von nackten Körpern und Geschlechtsverkehr im Stehen.

Der italienische Poet Antonius Panormita schrieb um 1490

das Huldigungsgedicht »Hermaphroditus« an Cosimo di Medici. Darin beschreibt er, was er die Obszönitäten der florentinischen Bordelle nannte: Nacktheit, Tanz und Masturbation. Die wirklich avancierten sexuellen Künste und akrobatischen Nummern fanden erst im 16. und 17. Jahrhundert Eingang in die Bordelle Europas, vor allem durch die teuersten Prostituierten von Venedig und Paris. Die Huren des späten Mittelalters waren wesentlich zurückhaltender.

Bis zum 14. Jahrhundert galt häufig das Verbot, Bordelle oder Badehäuser in der Fastenzeit oder während hoher Feiertage zu besuchen. Noch im Spätmittelalter wurden offiziell Verhandlungen zwischen Bordellbetreibern und Behörden über Öffnungszeiten oder Mietverhältnisse in der Fastenzeit geführt, ein Relikt aus Zeiten mit einem größeren Respekt vor dem Kirchenjahr. Im 15. Jahrhundert hielt man sich lediglich zu Weihnachten und in der Osterwoche dem Bordell fern.

Ob Ablaßkrämer du hernieden,
ein Spieler, Würfelgauner bist,
man wird in heißem Öl dich sieden,
damit du für dein Falschgeld büßt,
wie das bei Strolchen üblich ist.
Ob Räuber oder Taschendiebe,
die Beute geht nach kurzer Frist
beim Saufen drauf und für die Liebe.

Mit Laute, Zimbel, Lied was bieten,
ein Schmierennarr und Nihilist,
ein Schelm mit Hokuspokusriten,
in Stadt und Land führ auf als Christ
Erbauliches fürs Volksgelüst –
Von Treschak, Hasard, Kegelschiebe
Geht alles, daß du's nicht vergißt,
beim Saufen drauf und für die Liebe.

Soweit François Villon in der »Ballade der guten Lehren« über die Bordellkunden seiner Zeit. In ganz Europa bestand der größte Teil der Kundschaft aus jungen Männern und Junggesellen. Ungefähr jeder fünfte Freier war ein Geistlicher, und nur einer von zehn Besuchern ein Ortsfremder. Ein Drittel aller Kunden rekrutierte sich aus verheirateten Männern, die in unmittelbarer Nähe der Bordelle wohnten. Ziemlich viele verheiratete Männer suchten also die Hurenhäuser auf, obwohl sie damit eine weitaus größere Sünde begingen als beispielsweise Junggesellen. Die Kontrolle dieser moralischen Verfehlungen und die Möglichkeiten der Kirche, »gesetzesbrüchige« Freier zu bestrafen, variierten. In Florenz verbot man 1403 den Bordellbesuch für Männer über dreißig und überließ es einem eigenen moralischen Aufsichtsrat, der Onestà, dafür zu sorgen, daß dieses Verbot befolgt wurde. In Florenz sollte so die Anzahl der Heiratswilligen erhöht werden.

Gleichermaßen lag den städtischen Behörden in Italien der Kampf gegen homosexuelle Praktiken am Herzen, die in dieser Periode in weltlichen und geistlichen Kreisen vermehrt registriert wurden. Bernhard von Siena und Girlano Savonarola organisierten im 15. Jahrhundert ihre Kampagnen gegen dieses Unwesen, und in Venedig berief man 1460 einen besonderen Rat ein, der sich ausschließlich mit der Bekämpfung des Bösen beschäftigen sollte, das Collegium Sodomitorum.

In keinerlei öffentlichen Dokumenten oder Registern aus dem späten Mittelalter wird von männlicher Prostitution berichtet. Das hätte den heiligen Bernhard und auch Savonarola eigentlich beruhigen müssen. Nur in der Literatur wird hin und wieder von jungen Männern erzählt, die in oder in der Nähe von Bordellen mit ihrem Körper Geld verdienten. Fast immer waren es Familienangehörige einer Prostituierten, entweder ein jüngerer Bruder oder der Sohn einer Bordellwirtin. Homosexueller Verkehr vollzog sich im Mittelalter weitaus diskreter als die Prostitution von Frauen. Die wenigen Männer, die sich bezahlen ließen, wollten nicht, daß es öffentlich bekannt wurde.

Weibliche Prostituierte hingegen mußten sich im späten Mittelalter nicht verstecken. Alle durften sie sehen, und alle wußten, wo sie wohnten, ebenso wie man Goldschmiede, Böttcher oder Schuhmacher kannte. Die Huren waren wie die Handwerker in Gilden oder Zünften organisiert, sie trugen charakteristische Trachten und wohnten in besonderen Straßen und Winkeln.

Wie im übrigen Europa auch, verfügten die Könige in Dänemark-Norwegen, daß »gewöhnliche leichtlebige Frauen« in besonderen Häusern zu wohnen und sich in speziellen Straßen aufzuhalten hatten: »Ihnen soll ein besonderer Bereich in den Kaufstädten zugewiesen werden, wo sie alle wohnen sollen.«

Daß die Prostitution geographisch reguliert wurde, kam häufig auch in den Straßennamen zum Ausdruck. Viele Städte hatten eine Frauenstraße, eine Rosenstraße oder einen Marienhügel. Berlins Rosenstraße lag an der Spree, und die dazugehörige Brücke hieß Jungfernbrücke. Viele Hurengassen hießen Brunnenstraße, denn hierher kam man, um aus dem Brunnen der Liebe zu trinken.

Die literarischen Meisterwerke des späten Mittelalters, das *Decamerone* und die *Canterbury Tales,* sowie einfachere, volkstümliche Geschichten und Fabeln zeigen eine Welt, in der Ehemänner von ihren lüsternen jungen Ehefrauen mit liebeskranken Studenten oder Mönchen betrogen werden. Prostituierte sind Standardfiguren, wohlintegrierte, wohlgelittene Teilnehmerinnen am städtischen Alltag und an Festen. Wenn die Freudenmädchen in den Büchern Kinder bekamen, dann hatten sie dafür immer auch eine Patin oder einen Paten. In Zünften organisierte, allgemein anerkannte Huren waren tatsächlich ein Charakteristikum der realen spätmittelalterlichen Welt. Daß das Leben einer Prostituierten aber auch ausgesprochen unangenehm und gefährlich sein konnte, ist indes eine Tatsache, die in den munteren Geschichten gern verheimlicht wird.

Das gesamte 15. Jahrhundert hindurch überreichten die Prostituierten des Hofes in Paris dem König Blumen am Tag des heiligen Valentin; ein weiterer, geradezu natürlicher Festtag für die Prostituierten war der Feiertag der Maria Magdalena im Juli. Allerdings wußte niemand zu erklären, warum ausgerechnet Christi Himmelfahrt das religiöse Fest wurde, an dem sich die Huren während der Feierlichkeiten am zahlreichsten zeigten. In Frankreich war es Brauch, daß die Prostituierten den Teig für den Kuchen kneteten, der an diesem Tag von den Stadträten unter die Armen verteilt wurden. In Nimes, Nantes und anderen Städten erhielten die Betreiber des städtischen Bades – bekränzt von halbnackten Bademädchen – an Christi Himmelfahrt einen größeren Geldbetrag vom Bürgermeister. Halb Frankreich feierte den Himmelfahrtstag mit Fanfaren, Blumenkränzen und leichtbekleideten Huren in den Straßen.

Seit dem frühen Mittelalter hatten sich die Prostituierten von anderen Frauen deutlich durch einen langen Schlitz an der Seite ihrer Kleider zu unterscheiden; auf diese Weise konnten sie so viel Bein wie möglich zeigen. Außerdem waren sie geschminkt. Im späten Mittelalter entwickelten sich neue Kleidervorschriften; offenbar im Einklang mit den Prostituierten-Zünften wurde nun festgelegt, wie kostspielig die Kleidung sein durfte. Entscheidend war allerdings, daß man eine Prostituierte erkannte; sie hatte im Unterschied zu ehrbaren Frauen besondere Kennzeichen und kräftige Farben zu tragen.

»Die gewöhnlichsten Frauen und Dirnen sollen auf ihren Köpfen einen halb roten, halb schwarzen Hut tragen, kein Gewand soll besser sein als das einer Herumtreiberin, kein Leinen besser als ein Schilling die Elle«, hieß es 1496 in König Hans' Erlaß für das dänisch-norwegische Reich.

In Wien mußten die Prostituierten eine gelbe Schärpe tragen, in Leipzig eine gelbe Kappe mit blauem Futter. In Mailand war eine schwarze Kappe Vorschrift, Zürich und Bern verordneten einen roten Hut, und in Florenz hatten die Huren Schellen am Hut zu befestigen und Handschuhe zu tragen. Eine scharlachrote Schnur war ein weitverbreitetes Symbol der Prostitution; die Schnur symbolisierte das Seil, das Rahab in der Bibel verwendet hatte, um Josua und seinen Männern vor Jericho zu helfen. In Toulouse war die Schnur weiß, und in Dijon und Avignon trugen sämtliche Prostituierten eine kreisrunde weiße Plakette. Andere Städte hatten verfügt, daß Prostituierte sich in der Öffentlichkeit grundsätzlich ohne Kopfbedeckung zu zeigen hatten, egal ob es regnete oder kalt war.

In vielen Stadtgesetzen wurde festgehalten, daß reiche Prostituierte keinerlei kostbare Pelze oder hübsche, silberne Gürtelschnallen tragen durften. Doch trotz der Vorschriften gab es viele Huren, die sich nicht an die Gesetze hielten und sich kleideten, wie sie wollten. In großen Städten wie Venedig oder Paris tauchten immer mehr reiche Prostituierte auf, die modischere Kleider und kostbareren Schmuck trugen als ihre aristokratischen Schwestern. Städtische Beamte konfiszierten hin und wieder Kleidungsstücke, Pelze oder Schmuck und verschafften sich durch den Verkauf dieser Gegenstände Nebeneinnahmen.

Kaum bekannt ist, daß die Grundlagen des modernen Frauensports durch die Huren des späten Mittelalters gelegt wurden; die ersten europäischen Sportlerinnen waren nämlich Prostituierte. Während der Stadtfeste nahmen sie an den unterschiedlichsten Wettkämpfen teil, sie liefen um die Wette, konkurrierten beim Ballspiel und führten Leibesübungen und Sprünge vor, die einer züchtigen Frau nicht gestattet waren. Hin und wieder kam es sogar vor, daß sie nackt auftraten; viele Frauen waren der Ansicht, daß es keine schlechte Investition sei, sich so zu zeigen. Das Publikum beklagte sich nicht. Nach den Wettkämpfen verteilten die Prostituierten Siegesprämien, häufig in den symbolischen Farben, die auf das Gewerbe der Huren in ihren jeweiligen Heimatstädten hinwiesen.

Eine Mischung aus Zunftgeist und klösterlichem Ton war ein Kennzeichen der sexuellen Dienstleisterinnen des Spätmittelalters. Die Frauen pflegten Zeremonien und Aufnahmerituale in ihren »Klöstern«, sie aßen täglich zusammen und teilten demokratisch die Kosten, vor allem die Summe, die wöchentlich an die Nachtwache des Viertels abgeführt werden mußte, um ihren Schutz zu gewährleisten.

Obwohl sich die Menschen des späten Mittelalters gegenüber Prostituierten und der Prostitution in der Regel tolerant verhielten, konnte die Stimmung in Krisenzeiten unvermittelt umschlagen. Nach einer schlechten Ernte, bei einem unerklärlichen Anstieg der Todesrate oder vor dem Besuch eines hohen kirchlichen Würdenträgers wurde schnell der kollektive Ruf nach einer »Reinigung« laut. Dann konnte es durchaus zu Aktionen und Übergriffen gegen Prostituierte kommen, rasch verwandelten sich dann die Huren von Freudenmädchen in Sündenböcke.

Gruppenvergewaltigungen waren ein weitverbreitetes Phänomen des späten Mittelalters. Die Historiker haben insbesondere die Verhältnisse in Dijon und Venedig im 15. und 16. Jahrhundert untersucht und festgestellt, daß es jedes Jahr hunderte dieser Art von Vergewaltigungen gab. Nur in Ausnahmefällen wurden die Jugendbanden, die dafür verantwortlich waren, zur Rechenschaft gezogen und bestraft. Darüber hinaus kamen viele Fälle niemals zur Anzeige, so daß die reale Zahl der Vergewaltigungen noch erheblich höher gewesen sein dürfte.

Frauen, die sich zu außergewöhnlichen Zeiten oder an ungewöhnlichen Orten allein auf der Straße aufhielten, waren immer in der Gefahr, vergewaltigt zu werden. Die Angreifer kündigten ihre Attacken mit dem Ruf »Hure« an, wodurch die Aktion legalisiert wurde.

Die Überfälle auf Prostituierte waren sicherlich ein relativ bequemer Weg, sich unbezahlten Sex zu verschaffen, sie hatten aber auch die Funktion einer gemeinsamen Initiation. Die jungen Männer fühlten sich sicher, denn sie entwickelten nicht nur so etwas wie Teamgeist und sportlichen Ehrgeiz, sie konnten sich darüber hinaus noch rühmen, die öffentliche Moral zu schützen. Die Jugendbanden bestanden in der Regel aus fünf oder sechs, manchmal bis fünfzehn Burschen im Alter von achtzehn bis Anfang zwanzig, die Anführer waren selten älter als fünfundzwanzig Jahre. Es ist ein Indiz für die bröckelnde Moral der Kirche im späten Mittelalter, daß sich die Banden als Klosterbruderschaften bezeichneten und die Mitglieder ihren Anführer als Fürsten, König oder Abt ansprachen. Die Banden zeigten sich ohne jede Scheu in der Öffentlichkeit, über die Strukturen und Aktivitäten wußten die Stadträte Bescheid, häufig waren jüngere Ratsmitglieder sogar Mitglieder einer Bande. Wenn ein Gruppenmitglied heiraten wollte, inszenierten die Freunde ein eher unschuldiges Ritual. Statt Prostituierte zu jagen, fielen sie an diesem Tag über einen Esel her. Normalerweise verließ ein junger Mann die Gruppe spätestens, wenn er heiratete. Doch es gab Ausnahmen, vor allem, wenn einer der jungverheirateten Männer einen zentralen Platz in der Gruppe eingenommen hatte. Dann durfte er sich an dem Treiben beteiligen, bis er dreißig war.

Die Gruppenvergewaltigungen des 15. und 16. Jahrhunderts sind als Ausdruck unruhiger Zeiten und des Werteverfalls interpretiert worden, und damit als eine Folge des Niedergangs der Autorität der Kirche. Gleichzeitig gibt es Hinweise, daß es zu dieser Form von Massenvergewaltigungen auch durch den billigenden Einfluß der Franziskaner kam, die als besonders liberal in allen Fragen der männlichen Sexualität galten.

Die Übergriffe richteten sich gegen Prostituierte oder Frauen, die verdächtigt wurden, sich zu prostituieren. Spätmittelalterliche Huren waren nicht grundsätzlich schutzlos, aber sie waren nahezu rechtlos. Sie durften weder erben noch vor Gericht als Zeugen aussagen. Daher war es unglaublich kompliziert, einen Mann wegen Gewaltanwendung anzuklagen. Geschlechtsverkehr mit einer Prostituierten gegen ihren Willen war nach der zivilen und der kirchlichen Gesetzgebung im Grunde genommen legal, und auch Vergewaltigungen oder Gruppenvergewaltigungen waren im Sinne der Rechtsprechung keine wirklich kriminellen Handlungen. Wenn sich jemand an einer unschuldigen Frau vergriff, war das beklagenswert. Doch man ging davon aus, daß sie sich wahrscheinlich wie eine Hure benommen hatte und folglich selbst schuld an ihrem Schicksal war.

Denn theoretisch kamen unschuldige Frauen niemals in die Situation, derartigen Übergriffen ausgesetzt zu sein. Es war die Pflicht der Väter, ihre Töchter zu schützen, und der Ehemann trug die Verantwortung für seine Frau. Im übrigen hatten Jungfrauen ihre Unschuld auch selbst zu verteidigen, sie durften sich nur bei Tage und in der Regel in Begleitung unbehelligt in der Öffentlichkeit zeigen. Eine hübsche Frau, die sich herausfordernd anzog und sich ohne Eskorte auf der Straße aufhielt, hatte es sich selbst zuzuschreiben, wenn sie vergewaltigt wurde.

Die biblische Legitimierung fanden die jungen Männer im 1. Buch Mose. Als Jakobs Tochter Dina vergewaltigt wurde, habe sie Schande über ihren Vater und alle ihre Brüder gebracht, ist dort zu lesen. Denn der Vater und die Brüder hatten ihre Tugend offensichtlich nicht mit der notwendigen Umsicht geschützt. Dafür nahmen sie fürchterliche Rache an dem Täter und seiner Familie.

Im katholischen Sündenregister war Vergewaltigung nur eine Variante von Ehebruch und Bordellbesuch, sicherlich gewalttätiger in der Form, aber als Sünde betrachtet nicht unbedingt »schlimmer«. Und obwohl kein geistlicher Würdenträger die Übergriffe der Jugendlichen jemals öffentlich verteidigte, ließ sich aus der kirchlichen Lehre manches zur Legitimation dieser Taten beitragen. Bei Thomas von Aquin hieß es: »Das Opfer einer gewaltsamen Verführung wird schwer den Stand der Ehe erreichen, wenn sie nicht ihren Verführer heiratet. Hingegen kann sie schnell bei den Ausschweifungen landen, vor denen sie bisher nur ihre Tugend geschützt hat.«

Im 16. Jahrhundert wurde es in Ausnahmefällen auch jungen Mädchen gestattet, an rituellen Vergewaltigungen teilzunehmen. Beteiligten sie sich als kommende Ehefrau eines der Gruppenältesten, vorzugsweise des »Abtes«, wurden sie selbst nicht berührt.

Sicherlich gab es auch Frauen, die diese Zustände tolerierten. Andere hingegen fanden den Mut, dagegen zu protestieren, und glücklicherweise haben sich einige dieser Proteste erhalten. Schon im 15. Jahrhundert klagte Marguerite Chasserat, eine bürgerliche Französin aus Lyon: »Wir unschuldigen Frauen werden von den Männern gejagt, die glauben, sie hätten das Recht, auf der Welt alles zu tun, und sie selbst stünden über dem Gesetz, während sie uns nichts schuldig sind. Von der Dummheit eines Vagabunden lassen sie sich ohne weiteres mitreißen. Wir können ... wegen Untreue angeklagt werden, wenn wir nur eine Minute aus dem Blickfeld des Mannes verschwunden sind. Wir sind keineswegs Hausfrauen und Kameradinnen, nur Gefangene, die vom Feind gemacht wurden ... An Straßenecken, in Wirtshäusern und sittenlosen Orten, die ich nicht einmal benennen mag, werfen sich die Männer über uns Frauen, reißen uns in Stücke, verfluchen uns, beschuldigen uns aller möglichen Vergehen und verlangen Dinge, die sie nicht im Traum selbst anbieten würden.«

Die wohl »heldenmütigste« Tat, die eine Bande Jugendlicher ausführen konnte, war die Gruppenvergewaltigung der Geliebten eines unpopulären Priesters. Es gab strenge Strafen für jeden Gewaltversuch an einem Geistlichen. Aber kein Priester hatte das Recht, eine Geliebte zu haben. Vergewaltigte man sie, hatte man eine »Hure« bestraft und gleichzeitig den Priester bloßgestellt.

Eine Frau, die einen Priester als Geliebten hatte, wußte in der Regel, daß sie ein riskantes Leben führte; viele waren daher so klug und trafen Vorsichtsmaßnahmen, um den Gefahren der Dunkelheit zu entgehen. Junge und unerfahrene Frauen waren selten so umsichtig. Wenn im späten Mittelalter ganz junge und sexuell unerfahrene Mädchen Opfer von Jugendbanden wurden, war häufig nicht nur der seelische Schaden nicht wieder gutzumachen, dazu kam der Verlust ihrer Ehre, so daß oft genug nur der Weg ins Bordell blieb. Sobald die Untat als Faktum bekannt war, begann der *Circulus vitiosus*. Gottes Wille war geschehen. Ein vergewaltigtes Mädchen, so die allgemeine

Meinung, hatte sich aufreizend aufgeführt und Schande über ihre Familie gebracht. Damit war sie ein schlechtes Mädchen. Die Vergewaltigung hatte bewiesen, daß sie eine Hure war. Also sollte sie auch eine werden!

Kapitel 9

Die Hure und die Kirche

Kein Tischplan könnte problematischer sein als die Aufstellung der himmlischen Rangordnung, zumal wenn es gilt, die Intrigen und Ränkespiele in der Elite der Christenheit zu berücksichtigen. Im 14. Jahrhundert hat der florentinische Dichter Dante Alighieri es dennoch gewagt und in der *Göttlichen Komödie* eine derartige Ordnung errichtet. Hier wird ein endgültiges Urteil gesprochen über Päpste und Könige, Dichter, fiktive Figuren aus der Bibel und den klassischen Texten der Antike, über Propheten und Heilige, Sünder und Libertins und über die Freunde und Feinde des Dichters. Dante spielte Gottvater und bestimmte, wer wo zu enden hatte: in den höllischen Tiefen des Infernos, den kühleren Sphären des Purgatorio, des Fegefeuers, oder direkt im Paradies.

Laut Dante ist für die Menschen die Himmelsrose die höchste erreichbare Sphäre des Paradieses. Nur Gott und die Engel werden noch höher positioniert. Die Himmelskönigin Maria ist dort die Gastgeberin, und nur für die edelsten Seelen gibt es Platz an ihrer Tafel. Am Tisch der Jungfrau Maria finden wir Moses und die wichtigsten Propheten, Johannes den Täufer und die Elite der Kirchenväter wie Augustinus, Benedikt von Nursia und Franz von Assisi. Marias Mutter Anna, die wie ihre Tochter Jungfrau blieb, hat eine ebensogute Plazierung wie Petrus, der Begründer der päpstlichen Kirche. Dante war im übrigen der Ansicht, daß auch die Liebe seines Herzens, die junge Beatrice, zusammen mit der heiligen Lucia von Syrakus zur moralischen Elite gehörte. Auch einige fromme Frauen des Alten Testaments erhöhen die Frauenquote am Tisch der Himmelskönigin: Sara, Rebekka und Ruth.

Wie so oft reicht der Platz an der Tafel nicht für alle aus: Es fehlen die Ehefrau von Petrus und Joachim, der Ehemann von Anna und Stiefvater der Jungfrau Maria. Vergessen wurde auch der Zimmermann Joseph. Von Marias Verwandten werden lediglich Johannes der Täufer und die Neffen Jakob und Johannes erwähnt, die in der Schar der Jünger an zweiter und dritter Stelle standen. Ihre Mutter, Marias Schwester, die ebenfalls eine zentrale Rolle unter den Jüngern spielte, ist wie Jesu Halbbrüder, Vettern und Onkel offensichtlich zu unbedeutend, um mit an die Tafel zu dürfen. Der Patriarch Jakob darf mit seiner Lieblingsfrau Rahel Platz nehmen, jedoch ohne seine Tochter Dina, die Zweitfrau Lea und seine Sklavenfrauen Bilha und Silpa. Eva dagegen ist ins Paradies zurückgekehrt. Von der Erbsünde gereinigt sitzt sie gemeinsam mit Adam dicht bei Maria, nur ihre Söhne oder Töchter sind nicht dabei. Am auffälligsten jedoch ist die Abwesenheit von Maria Magdalena. Dafür gibt es nur eine einzige mögliche Erklärung: Sie ist eine Frau mit »Vergangenheit«.

Doch Dantes Paradies besteht nicht nur aus der Himmelsrose. Im Paradies gibt es auch einfachere, ganz gemütliche Himmelszonen, von denen eine der »Himmel der Venus« heißt. Er liegt in einer tieferen und dunkleren Wolkenschicht angesiedelt und ist ein Teil des ewigen Lebens, von der die Menschen seit den alten, heidnischen Zeiten träumten.

So mancher Leser der *Göttlichen Komödie* könnte den Himmel der Venus für den angenehmsten Ort halten, um die Ewigkeit zu verbringen; es gibt sogar Hinweise, daß Dante selbst eine gewisse Schwäche für eben diese Himmelsregion hegte. Denn dort bringt er einige von ihm bewunderte Zeitgenossen unter: neben zwei Dichterkollegen die edle lombardische Kurtisane Cunizza. Und auch Rahab, der frommsten Hure des Alten Testaments, begegnen wir dort. Maria Magdalena hingegen ist auch im Himmel der Venus nicht zu finden. Aber Dante hat sie auch nicht ins Fegefeuer geschickt, das wäre für eine anerkannte Heilige zu grausam gewesen. Tatsächlich kommt eine der drei berühmtesten Frauen der Bibel in Dantes Paradiesanordnung schlichtweg *nicht* vor.

Dante kann Marie Magdalena nicht vergessen haben. Sie wurde zu seiner Zeit verehrt wie selten zuvor. Sie war die Schutzheilige der in Zünften organisierten Huren, der vergewaltigten Frauen, der Friseure, Parfümfabrikanten, Handschuhmacher, Gärtner, Weinhändler und Schüler. Ein zu Lebzeiten Dantes gegründeter Nonnenorden war Maria Magdalena und anderen Sünderinnen geweiht, die Buße getan hatten. Längst war die Legende ihres Lebens kanonisiert und in der Bevölkerung durchgesetzt. Auf Altarbildern und anderen Gemälden von Dantes Florentiner Zeitgenossen Giotto nahm Maria Magdalena einen zentralen Platz ein; ähnlich verfuhren Maler in ganz Europa. Sie war eine wichtige Figur bei den Passionsspielen, die an hohen Feiertagen auf den Straßen und Märkten aufgeführt wurden. In einer kleinen Kirche in Paris, die Prostituierte mit eigenen Mitteln gebaut hatten, sah man die »ägyptische Maria« auf dem Altarbild, allerdings nicht in der Rolle der büßenden Eremitin, sondern mit offenem Rock: »Wie die heilige Frau die Röcke aufschlagen mußte, um ihre Reise zu bezahlen«, stand in Goldschrift unter dem Bild.

Aus Dantes Version des Himmels blieben Maria Magdalena und alle anderen heiliggesprochenen Huren verbannt. Einerseits spricht dies für den Puritanismus des florentinischen Dichters, der selbst kaum sexuelle Erfahrungen hatte. Nie hat er gewagt, mit der jungen Beatrice, der großen Liebe seines Lebens, zu sprechen. Gleichzeitig zeigt sich hier aber auch die Ambivalenz der spätmittelalterlichen Kirche gegenüber der Prostitution. Auf der Erde konnte die Kirche die Lebensgeschichten Maria Magdalenas und ihrer Schwestern zu frommen Legenden formen und für ihre Zwecke nutzen. In Gottes eigenem Himmel jedoch waren die Dinge strenger zu betrachten. Dort waren »solche Frauen« nicht zugelassen, egal wie heilig man sie gesprochen hatte.

»Die Huren in den Städten sind wie die Jauchegruben von Schlössern. Entfernt man sie, würden die Schlösser von Gestank und Fäulnis zerstört.« So Thomas von Aquin, der wichtigste Theologe des gesamten Mittelalters. Seiner Ansicht waren Prostitution und Kloaken notwendig, aber sie stanken. Es ist das traditionelle, von den Kirchenvätern verwendete theologische Doppelargument; von Augustinus über Gratian und Rufinus galt es bis hinein ins späte Mittelalter.

Mit den Reformbestrebungen der Päpste Gregor VI. und Gregor VII. am Ende des 11. Jahrhunderts propagierte die Kirche nicht nur die Ehe als einzig akzeptablen Rahmen für Geschlechtsbeziehungen; sie hatte auch den Kampf für die sexuelle Enthaltsamkeit der Geistlichen wieder aufgenommen. Der Zölibat, dieses kirchliche Lieblingsthema von Paulus bis Augustinus, war politisch aktueller denn je. Die Kampagne hatte sicherlich auch eine theologische Dimension, das eigentliche Ziel war jedoch, den Erhalt des kirchlichen Eigentums sicherzustellen. Allzuviel Land, das der Kirche gehörte, war bereits an die Geliebten und Erben der Priester verteilt worden.

Das Resultat war erwartungsgemäß. Die Anzahl der Geliebten und Kurtisanen von Geistlichen ging zurück, und es kamen weniger Kinder zur Welt, die Priester oder Mönche als Väter hatten. Damit wurde weniger kirchliches Eigentum per Testament in Privatbesitz überführt. Die Durchsetzung des Zölibats hatte allerdings eine Nebenwirkung, die kaum jemand vorhergesehen hatte: Priester und Mönche verkehrten sexuell zunehmend mehr untereinander. Der Zölibat führte verstärkt zur Sünde »wider die Natur«. Wie sehr man auch gegen die Fleischeslust kämpfte und den Zölibat propagierte, einige Mönche und Priester, ja sogar Äbte und Kardinäle waren nicht imstande, den sexuellen Versuchungen zu widerstehen. So gesehen war die Prostitution das geringste von vielen Übeln.

Homosexuelle Praktiken jedoch waren schlimmer als der Besuch von Prostituierten, insbesondere unter Priestern und Mönchen, so etwas konnte die gesamte klerikale Hierarchie gefährden.

Gleichzeitig diskutierten die mittelalterlichen Theologen über die Besteuerung des Prostitutionsgewerbes und die Möglichkeiten der Bekehrung von Prostituierten. Darüber hinaus entstand ein Disput über theologisch einwandfreie Verteidigungskriterien für Männer, die Prostituierte besuchten. Es galt sicherzustellen, daß die Hurenkunden nicht zu stark als Sünder abgestempelt wurden. Um die Prostituierten hingegen machte man sich wesentlich weniger Sorgen.

1198 erließ Papst Innozenz III. ein Dekret, in dem erklärt wurde, moralisch sei es von hohem Wert, eine reuige Prostituierte zu heiraten. Daß die Kirche dieser Art von Verbindung den Segen gab, muß zunächst einmal als Versuch einer sozialen Rehabilitierung von Prostituierten gesehen werden. Gleichzeitig aber legitimierte man damit den Umgang mit leichtlebigen Frauen, denn nun konnten die Männer behaupten, sie würden diese Gesellschaft nur suchen, um die Sünderinnen auf den rechten Pfad des Glaubens zu bringen. Auch die Geistlichkeit berief sich nun auf ein ähnliches Argument. Priester und Mönche konnten zwar nicht behaupten, sie hätten die Ehe zum Ziel, wenn sie zu einer Hure gingen, aber geistlicher Beistand und die Absicht, der allgemeinen Verwahrlosung der Sitten entgegenzutreten, waren schon immer ein idealer Deckmantel, unter dem sich vieles verbergen ließ.

Diese dialektische Position der Kirche schuf die Grundlagen für neue Einnahmen. So ließ Bischof Johann von Straßburg 1309 ein neues Bordell bauen. Es verschaffte ihm doppelte Einnahmen: erst durch die Abgaben auf den Verdienst der Huren, dann durch die Ablaßzahlungen der reuigen Sünder. Straßburgs Geistlichkeit jedenfalls genoß das neue, moderne Bordell entweder ganz offen als Kunden oder auch aufgrund ihrer moralischen Kontrollen und der damit verbundenen Einnahmen.

Southwark war von alters her der Hurenbezirk an der Südseite der Themse, gegenüber der City of London. Der heilige Swithin, Bischof von Winchester, ließ dort zunächst ein Nonnenkloster bauen, später ein ganzes Bordellviertel. Die Aufsicht über die Prostituierten wurde weltlichen Kräften übertragen, der Profit jedoch ging an den Bischofssitz. In ganz London waren die Huren aus Southwark als »Winchester-Gänse« bekannt. 1161 verlieh König Henry II. den Bischöfen für die Southwark-Bordelle ein Privileg, das über vierhundert Jahre aufrechterhalten blieb. In London wurden mit den Einnahmen aus der Prostitution mehr Kirchen gebaut als in jeder anderen Stadt – mit Ausnahme von Rom.

Thomas von Aquin grübelte lange über dem Problem, wann und unter welchen Voraussetzungen die Kirche – auf moralisch verantwortliche Weise – Steuern oder Einnahmen aus der Prostitution annehmen durfte, ohne sich selbst zu besudeln. Nur wenige zeitgenössische Geistliche beschäftigten sich so eingehend mit dieser Frage, und nur wenige stellten ähnliche ethische Überlegungen an. Der syphiliskranke Papst Sixtus IV. reformierte 1471 die Besteuerung der römischen Prostitutionsviertel und konnte damit die kirchlichen Einnahmen erheblich steigern. Auf diese Weise leisteten die Huren Roms ihren Beitrag zum Bau des Petersdoms.

Die Legenden und Passionsspiele der Spätantike und des Mittelalters, in denen eine der Hauptpersonen eine Hure ist, haben als Helden immer einen Mann. Stets holt er die Hure aus dem Bordell, um sie zurück zum Glauben und auf den Pfad der Tugend zu bringen. Der Archetypus, das Muster, dem all diese Legenden folgen, ist die Geschichte von Jesus Christus und Maria Magdalena.

In der belehrenden Literatur des Mittelalters lesen wir immer wieder über respektable Bordellbesucher mit rechtschaffenen Absichten. Allerdings verfügte der spätmittelalterliche theologische Kodex, daß man die Ehe mit einer Prostituierten nur eingehen könne, wenn sie jedwede Form des sündigen Lebens hinter sich gelassen hatte. Die meisten Männer, die eine reuige Prostituierte heiraten wollten, hatten sie ursprünglich in ihrem Erwerbsleben kennengelernt. Aber ein Mann, der Umgang mit einer Frau gehabt hatte, während sie noch vom Verkauf von Liebesdiensten lebte, war theologisch als Hurenbock oder Ehebrecher einzustufen, auch wenn er ernsthafte Heiratsabsichten hatte. Folglich mußte er mit einer Buße bestraft werden, obwohl er zur Rehabilitierung einer Sünderin beitrug. Ein Mann, der eine Ehe mit einer Prostituierten eingehen wollte, hatte sie nach ihrer Rettung besonders zu beaufsichtigen und zu züchtigen, denn man ging davon aus, daß sie geradezu zwangsläufig in die Versuchung geraten würde, ihre alten Gewohnheiten wieder aufzunehmen. Aufgrund des genetischen Erbes von Eva, so die Lehrmeinung der Kirche, waren Frauen von Natur aus eher zur Sünde bereit als Männer.

Die europäischen Nonnenklöster nahmen vom frühen Mittelalter an gebildete Frauen aus der Aristokratie auf, die Interesse an Unterricht und Lehre hatten. Viele Nonnenklöster standen mit dem Benediktiner-Orden in Verbindung, doch für die meisten Nonnen war die allgemeine Bildung interessanter als die Theologie. Im 10. Jahrhundert wurde das Kloster Gandersheim zu einem wichtigen Zentrum der weiblichen Lehre. Vom 12. Jahrhundert an begann ein Teil der Nonnenklöster sich zu öffnen und Nonnen aus dem einfachen Volk und dem Bauernstand aufzunehmen. Diese Frauen erhielten häufig einen untergeordneten Rang als Laienschwestern und mußten praktische oder soziale Dienste verrichten. Im Laufe des 13. Jahrhunderts begann die Papstkirche, die Nonnenklöster zu ermuntern, auch reuige Prostituierte eintreten zu lassen. 1227 gründete Papst Gregor IX. den Orden der Heiligen Maria Magdalena, eine auf praktische Arbeiten ausgerichtete Unterabteilung des Dominikaner-Ordens, der eher aufgrund seines hohen Bildungsstandards bekannt war. Die frischgeläuterten Exprostituierten des Maria-Magdalena-Ordens wurden »weiße Schwestern« genannt; sie gingen stets in Weiß gekleidet, um ihre Reinheit darzustellen.

Das 14. Jahrhundert stand ganz im Zeichen der weißen Schwestern, sie hatten die volle Unterstützung der römisch-katholischen Kirche, sowohl politisch als auch in Form von wertvollen Geschenken. Nun begannen auch andere Orden, reuige Prostituierte aufzunehmen.

In der Welt des Mittelalters sprach die Figur der Maria Magdalena Künstler und gewöhnliche Menschen in einem Maß an, wie man es bisher nicht gekannt hatte. Wesentliche Ursachen dafür waren die ästhetischen Konventionen und die sozialen Verhältnisse. Die Künstler verwendeten biblische und antike Motive, auch wenn sie die Problemfelder ihrer Gegenwart thematisieren wollten. Und Maria Magdalena war eine der bekanntesten Gestalten der Bibel, eine archetypische Figur, mit der man sich leicht identifizieren konnte: jung und sinnlich, von schwachem Fleisch, aber fromm und gut in ihrem Innersten.

Auf zahlreichen Gemälden von Jesu Kreuzabnahme zieht Maria Magdalena die gesamte Aufmerksamkeit auf sich. So ist es nicht nur bei Giotto und seinen Schülern, sondern auch bei vielen anderen Malern der damaligen Zeit. Die Jungfrau Maria ist in der Regel auf der einen Seite des Bildes in Ohnmacht gefallen und wird von ihrer Schwester und den übrigen Frauen versorgt. Mitten auf den Bildern jedoch ist Maria Magdalena zu sehen, die den Toten umarmt oder seine Füße küßt. *Noli me tangere,* die Begegnung zwischen dem Erlöser und Maria Magdalena am Ostermorgen, wird zu einem der beliebtesten Motive der mittelalterlichen Malerei.

Odo von Clunys offizielle Version der Maria-Magdalena-Legende hatte sich inzwischen in ganz Europa durchgesetzt und war eine vielgelesene Lektüre. Diverse Nacherzählungen und religiöse Schauspiele zeigen im 14. Jahrhundert ihren breiten Einfluß. Viele Texte hatten Dominikaner verfaßt, die als Orden immer stärker wurden und zudem die Aufsicht über die »weißen Schwestern« führten. Das gesamte christliche Europa war ausgezeichnet informiert über Maria Magdalenas Lebensstationen: ihren Aufenthalt bei den Kranken und Leprösen, ihre Auseinandersetzungen mit den Pharisäern, ihre Sehnsucht nach Jesus Christus und ihr bußfertiges Leben in der Einöde. Daß die Passionsspiele, in denen Maria Magdalena vorkam, so populär wurden, lag möglicherweise daran, daß ihre Rolle immer etwas Rebellisches hatte. Sie wurde als Verteidigerin der einfachen Leute dargestellt, als Sprachrohr des Volkes, wie sie es möglicherweise auch im Kreis der Jünger gewesen sein könnte.

Mit Beginn der Renaissance wurden die Darstellungen der Maria Magdalena sinnlicher. War sie zur Zeit der Gotik in rot gekleidet und häufig mit einem Hut abgebildet, trug sie nun das Haar immer offener. Stets war es lang und blond und hatte exakt den Farbton, in dem sich zeitgenössische Huren ihre Haare färbten. Die Bilder der Renaissance zeigten Maria Magdalena immer häufiger mit entblößter Brust. Diese Frau war durchaus bußfertig, aber mit ihrem vollen weißen Busen und den tränennassen Augen, mit dem offenen Haar und ihrem Töpfchen mit Salbe für alle müden und fürsorgebedürftigen Männer sah sie ungemein sinnlich und fleischlich aus.

In der Renaissance malte man Maria Magdalena häufig mit einem Buch in den Händen; zum einen, weil die Legende berichtete, daß sie eine besonders gute Verkünderin des Evangeliums gewesen sei, aber auch, um zu unterstreichen, daß viele Prostituierte intelligente und gebildete Frauen waren. Zu ihren üblichen Attributen gehörten zudem eine Dornenkrone und ein Kruzifix: Dinge, die sie Jesus sehr ähnlich werden ließen. Auf anderen Renaissance-Gemälden deuten ein Totenschädel oder ein Spiegel ihre Eitelkeit an, während Ballspiel, Musikinstrumente und viele junge Verehrer von einem eher frivolen Leben erzählen.

Alle großen Maler der Renaissance und des Barock haben sich mit der Figur Maria Magdalenas beschäftigt. Botticelli,

Vermeer, El Greco und Hieronymus Bosch haben sie gemalt, auch auf den Holzschnitten von Lucas Cranach und Albrecht Dürer ist sie zu finden. Pintorichio, Tizian und Tintoretto baten die hübschesten Kurtisanen ihrer Zeit, wie Vanozza dei Cattani und Giulia Farnese, für ihre Bilder Modell zu stehen. Beide sollen aus den Ateliers der Künstler direkt zu heimlichen Treffen mit Päpsten und Kardinälen aufgebrochen sein. Antonio Correggio hat die Figur der Maria Magdalena am häufigsten dargestellt; nur Peter Paul Rubens, der Tizian wie Correggio studiert hatte, brach sogar noch diesen Rekord. Er malte Maria Magdalena einsam und trauernd, nachdenklich vor dem Spiegel, im Gespräch mit ihrer Schwester Martha, zu Füßen von Jesus, mit Martha im Hintergrund, vor dem Grab des Bruders Lazarus oder nackt als bußfertigen weiblichen Eremiten weit draußen in der Einöde.

In einem religiösen Schauspiel von Eustache Mercadé aus dem Jahr 1437 stellt sich Maria Magdalena bei ihrem ersten Auftritt mit folgenden Sätzen vor:

> Ich bin für alle hier zu haben,
> für jeden einzelnen, nur keine Angst.
> Hier ist mein Körper, ich biete ihn allen,
> allen, die etwas davon begehren.

Es ist die bekannte traditionelle Sicht auf Maria Magdalena, obwohl die Frau, die hier spricht, tatsächlich keine Prostituierte ist. Und doch geht sie von Mann zu Mann, voller Hoffnung, die große und wahre Liebe zu finden. Weil sie so lebt, scheint das Volk sie zu Recht eine Hure zu nennen, zumal sie sich selbst als eine Dirne bezeichnet. Doch sie verdient kein Geld mit ihren Liebesdiensten.

Kaum ein mittelalterlicher Theologe machte sich auch nur die geringste Mühe, zwischen promisken Frauen, die sich bezahlen ließen, und Frauen, die aus purer Lust mit vielen Männern ins Bett gingen, zu unterscheiden. Folglich vermischten sich Promiskuität, Sinnlichkeit, schlechte Moral und Gelderwerb, wenn es um die Definition einer Hure ging. Bis ins späte Mittelalter hinein hatten die maßgeblichen theologischen Lehren erklärt, daß »die Frau eine Hure ist, die der Lust vieler Männer zugänglich ist«. Es gab Theologen, die der festen Überzeugung waren, daß jede Frau, die nicht beim bloßen Gedanken an Sex errötete, in ihrem Herzen eine Hure war.

Die praktischer eingestellten Theologen fanden es sinnvoll, eine quantifizierbare Trennlinie zwischen der allgemein-sündigen Natur der Frauen und den echten Huren zu definieren. Der objektive Standard, bei dem die meisten Geistlichen den Schlußstrich zogen, bestand in der Zahl vierzig: Eine Frau, die mit mehr Männern Umgang hatte, war eine Hure, egal, wie sie ihr Brot verdiente.

Als Antwort auf die phantasievollen Portraits der Maria Magdalena und auf das künstlerische und öffentliche Interesse, das sie weckte, versuchte die Papstkirche ein weiteres Mal, die Biographie dieser Frau zu retuschieren.

Olivier Maillard, ein sehr sittenstrenger Bischof, der Ende des 15. Jahrhunderts mit aller Härte gegen Sünder in Nantes, Anjou und der Bretagne vorging, bemühte sich in seinen Predigten, Maria Magdalena neu zu interpretieren. Er erzählte vor allem von einer jungen Frau, die unglaublich viele Sünden begangen hatte, allerdings nur in ihrem Herzen. Er bemühte sich, Maria Magdalena als Frau der sündigen Phantasien zu präsentieren. So war es einfacher, eine gewisse Distanz zwischen ihr und den in Zünften organisierten Prostituierten zu konstruieren. Neben seinen Erweckungspredigten arbeitete Maillard daran, eine Tradition zu unterbinden, die sich mit den Jahren eingebürgert hatte: die aktive Teilnahme einer immer größeren Zahl von organisierten Huren an öffentlichen Festen.

Ähnlich erklärte auch Michel Menot, ein weiterer moralisierender Geistlicher des 16. Jahrhunderts, kategorisch, daß

»über Maria Magdalena allzuviele böswillige Gerüchte im Umlauf sind«. Diese basierten seiner Ansicht nach ausschließlich auf der Tatsache, daß sie eine mutige Frau gewesen war, die sich im damaligen Palästina freier bewegte als andere Frauen zu Jesu Zeiten.

Tausendfünfhundert Jahre päpstliche Theologie, unterstützt von Malern und Literaten, hatten das Bild der zweitwichtigsten Frau des Neuen Testaments im Wesen verändert: von einer Liebesgöttin und Exprostituierten zu einem sehnsuchtsvollen jungen Mädchen, das eigentlich nur mit dem Gedanken an Sünde in seinem Herzen spielt. Die promiske Maria Magdalena war aus der Geschichte verschwunden. Erst im 20. Jahrhundert erlebte sie eine zeittypische Auferstehung als Hippie. In den siebziger Jahren sollten Andrew Lloyd Webbers Musical »Jesus Christ Superstar« und Martin Scorseses Jesus-Film die mystische Frau neu zum Leben erwecken.

In der *Göttlichen Komödie* wagte es Dante Alighieri nicht, Maria Magdalena auftreten zu lassen. Ohnehin gibt es bei Dante – mit Ausnahme der wenigen edlen Geschöpfe zu Füßen der Jungfrau Maria – nicht allzuviel Platz für Frauen.

Obwohl sich die eigenartigsten Gilden und Erwerbszweige in Hölle und Fegefeuer eingeschlichen haben, vergeht einige Zeit, bis wir in der *Göttlichen Komödie* auf Prostituierte und ehemalige Prostituierte stoßen. Kaiser Justinian wird im Paradiso mit einem ganzen Gesang gehuldigt; die Kaiserin Theodora, diese Sozialreformatorin mit einer zweifelhafter Vergangenheit, wird mit keiner Zeile gewürdigt. Im Purgatorio, dem Fegefeuer, verwendet Dante häufig den Begriff Hure, allerdings nur als negative Metapher für die römisch-katholische Kirche. Im Mittelteil seines Werkes erwähnt er nicht eine einzige Prostituierte, obwohl er wollüstigen Männern reichlich Platz einräumt, darunter einigen homosexuellen mittelalterlichen Dichtern. Sinnliche Männer faszinierten den puritanischen Dante offenbar, mit intelligenten, sinnlichen Frauen hatte er jedoch kaum Erfahrungen. Die Renaissance dieses Frauentypus war noch nicht gekommen.

In den höheren Sphären der Hölle, im Inferno, irren dennoch einige Prostituierte unter den Wollüstigen umher. So ist der achte Kreis der Hölle der Ort der Geldgierigen. Zu ihnen gehören die Männer, die ihr Geld mit sexuellen Dienstleistungen verdient haben, also Bordellwirte, Kuppler und Schlepper. Der Kreis daneben ist den »Speichelleckern« vorbehalten; und unter ihnen befanden sich augenscheinlich zahlreiche Prostituierte, obwohl Dante nur einen Namen nennt: Thaïs. Es ist der wahrscheinlich verbreiteteste Name unter den Prostituierten der Antike. Die Mehrzahl der Kommentatoren weist darauf hin, daß Dante bei der Niederschrift an eine Hetäre aus einer Komödie von Terenz dachte. Ebenso wahrscheinlich ist es, daß er grundsätzlich an Thaïs' Profession gedacht hat.

Dante wandte sich vor allem gegen die Prostituierten, weil sie seiner Ansicht nach Liebe unter falschen Prämissen verkauften. Der Mangel an echtem Gefühl, die Unbeständigkeit der Liebe schien ihm die Hauptsünde der Prostituierten zu sein, nicht der eigentliche Verkauf von Liebesdiensten. Unter moralischen Gesichtspunkten war es für Dante nicht der ökonomische Aspekt, der am schwersten wog.

In Dantes Himmel war jedenfalls für diese Frauen kein Platz. Und obwohl Maria Magdalena die Frau war, die Jesus am meisten schätzte, ist die Tafelrunde der *Göttlichen Komödie* die ewige Gesellschaft von Jesu Mutter Maria.

Beatrice, Dantes eigene große Liebe, starb als Jungfrau im Alter von neunzehn Jahren, ohne daß er mit ihr gesprochen oder sie berührt hätte. Er hat das Mädchen nur jeweils einmal in einem roten und einem weißen Kleid gesehen, im Alter von neun und von achtzehn Jahren. Die himmlische Königin Maria wurde von einer Jungfrau geboren, sie selbst gebar bekanntlich als Jungfrau und wurde wieder zur Jungfrau, nachdem sie ein Kind zur Welt gebracht hatte. Schließlich fuhr sie als Jungfrau zum Himmel auf. Solch eine Mutter hat ein besonderes Verhältnis zur Sexualität, und nur jemand wie Beatrice kann für sie eine angemessene Gesellschaft sein.

Erst sechshundert Jahre später fordert Oscar Wilde für Maria Magdalena einen prominenten Platz im Himmel, als er in seinem philosophischen Memorandum *De profundis* schrieb: »Als Maria Magdalena Christus erblickt, zerbricht sie die kostbare Alabastervase, die ihr einer ihrer sieben Liebhaber geschenkt hat, und gießt die wohlriechenden Salben über seine ermüdeten, staubigen Füße aus; dieses einen Moments wegen sitzt sie für alle Zeiten mit Ruth und Beatrice unter den Gewinden aus schneeweißen Rosen im Paradies.«

Kapitel 10

Der Rosenkrieg

Christine de Pisan ist die erste Feministin der Weltgeschichte. Und sie ist die erste Frau in der Geschichte, die sich schriftlich gegen jedwede Form der Prostitution ausgesprochen hat. Dieser Frau gelang es im 15. Jahrhundert, sich sehr viele Feinde zu machen, und noch immer vermag sie zu provozieren. »Christine wird häufig eine Pionierin der Frauenbefreiung genannt. In Wahrheit war sie einer der erzkonservativsten Snobs des Mittelalters«, schreibt Nickie Roberts, eine ehemalige Prostituierte und Historikerin. So viel scheint klar: Sie ist eine Dame, die es verdient hat, kennengelernt zu werden.

Christine de Pisan wurde in der Toskana geboren, verbrachte aber nahezu ihr ganzes Leben in Frankreich. England und Frankreich trugen zu dieser Zeit mit kurzen Unterbrechungen eine Reihe von kleinen Kriegen aus, die später unter dem Begriff »Hundertjähriger Krieg« in die Geschichte eingehen sollten. Pestepidemien wüteten, Bauern und Stadtbewohner rebellierten. Doch weder Kriege noch Not stoppten den Drang der Oberklasse nach Luxus. Die jungen Adligen der damaligen Zeit betrieben ihr Sexualleben als eine Art ritterlichen Wettkampf.

Christine de Pisan lebte viele Jahre davon, für die Reichen und Adligen Gedichte auf Bestellung zu schreiben, sie gilt als die erste professionelle Autorin der Geschichte. Der Disput, in dem sie zu einem der Hauptakteure werden sollte, führte zur ersten literarischen Fehde in Frankreich; es war die erste öffentliche Moraldebatte in Europa, in der es um Sex geht, und die erste öffentliche Auseinandersetzung über die Stellung der Frau. Es handelte sich um *die* Debatte des 15. Jahrhunderts über die Pornographie und ihre schädlichen Wirkungen.

Anlaß der Diskussionen war ein scheinbar unschuldiger allegorischer Versroman, der *Roman de la Rose.* Doch allegorische Formulierungen können provozieren, wenn man die Symbole konsequent obszön, pornographisch und unzüchtig interpretiert. *Le Roman de la Rose* wurde um 1400 als erotisch stimulierende Abendlektüre und als praktische Handlungsanleitung für sexuelle Freizügigkeit gelesen, nicht zuletzt bei Hofe.

> Hier türmten sich ganze Berge von Rosen,
> die schönsten auf dieser Welt ...
> Dorthin sehnte ich mich, wo die Rosen in Blüte standen.

Die Rose ist das Symbol der Frau und der Liebe. Der Rosenroman wurde als Ermunterung junger Männer verstanden, so viele Rosen wie möglich zu pflücken, und als eine Art Handreichung, wie sie dabei vorzugehen hatten. Die Verteidiger des Buchs, die seinerzeit als »rosenfreundlich« bezeichnet wurde, waren weder geile Höflinge noch putzsüchtige Herzoginnen, sondern klassisch gebildete Humanisten, darunter der Abt Honoré Bonet und der verheiratete Sekretär des Königs von Burgund, Jean de Montreuil.

Christine de Pisan wurde zur Anführerin der Fraktion der »Rosenfeinde«. Ihr wichtigster Verbündeter war Jean Gerson, der Kanzler des Königs und oberste Beamte der Pariser Universität. Theologisch gesehen war er allerdings eher ein Mystiker als ein an Texten interessierter Kritiker. Die Auseinandersetzungen um den Rosenroman wurden unter dem Begriff *La Querelle des Femmes* bekannt. Daß eine Frau Anlaß für einen Streit sein kann, ist an und für sich nichts Neues, diese Kontroverse jedoch war grundstürzend neu in der europäischen Geschichte, und sie griff ein neues Thema auf: die Frauen und ihre Sicht der Dinge.

Karl V. der Weise von Frankreich war sicherlich einer der unritterlichsten Monarchen des 14. Jahrhunderts, er war ein feingliedriger, unsportlicher, frommer und gebildeter Leser. Möglicherweise ging er deshalb politisch so klug vor und konnte die Kontrolle über das chaotische und zersplitterte Frankreich gewinnen.

Tomasso de Pizzano, ein Arzt und Astrologe aus Pisa, gehörte zu den zahlreichen gelehrten Männer, die von Karl V. nach Paris geholt wurden, um den weisen König zu unterstützen. Tomasso kam 1368 in Paris an; er brachte seine vierjährige aufgeweckte Tochter Christine und eine Reihe weiterer Familienangehöriger mit. Als Tomasso de Pizzano und Karl V. starben, blieben Christine und ihre Verwandten am französischen Hof. Mit fünfzehn Jahren wurde Christine mit einem Sekretär des Königs verheiratet.

Der neue König, der junge Karl VI., gab Portraits aller herzöglichen Töchter im gesamten Heiligen Römischen Reich Deutscher Nation in Auftrag, um sich die schönste Adlige als Ehefrau auszusuchen. 1388 zog Isabeau von Bayern mit einem Aufwand und einer Pracht in Paris ein, wie man es bis dahin noch nicht erlebt hatte. Der große Geschichtsschreiber und Stilist Jean Froissart bediente sich obszöner Wortspiele und zweideutiger Formulierungen, als er diese Begebenheit in seinen Chroniken beschrieb. Die königliche Hochzeit sollte zum bösen Vorzeichen einer neuerlichen Verfallsperiode Frankreichs werden.

Im Louvre wurde der Ton nun von der jungen Königin und einer anderen leichtlebigen, hübschen und modebewußten Herzogtochter angegeben, von Valentine von der Lombardei. Sie hatte den jüngeren und agileren Bruder des Königs geheiratet, Ludwig von Orléans, einen vergnügungssüchtigen Frauenhelden und eleganten Tänzer. Wie dem Chronisten Froissart werden Christine de Pisan die Prachtentfaltung und die freizügigen Feste bei Hofe nicht gefallen haben. Sie war erst in den Zwanzigern, fühlte sich jedoch weitaus älter und reifer als die beiden einflußreichen jungen Herzogtöchter. Im Alter von knapp dreißig Jahren wurde sie Witwe und mußte den Louvre mit ihren drei Kindern, der Familie und der Dienerschaft verlassen. Was konnte eine Aristokratin in diesem Alter und ohne Einkünfte tun, um so viele Münder zu ernähren?

Christine de Pisan beschloß, von ihrer Feder zu leben. Und überraschenderweise ging es gut, obwohl sie vermutlich auch den einen oder anderen schmeichelnden Brief an den Hof schreiben mußte. Gut zehn Jahre lang ließ ihr die Schriftstellerei den Abschied vom gewohnten unproblematischen Hofleben nicht allzu fühlbar werden.

Die Gedichte, die Christine de Pisans ökonomische Situation sicherten, waren grandiose, formelhaft ausgeschmückte Huldigungsgedichte, die der König und der Hochadel zu großen Ereignissen und Anlässen bei ihr bestellten. Die Bezahlung war großzügig, und so mancher hatte wohl auch Mitleid mit dieser gebildeten, strengen Witwe, die den Hof schon so viele Jahre kannte. Daneben entstanden gelehrte, eigenständigere Schriften, die ihr zwar keine sonderlich großen Einnahmen verschafften, dafür aber einen Platz in der Geschichte.

»Frauen müssen sich das Haar färben, sich schminken und einen Büstenhalter tragen.« Dies ist kein Zitat von Jane Fonda, sondern stammt von der Wächterin der Rose aus dem *Roman de la Rose,* einer Frauenfigur die man getrost auch als eine Art Bordellwirtin verstehen könnte. Die Natur hat uns zur freien Liebe erschaffen, die Ehe ist nur eine Zwangsjacke, behauptet die Wächterin. Die wahre Lebenskunst ist es, so viele wie möglich zu lieben. Liebt man nur einen Menschen, endet es tragisch, möglicherweise genauso furchtbar wie bei Dido und Medea. Im Vergleich zu früheren mittelalterlichen Gedichten und Versromanen waren dies völlig neue Ideen über die Liebe. Der Rosenroman propagierte die promiske Liebe und den Besuch von Prostituierten, während die hochmittelalterliche Liebesdichtung noch von ganz anderen hohen Idealen geprägt gewesen war.

Die »romantische« Liebesdichtung entstand an den Fürstenhöfen Südfrankreichs, Norditaliens und Süddeutschlands um die Jahrhundertwende vom 12. zum 13. Jahrhundert und führte zu einer literarischen Blüte, die bald auch andere Teile Europas erreichte. Chrétien de Troyes und Walther von der Vogelweide sind nur zwei der bekanntesten Namen einer fünfzig Jahre währenden Periode, in der die Dichtung in Blüte stand wie nie zuvor. Die agrarisch organisierte mittelalterliche Gesellschaft erlebte einen enormen Bevölkerungszuwachs, eine Entwicklung, die den Adel ebenso betraf wie die Leibeigenen und Bauern. Die meisten jungen Adeligen wußten, daß sie in ihrem Leben keine Möglichkeit haben würden, eine Familie zu gründen. Überzählige Töchter landeten im Kloster und fielen somit niemandem mehr zur Last. Mit den überzähligen Söhnen des Adels war es nicht ganz so einfach. Sie lebten ein Junggesellenleben an den Höfen, trainierten sich bei Ritterspielen, gingen auf Kreuzzüge und schrieben schwärmerische Liebesgedichte für Frauen, von denen sie wußten, daß sie sie niemals erhören würden.

Liebe wird in der höfischen Dichtung und dem Minnesang als göttliche Mystik und edle Sehnsucht definiert. In den großen erzählenden Gedichten sind die literarischen Helden edle historische Personen oder fiktive Figuren; die Liebesgedichte handeln von unerreichbaren Frauen, von Königinnen oder sogar der Jungfrau Maria. Viele Gedichte waren Huldigungen und Anbetungen der adligen Frau, die dem Hof vorstand. Die Frauen des Hofes bestimmten mit ihren Urteilen und ihren moralischen und literarischen Kenntnissen den Ton. Sie legten fest, daß »reine« Liebe edler sei als physisches Begehren und körperliche Lust.

Ganz anders der *Roman de la Rose,* den sein allegorisches Denken und sein detaillierter Formenreichtum kennzeichnen; er unterscheidet sich tiefgehend von der verklärten Troubadourlyrik und der romantischen höfischen Dichtung durch seinen Realismus und seine Bodenständigkeit. Der Rosenroman schildert die Träume und Anfechtungen eines neunzehnjährigen Mannes auf der Jagd nach Liebe, die symbolisch durch eine Rose beziehungsweise ein Meer von Rosen symbolisiert wird. Die Wächterin ist eine der zahlreichen Ratgeberinnen des Jünglings, Amor sein wichtigster Assistent. Doch es ist die Göttin Venus, die dem jungen Mann hilft, seine »Scham« und »Furcht« zu besiegen. Am Ende kann er die Blume pflücken, die er so brennend begehrt, er benutzt dazu sein »natürliches« Werkzeug und einen Pilgerstab.

Der Rosenroman liegt in zwei Fassungen vor, die sich grundsätzlich voneinander unterscheiden. Die älteste wurde von Guillaume de Lorris in den Jahren nach 1230 geschrieben. Seine wichtigste Inspirationsquelle war *De Amore,* ein eigenartiges, zum Teil ironisches erotisches Lehrbuch von Andreas Capellanus, der sich wiederum auf Ovid berief. Gleichzeitig stand Guillaumes Version des Rosenromans in der Tradition der höfischen und der römisch-alexandrinischen Literatur. Allerdings unterscheidet sich das Werk deutlich von der höfischen Literatur; in de Lorris' Buch pflückt der neunzehnjährige Held tatsächlich die Rose, das heißt, er ist in der Liebe erfolgreich.

Einige Jahrzehnte später wurde der *Roman de la Rose* von Jean de Meun bearbeitet und erweitert. In Paris las man um 1400 eine Version, die fünfmal länger, belehrender, faßbarer, aber auch pornographischer war. Die Befürworter und Gegner des Rosenromans nahmen in der damaligen Moraldebatte diese Version als Text, auf den sie sich bezogen.

Jean de Meuns Ausgabe läuft auf eine allegorisch pornographische, ja, zum Teil sogar blasphemische Lösung für den libidinösen Helden hinaus. Heute wäre mit dem Buch kaum noch jemand zu schocken, längst haben wir andere Schlüsselbegriffe für Liebe und Sex. Doch im späten Mittelalter konnten Ausdrücke wie »eine Rose schneiden« oder »besiegen«, »ein Blatt nach dem anderen abzupfen« oder »von ihrem Nektar trinken« auf den Leser ausgesprochen erotisch stimulierend wirken.

Im Rosenroman wird häufig die Formulierung von der freien

und natürlichen Liebe verwandt, und die Wächterin erläutert dem jungen Mann unzweideutig, daß der Besuch einer Prostituierten die naheliegendste Lösung für alle Liebeshungrigen sei. Die Zeitgenossen sahen darin eine offene Verteidigung der Prostitution, die in der Übergangszeit vom 14. zum 15. Jahrhundert ein Gewerbe mit erheblichen Zuwachsraten war.

1398 publizierte Honoré Bonet eine Verteidigungsschrift für »Meister Jean de Meun« und die »Rose«. Darin vertrat er die Ansicht, daß Adelige wie Bauern »natürlich« und »frei« leben sollten. Dies wurde einerseits als Empfehlung für Ehen zwischen Aristokraten und Frauen aus dem Volk verstanden, andererseits wurde damit auch unverschämtes männliches Sexualverhalten gegenüber Dienstmädchen legitimiert, ja sogar gegenüber adligen Damen. Unmittelbar bevor Bonet seine Schrift veröffentlichte, waren der König und seine Höflinge als Wilde verkleidet durch den Louvre gerannt, hatten die Hofdamen betatscht, ein, zwei Dienstmädchen vergewaltigt und dabei gebrüllt wie eine Bande Jugendlicher in der Provinz. Kurz darauf kam eine Gruppe junger Prostituierter »aus einem Kloster in Toulouse«, um den Bruder des Königs und die übrigen Höflinge aufzumuntern und die sexuellen Nötigungen der Damen des Hofes zu mindern. Seither waren Hofprostituierte eine feste Einrichtung im Louvre.

Frankreich war politisch gespalten, Krieg drohte, die Bevölkerung litt Not. Nur in Paris gab sich die Aristokratie der Liebe hin, meist spielerisch, hin und wieder jedoch auch mit Gewalt. In dieser Situation war die Botschaft des Rosenromans eindeutig: Die Menschen sollten sich »natürlich« verhalten, man sollte genau beobachten, wie sich Kühe und Schafe auf den Weiden benahmen, und versuchen, es ihnen nachzutun. Königin Isabeau kaufte sich aus diesem Grund 1398 einen Landsitz mit Schafen und verkleidete sich und ihre Hofdamen als Schäferinnen, ihre Liebhaber hatten sich als Schäfer auszustaffieren. Mitten in Paris sang man Schäferlieder und imitierte die einfachen Tanzschritte der Bauern. Jean de Brie und andere Poeten, die in der Lage waren, das einfache Leben auf dem Lande in bukolischen Versen zu besingen, standen hoch im Kurs.

Von der königlichen Familie sah man Philipp II. den Kühnen aus Burgund am seltensten in Paris. Philipp regierte Burgund, Brabant, Flandern und Luxemburg beinahe wie einen selbständigen Staat. An seinem Hof in Dijon herrschten Zucht und Ordnung, hier galten noch hohe moralische Werte. Christine de Pisan und andere »Rosenfeinde« wurden nicht müde, immer wieder darauf hinzuweisen.

Ein ähnlich freimütiger Ton wie im Rosenroman herrschte auch in den *Canterbury-Erzählungen* des englischen Schriftstellers Geoffrey Chaucer aus dem 14. Jahrhundert. Dort erzählt eine Frau aus Bath von ihren fünf Ehen. Sie hat ihre Ehemänner belogen und betrogen, aber sie war auch nachsichtig mit ihnen. Eine verheiratete Frau muß von ihrem Mann häufig ebensoviel erdulden wie eine Hure, behauptet diese Witwe, die im übrigen ziemlich freimütig von ihrem Umgang mit ihren Ehemännern berichtet:

> Drum bei Gewinn bot ich nicht Widerstand
> Und tat, als gäb ich voller Lust mich hin.

Erst den fünften Ehemann hat sich die Frau aus Bath selbst aussuchen können, verbittert ist sie dennoch nicht. Die Sätze, die Chaucer ihr in den Mund legt, sprudeln nur so von weiblicher Lebensfreude:

> Auf Salomon, den weisen König, schau:
> Er hatte wahrlich mehr als eine Frau.
> Ich dankte Gott, wenn das Gesetz mir gönnte,
> Daß ich mich halb so oft erfrischen könnte! (...)
> Ich segne Gott, daß er mir fünf gegeben!
> Und auch der sechste soll willkommen sein.

Die ursprüngliche Version des *Roman de la Rose* hatte Geoffrey Chaucer ins Englische übersetzt. Deshalb griff Christine de Pisan nicht nur den Rosenroman an, ihre Kritik bezog sich auch auf Chaucers *Canterbury-Erzählungen,* Boccaccios *Decamerone* und alle anderen Schriften, die ein ähnlich »falsches« Frauenbild vermittelten wie der Rosenroman. Alle führenden zeitgenössischen Autoren schilderten ihrer Ansicht nach Frauen als boshafte, unzuverlässige und oberflächliche Wesen, die sich nur Kleider, Schmuck und Putz wünschten, ihre Ehemänner betrogen und die Ehe in Verruf brachten. Gegen eine derart negative Charakterisierung stellte sie ihr eigenes ideales Frauenbild. Sie präsentierte tugendhafte und möglichst auch gebildete Frauen, die frei von jedem sexuellen Verlangen waren. Keine dieser Musterfrauen wäre je auf den Gedanken gekommen, ihren Mann zu betrügen.

Christine de Pisans erste Streitschrift mit einer Kritik des Rosenromans und anderer zeitgenössischer Texte erschien 1401 unter dem Titel *Épître au Dieu d'Amour* (*Epistel an den Gott der Liebe*) und war eine prinzipielle Verteidigung des weiblichen Geschlechts. Christine war überzeugt, daß die anschließende literarische Fehde nicht von ihr, sondern von Honoré Bonet mit seiner Verteidigungsrede für »Meister Jean de Meun« eingeleitet worden war. In jedem Fall übernahm Christine in den sich anschließenden Auseinandersetzungen eine führende Rolle, und 1402 erschien mit *Le Dit de la Rose* eine Ergänzung ihrer Streitschrift.

Christine de Pisan war jetzt Mitte dreißig und hatte wahrscheinlich jede Hoffnung auf eine weitere Ehe aufgegeben. Spätere Biographen haben angedeutet, daß sie möglicherweise die Lust am Leben verloren hatte und aus diesem Grund so vehement die Männer als promisk attackierte und Frauen als tugendhaft verteidigte.

1402 schrieb sie einen Brief an Königin Isabeau in Paris und bat sie, in den literarischen Streit zwischen den Rosenfreunden und -feinden einzugreifen. Christine war sechs Jahre älter als die Königin und kannte sie gut von ihrer Zeit am Hof. Möglicherweise hatte sie sich vorgestellt, daß die Königin ein literarisch-moralisches Geschmacksurteil fällen würde, ähnlich wie es die Königinnen im Hochmittelalter getan hatten. Ihr kühner Brief führte aber dazu, daß die literarische Debatte, die bis dahin lediglich zwischen einigen gebildeten Männern und einer Frau geführt worden war, nun zu einem öffentlichen Anliegen wurde.

Gut koordiniert mit Christines Brief trat Jean Gerson in Paris mit donnernden Moralpredigten vor die Öffentlichkeit. Er war der Kanzler der Pariser Universität und rangierte höher als irgendein anderer Geistlicher im Dienst des französischen Königs. Wenn er in seinen Flammenreden über den Verfall der Sitten sprach und als Beleg aus dem unsittlichsten Buch seiner Zeit, dem Rosenroman, zitierte, erbebte halb Frankreich.

»Ich habe viele Feinde«, schrieb Christine de Pisan an Königin Isabeau – zu Recht. Im späten Mittelalter war es gefährlich, politische oder literarische Gegner der Unsittlichkeit zu beschuldigen. Und noch schlimmer war es, den Hof der Unmoral zu bezichtigen. Vor diesem Hintergrund muß man Christine de Pisan als eine der mutigsten Frauen ihrer Zeit bezeichnen.

Christine kommentierte das Leben der Oberklasse ihrer Zeit mit einem scharfen weiblichen Blick. Erotische Eskapaden, wilde Orgien und Kriege waren ihrer Meinung nach gleichwertige Erscheinungsformen der männlichen Sittenlosigkeit. In ihrer Schrift *Le Livre de la Cité des Dames* aus dem Jahr 1405 skizzierte sie eine alternative, von Frauen dominierte Idealgesellschaft, die von den Göttinnen Vernunft, Rechtschaffenheit und Gerechtigkeit regiert wird. Man kann Christine de Pisan eine Feministin nennen, *Die Stadt der Frauen* ist dafür ein noch deutlicherer Beleg als ihre früheren Schriften. Tatsächlich formulierte sie als erste Autorin die Idee, daß Frauen grundsätzlich andere Ansichten vertreten können als Männer. Christine de Pisans Kritik bezog sich jedoch nicht allein auf die männliche Unmoral, sie kritisierte ebenso das negative Frauenbild der Bibel und die kirchliche Lehrmeinung, nach der Eva die Hauptverantwortliche für den Sündenfall war.

Die Pariser Prostituierten forderte Christine de Pisan eindringlich auf, ihre Tätigkeit aufzugeben. Das Allerschlimmste an der Prostitution war ihrer Meinung, daß sie das gesamte weibliche Geschlecht in Verruf brachte. Wenn alle Frauen ein anständiges Leben führten, würden nicht nur die aristokratischen Frauen von den Männern ihres Standes mit größerem Respekt behandelt werden, sondern auch die Frauen aus dem Volk von den Männern ihrer Klasse.

Den Alltag der Pariser Prostituierten kannte Christine de Pisan so gut wie überhaupt nicht. Um so unbekümmerter und vorbehaltloser konnte sie ihre prinzipielle Ablehnung sämtlicher Formen der Prostitution formulieren. Sie war überzeugt, daß es für eine Hure ein gutes Gefühl sein müsse, zu bereuen und alle schlechten Angewohnheiten hinter sich zu lassen, um ein einfaches und tugendhaftes Leben zu beginnen.

Christine de Pisan hatte ihre Tochter in ein Dominikanerkloster geschickt und betonte immer wieder, welch gutes und geborgenes Leben eine Frau als Nonne führt. Wenn eine Frau nicht das Klosterleben wählte, um von der Prostitution loszukommen, sollte sie bei anständigen Nachbarn einziehen oder ein beschütztes Leben im Dienst einer adligen Familie, eines Kaufmanns oder zur Not auch eines Handwerkers führen.

Die Prostitution war eines der Themen, die das Lager der Rosenfeinde spalteten. Hier trennten sich auch die Wege von Christine de Pisan und Jean Gerson. Denn Gerson war zwar ein eingefleischter Mystiker, aber er kannte die Realitäten des Lebens. Jahrelang hatte er das Leben der zehntausend Pariser Studenten, für die er die Verantwortung trug, beobachten können. Für ihn stand fest, daß die Zahl der Vergewaltigungen durch die Prostitution reduziert wurde. Daher mußte sie als das kleinere Übel toleriert werden. In seinen Predigten propagierte Gerson ein Leben ohne Sexualität als edelstes und erstrebenswertes Lebensziel. Wenn ein junger, unverheirateter Mann aber spürte, daß die Fleischeslust ihn verzehrte, mußte der Besuch einer Dirne gestattet sein.

Christine de Pisan diskutierte niemals den Zusammenhang zwischen Vergewaltigungen und Prostitution. In ihren Kommentaren zum Rosenroman berührte sie das Thema Vergewaltigung mit keinem Wort. Um so gründlicher beschäftigte sie sich damit in *La Cité des Dames*. Für sie war die Diskussion über Vergewaltigungen nur ein Beispiel dafür, daß die beiden Geschlechter häufig diametral entgegengesetzte Ansichten vertraten. Denn unter den Männern des späten Mittelalters war es ausgesprochen beliebt zu behaupten, daß Frauen gern vergewaltigt würden, auch wenn sie protestierten. In *Die Stadt der Frauen* wurde dieser Standpunkt sehr ausführlich dargelegt, die Göttin Rechtschaffenheit weist ihn jedoch nur um so schärfer zurück und erklärt ohne jeden Abstrich, daß der Mann, der eine Vergewaltigung begeht, die allerstrengste Strafe verdient.

Die Nachwelt hat immer wieder darüber diskutiert, wer »La Querelle des Femmes«, den Rosenkrieg, eigentlich »gewonnen« habe. Insgesamt muß man das Ergebnis des Streits wohl als Kompromiß bezeichnen. Ein unmittelbares Ergebnis der Debatte war, daß die Höfe in Burgund Einrichtungen institutionalisierten, die nach und nach die europäische Auffassung von Liebe und das allgemeine Verhältnis der Geschlechter zueinander verändern sollten. Bei diesen als »Liebeshöfen« bezeichneten Institutionen handelte es sich um Benimmschulen in großem Format, die dem Adel moderne Lebensart und Etikette vermittelten. Jean de Montreuil – ein Anhänger des rosenfreundlichen Flügels – war eine Schlüsselfigur der neuen Bewegung. Mit der Einrichtung der »Liebeshöfe« sollten nicht nur der allgemeine Anstand und die Moral verbessert werden, vor allem wollte man den jungen Männern Respekt für das andere Geschlecht beibringen. So bestand eine der praktischen Übungen für die Männer darin, einfach mit Frauen am Tisch zu sitzen und Konversation zu treiben. Auch die Frauen lernten auf diese Weise das Wesen der Männer ein wenig besser kennen. Auch die Formen der Brautwerbung wurden verfeinert, die Dichtung bekam mit dem Vortrag von Liebesballaden neue Impulse, wie in den Wettbewerben des 13. Jahrhunderts.

Die Frauen durften über die Werbeversuche der Männer entscheiden und Noten und Preise verteilen. Für die Dauer der Festlichkeiten war jeder Mann verpflichtet, die Tugend sämtlicher teilnehmender Frauen zu respektieren. Diese Arrangements waren zum einen der Versuch, ein größeres gegenseitiges Verständnis unter den Geschlechtern zu schaffen, andererseits sollte sich das Benehmen der spätmittelalterlichen Edelleute verfeinern. Und mit der Zeit zeigten sich meßbare Erfolge. Die Männer lernten tatsächlich, daß sie nicht nur zu ihrer Königin aufzuschauen hatten, sondern daß es zahlreiche weibliche Personen gab, die es verdienten, respektiert und bewundert zu werden.

Was Christine de Pisan von den Liebeshöfen in Burgund hielt, ist nicht bekannt. Sie wurde über siebzig Jahre alt, verbrachte jedoch ihre letzten zwanzig Lebensjahre im Kloster, wahrscheinlich zusammen mit ihrer Tochter. 1430, kurz vor ihrem Tod, betrat sie noch einmal die literarische Bühne, diesmal mit einem Huldigungsgedicht an Jeanne d'Arc. Ihre Taten pries Christine de Pisan als vorbildlich; sie hatten dem weiblichen Geschlecht Ruhm und Ehre gebracht. Die Verteidigung kriegerischer Handlungen war kein Problem für Christine, weder in literarischer Form noch auf dem Schlachtfeld. Allerdings unter einer Voraussetzung: Angeführt werden mußte die Truppe von einer tugendhaften Frau.

Kapitel 11

Die Syphilis

1495 wurde die Syphilis zum ersten Mal bei französischen Soldaten in Neapel diagnostiziert, in den folgenden Jahren verbreitete sich die Seuche mit atemberaubendem Tempo über ganz Europa. Von den Franzosen wurde die Seuche »mal de Naples« genannt, während man in Italien und England von den französischen Pocken sprach. Die Türken waren überzeugt, es handele sich um eine Krankheit des Christentums, die Chinesen glaubten an eine Epidemie aus Portugal.

Der Name der Krankheit – Syphilis – leitete sich ursprünglich von einem Eigennamen ab. Ein Hirte auf der von der Krankheit schwer betroffenen Insel Haiti trägt in einem Gedicht, das Girolamo Fracastoro 1530 veröffentlichte, den Namen Syphilis. Der vielseitig bewanderte Arzt und Dichter aus Verona wollte mit dem Gedicht seine Theorie erläutern, daß die neue Krankheit aus der »neuen Welt« kam, die Kolumbus auf der anderen Seite des Atlantiks entdeckt hatte. Der Ursprung der Krankheit ist bis heute umstritten. Es gibt Wissenschaftler, die der Ansicht sind, die Krankheit sei ursprünglich in Afrika ausgebrochen. Sichere Beweise, daß sie über den Atlantik gekommen ist, hat es nie gegeben.

In den Jahren nach 1500 debattierten in ganz Europa Ärzte und Gelehrte, Theologen und Staatsmänner über die Syphilis. Die gesamte Sozial- und Kulturgeschichte – und damit nicht zuletzt auch die allgemeine Debatte über die Prostitution – wurde von der neuen Krankheit beeinflußt.

Die römische Liebesgöttin Venus stand Pate für den Begriff

der »venerischen Krankheit«. Bereits 1495 erließ Kaiser Maximilian von Habsburg ein Dekret, in dem er erklärte, die Krankheit sei das Resultat der allgemeinen gesellschaftlichen Unmoral. Kaiser und Volk hatten sofort den Verdacht, daß vor allem Prostituierte für die Übertragung von Syphilis und anderen Geschlechtskrankheiten verantwortlich waren. Dennoch waren die Menschen ahnungslos, wie die eigentliche Übertragung und Ansteckung tatsächlich verlief. Auf Nachfragen hieß es, Syphilis übertrage sich durch Essen, Muttermilch, Luft oder Kleidung. Und wie immer, wenn eine Epidemie sich entwickelt, sah man sich schon bald nach geeigneten Sündenböcken um. Anfang des 16. Jahrhunderts wurden Frauen, die im Verdacht standen, sich mit der Syphilis angesteckt zu haben, aus den Städten Europas gejagt. Am schlimmsten ging es in Paris und Straßburg zu. Zahlreiche Bordelle wurden geschlossen, viele Krankenhäuser weigerten sich, Syphilitiker aufzunehmen. In Dänemark und Norwegen ließ König Hans sämtliche öffentlichen Bäder schließen.

Sandro Botticelli hat auf einem seiner Gemälde die Angst vor der Syphilis festgehalten und gezeigt, wie sie sich in eine Jagd auf Sündenböcke verwandelte. Das Bild *Mystische Kreuzigung* zeigt eine weinende Maria Magdalena, die das Kreuz umarmt – im Hintergrund die Stadt Florenz mit all ihren von der Syphilis infizierten Einwohnern. Im Mittelpunkt des Bildes steht die Hure, nicht der Mann am Kreuz.

»Eine Frau, die wegen Prostitution verurteilt ist, wird auf das Rathaus gebracht, die Büttel binden ihr die Hände und bringen ein großes Schild an ihrem Rücken an. Alle können sämtliche Einzelheiten ihres Vergehens lesen … Dann bringt man die Frau zu einem Felsen mitten im Fluß, steckt sie in einen Eisenkäfig und senkt sie dreimal hinab, aber nicht so lange, daß sie ertrinkt. Alle Einwohner der Stadt sind zur Stelle, um dieses Ereignis mitzuerleben. Danach wird das arme Mädchen ins Gefängnis geworfen.« So ein Bericht, wie eine Prostituierte in der zweiten Hälfte des 16. Jahrhunderts in Toulouse bestraft wurde. Ähnliche Geschichten lassen sich aus ganz Europa, von Schweden bis Schottland, von der Schweiz bis Schlesien, berichten.

In den Jahren zwischen 1520 und 1550 hatten Martin Luther und die Schweizer Ulrich Zwingli und Johann Calvin einen religiösen Aufstand in Zentral- und Nordeuropa entfacht, der sich sehr schnell ausweitete. Eine der Ursachen dafür war die neue Buchdruckerkunst, die es ermöglichte, die Schriften der Reformatoren erheblich effektiver als bisher zu verbreiten. Das 16. Jahrhundert stand mehr oder weniger im Zeichen von Reformation und Gegenreformation, die zu einer Vielzahl von moralischen und politischen Veränderungen führten. Daß es in der zweiten Hälfte des 16. Jahrhunderts zu einer so heftigen moralischen Säuberungsbewegung kam, lag auch an der noch immer herrschenden Angst vor einer Syphilisepidemie, wie man sie zu Beginn des Jahrhunderts erlebt hatte; darüber hinaus spielten die neuen religiösen Strömungen eine nicht unwesentliche Rolle.

In sämtlichen Lehrmeinungen des Protestantismus wurde der Ehe eine weitaus zentralere Bedeutung beigemessen als in der römisch-katholischen Theologie. Allerdings übten die Protestanten bei vorehelichem Geschlechtsverkehr größere Nachsicht. Die Rolle der Jungfrau Maria verlor an Bedeutung, ebenso wie die Betonung der Jungfernschaft und die Pflicht des Zölibats. Der katholische Zölibat galt vielmehr als Deckmantel der Unzucht für die Männer der Kirche. Gleichzeitig verstärkten die Protestanten den Kampf gegen die Prostitution, denn Prostitution, Zölibat und die Kirche des Papstes waren für sie nur verschiedene Seiten einer Medaille. Sowohl von Priestern und Mönchen wie von gewöhnlichen Bürgern und Bauern wurden die massiven finanziellen Interessen der römisch-katholischen Kirche und der hedonistische Lebensstil vieler höherer Geistlicher kritisiert.

Der Kampf gegen die Papstkirche gab dem Widerstand

gegen die Prostitution eine neue religiöse Legitimität. Der Verkauf von sexuellen Dienstleistungen wurde von den Papisten gutgeheißen, ja, sie nahmen diese Dienste sogar selbst in Anspruch. Jeder wahre Christ dagegen hatte diese Aktivitäten kompromißlos zu bekämpfen. Luther war überzeugt, daß der Teufel mit Hilfe der Feinde des Glaubens Huren zur Erde geschickt hatte, um die jungen Männer zu verderben. Er predigte: »Die, welche die Bordelle wiederherstellen wollen, mögen zuerst dem Namen Christi absagen und Heiden sein, die Gott nicht kennen.« Seiner Ansicht nach war die Kontrolle der organisierten Unmoral eine weltliche, keine kirchliche Aufgabe. Die weltlichen Behörden hätten Untreue, Hurerei und Vergewaltigungen zu bestrafen, wenn diese Vergehen am hellichten Tag geschahen. Für Sünden, die sozusagen unsichtbar begangen wurden, hatte sich jedermann vor Gott allein zu verantworten. In der Praxis wurden Prostituierte nun von den Protestanten wie Heiden oder Juden behandelt. Diese Frauen gehörten nicht in eine christliche Gesellschaft, man hatte sie eher als Feinde der Christenheit zu sehen.

Johann Calvin war noch entschiedener als Luther, noch bedingungsloser in seinem Kampf gegen die Sünde. Er vertrat die Ansicht, daß jegliche Form der Unmoral oder Unzucht gegen den Willen Gottes verstieß. In Genf, Calvins Wirkungsstätte, hatten die Prostituierten umgehend ihren Broterwerb aufzugeben oder wurden der Stadt verwiesen. 1556 schlug er sogar die Todesstrafe für sie vor. Das Gesetz wurde nicht angenommen, dennoch wurden 1560 in Genf zwei Huren hingerichtet.

In kurzer Zeit war es in großen Teilen Europas zu erheblichen religiösen, moralischen und politischen Umwälzungen gekommen. Diese Änderungen lösten auch starke Emotionen aus, Unsicherheit verbreitete sich. Dies führte zu verstärkter Aggressivität gegen gesellschaftliche Randgruppen, das heißt gegen Juden, Prostituierte und andere Minderheiten. Pranger, Zuchthaus und das Scheren des Haupthaares wurden zu verbreiteten Strafen für unzüchtige Frauen. In Deutschland war das Scheren der Haare schon üblich gewesen, bevor das Christentum einzog. Nun lebte diese alte Form der moralischen Selbstjustiz in Deutschland, Südfrankreich und Skandinavien wieder auf. Auch das hugenottische Toulouse und das Languedoc machten dabei keine Ausnahme, die frisch konvertierten Protestanten erinnerten sich an den alten deutschen Brauch. Im Languedoc wurden Prostituierte, die sich nachts außerhalb ihrer Wohnungen aufgehalten hatten, am hellichten Tag nackt durch die Straßen getrieben. In den großen Städten wurden sie zeremoniell aus dem Stadttor geschleppt, in den kleineren Städten kam es vor, daß Hugenotten die fünf, sechs Prostituierten des Ortes schlugen und auspeitschten oder ihnen die Ohren abschnitten.

Wie ein Steppenbrand verbreitete sich der Protestantismus auch in Skandinavien. 1546 befahl König Christian III. den Superintendenten von Dänemark und Norwegen, daß ehemalige Prostituierte aus den Krankenhäusern auszuweisen seien: »Frauen ... die in ihrer einstigen Jugend und Kraft in offener Unzucht gelebt und ein ungebührliches Leben geführt haben und darüber von den Pocken und den französischen Pocken verdorben wurden ... Jedermann muß sich daher in Acht nehmen und sich von einem solch üblen und losen Leben fernhalten.« Und um 1560 wird über Prostituierte verfügt: »Sie müssen bestraft und vertrieben werden, von einem Ort zum anderen, so lange, bis sie sich schämen, item sich ändern und sich bessern.«

Peder Palladius war der erste Bischof der Doppelmonarchie Dänemark-Norwegen, der direkt aus Luthers Wittenberg kam, um Dänemark und Norwegen zu reformieren. Mitte des 16. Jahrhunderts äußerte sich Palladius im unversöhnlichen Geist Luthers über die Prostitution: »Wohl sitzen nun viele der schmutzigen Huren in den Marktstädten und in den kleinen Städten, dort mußt du aufpassen und dich in Acht nehmen. Sie gießen schlechtes Bier in ihre Kannen. Trinkst du mit ihnen davon, kommen Scham und Schande über dich; der Bodensatz führt zu Pocken und anderem Übel, das ich aus Scham nicht nennen will. Die jungen Burschen, die zu ihnen laufen wie ein Haufen Hunde, sie laufen – mit Verlaub gesagt – wie zu einer Hündin. Und am Ende sind sie schmutzig und verdorben.«

In der Mitte des 16. Jahrhunderts war der Großteil der Bordelle geschlossen. Bereits 1524 war in der Republik Genf jegliche offene Prostitution verboten worden, 1537 schloß man die Bordelle in Ulm. In den kommenden dreißig Jahren folgten immer mehr Städte des protestantischen Europas diesen Beispielen. Londons Bordelle schlossen 1546; 1561 ließ Karl IX. von Frankreich auch die letzten noch verbliebenen Bordelle in Paris und anderen französischen Städten stillegen.

Für die päpstliche Kirche war diese Situation eine Herausforderung, denn nun mußten die Katholiken zeigen, daß ihre Moral ebenso hoch war wie die der Protestanten. Das katholische Konzil im Südtiroler Trient beschloß 1563 ein Verbot jeglicher Form des Ehebruchs und der Prostitution, im gleichen Jahr mußten fast alle noch vorhandenen Bordelle in Italien und einem Teil der katholischen deutschen Kleinstaaten ihren Betrieb einstellen. Nur in Zürich und einigen wenigen freien Schweizer und deutschen Städten duldete man auch weiterhin die organisierte Prostitution, unangefochten von Calvin, Luther oder dem Papst.

Die katholische Gegenreformation wetteiferte mit der strengen Moral des Protestantismus im Norden. In Österreich gründete Kaiser Ferdinand ein Keuschheitskomitee, dessen Aufgabe in der Überwachung der öffentlichen Moral bestand. Auch Papst Pius V. unternahm einen Versuch, die Unmoral vor der eigenen Haustür zu bekämpfen. 1566 erklärte er – ausgerechnet am 22. Juli, dem Feiertag der Maria Magdalena – jegliche Prostitution in Rom für abgeschafft. Die Reaktion war jedoch weitaus heftiger, als er erwartet hatte. Das römische Bürgertum war überraschend schnell mit Resolutionen bei der Hand, die eine ökonomische Krise voraussahen; die Botschafter von Spanien, Portugal und Florenz schickten gleichlautende Protestnoten. Zwei Wochen lang herrschte in Rom eine geradezu chaotische Hysterie, rund fünfundzwanzigtausend Menschen waren in Aufruhr. Zusammen mit ihren Kindern und Verwandten, den Liebhabern und dem Dienstpersonal stellten die fünf- bis sechstausend aktiven Prostituierten immerhin einen erheblichen Teil der Bevölkerung Roms. Im August 1566 war Pius bereit, seine Forderungen zu relativieren, und sämtliche Prostituierten durften in Rom bleiben. Die päpstliche Aktion hatte dennoch den Effekt, daß sich die Anzahl der Prostituierten insgesamt reduzierte; allerdings sanken damit auch die kirchlichen Einnahmen aus der Prostitution.

In Skandinavien ging es am härtesten in der Stadt Helsingør nördlich von Kopenhagen zu. Im Juli 1574 verlangte König Frederik II. vom Helsingører Stadtrat, sämtliche Prostituierten der Stadt festzunehmen, sie öffentlich auszupeitschen und aus den Stadttoren zu treiben. Wenn sich eine Frau zurück in die Stadt wagte, sollten ihr die Ohren abgeschnitten werden. Kam sie zum drittenmal zurück, sollte sie »in einen Sack gebunden und versenkt werden«. Das norwegische Bergen dagegen hatte 1584 noch immer sieben »tolerierte Häuser«, und auch für Kopenhagen bestätigte Peder Palladius zur gleichen Zeit, daß es noch Hurenhäuser in der Stadt des Königs gebe.

In Rom, wo Papst Pius V. eine Niederlage im Kampf gegen die Prostitution erlitten hatte, erklärte sein Nachfolger Sixtus V. 1586, bei Prostitution wie bei der »Sünde wider die Natur« sei die Todesstrafe zu vollziehen. Einige Todesurteile wurden vollstreckt, allerdings nicht sonderlich viele. Die Lutheraner ihrerseits beließen es dabei, die Haare und Ohren abzuschneiden; die Calvinisten brandmarkten unmoralische Frauen, indem sie sie zwangen, schwere Steine durch die Städte zu tragen, oder sie an den Pranger stellten.

Im 16. Jahrhundert hatte die Prostitution einen schweren Stand. Viele Huren versuchten aufzuhören. Für Prostituierte, die ihren Lebensverhältnissen entkommen wollten, bot sich seit dem späten Mittelalter mit den sogenannten Magdalenenheimen eine Alternative zum Kloster. Zur Zeit der Renaissance übernahmen diese Einrichtungen im katholischen wie im protestantischen Europa von den Klöstern und Konventen die Aufgabe, für die Wiedereingliederung von Prostituierten in die Gesellschaft zu sorgen. Eine Frau, die in einem Magdalenenheim aufgenommen werden wollte, mußte kein heiliges Gelübde über ihre künftige Keuschheit ablegen, sondern konnte sich langsam auf ein normales Leben vorbereiten, vorzugsweise als Ehefrau und Mutter. Von dem Versuch, als alleinstehende Frau außerhalb der Institutionen leben zu wollen, wurde dringend abgeraten.

Bis die Frauen so weit waren, mußten sie in den Magdalenenheimen Arbeiten für den Eigentümer des Heims verrichten: nähen, weben, spinnen, waschen und andere traditionelle Frauentätigkeiten. Der Lohn war extrem niedrig, so daß ein tüchtiger Wirtschafter mit erheblichen Einnahmen rechnen konnte, wenn er den reuigen Sünderinnen Arbeit anbot.

Bezeichnend ist, daß in die Heime auch viele junge Mädchen aufgenommen werden wollten, die sich bisher nicht von der Prostitution ernährt hatten. Diese Mädchen erfanden einfach eine möglichst sündhafte Lebensgeschichte, um in ein soziales System zu kommen, wo sie Nahrung und Kleidung erhielten und darüber hinaus nähen und spinnen lernten. Einige erzählten, ihre Eltern hätten sie ermuntert zu sagen, daß sie nach einer Beziehung zu einem reichen Mann im Stich gelassen worden waren. Andere hielten es für zweckmäßig, sich zumindest für kurze Zeit zu prostituieren, um sich so für die Aufnahme in ein Magdalenenheim zu »qualifizieren«.

Aber das Nadelöhr war eng; professionelle Matronen untersuchten sämtliche Kandidatinnen, suchten nach physischen Zeichen für ein Leben als Prostituierte und stellten den Mädchen verzwickte Fragen. Sie wollten ausgewiesene Sünderinnen, Frauen mit einer »echten« Vergangenheit. Vor allem den letzten und entscheidenden Test bestanden viele Mädchen nicht. Sie hatten beim Herzen der Jungfrau Maria zu schwören, daß sie sich nicht mit der Absicht prostituiert hatten, ins Heim zu kommen. Der Gotteslästerung wollte sich kaum jemand schuldig machen, doch ein Mädchen, das es wagte, die Jungfrau Maria zu verspotten und sich eine Vergangenheit als Prostituierte zurechtzulügen, konnte sich den Status einer reuigen Sünderin verschaffen.

Augenscheinlich hatte die Prostitution im 17. Jahrhundert einen weitaus geringeren Umfang als in den Jahrhunderten davor oder danach. Dennoch war sie in Europa, das noch immer von Religionsstreitigkeiten und Gegenreformation geprägt war, nicht verschwunden. Allerdings wurden die sozialen Unterschiede größer: Einige sehr gut verdienende Prostituierte lebten in unglaublichem Luxus, andere zurückgezogen und in Armut. Es existierte keinerlei behördliche Regulierung des Gewerbes mehr.

Kapitel 12

Glanz und Elend der Kurtisanen

Veronica Franco war die Freundin der Renaissancemaler Jacopo Tintoretto und Paolo Veronese, beiden saß sie häufig Modell. Sie sprach sieben Sprachen fließend, schrieb sinnliche Gedichte, spielte Flöte und korrespondierte mit Michel de Montaigne. Sie war schön und tonangebend in Kleidung und Lebensstil und war die einzige Frau ihrer Zeit, der es gelang, König Heinrich III. von Frankreich zu verführen – der eigentlich Männer bevorzugte.

Imperia Cognata war Raffaels Modell, als er »Parnassus«, »Transfiguratio« und andere Gemälde schuf; unsterblich machte sie der Schriftsteller Matteo Bandello. Imperia Cognata verlangte hundert Dukaten für eine Nacht mit ausländischen Kunden und benutzte als erste schwarze Seidenlaken. Sie bildeten einen äußerst effektiven Kontrast zu ihrem weißen Körper, wenn sie im Licht gediegener Bronzekandelaber zwischen Marmorsäulen ruhte. Die Luxusdame hatte zahlreiche Männerbekanntschaften, bevorzugte jedoch stabile Beziehungen zu Bankiers. Ihre großartige Wohnung hatte Angelo del Bufalo mit Marmor, Brokat und Lapislazuli ausstatten lassen. Imperia verlangte, daß ihre Kunden gutgelaunt und heiter zu ihr kamen und ein teures Geschenk hinterließen, wenn sie sich diskret zurückzogen.

Veronica Franco und Imperia Cognata waren Vertreterinnen eines neuen Frauentyps, der im Laufe des 16. und 17. Jahrhunderts die historische Bühne betrat: die Kurtisane, *la courtesana* oder *la cortegiana*. In der männlichen Form bedeutet *le courte-*

san der Höfling, und die Regeln, die für diese Gruppe galten, hat der Renaissanceschriftsteller Baldassare Castiglione detailliert in seinem Text *Il libro del Cortegiano* niedergelegt. Die Frauen, die mit diesen Männern auf eine Stufe gestellt wurden, verkehrten notwendigerweise in den vornehmsten Kreisen; einige wurden von den Malern ihrer Zeit unsterblich gemacht. Daß die italienische Renaissancemalerei voller schöner Frauen ist, ist nicht allein das Verdienst der Maler. Ihre Modelle, die Kurtisanen, waren einfach von erlesener Schönheit und von einem bis dahin in Europa unbekannten erotischen Selbstbewußtsein.

Eine Kurtisane war keine »öffentliche Frau« und stand wahrlich nicht jedermann zur Verfügung. Eine Kurtisane war nur für einige wenige da, zu einem um so höheren Preis. Ein Kuß von Veronica Franco hätte einen venezianischen Arbeiter den Arbeitslohn von sechs Monaten gekostet; Dichter, Maler und wohlhabende Männer schlugen sich jedoch um ihre Gunst. Allerdings wurden die meisten abgewiesen.

Die Autoren der Renaissance unterscheiden sehr scharf zwischen Prostituierten und Kurtisanen. Eine Kurtisane war korrekt gekleidet und wohnte respektabel, in öffentlichen Badehäusern oder Bordellen war sie nicht anzutreffen. In der Regel empfing sie ihre Kunden in ihren eigenen Räumen, konnte aber in angemessener Begleitung auch einen Besuch abstatten.

Unter den Kurtisanen Italiens entwickelte sich eine besondere *civiltà puttanesca,* eine Art höfische Umgangsform der Unzucht. Die Kurtisanen waren elegant und gepflegt und geschickt bei Karten- oder Brettspielen, außerdem konnten sie rechnen. Ihr Geschäftssinn paßte zu den sich allmählich entwickelnden kapitalistischen Geschäftsstrukturen; die Kurtisanen waren moderne, ökonomisch rational denkende Frauen.

»Du solltest verstehen«, schrieb Veronica Franco als junge Frau an einen noch jüngeren Bewunderer, »daß jeder, der von meiner Liebe träumt, bei seinen Studien die strengste Disziplin walten lassen muß. Wäre mein Vermögen groß genug, hätte ich mein ganzes Leben in Bibliotheken verbracht und wäre nur mit den Gebildetesten zusammengetroffen.« Eine Kurtisane mußte über eine gewisse Bildung verfügen, sie mußte mehrere Sprachen sprechen, Gedichte rezitieren, mindestens zwei Instrumente spielen und möglichst auch noch singen können. Die gebildetsten Kurtisanen sprachen und schrieben Latein, einige sogar Griechisch.

In der zweiten Hälfte des 17. Jahrhunderts wurde Ninon de Lenclos zur führenden Repräsentantin der Pariser Kurtisanen. Sie trat mit einem Esprit und einer Eleganz auf, daß sie noch mit achtzig junge Verehrer hatte. Molière und Boileau waren enge Freunde Ninons, selbst Voltaire bewunderte sie. Kardinal Richelieu bot ihr hundertfünfzigtausend Goldmünzen, wenn sie seine Geliebte werden würde. Sie lehnte umgehend ab. Eine so große Summe konnte sie unmöglich von einem Liebhaber entgegennehmen. Gleichzeitig war es zu wenig, um das Unbehagen zu kompensieren, mit einem Mann zusammen sein zu müssen, den sie nicht mochte. Welch eine Zeit, in der sich eine Hure so etwas gegenüber dem mächtigsten Mann Frankreichs, dem Kardinal, Herzog und Regenten, herausnehmen konnte!

Als sich in Norditalien und Frankreich die Renaissance entwickelte, knieten buchstäblich die Creme der europäischen Aristokratie, die reichen Kaufleute und wohlhabenden Beamten vor den prominentesten Kurtisanen ihrer Zeit. Einige von ihnen waren noch in Hurenhäusern geboren worden. Was war geschehen? Wieso waren Frauen, die sich für sexuelle Handlungen bezahlen ließen, plötzlich wieder so präsent? Noch hundert Jahre zuvor hatten sich die Adligen so ziemlich jede Frau einfach nehmen können; nun waren sie bereit, für weibliche Gesellschaft teures Geld auszugeben. Die Renaissance sollte Europa in vielerlei Hinsicht verändern, die »Liebeshöfe« hatten ihre Wirkung getan. Über hundert Jahre Erziehung und die Disziplinierung von Generationen spätmittelalterlicher Adliger zeigten schließlich Ergebnisse. Jetzt kamen gute

Manieren und der Respekt vor gebildeten Damen in Mode. Gleichzeitig schien es immer mehr literarisch und musikalisch gebildete Frauen zu geben, die es wert waren, bewundert zu werden. Die Kurtisanen des 16. Jahrhunderts waren die ersten, die Vorteile aus der verfeinerten emotionalen Bildung und der größeren sexuellen Selbstdisziplin zogen, die sich in der männlichen Oberschicht Europas durchgesetzt hatte.

Ohne dieses Training in höfischem Benehmen wäre das Verhältnis zwischen Aristokraten und Luxusprostituierten im 16. Jahrhundert nicht denkbar gewesen. Auch die romantische Liebe war bis dahin ein Adelsprivileg gewesen. Nun wurde die Romantik gleichsam demokratischer und menschlicher. Es war möglich und sozial akzeptiert, sich in eine Prostituierte zu verlieben oder bewundernd zu ihr aufzusehen. Denn die Kurtisanen waren der Jungfrau Maria und den Königinnen, die die Troubadoure so gern in ihren Balladen besungen hatten, durchaus ähnlich; auch sie hatten etwas Unnahbares. Außerdem war es für den Mann, der von einer einzigen Frau träumte, ein schmerzvoller Gedanke, daß sich die Geliebte ständig mit anderen Männern traf.

»Majestätisch rollen ihre Kutschen durch die engen Straßen von Rom, überall auf der Via Sacra und auf der Via Lata sind sie zu sehen. Sie promenieren luxuriös gekleidet durch jede Straße und werden in schamloser Würde über den Ponte Sisto getragen«, schrieb ein Venezianer nach einem Rom-Besuch im 16. Jahrhundert über die Kurtisanen der Stadt.

La Strada del Populo hieß die bekannteste Hurengasse Roms. Sie war allerdings nicht so verpönt, daß ein anständiger Bürger dort nicht hätte spazierengehen können. Die Kurtisane Giuliana Ferrarese zählte Kardinäle und wohlhabende Bürger zu ihren Kunden; sie war elegant, höflich und alles andere als ein Straßenmädchen. Mit dem Erscheinen der Kurtisanen war die Prostitution wieder aus dem Schatten getreten, hinaus auf die sonnenbeschienenen Piazzen der italienischen Städte.

Unter dem Einfluß der Prostituierten begannen sich die Umgangsformen in den wohlhabenden Städten Norditaliens zu verändern. So durfte eine schöne Frau beispielsweise nicht lächeln oder lachen und dabei mehr als sechs Zähne zeigen. Und der Dichter Giovanni Boccaccio entsprach ganz dem Zeitgeist, als er die ideale Schönheit mit blondem Haar beschrieb. Schwieriger wurde es für die Italienerinnen, als der Abt des Klosters San Salvatore einen Dialog über die Schönheit der Frau verfaßte. In seinem *Dialogo delle bellezze delle Donne* rühmt er die »göttinnenblauen Augen«, nur widerstrebend läßt er »schimmernd braune« Augen zu. Wie die klassischen römischen Prostituierten färbten sich die italienischen Renaissancekurtisanen nun ihr Haar blond; sie benutzten dazu eine Mischung aus Kamille- und Ringelblumenextrakt, Henna und Zitrone. Ihre natürliche Augenfarbe mußten sie indes behalten.

»Es gibt zwei Arten von Frauen. Die Besseren sind nicht nur klüger und äußerst gebildet, sondern gleichzeitig auch diskreter als Männer – und weitaus ausdauernder im Liebessport«, schrieb im 17. Jahrhundert Thomas Heywood, ein klarsichtiger Kommentator des Prostitutionswesens seiner Zeit. Es liegt auf der Hand, daß die von ihm idealisierte Kategorie Frauen ausschließlich aus Kurtisanen bestand. Mit dem anderen Frauentypus, der die Erde bevölkerte, war es seiner Ansicht nach schlimmer; es waren »humorlose, boshafte, törichte Klatschbasen, so dumm, daß nur die Schlammhaufen des Teufels für sie die passende Umgebung wären«. Diese Tirade richtete sich nicht nur gegen die braven Hausfrauen der Renaissance, in die zweite Kategorie von Frauen bezog Heywood auch Prostituierte der unteren Klassen mit ein.

Im 15. und 16. Jahrhundert verlor die Figur der Madonna als ideale Repräsentantin des weiblichen Geschlechts an Bedeutung, sie wurde abgelöst durch die Kurtisanen. Sie waren sexuell wie intellektuell die tonangebenden Frauen ihrer Zeit. Es gab unter ihnen einige Schriftstellerinnen und Dichterinnen, die zusätzlich zur Mythologisierung ihres Standes beitrugen.

Eine Frau dieser Kategorie war Agnes Sorel, die Geliebte des französischen Königs Karl VII. Sie kam aus einfachen Verhältnissen, ihre Tugend war durchaus diskutabel, doch als Madame de Beauté wurde sie in den Adelsstand erhoben. Die schöne Agnes sollte die Phantasie des ganzen Volkes beschäftigen. In einigen der Gedichte, in denen sie besungen wird, tritt sie merkwürdigerweise als Jungfrau auf, als hätte der König sie nie berührt.

Viele Kurtisanen nahmen, ähnlich wie große Künstler, den Namen ihrer Heimatstadt an, so Camilla de Pisa, Beatrice da Ferrara oder Alessandra Fiorentina. Andere gaben sich selbst machtvolle Namen wie Imperia Cognata oder Isabella da Luna. So betörend schön und gebildet die Kurtisanen auch gewesen sein mögen, hohe ethische Maßstäbe zeichneten sie nicht notwendigerweise aus. So hilft Lucrezia – eine der fiktiven Kurtisanen des italienischen Renaissanceautors Pietro Aretino – einem Kunden bei der Beseitigung eines Todfeindes, ohne sich selbst die Hände mit Blut zu besudeln. Sie teilt ihrem Kunden lediglich mit, wann der andere seinen Besuch bei ihr beenden würde. Unmöglich hätte sie ahnen können, so Lucrezia später, daß ihrem, nach der Liebesseance noch immer leicht schwindligen Kunden eine Eisenstange über den Kopf gezogen wird, als er ihr Haus verläßt.

Lucrezia wußte um die Notwendigkeit eines guten Rufes. Weil sie in sternenklaren oder mondlosen Nächten immer unruhig schlafe, so erklärte sie ihren Kunden, müsse sie aufstehen und ein wenig herumlaufen – am liebsten vollkommen nackt vor dem Fenster. Es machte ihr nicht das Geringste aus, wenn unten auf der Straße Männer einen Blick auf ihren vollkommenen Körper werfen konnten. Ihr Benehmen wirkte sich ganz sicher nicht negativ auf ihr Geschäft aus.

König Heinrich IV. von Frankreich hatte zahllose Geliebte. In seiner Regierungszeit waren die Hofprostituierten von niederem Rang in abgelegenen kleinen Häusern fern vom Schloß untergebracht. Anders verhielt es sich mit seiner jeweiligen Lieblingsmätresse. Heinrich IV. war der Ansicht, daß die Mätresse des Königs an den Geschäften des Hofes teilhaben sollte, auf Augenhöhe mit der Königin Maria de Medici und der übrigen Aristokratie. Die erste Mätresse Heinrichs, Henriette d'Entrague, wurde zunächst zur Marquise ernannt, dann zur Herzogin; danach nahm er sich Gabrielle d'Estrées. Maria de Medici protestierte, doch ganz Europa steuerte auf ähnliche Verhältnisse zu.

Königliche Mätressen bekamen einen weitaus höheren gesellschaftlichen Status als bisher, und auch an der Peripherie der Höfe entstanden prostitutionsähnliche Verhältnisse. Im 15. und 16. Jahrhundert wurde die sich ausbreitende sexuelle Zügellosigkeit an den Fürstenhöfen zum Sprungbrett für die Karriere von vielen schönen Mädchen und ihrer Familien. Die Frauen – und einige wenige hübsche Männer –, die sich einem König zur Verfügung stellten, wurden selten mit barem Geld bezahlt. Sie erhielten Diamantschmuck, Wohnungen, Equipagen und im Laufe der Zeit auch hohe Adelstitel und Privilegien für sich und ihre Familien.

> ... er will auf Friede und auf Freude blicken,
> er liebt die Liebe, denn er liebt das Ficken ...
> Durch Hurenbetten rollt er rastlos; wohl
> ergeht's dem König: spaßig, arm, frivol.

Ein Vers des Dichters John Wilmot, Earl of Rochester, auf den englischen König Charles II. gegen Ende des 17. Jahrhunderts. Der manisch-depressive Rochester war so etwas wie der königliche Hoflieferant von Prostituierten; ein eingefleischter Libertin, der seinem König auch gern einmal half, verkleidet in die einfachsten Bordelle in Newmarket zu kommen. Die Gerüchte behaupten allerdings, daß der Earl den König dabei ohne Geld im Stich gelassen habe. Und der zeitgenössische Autor Theophilus Cibber erzählte, daß eine Bordellwirtin Charles II., der offensichtlich nicht erkannt wurde, den Kredit verweigert und ihn vor allen anderen Gästen ausgelacht habe. Überhaupt ging der Earl of Rochester nicht gerade kritiklos mit seinem Herrn und Monarchen um, in einem anderen Gedicht läßt er Seine Majestät folgendermaßen zu Wort kommen:

»Ich steh' um elf auf, eß' zu Mittag um zwei,
bin voll schon vor sieben, doch noch immer dabei,
dann schick ich nach Huren ...
Als sie mich beraubt' ums Geld und die Fotz',
da schrie ich und raste und tobte vor Wut,
ich verlor meine Hure, doch tat ich am Pagen mich gut.«

Eine der längeren Geliebten von Charles II. war die Kaufmannstochter Barbara Palmer. Sie war verheiratet, als sie am Hof eingeführt wurde, doch nach einigen Nächten mit dem König wurde ihr Gatte zum Earl ernannt. Später erhielt auch sie einen Adelstitel, der allerdings einen etwas ironischen Beiklang hatte: »Baroneß Nonesuch«. Nach vielen Jahren im königlichen Bett wurde sie dann zur Herzogin von Cleveland; unter diesem Namen ging sie als eine der promiskesten Frauen des englischen Hofes in die Geschichte ein.

Wie wurde man eine Kurtisane in Rom oder Venedig, eine königliche Mätresse in London oder Paris? Regelrechte Schulen gab es nicht, und doch benötigten die Mädchen eine Ausbildung, denn weiße Zähne und ein üppiger Busen allein reichten nicht aus. Vermutlich ist das Leben der Römerin Tullia d'Aragonza repräsentativ. Sie hatte eine Prostituierte zur Mutter und einen Geistlichen als Vater. Ihre Mutter war die nicht ganz unbekannte Giuliana Ferrarese, die viele vermögende Kunden gehabt hatte. Dennoch brachte sie ihre Tochter Tullia in einem heruntergekommenen, verfallenen Gebäude am Campo Marzio de San Trifone zur Welt. Der Mutter und dem Neugeborenen waren das Glück indes gnädig, denn der Kindsvater war

Eine *kadesh* oder Hure aus einer deutschen Bibelausgabe des 19. Jahrhunderts.

Ägyptische Prostituierte mit ihrem Kunden. Nach einer Papyruszeichnung aus dem Neuen Reich, ca. 1500 v. Chr.

Ein Sexdämon stattet einem erschrockenen Christen einen unerwarteten nächtlichen Besuch ab (Stich aus dem 18. Jahrhundert). Die Urkirche übernahm eine Reihe jüdischer Vorstellungen über Sexdämonen, die einen niedrigeren Rang als Satan hatten: Lilith, den Höllenprinz Asmodäus und die Prostitutionsengel. Im Mittelalter begann man, einen Sexdämon in Frauengestalt als Sukkubus zu bezeichnen, einen Dämon, der als Mann auftrat, als Inkubus. Die Theologen waren sich einig, daß Dämonen, die Männer verführen – das moralische Geschlecht – die gefährlichsten waren.

Der Trinkbecher aus Keramik ist illustriert mit einem athletischen Mann, der dabei ist, eine Prostituierte zu schlagen. Ein jüngerer Mann eilt der Frau zu Hilfe. Der Stock ist möglicherweise als Waffe gedacht, kann aber auch darauf hinweisen, daß der junge Mann ein wenig gehbehindert ist.

Der Gott Krishna war der besondere Beschützer der Prostituierten, denn wie er waren sie ebenso sinnlich wie verführerisch. Auf der Zeichnung ist Krishna mit einer Gruppe *gopi* zu sehen, Hirtenmädchen, die sich sofort auszogen, sobald sie seine Flöte hörten. Krishna hat sich im Baum versteckt – und beobachtet das Resultat seines Spiels. Die Zeichnung stammt aus dem 18. Jahrhundert, ihre hinduistische Prägung hat sich trotz des muslimischen Einflusses erhalten, den der Großmogul zu dieser Zeit in Delhi ausübte.

»Zu den Schwestern« steht auf dem Bordellschild aus Pompeji, auf dem die Bordellwirtin auf ihre drei Mädchen aufpaßt. Die Zahl ist ein Hinweis auf die römischen Göttinnen, die man mit Prostitution verband: Venus, Flora und Feronia – alle drei Beschützerinnen freigelassener Sklavinnen.

Am Eingang der großen Bordelle Roms gab es Bordellmarken zu kaufen, mit denen die Huren bezahlt wurden.

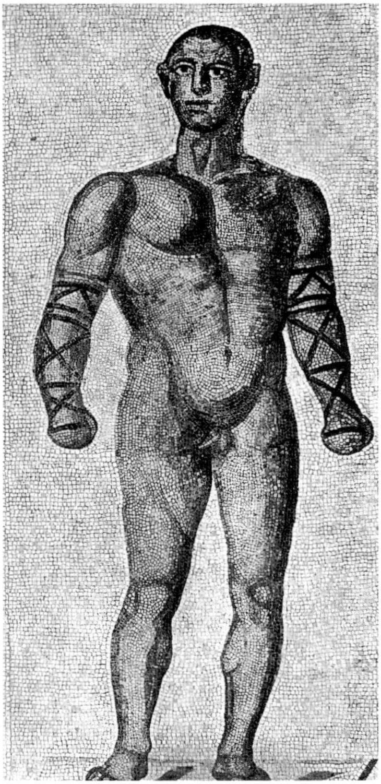

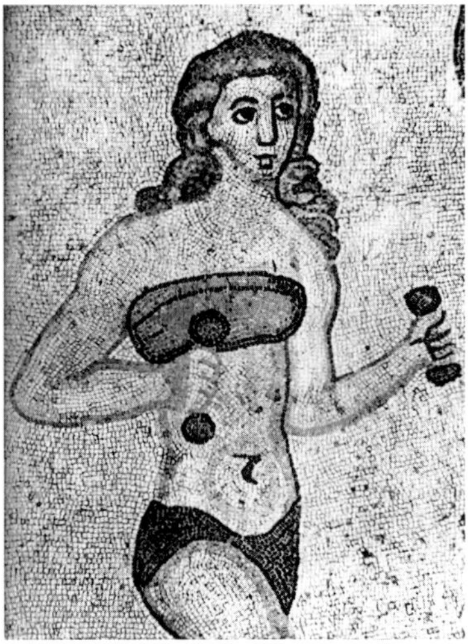

Die ersten Sportlerinnen der Geschichte waren Prostituierte. Dieses spätrömische Mosaik aus Sizilien zeigt eine Frau beim Hanteltraining.

Abbildung eines Gladiators aus den Caracalla-Thermen von Rom. Die Figur ist für den Boxkampf gerüstet – allerdings wurden Gladiatoren auch für ganz andere Zwecke eingesetzt und verliehen. In der Kaiserzeit Roms gab es viele Kunden, die zu einer Gladiatorenschule gingen, wenn sie die männlichen Prostituierten in den Bordellen für nicht kräftig genug hielten. Eine Nacht mit einem Gladiator war erheblich teurer, doch offenbar waren sie ihr Geld wert. Der Schriftsteller Martial berichtet, daß sich Männer und Frauen um die besten Gladiatoren schlugen.

Spätmittelalterliche Bordellszene (*rechts*). Eine der Prostituierten ist mit einem Freier im Bad, eine andere spielt die Laute für ihren Kunden, zusätzlich spielt ein Holzbläser. Die Liebesgöttin Venus hat eine eher symbolisch-erklärende Funktion auf diesem 1503 entstandenen Holzschnitt eines unbekannten Künstlers.

»Sturmangriff auf die Burg der Liebe«. Eine Illustration der Schrift *Champion des Dames*, eines Beitrags zur französischen Frauendebatte des 15. Jahrhunderts.

»Auf einer Steinbank im Garten« ist der Titel dieser idyllischen chinesischen Zeichnung aus dem 17. Jahrhundert. Der eingeschnürte Fuß der jungen Frau zeigt auf die empfindlichen Organe des jungen Mannes, bei dem es sich um einen Studenten oder ausgebildeten Mandarin handeln könnte. Ein Mädchen mit dieser Art von Füßen wurde nicht in Armut geboren, sondern als Tochter eines Kaufmanns oder Handwerkers, der in der Stadt wohnte. Die Zeichnung zeigt keinen ehelichen Geschlechtsverkehr – das wäre nicht aufreizend genug. Das Mädchen ist entweder eine Luxusprostituierte oder eine Geliebte.

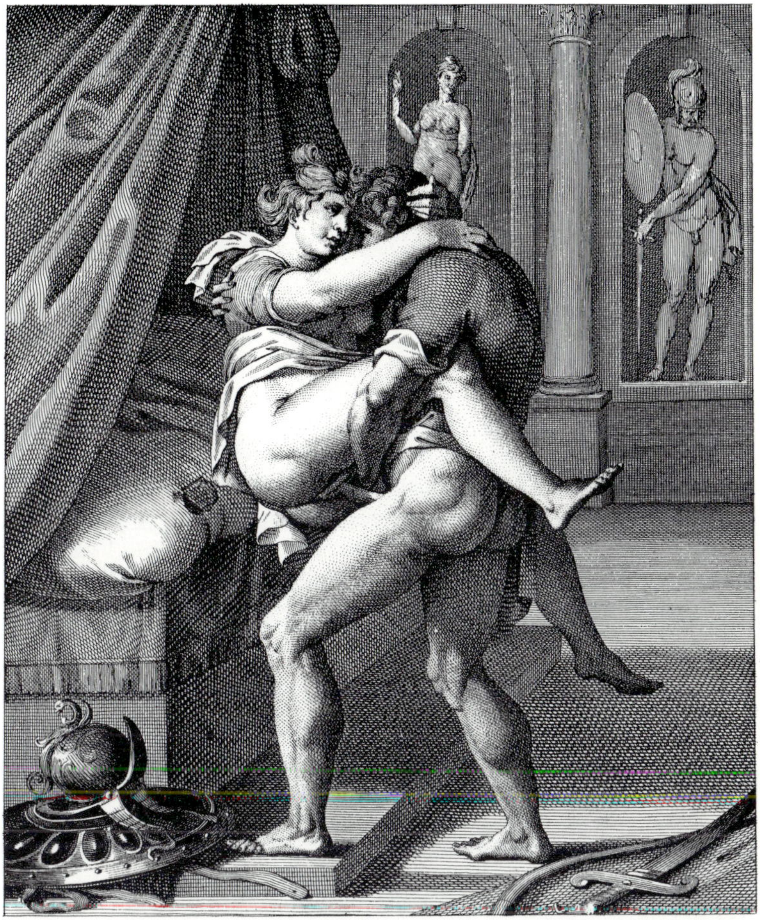

Agostino Caracchi produzierte eine Vielzahl erotischer Zeichnungen, die Serie »Himmlische Liebe« aus dem Jahr 1602 gehört sicherlich zu den Höhepunkten dieser Kunstgattung.

Im 17. Jahrhundert war es keineswegs ein Skandal, wenn Frauen von Stand bekannten Malern Modell standen. Sobald die Bilder allerdings für die Öffentlichkeit bestimmt waren, wurde der eigentliche Name des Modells nicht genannt, sondern der Name einer mythologischen Figur wie Venus oder Flora verwandt. Die unorthodoxe Nell Gwyn brach auch mit dieser Tradition. »Nell Gwyn – die wildeste und indiskreteste Person, die jemals an unserem Hof erschienen ist«, stand bezeichnenderweise unter dem Gemälde von Peter Lelys aus dem Jahr 1680.

»Den Weg der Hure« nannte William Hogarth eine Serie moralischer Kupferstiche, die um 1740 entstanden. Auf dem ersten Stich sehen wir ein kerngesundes Mädchen aus dem Dorf, deren erste Schritte in Richtung Abgrund gelenkt werden.

Häusliche Gemütlichkeit und Unschuld vermittelt François Bouchers Stich »La Toilette« aus dem Jahr 1742. Die erotische Ausstrahlung des Mädchens soll zufällig erscheinen, nicht geplant. Im 18. Jahrhundert bevorzugten die meisten besseren Bordelle in London und Paris diese intime Atmosphäre und wählten mit großer Sorgfalt Mädchen mit reiner, frischer Haut und einem unschuldigen Auftreten aus.

In *Fanny Hill* bestehen einige erotische Sequenzen aus reinen Berichten von Szenen, deren Zeugin Fanny zufällig oder geplant geworden ist. Auf dieser Illustration sehen wir Fanny, wie sie heimlich eine ältere Bordellwirtin beobachtet, die einen feurigen Neunzehnjährigen für ein gemeinsames Schäferstündchen bezahlt hat. Die Illustratoren Borel und Elluin haben diese Episode für eine französische Ausgabe der Fanny Hill aus dem Jahr 1776 festgehalten.

Henri de Toulouse-Lautrec malte häufig Prostituierte und leichtlebige Frauen. Auf einigen seiner Bilder wird das Bordelleben mit großen Realismus im Detail dargestellt. 1891 entstand das Plakat *La Goulue* für das Moulin Rouge.

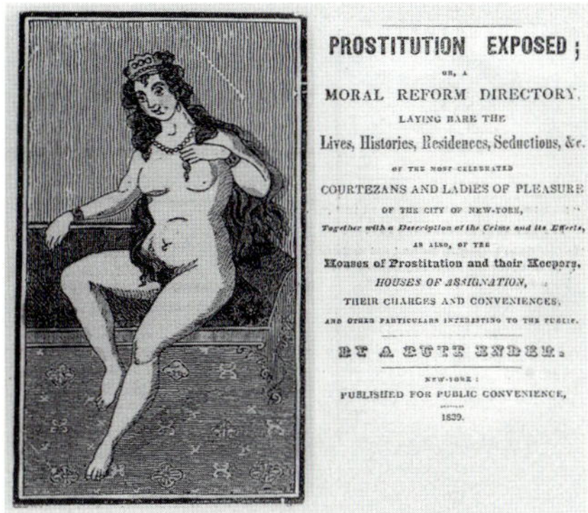

PROSTITUTION EXPOSED;
OR, A
MORAL REFORM DIRECTORY,
LAYING BARE THE
Lives, Histories, Residences, Seductions, &c.
OF THE MOST CELEBRATED
COURTEZANS AND LADIES OF PLEASURE
OF THE CITY OF NEW-YORK,
Together with a Description of the Crime and its Effects,
AS ALSO, OF THE
Houses of Prostitution and their Keepers,
HOUSES OF ASSIGNATION,
THEIR CHARGES AND CONVENIENCES,
AND OTHER PARTICULARS INTERESTING TO THE PUBLIC.

BY A BUTT ENDER.

NEW-YORK:
PUBLISHED FOR PUBLIC CONVENIENCE,
1839.

Das 1839 in New York erschienene Heft *Prostitution exposed* kam wie eine Agitationsschrift gegen die Prostitution daher, war jedoch vor allem ein Wegweiser für die männliche Kundschaft. Das Heft enthält detaillierte Beschreibungen der verschiedenen Etablissements und die Namen und Adressen von Prostituierten unterschiedlichen Alters und Aussehens.

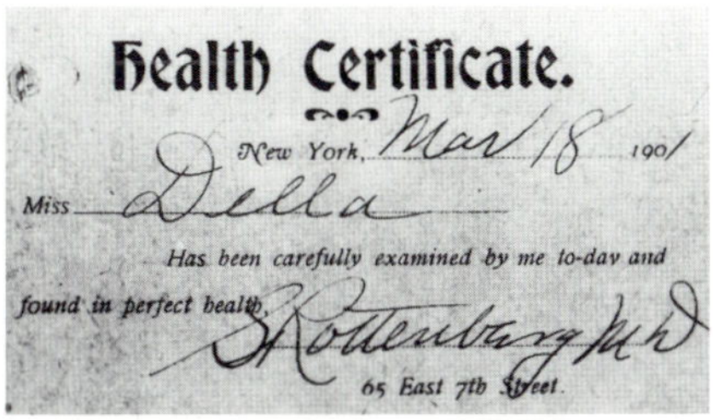

Health Certificate.

New York, Mar 18 1901

Miss Della

Has been carefully examined by me to-day and found in perfect health. S. Rottenburg M.D.

65 East 7th Street.

Das Gesundheitsattest für »Della« aus der 7th. Street in New York aus dem Jahr 1901. »Ich habe sie genau untersucht und finde, daß sie sich bei guter Gesundheit befindet«, bestätigte Dr. S. Rottenburg mit seiner Unterschrift.

Diese Zeichnung aus Joseph McCoys Buch über die Geschichte des Viehhandels zeigt die Tanzfläche des größten Bordells von Abilene in Nordtexas. Er war erste, der versuchte, seinen Zeitgenossen zu erklären, daß das Leben im Westen alles andere als ein Vergnügen gewesen ist, vor allem für alleinstehende Frauen. Sie schlugen sich als Prostituierte, Waschfrauen oder kleine Verkäuferinnen durch.

Eine junge *karayuki-san* in Singapur um 1910.

Ältere französische *fille publique* in Paris. Das Foto von Eugène Atget entstand einige Jahre vor dem Zweiten Weltkrieg.

Jüdische Frauenkäufer in Polen und Rußland 1902. Illustration von Eugène Grasset (*links*) zu Anatol Frances Roman *Der jüdische Hurenkäufer*.

»Orgie im Bordell«. Eine Zeichnung des deutschen Expressionisten Rudolf Schlichter aus dem Jahr 1920.

Die Mehrzahl der japanischen Militärprostituierten stammte aus Korea. Die Frauen auf diesem Bild (*rechts*) sind allerdings japanischer Herkunft. Sie meldeten sich 1942 freiwillig zum Dienst für den Kaiser und ihr Land. Kaum eine von ihnen wird sich eine Vorstellung von dem erbärmlichen Leben als Armee-Prostituierte gemacht haben.

Plakat, das vor der Ansteckungsgefahr von Geschlechtskrankheiten warnt. Die amerikanischen Gesundheitsbehörden ließen solche Plakate zu Beginn des Zweiten Weltkriegs produzieren.

Südostasiatische Go-Go-Tänzerinnen. In Thailand und auf den Philippinen eröffnen derartige Bars überall dort, wo es europäische, australische und amerikanische Touristen, Seeleute oder Geschäftsleute gibt. Die einheimische Prostitution spielt sich sonst eher diskret in Karaoke-Bars, Tanzlokalen, Versammlungshäusern und Bordellen ab.

Mitglieder des englischen Collective of Prostitutes, der größten Hurenorganisation Großbritanniens, präsentieren sich 1982 der britischen Presse.

ein Kardinal und bekannte sich zur Vaterschaft. Lodovico d'Aragonza bezahlte die Ausbildung seiner Tochter, solange er sich in dem von Intrigen wimmelnden Rom an der Macht halten konnte. Als er in Ungnade fiel und gezwungen war, die Stadt des Papstes zu verlassen, mußten die neuen Liebhaber der Mutter etwas zur Erziehung von Tullia beitragen. Sie lebte inzwischen in Siena und lernte das schönste Italienisch des Landes.

Einige Jahre danach lag Roms Männerwelt der schönen, gebildeten und schlagfertigen Tullia zu Füßen; die Mutter konnte an ihrer Seite den Triumph der Tochter genießen. Die zahlreichen guten Schulen, an denen Tullia d'Aragonza ausgebildet worden war, hatten sie zu einer hervorragenden Dichterin und Erzählerin gemacht, sie schrieb perfekt in Französisch und Latein, spielte Harfe und kannte alle Modetänze ihrer Zeit. Gleichzeitig war sie tonangebend in Stil- und Modefragen und eleganter gekleidet als jede andere Frau in Rom.

Nell Gwyn war ebenfalls die Tochter einer Prostituierten, 1650 wurde sie in einem Londoner Bordell geboren. Ihre Mutter betrieb das Bordell, ihre Schwester Rose arbeitete als Prostituierte. Nell begann als Schauspielerin zu einer Zeit, in der es allmählich akzeptiert wurde, daß Frauen auf der Theaterbühne auftraten. Sie war heiter und amüsant, und am Theater lernte sie, sich wie eine Lady zu benehmen. Gleichzeitig verschaffte ihr die Bühne eine Schar von zahlenden Bewunderern. George Villiers, der Herzog von Buckingham, war einer der vielen Männer, die ein Auge auf die attraktive und schlagfertige Schauspielerin geworfen hatten; zu seinen Aufgaben gehörte es, König Charles II. und dem Hochadel die talentiertesten Prostituierten der Stadt vorzustellen.

Als Nell Gwyn zum ersten Mal beim König eingeführt wurde, war sie allerdings taktlos genug, ihn direkt um Geld zu bitten. So etwas gehörte sich nicht, man hatte auf Diamanten, Privilegien und Titel zu warten. Doch Nell Gwyn lernte. Bei der nächsten Einladung Ihrer Majestät war sie diskreter, und im Laufe der Jahre gebar sie dem königlichen Vater zwei Söhne. Beide wurden geadelt und hinterließen große Familien.

Die Französin Jeanne du Barry wuchs bei ihrer alleinstehenden Mutter auf, die ein Wirtshaus betrieb und sich zeitweilig auch prostituiert hatte. Wie die meisten Töchter verhältnismäßig wohlhabender Huren wurde Jeanne als Kind in ein Kloster geschickt. Mit achtzehn Jahren kam sie nach Paris. Dort entdeckte sie ein obskurer Graf, dessen Spezialität es war, geeigneten Luxusprostituierten den »letzten Schliff« zu geben. Ausgestattet mit neuen Manieren, echten Diamanten, einem falschen Geburtsattest und dem fiktiven Ehevertrag mit einem unechten Grafen war Jeanne du Barry bereit für Versailles und wurde später die Geliebte König Ludwig XV. von Frankreich.

Jeanne-Antoinette Poisson war eine blendende Schönheit, allerdings von bürgerlicher Herkunft. Im Alter von vierundzwanzig Jahren begegnete sie auf einem Maskenball eher zufällig Ludwig XV. Trotz des Widerstands von aristokratischer Seite wurde sie die Geliebte des Königs, also mußte sie aus prinzipiellen Gründen zur Marquise erhoben werden. Als Madame de Pompadour wurde Jeanne-Antoinette Poisson berühmt. Sie erlangte nicht nur erheblichen politischen Einfluß, sondern war gleichzeitig auch stilbildend, denn fortan nannte man Frisuren, Kleidungsstücke und vieles mehr ganz direkt nach der »Madame«.

Sie war klug genug, um einzusehen, daß dieses Glück wahrscheinlich nicht von Dauer sein würde. Doch sie kannte die Empfangszeiten des Königs und sicherte sich so auch weiterhin ihren Teil der Macht. Sie übernahm persönlich die Administration der königlichen Geliebten und qualifizierte sich damit wirklich für den Titel »Madame«. Im Lustgarten von Versailles ließ sie ein Haus bauen, in dem sich der König selbst die Partnerinnen wählen konnte, jeden Abend eine andere. Die Mädchen lebten isoliert, erhielten aber täglichen Unterricht in Tanz, Gesang und Malerei. Der ganze Hof hatte von der Einrichtung gehört, man wußte jedoch nicht, daß dieses Haus ausschließlich dem König zur Verfügung stand. Die Mädchen glaubten, was man ihnen erzählt hatte: daß ihr treuer nächtlicher Gast ein polnischer Graf sei, der im Exil lebte. Als eines der Mädchen schließlich den Zusammenhang ahnte, wurde sie in ein Irrenhaus gesteckt, noch bevor sie ihre Geschichte weitererzählen konnte.

In Tullia d'Aragonzas Wohnung in Rom fanden in den dreißiger Jahren des 16. Jahrhunderts die elegantesten Feste der Stadt statt; die Päpste aus dem Hause Medici waren ein fester Bestandteil der Gästeliste. Als irgend jemand einmal eine herabsetzende Bemerkung über die Ehrbarkeit der Gastgeberin machte, kam ihr die gesamte römische Aristokratie mit dem jungen Grafen Orsini an der Spitze zu Hilfe.

Tullia d'Aragonza machte daher den Fehler ihres Lebens, als sie Roms jungen Aristokraten ganz offen einen feisten deutschen Kunden vorzog. Die jungen Lebemänner inszenierten eine regelrechte Schmutzkampagne, und von einem Tag auf den anderen war Tullia nicht mehr *en vogue,* obwohl sie weder an Witz noch an Schönheit verloren hatte. In Ferrara herrschten liberale Verhältnisse, dort hoffte sie sich neu etablieren zu können. Da Tullia d'Aragonza auch hübsche Gedichte verfaßte, wurde sie im Salon von Vittoria Colonna empfangen, einer der führenden weiblichen Schriftstellerinnen des 16. Jahrhunderts. Ein französischer Diplomat, der nicht verstanden hatte, wer die neu angekommene Dame war, schrieb einen begeisterten Rapport nach Paris. Er berichtete über eine »göttliche Frau«, die Arien wie ein Lerche sang und sich intelligent über jedes Thema, von der Theologie bis hin zur großen Politik, unterhielt: »Und dennoch gibt es niemanden, der es wagt, ihr nahezukommen, nicht einmal der sonst so strahlende Marquis de Pescara.«

Letztlich war Ferrara doch eine zu kleine Stadt für eine Frau mit Tullias Reputation. Auch Venedig entsprach nicht ihren Erwartungen. Zwar war der gebildete Humanist Bernardo Tasso,

Vater des Dichters Torquato Tasso, von ihr vollkommen fasziniert, doch verfügte er leider nicht über die Mittel, ihr den Lebensstil zu ermöglichen, den sie gewohnt war. Darüber hinaus verteidigten Venedigs Kurtisanen ihr Gebiet erfolgreich gegen unerwünschte Eindringlinge. Tullias nächster Aufenthalt war Siena. Hier versuchte sie einige Jahre, als verheiratete Ehefrau ein unauffälliges Leben zu führen, doch sie wurde von den Behörden ausfindig gemacht und schikaniert.

In ihrer Not schrieb Tullia d'Aragonza ein Bittgesuch in Sonettform an den Herzog der Toskana, der ihr Schutz in Florenz versprach. Endlich befand sie sich wieder in literarischer Gesellschaft und freundete sich mit Benedetto Varchi an, einem weiteren Renaissancehumanisten. Tizian hat Varchi in einem zeitgenössischen Portrait festgehalten, für seine zahlreichen Venus- und Magdalenenbilder saßen jedoch andere venezianische Kurtisanen Modell, nicht Tullia. Sie ließ ihren klugen Freund Varchi als Hauptperson in einem ihrer bekanntesten Werke auftreten, dem Dialog *Dell'infinatà d'amore,* in dem es um die Vielfalt und Grenzen der körperlichen Liebe geht.

Als Tullia d'Aragonza einige Jahre später in das Rom ihrer Kindheit zurückkehrte, führte sie ein weitaus stil- und glückloseres Leben. Der neue Papst, Paul III., sorgte persönlich für ihre Demütigung, als er von ihrer Rückkehr nach Rom erfuhr. Seine Schergen zwangen sie, den Schleier zu tragen, der als obligatorische Bekleidung der einfachen Huren vorgeschrieben war. Der Papst wollte ein Exempel statuieren. Es überrascht kaum, daß zu seinen ersten Opfern Italiens unmoralischster Autor Pietro Aretino, der Rom verlassen mußte, und die berühmteste und schriftstellerisch begabteste Luxusprostituierte des Landes gehörten.

Wie starben die Kurtisanen? Imperia Cognata fand schon im Alter von knapp dreißig Jahren im frühen 16. Jahrhundert den Tod. Ein Bote des Vatikans kam mit der letzten Ölung von Papst Julius II., die besten Ärzte Roms saßen an ihrem Krankenlager. Die Nachricht von ihrem Tod verbreitete sich sofort in den Straßen, die Bevölkerung trauerte. Imperia Cognata hinterließ ein Vermögen. Es wurde für die Pflasterung der Strada del Populo verwendet, wo sich so viele Huren mit weniger Erfolg ihr tägliches Brot verdienten.

Auch Veronica Franco hinterließ bei ihrem Tod ein großes Vermögen, stiftete es aber einem Magdalenenheim. Offensichtlich ein Signal, daß sich ihre Sicht auf ihren Lebensstil mit der Zeit geändert hatte.

In England lebte Nell Gwyn ihr ganzes Leben ohne Adelstitel. Ohne Scham trat Nell mit ihrem eigenen, einfachen Namen auf und präsentierte sich öffentlich als die »protestantische Hure des Königs«. Ihr unprätentiöses Auftreten ließ sie zum Liebling des ganzen Volkes werden; in Versen und Weisen wurde sie zu einem Symbol für eine gesunde, protestantische Weiblichkeit. Als die »kleine« Nell 1687 als eine der beliebtesten Frauen Englands starb, wurde Staatstrauer angeordnet.

Tullia d'Aragonza schrieb ihr Testament in fehlerfreiem Latein, bevor sie 1556 im Alter von knapp fünfzig Jahren in Rom starb. Wäre nicht die Hinterlassenschaft von fünfunddreißig Büchern und elf Bänden mit persönlichen Aufzeichnungen gewesen, man hätte glauben können, eine arme Straßenhure habe das Zeitliche gesegnet, nicht eine der meistbewunderten Frauen ihres Jahrhunderts. Zum Zeitpunkt ihres Todes besaß Tullia nicht ein einziges Schmuckstück mehr, geblieben waren ihr nur noch drei Kleider, fünf ziemlich verwaschene Laken, zwei Kopfkissen, ein Teppich und vier Stühle.

Kapitel 13

Liebe in der Südsee

Europäische und chinesische Reisende in Südostasien und auf dem Pazifischen Ozean beschrieben die Frauen dieser Region zu allen Zeiten als leichtbekleidet, liebevoll und voller Initiative. Menschen – oder besser gesagt Männer –, die heutzutage diesen Inseln einen Besuch abstatten, haben häufig noch immer einen erstaunlich ähnlichen Eindruck. Vor allem auf den abgelegeneren Inseln scheint das zwischenmenschliche Verhältnis nur in geringem Maß vom Gang der Jahrhunderte oder den kulturellen und sozialen Veränderungen beeinflußt zu sein. Gern wird daher von Erfahrungen geträumt, wie sie die Reisenden vor einigen Jahrhunderten gemacht haben. Nur ist das sanfte »Hello« und der einladende Flirt, mit dem man sich begrüßt, keineswegs die Aufforderung zu einem One-nightstand. Ob es zu einer gegenseitig verpflichtenden Beziehung kommt, entscheidet nicht der Mann, sondern die Frau, wenn sie es tatsächlich möchte.

An den Stränden des Südchinesischen Meeres und des Pazifischen Ozeans ist die Prostitution in den abseits gelegenen Regionen noch zu Beginn des 21. Jahrhunderts ein kulturell fremdes Phänomen, etwas »Übernommenes« oder »Geliehenes«. Der aufmerksame Beobachter kann es an den Stimmen hören oder am Gang sehen, wenn ein Mädchen nicht von den Inseln stammt, sondern wahrscheinlich aus Manila, Bangkok oder Saigon.

Wer hat sich nicht schon einmal ausgemalt, wie es wohl gewesen sein mag, als die H.M.S. Bounty in dem berühmten

Jahr 1788 vor Tahiti ankerte? Sämtliche Seeleute einschließlich des strengen Kapitäns William Bligh verliebten sich in die Insel; und die meisten – mit Ausnahme des Kapitäns – waren überwältigt von dem herzlichen Empfang der polynesischen Frauen und Männer. Die Kehrseite der Medaille entdeckten sie erst später, als venerische Krankheiten sich ebenso wie die Eifersuchtsdramen ausbreiteten. Denn bei weitem nicht alle Frauen waren zufrieden mit dem ersten weißen Mann, den sie bekamen. Sie wählten sich dann ganz einfach einen anderen.

Nicht nur in den modernen Verfilmungen der Meuterei auf der »Bounty« ist Fletcher Christian, der stellvertretende Kommandant des Schiffes, der attraktivste der weißen Männer. Offenbar war es 1788 tatsächlich so. Nachdem er eine Zeitlang von einer Umarmung zur nächsten weitergereicht worden war, landete er schließlich bei Mauatuas, der Prinzessin der Insel, die er auf den Namen Isabella taufte. Christians Bursche oder *tyo* war der einzige, mit dem Isabella ihm zu schlafen gestattete, wenn sie indisponiert war. In diesem sexuellen Traumland bestimmte die Prinzessin.

Im 17. und 18. Jahrhundert meinten viele puritanische Europäer, daß man die Frauen und Männer der Südsee eigentlich »Huren« und »Hurenböcke« nennen müßte, ebenso wie es gegenüber sexuell promisken Menschen in Europa gang und gäbe war. Europäer, die einen vorurteilsfreieren Blick für die Verhältnisse hatten, mußten jedoch lernen, daß es überhaupt nichts half, Geld anzubieten und bezahlen zu wollen, wenn sie einer einheimischen Frau nicht gefielen. Die Frauen benötigten kein Geld, sie wußten, daß sie aufgrund der Arbeit, die sie leisteten, wertvoll waren. Gleichzeitig waren sie gewohnt, für die Befriedigung ihrer Lust selbst zu sorgen.

Antonio Pigafetta, ein genau beobachtender italienischer Matrose, der um 1520 bei Magellans imponierender Erdumseglung Tagebuch führte, erzählt so lebendig, daß sein Buch bis heute mit Vergnügen zu lesen ist. Pigafetta war zudem unglaublich neugierig. Ohne jede Scham stellte er der Bevölkerung auf allen Inseln, die von der Expedition besucht wurden, seine Fragen. Pigafetta war interessiert am Sex und den Geschlechtsorganen, er fragte, und er bekam Antworten. Folglich konnte er mit einem großartigen Detailreichtum erklären, wie und warum die Männer auf den Philippinen und auf Borneo eine kleine Eisen- oder Goldkugel in die Glans ihres Penis einsetzten, wenn sie erwachsen wurden: »Die Männer sagen, sie tun es, weil die Frauen es so wollen; wer es nicht macht, bekommt zu Frauen keinen Kontakt.«

Auch auf anderen Inseln in der Region wurden chirurgische Eingriffe an den Geschlechtsorganen vorgenommen, die man als eine Mischung aus Piercing und Beschneidung bezeichnen könnte. Doch im Unterschied zu den Beschneidungen in Afrika wurden hier sämtliche Operationen vorgenommen, um den Frauen ein größeres sexuelles Vergnügen zu verschaffen.

Der niederländische Kaufmann Jacob Cornelius van Neck bereiste um das Jahr 1600 verschiedene Häfen in Südostasien. Er hielt sich einige Zeit in Pattani auf, einem muslimischen Küstenstaat in der Nordhälfte der Malacca-Halbinsel, dessen Radscha ein Vasall des Königs von Siam war. Die Frauen von Pattani beschrieb van Neck folgendermaßen: »Die jungen Frauen suchten die europäischen oder chinesischen Händler, die ihnen gefielen, direkt auf und schlugen vor, sie für kürzere Zeit als Ehefrauen zu nehmen. Vorausgesetzt, beide Partner einigten sich über die Bezahlung, würde sie tagsüber seine Köchin und Dienerin und nachts seine Frau sein. Er durfte nicht mit anderen Frauen schlafen, und sie durfte nicht mit anderen Männern sprechen. Wenn die Zeit vorbei war und sein Schiff auslaufen sollte, trennten sie sich als gute Freunde, und sie nahm die vereinbarte Bezahlung entgegen.«

Im 17. Jahrhundert kamen europäische Händler in Kontakt mit Ostindien und Indochina, der damaligen Bezeichnung für das heutige Südostasien. Sie fanden eine Region vor, die politisch gesehen an ein mittelalterliches Westeuropa beziehungsweise an die europäische Peripherie erinnerte. Hier gab es noch klare Trennungen zwischen Königsmacht und Kaufmannsstand, Handwerkern und anderen Städtern. Nur eines fehlte: freie, sich prostituierende Frauen.

Monumentalbauten wie Angkor Wat und Borubudur zeugen davon, daß in Kambodscha und auf Java – lange bevor die Europäer kamen – eine alte Hochkultur existierte, die Ähnlichkeiten mit indischen und chinesischen Kulturen aufwies. Südostasien war jedoch nicht durch ähnlich umfassende politisch-soziale Systeme geprägt und hatte auch bei weitem keine so reiche Schriftkultur wie Indien oder China. Dennoch hatten Reisende aus Europa oder China, der arabischen oder der indischen Welt keinerlei Zweifel, daß dieser Teil der Welt »zivilisiert« war.

Wenn Europäer weiter in Richtung Südosten reisten, stieg das Unbehagen, denn in Australien, Neuguinea und auf den kleineren melanesischen Inseln stießen sie auf Volksstämme und Gesellschaften, die auf einer deutlich niedrigeren Entwicklungsstufe lebten und tatsächlich noch primitive »Wilde« waren.

Im 18. Jahrhundert entdeckten die Europäer eine weitere Inselgruppe im Pazifischen Ozean: Polynesien. Die Entdekkungsreisenden Louis de Bougainville und James Cook hatten wieder eine »Zivilisation« gefunden. Denn sprachlich und kulturell hatten diese kleinen Inselgemeinschaften mit den Gesellschaften Südostasiens weitaus mehr gemein als mit den primitiven Melanesiern; auf Tonga, Tahiti und Hawaii existierten sogar kleine Königreiche. Die Europäer paßten sich rasch den Verhältnissen an.

Bis zur Mitte des 19. Jahrhunderts blieben die Europäer »Gäste« in Südostasien und dem Gebiet des Pazifischen Ozeans; sie trieben Handel und machten ihre Geschäfte in den Nischen der fremden Kulturen. Nur wenige hatten den Anspruch, diese Region nach ihrem eigenen Bild umzugestalten.

Um so mehr Zeit hatten ausländische Reisende, sich diese Länder und ihre Kulturen anzusehen und sich zu wundern. Am beeindruckendsten waren wahrscheinlich die Frauen mit ihrer freundlich-einladenden Körpersprache und der leichten, eng anliegenden Kleidung. Auch diese Frauen gebaren Kinder, versorgten die Häuser und beteiligten sich an der Landwirtschaft. Gleichzeitig aber waren sie weitaus stärker in Politik und Handel involviert als in Indien, China oder Europa. Vielerorts trugen sie sogar Waffen, die mächtigen Sultane von Aceh auf Nordsumatra hatten sich mehrere Generationen lang bevorzugt von unverheirateten Frauen als Leibgarde schützen lassen. In Aceh vertrat man die Auffassung, daß Frauen nicht so schnell abdrückten. Weibliche Soldaten schossen nur, wenn es unbedingt notwendig war, außerdem entwickelten sie eine größere Loyalität gegenüber ihrem Herrscher.

Bei der Heirat ziehen die Männer Südostasiens und Polynesiens bis heute häufig in das Haus oder das Dorf der Ehefrau; dadurch haben die Männer weitaus weniger Verbündete, sollte es zu einem Konflikt zwischen den Eheleuten kommen. Mit einem gewissen Recht kann man daher von einer matriarchalischen oder maternalistischen Gesellschaft sprechen. Es ist eine kulturelle Besonderheit, die diese Regionen in mehrfacher Hinsicht von ihren Nachbarn abgrenzt: von den sehr patriarchalisch orientierten Gesellschaften in Indien, China oder Japan einerseits und von der primitiven, chauvinistischen, von Männern dominierten Gesellschaft Melanesiens.

Ökonomisch, politisch und sexuell waren Frauen und Männer in Südostasien und Polynesien seit altersher gleichgestellt. Vorehelicher Geschlechtsverkehr war verbreitet, und wenn eine Frau mit ihrem Partner unzufrieden war, wurde ohne größere Probleme eine Scheidung vollzogen. Auch entschieden die Frauen selbst über Abtreibungen.

Das Christentum und der Islam hatten andere Ansichten über die Rolle der Frau und ihr sexuelles Vergnügen. Die Verbreitung dieser beiden Religionen in Südostasien und Polynesien ist eine der Erklärungen dafür, daß die ursprüngliche weibliche Unabhängigkeit im Laufe der vergangenen hundertfünfzig Jahre zurückgegangen ist. Dennoch blieben manche Dinge unverändert: So findet sich die Form des Piercing, von dem Pigafetta so fasziniert war, auf den Philippinen, Borneo und anderen Inseln noch immer, allerdings nur noch in einzelnen Orten und nicht mehr so häufig wie früher.

Der Islam hatte sich in Südostasien bereits etabliert, als die Europäer das Christentum nach Malacca, Java, Sumatra, Borneo und die übrigen südlichen Teile von Mindanao und Sulawesi brachten. Der Islam war die Hauptursache für das niedrige Heiratsalter, das die Europäer innerhalb der aristokratischen Familien in den vielen kleinen Sultanaten registrierten. Religiöse Veränderungen fanden auch auf den Philippinen und in Vietnam statt, wo sich die christliche Religion und der Konfuzianismus mit animistischen Lehren und dem Buddhismus vermischten. Nur die alte und traditionsverbundene Strömung des Theravada-Buddhismus in Burma, Siam (Thailand) und Kambodscha widerstand dem Druck, doch selbst hier veränderten sich unter dem Einfluß des Christentums die Ansichten über das Verhältnis der Geschlechter. Wachsender Wohlstand und eine größere Lesefertigkeit führten dazu, daß die aristokratischen Frauen innerhalb ihrer Familien zu immer abhängigeren, beinahe dekorativen Accessoires wurden. Durch Buchausgaben und Tanz- und Theateraufführungen des hinduistisch inspirierten *Ramayana* – des verbreitetsten profanen Textes in Südostasien – kam es zu einer neuen, konservativen Auffassung von der Rolle der Frau, zunächst in der Aristokratie, dann auch in der Mittelschicht. Dennoch genießen in diesen buddhistischen Staaten die Frauen der Oberklasse bis heute erhebliche sexuelle Freiheiten, auch gegenüber Männern, deren gesellschaftliche Position gleichrangig oder ranghöher ist.

Auch in den Dörfern Südostasiens und Polynesiens leben Frauen noch immer freier als die meisten Frauen der übrigen Welt. Dies gilt selbst für die buddhistischen und christlichen

Gebiete. Doch obwohl sich ein Teil der alten »Frauenfreiheit« noch erhalten hat, unterliegt die weibliche Sexualität zweifellos ständig größeren Restriktionen. Und die Prostitution, die so gut wie unbekannt war, bevor die Europäer und die Chinesen in diese Region kamen, ist heute in Südostasien verbreiteter als in irgendeinem anderen Teil der Erde. Das scheint paradox, aber auch dafür gibt es eine Erklärung.

Parallel zur Verbreitung des Islams und des Christentums wuchsen die Städte, gleichzeitig veränderten neue ökonomische Produktionsformen auf dem Land das traditionelle Muster der Geschlechterrollen. Immer mehr ausländische Händler kamen in die Region, und mit dem Wachstum der Städte und der wachsenden Zahl alleinstehender, fremder Männer entwikkelte sich eine neue sexuelle Kultur, die sich an den Erwartungen und Forderungen orientierte, die die zugereisten chinesischen, indischen, arabischen oder europäischen Händler aus ihren Heimatländern mitbrachten.

Europäische Reisebeschreibungen aus dem 16., 17. und 18. Jahrhundert erzählen von Seefahrern mit einer offenen Einstellung zur Sexualität. Sie hatten großes Verständnis, daß sich das menschliche Miteinander nicht notwendigerweise überall so abspielen mußte wie in ihren Heimatländern. Im 19. Jahrhundert waren die europäischen Männer längst nicht mehr so vorurteilsfrei. Die Prostitution, die bis 1500 in Südostasien unbekannt war, eskalierte proportional zur Anzahl der Europäer, Araber und Chinesen und den wachsenden Vorurteilen gegen die traditionelle Lebensweise der Einheimischen.

Der Niederländer van Neck, der detailliert die traditionellen »temporären Ehen« mit malaiischen Frauen schilderte, hatte bereits 1602 in Pattani und anderen Handelsstädten so etwas wie europäisch oder chinesisch beeinflußte Prostitution beobachtet. Es gab Frauen, die ganz offen zu erkennen gaben, daß sie zu einmaligen sexuellen Dienstleistungen gegen Barzahlung bereit waren. Van Neck wollte mehr darüber wissen, und es stellte sich heraus, daß diese Frauen Sklavinnen des jeweiligen lokalen Sultans oder Fürsten waren, die einfach versuchten, sich eigene Einnahmen zu verschaffen. Als der spanische Gouverneur der Philippinen, Gomez Dasmariñas, zu Beginn des 17. Jahrhunderts die Hauptstadt des Sultanats Brunei an der Küste Borneos besuchte, beobachtete er Ähnliches: Die weiblichen Sklaven des Sultans ruderten zu der gerade eingetroffenen Galeasse hinaus, um ihre Dienste gegen Geldbeträge anzubieten, die in diesem Falle allerdings der Sultan erhielt.

Im 17. Jahrhundert war Ayutthaya die Hauptstadt von Siam, später Thailand. Dort hatte ein königlicher Beamter die Aufgabe, die sechshundert Sklavinnen zu beaufsichtigen, die der König brauchte, um die Nachfrage der wachsenden Anzahl europäischer und chinesischer Händler nach Sex zu befriedigen. Ende des 17. Jahrhunderts wurde Siams Hauptstadt näher an die Küste verlegt, Bangkok entstand. Europäische Besucher berichteten nun über eine blühende Prostitution in Bangkok wie in Rangun, wo der König von Burma ein großes Lager mit Sklavinnen unterhielt, die ebenfalls kurzzeitig an fremde Händler verliehen wurden. In Siam und Kambodscha verdiente ausschließlich die königliche Familie an den Einnahmen aus dem Prostitutionsgewerbe. In Thailand hielt sich diese Tradition bis zum Zweiten Weltkrieg, in Kambodscha behielt Königin Kossamak sogar bis zu dem von den Amerikanern organisierten Putsch 1970 die volle Kontrolle über die Einnahmen.

Jeglicher Sklaverei ist die Tendenz des sexuellen Mißbrauchs immanent, deshalb kann dieses Phänomen leicht mit der Armenprostitution verwechselt werden. In Südostasien hatte die Sklaverei eine lange Tradition, die Prostitution hingegen wurde importiert und entwickelte sich erst mit der Nachfrage ausländischer Händler. Gleichzeitig wuchs in den kleinen muslimischen Sultanaten in den südlichen Regionen die Skepsis gegenüber den »ungläubigen« Europäern und Chinesen, es kam zu einem deutlichen Rückgang der temporären Ehen mit zugereisten Fremden. Im Laufe des 19. Jahrhunderts folgten auch die Sultanate dem Beispiel der buddhistischen Könige und begannen die Prostitution zu fördern. Man wollte den Einfluß der Fremden auf die eigenen Frauen begrenzen.

In der zweiten Hälfte des 19. Jahrhunderts erlebten Südostasien und das Gebiet des Pazifischen Ozeans enorme politische und ökonomische Veränderungen. Die Niederländer, die Engländer und die Franzosen teilten die Region untereinander auf und sicherten die politische und ökonomische Kontrolle für den jeweiligen Einflußbereich. Überall entstanden Minen und Plantagen und führten zu einer wachsenden Zahl weißer Verwalter und Assistenten. Gleichzeitig wurden Hunderttausende von Kulis aus Südchina auf die Philippinen, nach Java, der Malacca-Halbinsel und Sumatra importiert. Auf die Fidschi-Inseln brachte man Inder, nach Hawaii ebenfalls Chinesen; die Urbevölkerung Australiens und Melanesiens wurde innerhalb der Inseln umgesiedelt. Die zwangsrekrutierten Arbeitskräfte ließen sich am besten unter Kontrolle halten, wenn sie sich weit von ihrer Heimat befanden und eine Flucht unrealistisch erschien.

Mit dem allmählichen Anstieg der Rohstoffproduktion wuchs auch der Welthandel. Die Bevölkerungszahlen stiegen drastisch, am deutlichsten in den Küstenstädten und den wirtschaftlich interessantesten Handelszonen. Unter den Seeleuten, bei der Stadtbevölkerung und in den Minengebieten und Plantagen entwickelte sich ein signifikanter Frauenmangel.

Es gab unterschiedliche Methoden, sich weibliche Gesellschaft zu verschaffen. Den Minen- und Plantagenbesitzern standen die finanziellen Mittel zur Verfügung, sich auf der Plantage eine vietnamesische, malaiische oder polynesische Geliebte zu halten. Hin und wieder suchten sie Abwechslung bei einer japanischen Prostituierten in der nächstgelegenen Küstenstadt. Für die Kulis blieb der Besuch eines Bordells die einzige Alternative zur Enthaltsamkeit – es sei denn, sie wählten die Homosexualität.

Die Frauen in Vietnam, Thailand und des malaiischen Kulturkreises lernten schnell von den zugereisten ostasiatischen und europäischen Prostituierten, und immer mehr Frauen ließen sich von Händlern, Seemännern und chinesischen Kulis mit barem Geld bezahlen. Die südostasiatischen Männer waren die letzten, die mit dem sich rasch entwickelnden Kreislauf der Prostitution in Kontakt kamen. Ende des 19. Jahrhunderts jedoch begannen auch thai- und vietnamesischsprechende Männer und Malaien zu begreifen, daß ein gelegentlicher Besuch bei einer Prostituierten eigentlich recht praktisch war. Vor allem war es billiger, als neben der eigentlichen Familie noch eine Geliebte oder eine Zweitfrau zu unterhalten, wie es wohlhabende, virile Männer bis dahin getan hatten.

Das sich über ein weites Gebiet erstreckende, bevölkerungsarme Polynesien liegt fern von der übrigen Welt, und noch immer ist es für Männer und Frauen eine Idylle. Prostitution ist in Polynesien bis heute nicht sonderlich verbreitet. Vielleicht ist dieses Phänomen auch durch andere Faktoren zu erklären. Zum einen spielt der Protestantismus inzwischen eine große Rolle, andererseits erhält die Region aus strategischen und weltpolitischen Gründen erhebliche finanzielle Mittel aus den USA und Frankreich. Möglicherweise müssen sich daher nur wenige Frauen prostituieren.

Das urbanisierte und übervölkerte Südostasien ist jedoch heute der Teil der Welt, der im Verhältnis zur Gesamtbevölkerung die höchste Zahl an Prostituierten aufweist. Mehrere Jahrhunderte ist die Prostitution in Südostasien immer stärker gewachsen, und für diese Entwicklung gibt es offensichtliche, logische Erklärungen. Es kommt mir wie ein Paradox der Geschichte vor, daß den chinesischen und europäischen Männern, die nach Südostasien kamen, die Freuden der Liebe zunächst umsonst angeboten wurden. Doch statt die Liebe unter dem Rauschen der Südseepalmen zu genießen, zogen sie den unpersönlichen Sex vor, bei dem sich die Leistung nach der Bezahlung richtete.

Kapitel 14

Das Freudenmädchen Fanny Hill

Fanny Hill. Memoiren eines Freudenmädchens lautet der Titel von John Clelands verhaßtem und gepriesenem libertären Roman aus dem Jahr 1748. Im zeitgenössischen England wurde das Buch von der Zensur verfolgt, und selbst in unseren Tagen wird der Roman noch als pornographisch und moralisch verwerflich bezeichnet. Die Memoiren wurden bereits unmittelbar nach Erscheinen in zahlreiche Sprachen übersetzt. In England war der Text lange nur in einer illegalen Ausgabe erhältlich und erschien schließlich in einer gereinigten, moralisch bearbeiteten Fassung, die zu Recht längst vergessen ist.

Leider ist es einem ausgesprochen tugendhaften Zweig der Literaturwissenschaft lange gelungen, die literarische Qualität des Buches zu diskreditieren. Es wurde weniger der Inhalt diskutiert, sondern vor allem auf den Skandal verwiesen, den das Buch bei seinem Erscheinen verursacht hatte. Mit der Zeit bekam es den Charakter von »Bückware«. Der Originaltext von *Fanny Hill* ist jedoch eine bereichernde Lektüre und eine vielseitige und herausfordernde Quelle, die Einblick in die Prostitution, das Sexualleben und die Verteilung der Geschlechterrollen im 18. Jahrhundert liefert.

John Cleland war ein aufgeklärter und vielgereister Gentleman, der in den Kolonien des Mittleren Ostens, in Indien und Ostindien einflußreiche Ämter bekleidete; er hatte eindeutig persönliche Erfahrungen mit Prostituierten in England und Indien, weiblichen wie männlichen. Sein Buch wurde zum Mittelpunkt einer wichtigen Debatte über Sexualmoral, individuelle Freiheit und Prostitution im England und Frankreich des 18. Jahrhunderts. Denn gleichzeitig mit Cleland ließen andere Autoren in England und Frankreich Bücher mit ähnlich gelagerter Thematik erscheinen.

Der Maler William Hogarth schilderte auf Ölgemälden und Kupferstichen Szenen aus dem englischen Straßenleben; eine seiner Serien trug den Titel *The Harlot's Progress.* Während Cleland die Prostitution als Schlüssel zu sozialem Fortschritt und Wohlstand darstellte, zeigte Hogarth Frauen, die Schritt für Schritt in Alkoholismus und Elend enden. Hogarth war allerdings überzeugt, daß eine Prostituierte ein gutes Herz haben konnte, auch wenn ihr Schicksal grausam war. Er forderte seine Landsleute daher auf, Mitgefühl zu zeigen und die Prostituierten zu »retten«.

Die Frage, ob einer der beiden Künstler der Wahrheit näher kam, ist kaum eindeutig zu beantworten. Daß Clelands Heldin Fanny nur begrenzt repräsentativ sein konnte, war dem Autor selbst bewußt. Dennoch blieb der Nachwelt *the happy hooker* Fanny Hill, die glücklichste Hure der Weltliteratur, als *das* Buch Clelands in Erinnerung.

Fanny Hill ist zweifellos eine Schönwettergeschichte. Ausführlich wird nicht nur von spannenden sexuellen Erlebnissen erzählt – die von der Heldin immer genossen werden –, sondern auch von der großen, romantischen Liebe. Und ihr Liebhaber Charles hat als Student darüber hinaus einen deutlich besseren sozialen Hintergrund als das Bauernmädchen Fanny.

Im Roman ist es Fanny, die mit Hilfe von Briefen an eine Freundin und Kollegin das Wort führt. Wir erfahren alles über ihre Gefühle, als sie zum ersten Mal ihren Traumhelden erblickt, der verkatert, aber wunderschön, den Schlaf der Unschuld in dem Bordell schläft, in dem Fanny angelernt wird: »Welch ein Anblick bot sich mir da! Weder Jahre noch andere Begegnungen können diesen ersten Eindruck aus meiner Seele löschen, den er auf mich machte ... selbst Müdigkeit und Blässe verliehen seinen Zügen eine unbeschreibliche Süßigkeit.« Es ist Liebe auf den ersten Blick. Tatsächlich ergeht es Charles ebenso, als er aus seinem Rausch erwacht und den Engel Fanny erblickt. Die beiden jungen Leute fliehen zusammen aus dem Bordell und ziehen in eine gemütliche kleine Wohnung, wo Charles alsbald die Jungfrau Fanny in eine sexuell reife Frau verwandelt.

Doch dann treibt das Schicksal die Liebenden auseinander. Fanny wird ihr Geld künftig mit Prostitution verdienen, allerdings immer auf gehobenem Niveau. Sie unterhält jederzeit eine anständige, ordentlich möblierte Wohnung und beschäftigt ein Dienstmädchen.

Erst gegen Ende des Buches treffen sich die Liebenden wieder. Fanny hat eine Abtreibung hinter sich, ist aber sonst in jeder Hinsicht noch jung und frisch an Leib und Seele; sie hat weder Geschlechtskrankheiten noch ein Alkoholproblem. Im 18. Jahrhundert war dies bei ihren Schwestern im Gewerbe häufig der Fall. Charles seinerseits ist noch erwachsener geworden: »Die Reise hatte ihn gebräunt, und der Bart, der nun auf Kosten seiner zarten Haut sproß, gab seinem Gesicht echte Männlichkeit und Reife, ohne daß seine Züge an Sanftheit verloren«, vertraut Fanny den Lesern an. In der Tiefe ihres Herzens hat sie immer nur Charles geliebt. Aber ihre Liebe war nicht von der besitzergreifenden Art, die befriedigenden und freizügigen Sex mit anderen Männern ausschloß. Den hat Fanny im Verlauf des Romans häufig genug, auch auf ihre eigene Initiative. Nun steht dem Happy-End nichts mehr im Wege.

Fanny Hills Geschichte ist fast zu schön, um wahr zu sein. Ein zeitgenössischer englischer Sozialreformer veranschlagte die Zahl der weiblichen Prostituierten in London zur Zeit Fanny Hills auf dreitausend, während die Gesamtbevölkerung der Stadt kurz davor war, die Millionengrenze zu überspringen. Prostitution war im Londoner Alltags- und Straßenleben also nicht sonderlich dominant. Dennoch hatten die meisten Prostituierten der Stadt vermutlich ein weitaus härteres Schicksal als die Frauen, die Cleland in seinem Buch schildert.

Fanny und ihre Freundin Emily waren den Mädchen in London insofern ähnlich, als sie im Alter von etwas über zwanzig Jahren heirateten. Nur wenige Prostituierte waren älter als fünfundzwanzig Jahre. Allerdings bedeutet das nicht, daß alle ehemaligen Huren eine glückliche Ehe eingingen. Das Londoner Magdalenenspital führte eine genaue Statistik über die Frauen, die in der Zeit um 1750 betreut wurden. Lediglich sechs Prozent der weiblichen Prostituierten, die zwischenzeitlich im Spital wohnten, heirateten und gründeten eine Familie. Ungefähr die Hälfte der Frauen kehrte auf Vermittlung des Heimes zu ihren Familien in den Vorstädten oder auf dem Land zurück. Einige von ihnen waren abgezehrt und stigmatisiert, andere hatten noch die Kraft, sich Arbeit zu suchen oder vielleicht sogar zu heiraten, obwohl sie streng genommen das heiratsfähige Alter bereits überschritten hatten.

John Cleland hat mit *Fanny Hill* ein Bild der Prostitution im 18. Jahrhundert gezeichnet, in dem »jeder Schmerz fern ist«. Dennoch ist seine Schilderung von Fanny, ihren professionellen Schwestern und ihren Kunden eine interessante Einführung in das Londoner Leben um 1750 und bietet ein lebendiges Bild seiner relativ offenen und liberalen städtischen Gesellschaft.

Cleland schildert ein Zeitalter, das von einer modernen Sicht auf die Frau, den Mann und die Geschlechterrollen geprägt ist. Auch seine Sicht auf die Prostitution ist überraschend modern; er definiert sie als Produkt aus Armut und Not in Kombination mit einer freien Wahl. Für Cleland ist Prostitution eine Möglichkeit des sozialen Aufstiegs – natürlich nur für einige wenige.

Der soziale Aufstieg aus einfachen Verhältnissen zu einem bürgerlichen Leben in finanzieller Sicherheit, »from rags to riches«, ist das Grundthema des eigentlichen literarischen Genres des 18. Jahrhunderts, des Romans.

Die französischen und englischen Romane dieser Zeit sind voller Dienstmädchen und Findelkinder, die alle aus einfachen Verhältnissen stammen, aber arbeiten, um sich ein besseres Leben zu verschaffen. Gerade durch die Aussicht auf eine bessere Zukunft sind all diese Romanfiguren gezwungen, sich darüber Gedanken zu machen, ob es sinnvoll ist, ihre Tugend zu bewahren oder fahren zu lassen. Um 1720 schrieb Daniel Defoe, bekanntgeworden durch *Robinson Crusoe,* zwei Romane mit weiblichen Hauptpersonen. Beide entscheiden früh, sich zu prostituieren. *Die glückhafte Mätresse* erzählt von der Kurtisane Roxana. Anders Defoes zweite Prostituierte, der wir in einem Roman mit einem imponierenden Originaltitel begegnen: *The Fortunes und Misfortunes of The Famous Moll Flanders, ETC. Who was born in Newgate, and during a Life of Threescore Years, besides her Childhood, was Twelve Years a Whore, five Times a Wife; Twelve Years a Thief, Eight Years a Transported Felon in Virginia, at Last grew rich and dy'd a Penitent. Written from her own Memorandums.* In der deutschen Übersetzung wurde der Titel auf *Glück und Unglück der berühmten Moll Flanders* verkürzt.

»Ich möchte eine *gentlewoman* werden«, erklärt das Findelkind Moll zum ersten Mal mit sechs Jahren. Von Kindesbeinen an ist die Romanheldin fest entschlossen, einem strebsamen Leben als Dienstmädchen oder endlosen Tagen mit Weben oder Spinnen zu entgehen. Trotz ihrer einfachen Herkunft will sie Singen und Tanzen lernen, Sprachen studieren und die Welt erleben. 1722 war dies eine aufsehenerregende Botschaft, und noch fünfzig Jahre früher wäre ein solcher Gedanke bei einer Frau als aufrührerisch angesehen worden. Doch Defoe konnte es sich erlauben, den Lesern ein Findelkind mit einem derartigen Glauben an die Zukunft zu präsentieren, denn ganz England war zu dieser Zeit geprägt von Veränderungen und optimistischen Zukunftsvisionen.

In Frankreich nutzt Abbé Prévost gut zehn Jahre nach Defoe als erster die Romanform, um über Prostitution zu schreiben.

In seinem Roman *Manon Lescaut* wird der Verkauf von Liebesdiensten jedoch nicht mit der Hoffnung auf sozialen Aufstieg verknüpft; bei ihm geht es in erster Linie um die große, romantische Liebe. Die Prostitution ist lediglich ein Mittel zum Erhalt des Lebensstandards, den seine Romanfiguren für ihre Liebe brauchen. Manon, die Protagonistin des Romans, und ihr Geliebter, Chevalier de Grieux, gehören beide der wohlhabenden Klasse an. Vergeblich versuchen ihre Familien, sie vor ihrer eigenen Sinnlichkeit zu schützen. Sie begegnen sich, als Manon ins Kloster gehen soll und er dem Malteserorden beitreten will. Es ist Liebe auf den ersten Blick, und beide wissen, daß sie ewig währen wird.

Doch die Liebenden verlangen alles vom Leben, und ihre Liebe wird abhängig von Seide und Champagner, Pferden und Wagen, Dienern und Theaterbesuchen. Um die luxuriöse Kulisse für ihre große Liebe zu erhalten, beginnt Manon, sich einem Mann zu verkaufen, den sie nicht liebt. Ihre Fahrt in den Abgrund beginnt.

Mit Genußsucht als Erklärung für Prostitution stellt sich Abbé Prévost in eine Linie mit konservativen Moralisten, die Frauen der Aristokratie davor warnten, Dienstmädchen abgelegte Kleider oder Schmuck zu schenken, weil Luxus abhängig machen würde, vor allem arme Leute. Unverdorbene Seelen würden so auf direktem Weg in die Prostitution geführt.

Prévosts soziale Botschaft heißt Maßhalten und Selbstbeherrschung bei allen Klassen. Eine konservative Botschaft, die in krassem Gegensatz zu den fortschrittsgläubigen Herausforderungen der Standes- und Privilegiengesellschaft stand, die man bei Defoe, Cleland und beinahe allen anderen zeitgenössischen englischen Romanautoren findet.

Die drei unsterblichen Heldinnen Manon Lescaut, Moll Flanders und Roxana treten in der Literatur des 18. Jahrhunderts vor Fanny Hill auf. Thematisch wie stilistisch hatte Cleland bei Defoe und Prévost gelernt, doch erst Fanny Hill sollte zur ersten wirklich professionellen Prostituierten der Romanliteratur werden. Zum ersten Mal war das Leben im Bordell der eigentliche Schauplatz einer Romanhandlung geworden.

Die Welle literarischer Bordellromane, die in den folgenden Jahren über Frankreich und England hereinbrach, führte dazu, daß sich auch die herausragendsten Autoren ihrer Zeit – Montesquieu, Rousseau, Diderot und Choderlos de Laclos – in ihren Schriften mit der Prostitution beschäftigten. Aber in Frankreich sollten noch einige Jahrzehnte vergehen, bevor ein französischer Roman den Erfolg hatte wie die Bücher, die man aus dem Englischen übersetzte. Erst als der Marquis de Sade und Restif de la Bretonne als literarische Gegenspieler à la Cleland und Samuel Richardson, einem als Romanautor erfolgreichen Moralisten, auftraten, begann Frankreich ebenso aufgeregt zu reagieren wie England zwanzig Jahre zuvor.

Samuel Johnsons epochales englisches Wörterbuch aus dem Jahr 1755 belegt die neue Wahrnehmung von Frauen und Prostitution. Johnson erklärt, daß der Begriff *whore* normalerweise auf zwei Arten definiert wird, auf eine alte und eine neue Weise. In der älteren Bedeutung des Wortes, so Johnson, ist die Hure eine Frau, die in ungesetzlicher Form Geschlechtsverkehr vor oder außerhalb der Ehe hat. Nun hat das Wort jedoch eine neue Bedeutung bekommen und bezeichnet eine Frau, die von einem Mann Geld als Bezahlung für sexuelle Dienste bekommt.

Fanny Hill ist eine Hure in der »modernen« Definition des Begriffs; sie war eine professionelle Prostituierte, bevor sie, mit Charles wieder vereint, ihr Gewerbe aufgab und eine traditionelle Ehefrau und Mutter wurde. Fanny, die angebliche Autorin ihrer Briefe, läßt mit dem Wissen, daß sich Reue gehört, einen durchaus christlichen Zug erkennen. Abschließend schreibt sie – alias John Cleland – gleichsam bußfertig: »Wenn ich das Laster in den strahlendsten Farben gemalt habe, dann nur, um der Tugend ein um so feierlicheres und würdigeres Opfer darzubringen.« Die Ironie wird um so deutlicher, wenn es ganz zum Schluß heißt, gerade um eine wirkliche Abscheu vor dem Laster zu entwickeln, sollten gute Väter wie Zeremonienmeister handeln und ihren Sohn durch sämtliche berüchtigten Lasterhöhlen Londons führen, »um ihn mit allen Ausschweifungen bekanntzumachen, die so geeignet sind, jeden guten Geschmack mit Ekel zu erfüllen«.

Nicht nur die Prostituierten wurden in dem Roman schöngefärbt, ähnliches läßt sich von ihren Arbeitgebern sagen. In Fannys Welt gibt es keinerlei männliche Schlepper oder Zuhälter, und die Bordellwirtinnen – zunächst Mrs. Brown, später Mrs. Cole – sind fromme Äbtissinnen, liebevolle Stiefmütter oder freundliche Gouvernanten.

Der heutige Leser ist von dem Buch aber nicht nur aus kulturgeschichtlichen Gründen fasziniert, auch die pornographischen Abschnitte des Romans sind nach wie vor eine spannende Lektüre. Vor allem, weil in ihnen die neuen Erkenntnisse des 18. Jahrhunderts über die anatomischen Funktionen des menschlichen Körpers so ausführlich und genau beschrieben werden. Daß ein männlicher Autor vor allem die Funktionsweisen des männlichen Sexualorgans detailliert beschreibt, liegt nahe. Daß eine Frau – ob sie nun im 18. Jahrhundert oder heute lebt – männliche Sexualität so mechanisch beschreibt, wie es Fanny in ihren Briefen tut, ist als ausgesprochen unrealistisches Moment des Romans gewertet worden. Es hat allerdings nichts daran geändert, daß vor allem diese Passagen zur pikanten Unterhaltung und zum anhaltenden Ruhm des Romans beigetragen haben.

In *Manon Lescaut* wollte Chevalier de Grieux lieber spielen als seinen Körper verkaufen, die Prostitution überließ er seiner Frau. In den anrüchigeren Bordellromanen des 18. Jahrhunderts wird männliche Prostitution ganz explizit thematisiert. Angesprochen wird das Thema allerdings auch in Fannys Briefen, mehrfach erzählt sie, daß junge Männer von Frauen Geld für sexuelle Dienstleistungen erhielten.

Allerdings kam dies nicht allzu häufig vor. Weitaus verbreiteter war es, daß sich junge Männer männlichen Kunden anboten. Gerichtsdokumente belegen, daß junge Männer bei Aktionen gegen Homosexuelle als Agenten für die Sittenpolizei arbeiteten. Im 18. Jahrhundert hatte London viele Clubs oder *Molly Houses*, zu denen nur Männer, die mit anderen Männern sexuell verkehren wollten, Zutritt erhielten.

Auch in Paris gab es in den siebziger Jahren des 18. Jahrhunderts organisierte Männerbordelle. In diesem Jahrzehnt begann man, die jungen Männer, die in den Bordellen arbeiteten, zu inspizieren und zu registrieren, genau wie die Frauen. Wie verbreitet die männliche Prostitution in London zu John Clelands Zeiten und in den folgenden Jahren war, ist bisher nicht abschließend untersucht worden. Ohne wirklich einleuchtende empirische Belege haben an Geschlechtsmustern interessierte Literaturhistoriker dennoch behauptet, daß es in Clelands Buch einen homoerotischen Subtext gäbe. Begründet wurde dies vor allem damit, daß in den pornographischen Passagen des Romans die männlichen Körper und Geschlechtsorgane so eingehend beschrieben werden. Dadurch hat das Buch immer auch mehr homosexuelle Leser angesprochen als andere pornographische Literatur aus dieser Zeit.

In *Fanny Hill* und anderen Büchern ließ John Cleland viele seiner Heldinnen aus dem Milieu glückliche Ehen mit Männern eingehen, die von ihrem sozialen Rang deutlich über den Mädchen standen. Wie der Marquis de Sade war Cleland der Ansicht, daß die Tugendlosigkeit mit größerer Wahrscheinlichkeit zum Glück führt als die Tugend.

Der Maler William Hogarth und der Autor Samuel Richardson erzählten ihrerseits von Prostituierten, die an Trunksucht oder Geschlechtskrankheiten starben. Die Frage nach der Wahrheit ist sinnlos. Alle Lebensschicksale, von denen berichtet wird, können sich in der damaligen Zeit abgespielt haben. Im Magdalenspital in London, das der Forschung das verläßlichste Material über die Prostitution im 18. Jahrhundert geliefert hat, wurden keine Mädchen mit Geschlechtskrankheiten aufgenommen. Doch weder das Spital noch die Polizei befaßte sich mit den Frauen, die ihr Geschäft so gut tarnten, daß sie nie mit den Behörden oder der öffentlichen Wohlfahrt zu tun hatten. Ohne wirklich befriedigende empirische Belege dafür zu haben, ist zu vermuten, daß viele Londoner Prostituierte der untersten Schicht tatsächlich auf elende Weise endeten. Nur Frauen mit größeren Ressourcen und mehr Glück haben ein Leben führen können, wie Cleland oder Defoe es schilderten.

Als Genre ist der Roman ein echtes Kind des 18. Jahrhunderts, und *Fanny Hill* variiert ein Grundthema der damaligen zeitgenössischen Literatur, die Verantwortung des Individuums für das eigene Leben. John Cleland zeigt, wie unabhängig eine junge Frau experimentieren und eine historisch neue Freiheit in ihrem Leben und in der Gesellschaft erproben kann. Man kann den Roman als die Knabenphantasie eines homosexuellen Autors in Frauenverkleidung lesen, als eine eher traditionelle Männerphantasie oder als die beinahe wahre Geschichte einer *happy hooker* im Zeitalter der industriellen Revolution. Der Bewunderung allerdings kann sich der Leser bis heute nicht entziehen, daß so viel großes Sentiment und so viel leichtsinniger Unfug bereits im Jahr 1748 so ausgezeichnet beschrieben werden konnten.

Kapitel 15
Harakiri in Japan

Giacomo Puccinis Oper *Madame Butterfly* endet mit einem Selbstmord auf offener Bühne. Die Oper, 1904 uraufgeführt, zeigt die Geschichte der Luxusprostituierten Cho-Cho San aus Nagasaki, die an die wahre Liebe glaubt, als sie den US-Leutnant Pinkerton kennenlernt. Er muß zurück in die Heimat, sie träumt und hat Sehnsucht. Nach drei Jahren kommt er mit seiner amerikanischen Ehefrau zurück, um den Sohn zu sich zu holen, den er mit Cho-Cho San gezeugt hat. Cho-Cho San stößt sich ein Messer in den Bauch. Sie begeht *harakiri* oder *seppuku,* den rituellen japanischen Selbstmord, ein überzeugendes Symbol ihrer wahren Liebe.

Die Interpretation der Handlung setzt das Verständnis der Besonderheiten der Prostitution in Japan und des Gefühls für Liebe und Ehre in dieser Kultur voraus. Das Messer ist ein Liebessymbol, das Japanern ausgesprochen vertraut ist. Homosexuelle Samurai stachen sich damit in die unterschiedlichsten Körperteile, als doppelten Beweis für ihre Männlichkeit und ihre Liebe. Luxusprostituierte, die Samurai als Liebhaber hatten, taten dasselbe. Harakiri war der extremste Liebesbeweis, insbesondere wenn die Liebenden es gemeinsam ausführten. Nach den Samurai gab es keine gesellschaftliche Gruppierung im alten Japan, von denen Harakiri so oft und so stilvoll begangen wurde, wie von den hochbezahlten Luxusprostituierten der *tayu*-Klasse.

Japans Freudenmädchen wurden häufig von Kindesbeinen an in der Liebeskunst erzogen. Aber es war nicht vorgesehen, daß sie Gefühle entwickelten. Eine Luxusprostituierte, die deutliche Anzeichen von Verliebtheit zeigte, wurde verhöhnt und schikaniert, ja sogar körperlich gequält. Und natürlich wurde ihr verboten, sich weiterhin mit dem Mann zu treffen, in den sie sich verliebt hatte. Gewöhnlich war es ein junger Samurai, der seinerseits Gefahr lief, seine Ehre und seine Stellung in der Gesellschaft zu gefährden. Nur in absoluten Ausnahmefällen war es möglich, Japans Luxusprostituierte aus den Bordellen freizukaufen, um sie zu heiraten; so etwas taten allerdings ausschließlich Händler und Kaufleute, niemals Männer der Aristokratie.

Ein loyaler *shinzo,* der Hausdiener einer Prostituierten, konnte einem festen Liebhaber eine Zeitlang Zugang zum Quartier seiner Geliebten verschaffen, auf Dauer war dies jedoch nicht möglich. Japan war im 18. Jahrhundert eine transparente und gut organisierte Gesellschaft; Liebende auf der Flucht fanden nirgendwo ein Versteck, Ausweich- oder Fluchtmöglichkeiten gab es nicht. Der einzige Ausweg, der einzige ehrenvolle Liebesbeweis, blieb das gemeinsame Harakiri, gewöhnlich ausgeführt mit einem scharfen, kurzen Schwert. Die Sterberegister der japanischen Tempel des 18. Jahrhunderts enthalten eine ungeheure Zahl von Zeugnissen derartiger Doppelselbstmorde. Die zeitgenössische Literatur, sowohl die volkstümliche wie die gehobene, ist voller Geschichten über Harakiri aufgrund von unmöglichen Liebesaffären zwischen einem Samurai und einer Prostituierten.

Eingeschnürt durch einen Ehrenkodex, der sich innerhalb des japanischen Adels im 17. und 18. Jahrhundert entwickelt hatte, fanden Frauen wie Männer in den sorgfältig geplanten und politisch motivierten Vernunftehen der japanischen Aristokratie sexuell und emotional immer weniger Befriedigung. So zumindest wird es in der zeitgenössischen Literatur erzählt. Um so leichter fiel es, herzliche Gefühle für die charmanten, graziösen und eleganten Luxusprostituierten zu entwickeln.

Japanische Mythen datieren die Prostitution bis zurück in die Urgeschichte. Einige Historiker gehen davon aus, daß sich die Prostitution in Japan aus Fruchtbarkeitsritualen entwickelte, andere, daß sie über koreanische Schamaninnen nach Japan gekommen ist. Allerdings spricht sehr wenig dafür, daß es auf den armen, dünnbesiedelten japanischen Inseln in alter Zeit überhaupt die ökonomischen Grundlagen für bezahlten Sex gab.

Die Nara-Periode im 8. Jahrhundert n. Chr. ist Japans erste historische Epoche, das heißt der erste Zeitabschnitt, aus dem schriftliche Überlieferungen vorliegen. Es ist eine Zeit des chinesischen Einflusses. Dokumente aus der Nara-Zeit belegen, daß es umherwandernde Frauen gegeben hat, die eine Art Zwitterrolle zwischen Bettlerinnen und Prostituierten einnahmen und nicht sonderlich viel Geld verdienten. Auch gab es Sklavinnen, aber aus den Überlieferungen läßt sich nicht belegen, daß die Bauern oder Feudalherren die Sklavinnen sexuell ausbeuteten. Vermutlich lag es daran, daß Frauen der eigenen, höheren Klassen leicht zugängliche Sexualpartnerinnen waren. Offensichtlich wurde im alten Japan ein weitaus freizügigeres Sexualleben praktiziert als zu späteren Zeiten.

Die Zeit zwischen 800 und 1200 n. Chr. wird in der japanischen Geschichte als Heian-Periode bezeichnet, sie fällt mit dem europäischen Hochmittelalter zusammen. In dieser Zeit wuchs die Bevölkerung auf dem Land und in den Städten, proportional dazu nahm die Anzahl der Prostituierten zu. Kyoto wurde zur neuen Hauptstadt Japans, die Macht des Kaisers wuchs, doch noch immer dominierte der chinesische Einfluß sämtliche kulturellen Bereiche. Als Japan eine differenzierte soziale Schichtung und Arbeitsteilung entwickelte, folgte die Prostitution einem ähnlichen Muster. Einige Prostituierte entwickelten neue Rollenmuster als Unterhaltungskünstler und wurden dadurch häufiger beschäftigt und besser bezahlt. Der soziale Abstand zwischen den verschiedenen Gruppen von Prostituierten wuchs.

Im 13. Jahrhundert gelang es Kublai Khan und seinem Mongolenheer, trotz heftigen Widerstands der Samurai, in Japan an Land zu gehen. Die mongolischen Fußtruppen waren dem berittenen niederen Adel – den Samurai oder *bushi* – im Verhältnis zehn zu eins überlegen; es kam zur ersten Niederlage der Samurai in der Geschichte Japans. Es war pures Glück, daß ein Taifun, ein göttlicher Wind, den die Japaner später *kamikaze* nannten, die mongolischen Schiffe zerstörte. Der Schock und die Scham über die Niederlage waren so groß, daß Japan eine mehrere Jahrhunderte währende Krise mit Bürgerkriegen und sich allmählich auflösenden feudalistischen Strukturen erlebte. Erst im frühen 17. Jahrhundert waren sämtliche regionalen Feudalherren befriedet. Die Macht des Kaisers hatte sich inzwischen auf ein Minimum reduziert, er behielt praktisch nur noch gewisse religiöse und zeremonielle Funktionen in dem gefängnisartigen Haus, das er in Kyoto bewohnte. Die reale Macht lag seit Ende des 16. Jahrhunderts in der Hand des *shogun*, des kaiserlichen Feldherrn. Über drei Jahrhunderte regierten Shogune der Tokugawa-Dynastie Japan als Militärdiktatoren.

Das Shogunat wird als die »klassische« Zeit Japans angesehen, die Gesetze der Tokugawa hatten wieder Ruhe und Ordnung ins Land gebacht. Durch den Kontakt mit den Portugiesen und Jesuitenpatern entwickelte sich ein gewisser kultureller Austausch mit dem Westen; die Jesuiten durften sogar Missionsstationen betreiben. Diese Form der Öffnung war allerdings nicht zu allen Zeiten willkommen. Im 17. Jahrhundert kam es auf Befehl des Shogun zu einem Massaker unter den Christen und Missionaren. Der Handelskontakt zwischen Japan und dem Westen wurde von Nagasaki und ein paar anderen Küstenstädten aus auf ein Minimum reduziert. Das restliche Japan verschloß sich, und die nun folgende Epoche sollte die gesamte weitere Entwicklung von Politik und Kultur entscheidend beeinflussen: das Kabuki-Theater, den Geist der Samurai, die Haiku-Poesie, die Tayu-Prostitution und die Unterhaltung durch Geishas.

Der Shogun wählte Edo als Hauptstadt, das heutige Tokio. Noch um 1500 war Edo ein Fischerdorf gewesen; nachdem jedoch der Shogun dort seine Festung hatte bauen lassen, explodierte die Stadt. In gut hundert Jahren stieg die Bevölkerungszahl auf 150000 Einwohner und übersprang bereits im 18. Jahrhundert die Millionengrenze.

Die Mehrzahl der Bevölkerung in Edo gehörte zur Klasse der Samurai, das heißt zum niederen Adel. Nur einige wenige Führer der zweihundertfünfzig hochadligen Familien – der *daimyo* – ließen sich dort mit ihren Familien nieder. Und die Krieger des niederen Adels, die Samurai, hatten nicht die Mittel, um ihre Familien zu ihren halbjährlichen Aufenthalten in der Hauptstadt mitzunehmen. Die Samurai und viele andere Männer, die in den Diensten des Shogun standen, waren Junggesellen, die in Edo keine Familie ernähren konnten.

Ausländische Händler durften ihre Waren nicht in Edo anbieten, nur japanischen Kaufleuten war es gestattet, in die Hauptstadt zu kommen, um die Angehörigen der Daimyo- und Samurai-Klasse zu versorgen. Die überwiegende Zahl der Händler zog es ebenfalls vor, ihre Familien in den Heimatprovinzen zu lassen. So wurde Edo eine dichtbevölkerte Stadt von Männern ohne Ehefrauen, eine Großstadt, die mehr von männlichen Idealen geprägt war als jede andere Stadt in der Weltgeschichte.

Eine Zeitlang war unter den Samurai Homosexualität in einem Maß verbreitet, wie man es in einer Hochkultur noch nie erlebt hatte und nie wieder erleben würde. Über buddhistische Mönche verbreiteten sich die homosexuellen Praktiken bis an den Hof des Shogun. Während die Mönche offenbar vorpubertäre Knaben, *chico,* bevorzugten, hatten die Samurai eher sexuellen Verkehr mit jungen Samurai zwischen fünfzehn und zwanzig Jahren. *Shudo,* die Liebe unter Männern, wurde zum neuen Ideal der Zeit und war eng verknüpft mit dem *bushido,* einem strengen männlichen Ehren- und Regelkodex. Wenn die Liebenden zwei gleichrangige Samurai waren, hatte ein klarer Altersunterschied zwischen dem Liebhaber, *nenja*, und dem Geliebten, *wakashu*, zu herrschen. Außerdem durfte ein *wakashu* nur einen einzigen Liebhaber in seinem Leben haben. Anderenfalls wurde er zu einem Prostituierten, einem *kagema*.

In dieser Situation beschloß der amtierende Shogun zu Beginn des 17. Jahrhunderts, die Prostitution von Edo neu zu organisieren. Das Resultat war eine von Mauern begrenzte Stadt in der Stadt, die neue Hochburg der Liebe: Yoshiwara. 1618 wurde »die Stadt« in der Nähe der Festung des Shogun angesiedelt und nach einem Großbrand Ende des 17. Jahrhunderts einige Kilometer nördlich des Sumida-Flusses in der Nähe der Asakusa-Tempel neu errichtet. Bis 1868 wurde dort ein komplizierter Prostitutions- und Liebeskult gepflegt, der seither die japanische Kultur geprägt hat.

Das ummauerte Yoshiwara war im alten Japan nicht die einzige Hochburg der Prostitution. Einfache Bordelle und Badehäuser gab es in Edo und anderen Städten; die billigen Prostituierten wurden als *hashi*, die Bademädchen als *yuna* bezeichnet. Die größeren Städte verfügten über separate elegante Prostitutionsviertel. In Kyoto lag das Shimabara mit Frauen, deren Schönheit legendär war. Nagasaki hatte das Myama, wo die Frauen die modischste Kleidung des Landes trugen. Und Osakas Shinmachi übertraf mit der Pracht seiner Häuser und Gärten sämtliche anderen Prostitutionsviertel. Yoshiwara blieb dennoch der größte und wichtigste Bezirk. Und abgesehen von den Höfen des Shogun und des Kaisers gab es keinen Ort, an dem die Etikette so kompliziert gewesen ist. Yoshiwara verkörperte das besondere Konzept der japanischen Liebe. In diesem Bezirk der Stadt war alles nobel, ritualisiert und genoß den Segen des Staates. Die Luxusprostituierten von Yoshiwara wurden in Haikus besungen und in Romanen beschrieben.

Im heutigen Japan wird Prostitution moralisch und medizinisch als ein Problem angesehen, ähnlich wie in Europa. Yoshiwara war anders; es war kein notwendiges Übel, sondern wurde gefeiert und besungen! Es existiert detailliertes Kartenmaterial über den Stadtteil, es gibt Reiseführer zu den einschlägigen Bordellen, Romane, Zeichnungen und Malereien, Gerichtsunterlagen, Steuerregister und historische Aufzeichnungen. Zusammen belegen diese Quellen überzeugend, daß nirgendwo sonst in der Geschichte der Menschheit Männer auf Prostituierte derart fixiert und so sehr von ihnen besessen waren wie die Kunden von Yoshiwara.

Es gab mehrere Möglichkeiten, nach Yoshiwara zu gelangen. Wer wenig Geld hatte und sich ohnehin nur eine der billigen Huren leisten konnte, wanderte drei bis vier Kilometer auf der Landstraße. Das war allerdings nicht ungefährlich, besonders auf dem Heimweg nach Edo. Sogar ein Samurai konnte überfallen werden, wenn er sich, berauscht vom Sake und matt von der Liebe, nur noch nach seinem Tatami sehnte. Dafür gab es Taxen, Tragestühle, die nicht sonderlich teuer waren. Ein schmales Flußboot, das sogenannte *yoki,* das zwischen Edo und Yoshiwara verkehrte, wurde für die japanischen Männer zu einem solchen Synonym für das Bordellviertel, daß allein das Wort erregende Wirkung hatte. Und wenn ein Mann besonders ungeduldig war, konnte er eine Reihe von Ruderern anheuern und schneller als die anderen auf dem Sumida-Fluß nach Yoshiwara gelangen.

Die stilvollste Art der Ankunft war allerdings zu Pferd, möglichst auf einem Schimmel. Ein junger Samurai zu Pferd – mit weißen Lederhosen, hochgestecktem schwarzem Haar, einem weißen Seidenkimono und seinen beiden Schwertern, einem kurzen und einem langen, in passenden weißen Scheiden – war zweifellos ein beeindruckender Anblick. Aber nur die wenigsten besaßen ein Pferd. Also lieh man es sich aus Anlaß des Besuches, und häufig folgte dem Reiter ein singender Stallbursche.

Die meisten Gäste machten eine Pause an einem der am Weg liegenden Teehäuser oder unter einem großen Weidenbaum am großen Tor von Yoshiwara. Dort bürstete man sich den Staub ab und richtete sich Kleidung und Frisur. Ein Samurai, der nur wenig Geld zur Verfügung hatte, ging sofort in eines der billigen Bordelle nahe des Tores. Dort war die erschwinglichste Kategorie von Mädchen direkt in Augenschein zu nehmen. Wollte man eine hochrangige Prostituierte mit einem entsprechend hohen Preis, eine *tayu,* mußte man in ein *ageya* gehen, ein elegantes Hotel mit einem Garten in der Mitte. Der Eintritt war nur gestattet, wenn man dort bekannt war oder eine Empfehlung mit einer Sicherheit für Herkunft und Bezahlung vorweisen konnte. Bat ein Kunde um eine bestimmte Frau, wurde ein Brief geschrieben, der der Frau überbracht wurde, die häufig einige Straßen weiter entfernt wohnte.

Der Besucher bestellte Sake und Speisen für sich und seine Begleitung; normalerweise mietete er auch einige Komödianten, die kleine Stücke aufführten und muntere Weisen sangen, während er mit dem Hoteleigentümer oder seiner Frau plauderte. Dann kam die berühmte Tayu, auch sie mit Gefolge. An der Spitze ging eine Anstandsdame, gefolgt von ein oder zwei jungen Mädchen, die angelernt wurden oder Prostituierte niederen Ranges waren. Seit Ende des 18. Jahrhunderts war es auch üblich, Geishas mitzubringen, männliche oder weibliche Unterhalter, die traditionelle Lieder spielten, die Erzählkunst beherrschten und sämtliche Rituale kannten, die während der Tee-Zeremonie eingehalten werden mußten.

Einer Luxusprostituierten folgte mindestens ein männlicher Diener, der ihr Bettzeug in einer Kiste trug. Eine Tayu war außerordentlich sorgfältig und elegant geschminkt, das Haar kunstvoll aufgesteckt, allerdings immer zu einer Frisur, die sie deutlich von den Frauen der Aristokratie unterschied, ohne daß die Frisur dadurch weniger modisch gewesen wäre. Sie trug eine kostbare Seidentracht, hübsch bedruckt oder bestickt. Im Laufe des 19. Jahrhunderts sollte das Kleid oder die Tracht – mit Schleppe – zu der beinahe absurden Länge von fünf Metern anwachsen, ein regelrechtes Brautkleid! In Ausnahmefällen durfte die Prostituierte auch einen Kimono tragen, vor allem, wenn es kalt war, aber niemals hatte sie Schuhe oder Sandalen an. Selbst an den kältesten Wintertagen zeigte sie sich barfuß, allerdings wurde sie dann von ihren Dienern durch die Straße getragen. Die Füße der Frauen waren so weiß wie möglich geschminkt. Japanische Männer wurden durch Füße und Waden erregt, allerdings hatten die Füße unbedingt sehr klein, elegant und weiß zu sein.

Die Tayu setzte sich nun mit ihrem Gefolge dem Kunden schräg gegenüber, sie durfte ihn nicht ansehen, nicht mit ihm reden oder ihm zulächeln, egal ob es sich um einen festen Kunden handelte oder gar ihren Favoriten. Die Wirtin brachte Sake und zwei Becher. Dann führten der Kunde und seine Auserwählte die Kurzversion einer Zeremonie aus, die auch bei japanischen Hochzeiten vollzogen wurde. Die Prostituierte hätte es im Prinzip ablehnen können, während der Zeremonie mit ihrem Kunden den Sake zu teilen. Sie hätte damit offen ihren Widerwillen ausgedrückt, mit diesem Mann zusammen zu sein. Nur wäre ein derartiges Verhalten einem Mann gegenüber so skandalös gewesen, daß nur wenige es wagten. Es war jedoch nicht ungewöhnlich, daß ein Mädchen ihren Kunden abwies, wenn sie dann allein waren. Sie weigerte sich, mit ihm ins Bett zu gehen, indem sie die Lampe hochschraubte oder ihm einfach den Rücken zudrehte. Eine Yoshiwara-Prostituierte der Luxusklasse hatte es nicht nötig, mit jedem zu schlafen. »Die nächsten fünf Monate ausgebucht«, konnte man bei einer begehrten Frau durchaus zur Antwort bekommen. Formal waren in Yoshiwara alle gleich; es zählten nur das Geld und die Liebe. Die Schwerter, die normalerweise die gesellschaftlichen Unterschiede zwischen Daymio, Samurai und Händlern zeigten, gab man bei der Ankunft im Bordellviertel ab. Wenn ein hoher Feudalherr, ein Mann aus der Daymio-Schicht, nach Yoshiwara kam, wurde das Haus, das er besuchte, aus Sicherheitsgründen mit einem Schriftzeichen gekennzeichnet, denn theoretisch konnte jederzeit seine sofortige Rückkehr an den Hof von Edo erforderlich sein. Bei einem Mann des Hochadels war ein anonymer Besuch undenkbar; an der Markierung des Hauses mußte erkennbar sein, wo er sich befand. Der Shogun erließ regelmäßig Verordnungen, um zu verhindern, daß die Herren der Daymio-Klasse die Frauen von Yoshiwara besuchten, allerdings vergeblich. In der Praxis fiel es ohnehin nicht schwer, den Unterschied zwischen einem Händler und hochrangigeren Besuchern zu erkennen, auch wenn sie ihre Schwerter abgelegt hatten und die Samurai häufig einen Hut trugen, der ihre besonderen standesspezifischen Frisuren verbarg.

Für den Besuch einer Prostituierten von hohem Rang – nicht unbedingt der teuersten – hatte man laut einem Reiseführer aus dem 18. Jahrhundert drei Silbermünzen an den Bordellwirt zu zahlen, zwei an seine Ehefrau, zwei für die Eskorte des Mädchens und eine halbe Silbermünze für ihren Diener. Der Eintritt zum Teehaus kostete Geld, für die Schauspieler und Musiker mußten Erfrischungen und Speisen gekauft werden und nach Möglichkeit sollte ein Freund, den man als Begleiter mitgenommen hatte, ebenfalls eingeladen werden. Ein stil- und ehrenvoller, nicht einmal extravaganter Besuch in Yoshiwara im 18. Jahrhundert konnte sich (nach heutiger Kaufkraft) gut und gerne auf umgerechnet zirka 2000 Euro belaufen – wohlgemerkt für einen Mann mit Begleitung und nur für einen Abend.

Nur einen Teil des Geldes erhielten die umworbenen Prostituierten. Häufig gingen sie sogar hungrig zu Bett, denn die Etikette verbot, in Gegenwart der Besucher zu essen. Die Mädchen durften dem Mann lediglich das Essen reichen; wenn er endlich gegangen war, hatten ihre Diener oft genug die Reste vertilgt. Und auch sämtliche anderen Beteiligten verlangten ihren Anteil an den Einnahmen: die Ruderer und Baldachinträger, der Teehaus- und Hotelbesitzer, die Eskorte der Prostituierten und ihre Hausdiener, die Unterhaltungskünstler, Näherinnen und Friseure.

Doch auch in Yoshiwara gab es erhebliche Preisdifferenzen.

Wenn ein Kunde konsequent an allen Leistungen sparte, konnte er durchaus mit umgerechnet zirka 150 Euro pro Abend auskommen. In der Innenstadt von Edo war es sogar noch billiger, hier wurde man bereits für etwa 10 Euro bedient. Aber der Zauber Yoshiwaras bestand nicht allein im Sex, hier ging es um das absolute Glück, die absolute Schönheit und die absolute Männlichkeit. Allerdings war auch der absolute Ruin eine durchaus naheliegende Option für alle, die die Liebesdienste allzu häufig in Anspruch nahmen. Die Geschichte Yoshiwaras ist auch eine Tragödie inmitten von Luxus, ein Trauerspiel auf hohem Niveau.

Der Erfolg einer teuren Prostituierten hing im weitesten Sinn von ihren Fähigkeiten als Schauspielerin ab. Das Spiel mit der Liebe ist heikel, in Yoshiwara wurde es von Männern wie Frauen mit der gleichen enthusiastischen Intensität gespielt. Und häufig traf die Prostituierte unter ihren Kunden auf einen mindestens ebenso begabten Gegenspieler. Denn die jungen Männer von Edo wetteiferten darum, wer die besten Beweise für die Gunst seiner Tayu vorweisen konnte. Ein klares Zeichen der Liebe war es, wenn die Frau sich den Namen ihres bevorzugten Liebhabers, auch in verschlüsselter Form, auf eine besondere Stelle ihres Körpers tätowieren ließ. Grundsätzlich galten Tätowierungen als unelegant, aber dieser Brauch wurde aufgrund seines hohen Symbolgehaltes beibehalten. Einige Frauen versuchten es mit einem Kompromiß und ließen sich an eher unsichtbaren Stellen tätowieren, zum Beispiel zwischen den Fingern.

Mehr als in anderen Kulturen spielte in Japan bei der Kunst der Befriedigung das Element des Schmerzes eine wesentliche Rolle. Im 17. und 18. Jahrhundert eskalierte diese Tendenz, als die Liebenden immer schmerzhaftere Beweise ihrer Gefühle forderten. Viele Männer verlangten, daß sich die Prostituierten einen Fingernagel ausrissen, während sie zusahen; die nächste Forderung konnte die Fingerkuppe sein. Zahlreiche Frauen gingen darauf ein, obwohl die Dienerschaft es immer zu verhindern suchte, wohlwissend, daß es den Wert ihrer Haupteinnahmequelle minderte. Kaum eines der Mädchen hatte noch alle ihre zehn Finger- oder Zehenspitzen, und je mehr ihr fehlten, desto geringer wurde der symbolische Wert, eine weitere zu entfernen.

Bis weit in das 18. Jahrhundert hinein war Selbstmord das häufigste Zeichen für echte Liebe. In den dreißig Jahren zwischen 1690 und 1720 erreichte die Selbstmordrate – insbesondere der gemeinsame Harakiri einer Prostituierten und ihres Liebhabers – einen Höhepunkt; Selbstmord wurde nachgerade epidemisch. Vor allem die Theaterstücke des Schriftstellers Chikamatsu Monzaemon zeigen dies mit erschreckender Deutlichkeit. Selbst der romantisierte und hohe Ton dieser Dramen ändert nichts an der sozialen Tatsache, daß es eine Vielzahl von unmöglichen Liebesbeziehungen gegeben haben muß und diese Beziehungen häufig mit einem Doppelselbstmord endeten.

In der zweiten Hälfte des 19. Jahrhunderts erlebte Japan erneut einen grundsätzlichen Wandel. Im Laufe von nur fünfzehn Jahren zerfielen das Shogunat und die gesamte klassische japanische Kultur. Das Land öffnete sich westlichen Einflüssen, vor allem aus den USA und Bismarcks Deutschland. Eine neue und modernere Generation von Militärs und Bürgertum kam an die Macht. Edo wurde zu Tokio, das einstmals so glamouröse Yoshiwara verkam und unterschied sich binnen kurzer Zeit kaum noch von irgendeinem Bordellviertel der westlichen Hemisphäre. Die ehemals auf Zeremonien und Unterhaltung spezialisierten Geishas übernahmen zu Beginn des 20. Jahrhunderts eine Zeitlang die Rolle der Luxusprostituierten. Doch allmählich verschwanden die Repräsentantinnen der Yoshiwara-Elite, Künstlerinnen wie Prostituierte zogen in neue, moderne Etablissements in der Tokioer Innenstadt. Nach dem Zweiten Weltkrieg besannen sich die meisten Geishas wieder auf ihre alten, zeremoniellen Funktionen. Doch trotz ihres Ansehens waren sie gesellschaftlich nicht mehr integriert. Meist lebten sie zurückgezogen als Geliebte oder Zweitfrauen reicher Geschäftsleute; nur noch wenige Geishas arbeiteten als eigentliche Prostituierte.

Vor diesem historischen Hintergrund ließe sich Madame Butterflys Selbstmord als eine Parabel auf die Niederlage Japans gegenüber den Westen interpretieren. Doch in Cho-Cho Sans Japan vor der Jahrhundertwende wurde der Harakiri aus Liebe längst nicht mehr praktiziert. In Europa jedoch paßten Cho-Cho San und ihr Schicksal um so besser zur emotional aufgeladenen Neuromantik. Aber obwohl in Japan viel von der Sentimentalität der Jahrhundertwende verlorengegangen war, waren Masochismus und Harakiri aus der japanischen Kultur nicht völlig verschwunden, wie sich spätestens im Zweiten Weltkrieg zeigen sollte.

Kapitel 16

Afrikas Penetration

»Das Bordell des weißen Mannes« nannte der revolutionäre Arzt und Autor Frantz Fanon 1960 die Dritte Welt nach der Entkolonisation. Die Formulierung ist für Teile von Südostasien und Nordafrika stimmig, paßt aber kaum für das Afrika südlich der Sahara. Die Prostitution entwickelte sich in diesem Teil der Welt relativ spät, und obwohl es Weiße waren, die den Prozeß auslösten, schuf sich der afrikanische Kontinent doch seinen eigenen schwarzen Markt.

Seit der Antike wußten die Welt des Mittelmeeres und Westafrika voneinander. Die Europäer bezeichneten die Westküste und die westlichen Landesteile südlich der Sahara traditionell mit dem alten afrikanischen Namen Guinea; für das Gebiet von Timbuktu bis Oberägypten verwendete man die arabische Bezeichnung Sudan. Dort war der Islam dominierend, während am Horn von Afrika noch viele an ihrem koptisch-christlichen Glauben festhielten. Diese Region hieß mit dem hellenistischen Begriff für »das Land der Schwarzen« Äthiopien.

Im südlicheren Afrika lebten Buschmänner und Pygmäen, die sich in Sprache, Kultur und Rasse erheblich von allen anderen Stämmen unterschieden. Zwischen ihnen und den arabischen und christlichen Schwarzen lebten bantusprechende Volksstämme mit lokalen Religionen. Vor zirka elf- bis zwölfhundert Jahren kam es in der Geschichte Ost- und Südafrikas zu erheblichen Veränderungen. Die Bantustämme begannen zu wandern und erweiterten ihren Kulturkreis, und obwohl es durch die erheblichen sprachlichen Unterschiede auf den ersten

Blick nicht so aussehen mag, entwickelten sich dadurch auf dem afrikanischen Kontinent doch relativ ähnliche kulturelle Strukturen.

Die Frage, seit wann es in den afrikanischen Regionen südlich der Sahara Prostitution gibt, ist nicht leicht zu beantworten. Da aus diesen Ländern keine schriftlichen Quellen vorliegen, ist man auf die Berichte europäischer Reisender angewiesen, deren Texte jedoch alle erst im 18. Jahrhundert entstanden. Im 20. Jahrhundert wurden diese »weißen« Quellen durch afrikanische historische Erzählungen ergänzt und erweitert. Die mündlichen Überlieferungen reichen allerdings selten sehr weit zurück.

Erst seit fünfhundert Jahre existiert in Europa überhaupt eine Vorstellung vom Verlauf der gesamten afrikanischen Küste. 1497 umrundete Vasco da Gama das Kap der Guten Hoffnung, die Südspitze Afrikas. 1652 wurde Kapstadt gegründet. Niederländische Siedler und portugiesische Händler ließen sich im südlichsten Teil des Kontinents nieder, die übrigen Europäer beschränkten sich lange auf den Küstenhandel. Im 17. und 18. Jahrhundert ankerten europäische Handelsschiffe auf dem Hin- und Rückweg nach Osten regelmäßig an der Küste Guineas. Dabei trieben sie Handel mit den örtlichen Häuptlingen, die den Handelsschiffen häufig ein Boot mit Frauen schickten. Der Häuptling signalisierte mit den Frauen seine Gastfreundschaft. Liebesdienste wurden im eigentlichen Sinne nicht verkauft, aber die Frauen standen dem Kapitän oder seiner Besatzung zur Verfügung, bis der Handel abgeschlossen war. Es waren die Ehefrauen des jeweiligen Häuptlings, und in ihrer Eigenschaft als Gastgeberinnen hatten sie sich der Fremden anzunehmen und für ihre Zufriedenheit zu sorgen, damit der Häuptling gute Geschäfte machte.

Sklaven und Sklavenhandel hatten eine lange Tradition in Afrika. So lange man denken konnte, wurden – ähnlich wie im Mittelmeerraum oder der arabischen Welt – Schuldner versklavt oder Kriegssklaven genommen. Die Sklaven hatten dann die schwersten und unangenehmsten Arbeiten zu übernehmen. Der sexuelle Mißbrauch von Sklavinnen durch schwarze Sklavenbesitzer kam vor, vor allem wenn die Frauen attraktiv waren; prinzipiell bevorzugten die Afrikaner jedoch den sexuellen Kontakt zu freien Frauen. Für die umherreisenden Händler hingegen waren die Statusunterschiede unter den eingeborenen Frauen von geringer Bedeutung, und so wurde es im 18. und 19. Jahrhundert auf den arabischen Plantagen von Sansibar üblich, allen Besuchern Sklavinnen anzubieten, ohne daß sie dafür bezahlen mußten. Die Araber sahen in diesem Brauch ebenfalls einen Ausdruck der Gastfreundschaft.

Ende des 17. Jahrhunderts richtete die niederländische Ostindische Kompanie in Kapstadt ein großes Gebäude mit Sexsklavinnen ein, die hauptsächlich den Angestellten der Firma zur Verfügung zu stehen hatten. Wenn die Kapazitäten es zuließen, gestattete die Kompanie auch den Zutritt zahlender Kunden aus der Lokalbevölkerung oder von Seeleuten und verschaffte sich damit eine zusätzliche Einnahmequelle. Im eigentlichen Sinn sind diese Frauen aber nicht als Prostituierte zu bezeichnen; sie waren Sklavinnen, die keinerlei Bezahlung erhielten. Dennoch ist das Gebäude der Niederländer das erste Bordell Südafrikas, denn die Kunden hatten für jeden Geschlechtsakt zu zahlen.

Sklavenhändler und andere Kaufleute, die im 18. Jahrhundert auf den Flüssen das Innere Afrikas erkundeten, schilderten Verhältnisse, die durchaus an Prostitution erinnern. Sie berichteten von erwachsenen, freien Frauen, die eigenständig entschieden hatten, unverheiratet zu leben. Zeremoniell gelobten sie, sich jedem Mann anzubieten. In den Dörfern gab es häufig zwei oder drei derartige Frauen, die über ihre Dienste in aller Öffentlichkeit verhandelten. Sie wurden als sanft, selbstsicher und hübsch gekleidet beschrieben. Allerdings kam auch hier der Verdienst nicht den Frauen selbst zugute, sondern dem lokalen Stammesfürsten, der ihr Oberhaupt und Arbeitgeber war.

In den Städten der Nupa-Könige in Nigeria beobachteten weiße Reisende im 19. Jahrhundert auf den Märkten jeden Abend freie Frauen, die sich geschminkt hatten und Schmuck und hübsche Kleider trugen. Angeblich verkauften sie Kolanüsse, aber sobald sie eine Zeitlang mit den Männern gelacht und verhandelt hatten, verschwand eine nach der anderen. Den weißen Besuchern wurde erzählt, sie hätten in ihren Hütten auf die Männer aufzupassen, wenn der Rausch der Nüsse einsetzte. Am Volta-Fluß war es üblich, daß eine Frau ihren Ehemann verließ, wenn sie unzufrieden mit ihm war, und als »freie Frau« in ein Nachbardorf zog. Kam eine solche Frau, wurde gefeiert. Die Männer, die mit ihr schlafen wollten, verhandelten direkt mit ihr oder mit einem jüngeren männlichen Verwandten. Wenn der Ehemann erschien und seine Frau bat, wieder nach Hause zu kommen, hatte er eine Entschädigung an den Häuptling des Dorfes zu zahlen, in dem sie in der Zwischenzeit untergekommen war. Die Ehefrau konnte es aber durchaus ablehnen, ihrem Mann zu folgen, und sich entscheiden, in ein neues Dorf zu gehen. Dort setzte sich das Schauspiel dann fort.

An den Küsten Guineas begannen im 19. Jahrhundert einige Männer, mehr Ehefrauen zu heiraten, als für den Ackerbau notwendig waren – mit dem Hintergedanken, andere Männer in Versuchung zu bringen. Aufgrund einer alten Tradition hatte ein Mann das Recht, von einem anderen Mann eine Geldbuße oder Zwangsarbeit zu fordern, wenn der mit seiner Ehefrau geschlafen hatte, als Kompensation für die verlorene Ehre des gehörnten Ehemanns. Doch nun dienten Geld oder Zwangsarbeit zur Bezahlung sexueller Dienste und damit ausschließlich der Akkumulation von Kapital. Und je häufiger Männer nur heirateten, damit sich ihre Frauen prostituieren konnten, um so höher legten die Väter und Brüder eines jungen Mädchens nun den Brautpreis fest. Familienverbindungen und Arbeitsfähigkeit waren nicht mehr die wichtigsten Faktoren bei der Brautpreisbestimmung.

Am Kongo in Zentralafrika erlebten Weiße ebenfalls, daß lokale Häuptlinge ihre Frauen zu sexuellen Dienstleistungen anboten. Wie alt diese Tradition aber tatsächlich war, läßt sich nicht sagen, denn auch sie wurde erst dokumentiert, als die europäischen Sklavenhändler zum ersten Mal den Kongo befuhren.

Östlich des traditionellen europäischen Einflußbereichs lag das Königreich Buganda. Von dort hörte man, daß sich im 19. Jahrhundert Frauen, die nicht heiraten wollten, unter den Schutz des Königs oder eines Dorfhäuptlings stellten. Die Frauen konnten zeitlich begrenzte Beziehungen zu verschiedenen Männern eingehen; sie kochten für die Männer und schliefen mit ihnen, dafür erhielten sie Nahrungsmittel und Geschenke. Eine freie Frau durfte das Haus eines Mannes jederzeit verlassen, wenn sie einem attraktiveren Partner begegnete. Dennoch waren diese freien Frauen in Buganda populär. Von Afrikas Ost- und Südostküsten wurde auch von jungen Männern berichtet, die sich durchreisenden Männern – gleich welcher Hautfarbe – gegen Bezahlung zu sexuellen Diensten zur Verfügung stellten.

Mündliche afrikanische Überlieferungen aus jüngster Zeit bestätigen im wesentlichen die Berichte über sexuelle Bräuche und Geschäfte, die von Europäern vor ein oder zwei Jahrhunderten festgehalten wurden. Offenbar hatte die afrikanische Polygamie eine lange Tradition, mit der liberal umgegangen wurde. Eifersucht kann afrikanische Männer mit mehreren Frauen nicht sonderlich gequält haben. Und scheinbar war es auch nicht besonders schwer für eine Frau, eine Ehe zu umgehen oder den Mann zu verlassen, mit dem sie nicht zurechtkam. Umgekehrt gibt es keinerlei Zeugnisse, die eindeutige Hinweise auf kurzzeitige sexuelle Dienstleistungen im alten Afrika liefern. Es sieht eher so aus, als hätte sich unter dem Einfluß der Europäer und Araber ein promiskes Element der zentralafrikanischen Kultur zu der Form von Prostitution entwickelt, wie man sie aus europäischen und arabischen Städten kannte.

»Es gibt etwas, das sie Liebe nennen. Wir verstehen es einfach nicht. Von dem Moment, als die Europäer darüber zu predigen begannen, fing alles an, schiefzugehen«, beklagte sich 1883 ein alter Mann aus dem Nfengu-Volk bei einem britischen Beamten.

Als die Missionare nach Afrika kamen, hatten sie ursprünglich die Absicht, planmäßig die Sklaverei zu bekämpfen. Statt dessen nahmen sie den Kampf gegen zwei andere Institutionen der afrikanischen Gesellschaft auf, Polygamie und Brautkauf. Die Argumentation lieferte die Bibel, und die Missionare verschwendeten keinen Gedanken daran, ob diese Traditionen den Frauen, die sie retten wollten, eventuelle Vorteile oder Sicherheiten boten.

Traditionell wurden Ehen in Afrika nicht aufgrund von »wahrer Liebe« eingegangen, sondern um stabile Familienverhältnisse zu sichern. *Lobola,* die üblichste Bezeichnung für den Brautkauf in der Bantu-Sprache, brachte den Verwandten der Ehefrau materielle Vorteile, wenn die eingegangene Ehe funktionierte. Ging die Ehe auseinander, mußte die Sippe der Ehefrau der Familie des Ehemannes die Kühe oder Ziegen aus dem Brautkauf zurückgeben. Anthropologen haben immer wieder darauf hingewiesen, daß es beim Brautkauf keineswegs um Sex ging. Statt dessen wird diese Einrichtung als eine Art Lebensversicherung für die Frau definiert, zumal die Kinder der Ehe in die Sippen beider Elternteile aufgenommen wurden.

In der präkolonialen Zeit war der Brautkauf eine wichtige Einkommensquelle. Männer mit vielen Töchtern konnten reich werden, denn die Familien lebten in der Regel von den Kühen und Ziegen, in die der Brautpreis umgerechnet wurde. Gegen Ende des 19. Jahrhunderts bekamen die Viehbauern jedoch Probleme. 1899 wütete die furchtbarste Viehpest in der Geschichte Afrikas, in einigen Gebieten Ostafrikas ging der Viehbestand um bis zu neunzig Prozent zurück, zahlreiche Menschen verhungerten. 1911 und 1912 kam es erneut zu Pestepidemien.

Die Viehpest und der damit verbundene Bevölkerungsrückgang führten zwangsläufig zu Ehen über die gewöhnlichen Sippen- und Stammesgrenzen hinweg. Gleichzeitig schickten Väter ihre Söhne und Töchter in die Städte, um Kapital für neuen Viehbestand zu beschaffen. Die Viehherde, die eine Tochter ihrer Familie zuvor durch eine günstige Heirat verschafft hatte, mußte sie nun damit finanzieren, daß sie sich in der Stadt prostituierte. Die Söhne, die die Herde erben sollten, hatten traditionell nie etwas zum Bestand des familiären Reichtums beigetragen. Auch als Arbeitskräfte verdienten sie in den Städten schlechter als ihre Schwestern.

Obwohl die meisten afrikanischen Männer im 18. und 19. Jahrhundert lediglich eine Frau hatten, gab es die Polygamie. Am verbreitetesten war sie in Süd- und Westafrika, in Ostafrika hingegen hatten ausschließlich die Häuptlinge mehrere Ehefrauen. Um 1900 hatte statistisch jeder dritte Afrikaner mehrere Ehefrauen. Allerdings ist die durchschnittliche Zahl von zweieinhalb Frauen nicht sonderlich aussagefähig, da vor allem Fürsten und Häuptlinge in aller Regel weit mehr als zwei Frauen hatten. Ein gewöhnlicher Viehzüchter oder Bauer lebte mit einer oder zwei Frauen zusammen. Zwei Frauen bedeuteten bereits Wohlstand und einen hohen sozialen Status, aber sie erforderten auch solide finanzielle Verhältnisse und ein gewisses administratives Talent: Denn es war ja nicht allein der Brautpreis zu zahlen, es mußte für alle Frauen auch ausreichend Arbeit im Haushalt und auf dem Feld geschaffen werden.

Daß – auch aufgrund der polygamen Strukturen – ziemlich viele Männer aus Geldmangel nie heiraten konnten, sondern als Hilfskräfte in den Familien blieben, bemerkten die weißen Beobachter zumeist nicht.

Die Polygamie Afrikas war weder ein Frauengefängnis noch eine paranoide Vorsorge, um eine möglichst große, eigene Nachkommenschaft zu zeugen, sie hatte andere Funktionen. Sie festigte die verwandtschaftlichen Beziehungen und Verbindungen zwischen den Sippen und schützte die Frauen vor sexuellen Übergriffen. Dadurch verringerten sich die Gefahr allzu häufiger Schwangerschaften und das Risiko der Kindersterblichkeit. Das umfassende familiäre Netz, das ein polygamer Mann aufzubauen hatte, bot auch Schutz und Sicherheit für Witwen und ihre Kinder.

Gegen Ende des 19. Jahrhunderts verbreitete sich die Polygamie unter den Bauern und Viehzüchtern, weil eine kommerzielle Entwicklungstendenz in der Landwirtschaft diejenigen favorisierte, die in der Lage waren, sehr viel Arbeitskraft in Form von Frauen, Kindern und unverheirateten Geschwistern zu mobilisieren. Gleichzeitig ging die christliche Mission in die Offensive. Die Missionare kämpften verbissen gegen die Vielweiberei und wollten Männer mit mehreren Frauen oder deren Kinder nicht mehr taufen. Die ersten schwarzen Bischöfe Afrikas begriffen, daß es klug wäre, diese Politik zu modifizieren, doch sie verloren an allen Fronten. Die afrikanischen Bauern und Viehzüchter, die zur Religion des weißen Mannes übergetreten waren, mußten erleben, daß ausgerechnet die neue Religion den sozialen und ökonomischen Fortschritt behinderte. Diejenigen, die am Glauben ihrer Vorfahren festhielten oder zum Islam übertraten, waren als Konkurrenten im Vorteil; sie konnten so viele Frauen wie nötig heiraten, um eine effektive und ertragreiche Landwirtschaft zu betreiben.

Die Missionare trugen nicht nur dazu bei, die Konkurrenzfähigkeit christlicher Afrikaner in kapitalistischen Agrarstrukturen zu schwächen. Sie zwangen bekehrte Frauen auch indirekt zur Prostitution – sicherlich ohne wirklich zu begreifen, was sie taten. Doch mit dem Kampf der Missionare gegen die Polygamie stieg der Frauenüberschuß in den landwirtschaftlich genutzten Gebieten allmählich dramatisch an. Was sollten die jungen Frauen tun? Die Missionare rieten ihnen, ihr Glück in der Stadt zu versuchen, im Vertrauen darauf, daß Gott schon seine schützende Hand über die neuen schwarzen Kinder halten würde.

Zahllose afrikanische Prostituierte haben Jahre später in Befragungen die Missionsstationen als Grund für ihren Umzug in die Stadt genannt. Die Missionare predigten, daß Frauen und Männer in den Augen Gottes gleich seien; und in den Gebieten, in denen ein Frauenüberschuß entstand, erklärten sie, daß die Frauen ihre Angelegenheiten selbst in die Hand nehmen, die Dörfer verlassen und selbständig werden müßten. In den Städten jedoch war die einzig lohnende Einnahmequelle für Frauen nun einmal die Prostitution.

In einigen wenigen, skandalösen Ausnahmefällen förderten die Missionare ganz offen die Prostitution. So kam 1874 ans Licht der Öffentlichkeit, daß Pater Peter Bernasko in der Wesley-Mission von Dahomey seit über zwanzig Jahre das beste Bordell der Küste betrieb. Außerdem nutzte er die Missionsstation für seinen privaten Handel mit Palmöl. Nach vielen Jahren in Afrika war Bernasko zum Alkoholiker geworden, der sich um seine missionarischen Pflichten kaum noch kümmerte. Als der Skandal öffentlich wurde, hatte er zwölf Kinder mit eingeborenen Frauen gezeugt, und seine älteste Tochter arbeitete bereits im Bordell. Dennoch waren Sexskandale unter den afrikanischen Missionaren relativ selten; im großen und ganzen sind die Missionare Muster der Tugendhaftigkeit gewesen, die ziemlich isoliert von den übrigen Weißen lebten.

Eine Reihe ostafrikanischer Frauen konvertierte zum Islam, wenn sie in die Stadt kamen. Denn anders als im Christentum war eine Frau, die ein uneheliches Kind zur Welt brachte, in den Augen der Muslime nicht automatisch eine schlechte Frau. Der Islam gestattete den Frauen darüber hinaus, über eigenen Besitz zu verfügen; viele Prostituierte begannen zu sparen. Mit der Zeit gab es in den afrikanischen Städten immer weniger unverheiratete Frauen, die ihren gesamten Verdienst einsetzten, um Vieh und Land für ihren Vater oder ihre Brüder in der Heimatprovinz zu kaufen. Statt dessen begannen sie für ihre eigene Zukunft zu arbeiten.

In der zweiten Hälfte des 19. Jahrhunderts wurde das Bild durch den Wettlauf der europäischen Großmächte um die Macht in Afrika bestimmt. Franzosen und Engländer hatten sich in ihren Kolonien eingerichtet, die Deutschen besetzten einige deutlich kleinere Gebiete im Westen und Südwesten, außerdem Tanganjika in Ostafrika, Belgiens König Leopold kontrollierte gewaltige Besitztümer im Kongo. Die Portugiesen dominierten Angola und Mozambique, und schließlich versuchten sich auch noch Spanien und Italien an ein paar eher operettenhaften Kolonialexperimenten.

Im südlichen Afrika brauchten die Bantuvölker so viel Kraft für interne Stammeskriege, daß sie den Europäern den Vormarsch und den Aufbau straffgeführter Kolonien erleichterten. Am längsten dauerte es, die Stadtstaaten im Nigerdelta zu unterwerfen. Bereits 1893 war der Herrscher von Timbuktu gestürzt worden, der Sultan von Sokoto und sein Fulani-Heer wurden erst 1903 entscheidend geschlagen. Parallel zu den Kämpfen mit den eingeborenen Kleinfürsten bekämpften sich die Kolonialmächte untereinander. Als schließlich die Auseinandersetzungen beendet und die Grenzen gezogen waren, war der einzige noch verbliebene afrikanische Fürst der christliche Kaiser von Äthiopien. Mit seinen diplomatischen Kontakten hatte er das Vorgehen der Europäer genau verfolgt und die Kolonialmächte geschickt gegeneinander ausgespielt.

In diesen Jahren verbreitete sich die Prostitution über den gesamten Kontinent. Die Huren folgten den Kolonialheeren und der kolonialen Administration. Für die Arbeiten am Bau des Suez-Kanals und der großen Eisenbahnlinien verließen viele schwarze Arbeiter ihre Stämme, die Frauen gaben die Landwirtschaft auf, entschieden sich für die Prostitution und folgten den Männern. Als die Infrastruktur grundsätzlich funktionierte, kamen Eisenbahnfunktionäre, Soldaten und Geschäftsleute und ersetzten die Bauarbeiter. Die Prostituierten mußten sich um ihre Kundschaft keine Sorgen machen. 1866 wurde in den Minen von Witwatersraand bei Johannesburg mit der Förderung von Gold begonnen; Witwatersraand wurde zum Klondike Afrikas. Die Minenbetreiber heuerten schwarze Arbeiter aus ganz Süd- und Ostafrika an, selbst in China rekrutierte man große Arbeiterkontingente. 1895 wurde die Eisenbahnlinie aus Mozambique fertiggestellt. Sie sicherte nicht nur den einfacheren Transport von Minenarbeitern, Gerätschaften und Waffen nach Südafrika, sondern sorgte auch dafür, daß sich der Zustrom von weißen Prostituierten nach Johannesburg verdoppelte. Siebenhundertfünfzig unglaublich schöne Jüdinnen stiegen aus dem ersten Zug, der in der Abenteurerstadt ankam. Siebzigtausend Männer standen wie paralysiert da. Eine Heerschar göttlicher Engel war buchstäblich über die Männerwelt der Minenarbeiter gekommen. Und mit dem nächsten Zug folgten weitere Frauen. Bald gab es hundertdreiunddreißig Bordelle in der Goldgräberstadt, und weiße Prostituierte lieferten sich mit schwarzen Frauen harte Konkurrenzkämpfe.

Der Bau der East African Railway von Mombasa zum Victoriasee in den Jahren 1896 bis 1901 steigerte nicht nur das Aufkommen des Schiffsverkehrs und führte zu mehr Handel und verstärktem Absatz von landwirtschaftlichen Produkten; gleichermaßen stieg die Anzahl der Minen, Kleingewerbebetriebe und der Bordelle in Ostafrika. Nahrung, Geräte, Waffen und Luxuswaren konnten nun günstig von der Küste aus verschickt werden. Parallel dazu änderte sich das traditionelle Verhältnis der schwarzen Bevölkerung zu Ackerbau und Viehzucht; es wurde interessant für weiße Farmer, sich fest anzusiedeln. Das Angebot sexueller Dienstleistungen wurde immer selbstverständlicher, selbst in den abgelegensten Stationsstädtchen. Für die meisten afrikanischen Frauen und Männer war diese Art von Transaktionen neu, sie gewöhnten sich allerdings schnell daran.

Parallel zum Vormarsch der übrigen Merkmale der weißen Zivilisation breitete sich gegen Ende des 19. Jahrhunderts in den wachsenden Städten Afrikas auch die Prostitution aus. Daß die Entwicklungen parallel verliefen und sich gegenseitig bedingten, war allerdings aus der zeitgenössischen Perspektive nicht immer zu erkennen. Viele Europäer beschrieben damals das verstärkte Aufkommen der »Sünde« und zeigten sich maßlos überrascht. Allerdings gaben nur wenige der schwarzen Bevölkerung die Schuld an dieser Entwicklung. Die Europäer waren ohnehin der Ansicht, daß die Neger eigentlich im Stande der Unschuld lebten. Berichteten doch die Missionare ohne Unterlaß, wie sich die Herzen der Schwarzen Gott öffneten. Die Sünde mußte folglich auf anderen Wegen nach Afrika gekommen sein. Die meisten Europäer hielten »die Orientalen« für verantwortlich. Sir Frederick Jackson, ein älterer britischer Beamter, beschrieb 1899 ein indisches Arbeitslager im westlichen Kenia »voller Prostituierter, kleiner Jungen und anderer Zutaten, die die bestialischen Orientalen bekanntermaßen ständig für ihr sündiges Leben benötigen«. Heute dagegen ist unverkennbar, daß es europäische Profitgier war, die Afrikaner und Asiaten auf die weiten Wege in die neu angelegten Städte, Minen und Plantagen zwang. Die Asiaten kamen in großen Schiffsladungen, die Afrikaner fuhren in kleineren Gruppen mit der Eisenbahn, viele gingen sogar zu Fuß. All diese Wanderarbeiter fanden auf traditionellem Weg keine Liebes- oder Sexualpartner, ihnen blieb nur die Prostitution oder die Homosexualität.

Die Goldminen von Johannesburg beschäftigten Tausende von chinesischen Kulis, die der Sexual- und Moraldebatte, die um die Jahrhundertwende die Londoner Zeitungen beschäftigte, ein neues und überraschendes Argument lieferten. Nun hieß es, die Chinesen hätten den Negern homosexuelle Praktiken beigebracht. Das Gerücht war in der Kolonialadministration Südafrikas entstanden und verbreitete sich bis nach London; und je häufiger man es hörte oder las, desto nachdenklicher wurde man. Ausgangspunkt dieser Sorgen war ein wohlmeinender Brief von Francis Alexander, einem eifrigen jungen anglikanischen Pastor in Johannesburg. Den Brief mitunterzeichnet hatte sein Kirchendiener, der als verläßlicher Zeuge galt, da er unter den Minenarbeitern arbeitete. Dieser Leopold Luyt war ein etwas wunderlicher, moralisch aber gefestigter Bure. Erschüttert, aber besonnen beschloß man in London, eine öffentliche Untersuchungskommission einzusetzen. Dann sollte über Verhaltensmaßregeln entschieden werden. Der pikante Charakter der Sache führte dazu, daß die Kolonialadministration unbedingte Diskretion verlangte, auch als der Bericht 1906 fertiggestellt war.

J. A. S. Bucknill, der Patentdirektor von Transvaal, wurde mit der Leitung der Untersuchungen betraut. Er sollte sich als glückliche Wahl erweisen, denn er war ein ausgesprochen vernünftiger und akribischer Mann. Bucknills Bericht besticht durch eine klare Sprache, scharfe Analysen und präzise Beschreibungen. Dies stärkte in den Augen seiner Zeitgenossen seine Glaubwürdigkeit und läßt den Bericht zu einer spannenden Quelle für die Nachwelt werden. In der Einleitung bestätigte Bucknill, daß jüngere schwarze wie chinesische Knaben von älteren Arbeitern der Goldminen Johannesburgs tatsächlich Geld für sexuelle Dienstleistungen bekamen. Nur, war das überraschend oder schockierend? Unter den regulären Arbeitern waren es letztlich höchstens sieben oder acht Prozent, die sich prostituierten, und für die meisten war es lediglich eine leichtverdiente Sondereinnahme.

»Ich kann mir unmöglich vorstellen, daß es hier mehr Homosexualität geben soll als daheim in London«, lautete Bucknills Resümee. Er war der Ansicht, daß die meisten chinesischen jungen Männer, die sich prostituierten, keine Minenarbeiter waren, sondern Barbiere oder Schauspieler aus den kleinen chinesischen Theatern, die sich rund um die Minen etabliert hatten. Auch bei den Bantus nahmen die jüngsten und hübschesten Arbeiter ein bißchen Geld, um den älteren sexuell ein wenig zur Hand zu gehen. Bucknill legte Wert auf die Feststellung, daß die Behauptung, man habe es hier mit einer »ansteckenden« Sünde zu tun, eine Fehleinschätzung sei. Die Chinesen bevorzugten ausschließlich chinesische Knaben, und die Schwarzen nahmen auch nur Jugendliche ihrer Rasse, ja, viele wollten sogar nur mit jungen Männern ihres eigenen Stammes zusammen sein. Derartige sexuelle Praktiken mußten verschiedene, voneinander unabhängige Traditionen haben, dozierte Bucknill. In London wußte man wohl, daß es für Geschlechtsverkehr unter Männern eine lange Tradition bei den Chinesen gab. Und bei Männern, die lange in Südafrika gelebt hatten, war bekannt, daß Sex unter Männern auch bei den Bantus an der Ostküste, entlang des Sambesi und am Malawi-See vorkam. »Aber ich persönlich«, so der exakte Bucknill, »habe bei den Zulu oder den Swasi nie davon gehört.«

Die homosexuellen Bantus praktizierten den »coitus inter femores« – das heißt den Schenkelverkehr –, und das sei strenggenommen nicht als Homosexualität zu werten, erklärte der Autor des Berichts. Die Chinesen praktizierten allerdings durchwegs die anale Penetration, dennoch registrierte man bei den Minenarbeitern von Johannesburg so gut wie keine Fälle von rektaler Syphilis. Gewissenhaft verschaffte sich Bucknill bei den besten Ärzten der Region medizinische Informationen. Sowohl bei den Bantus wie bei den Chinesen waren es die erwachsenen Männer, die bezahlten und die sexuell aktive Rolle übernahmen. Die jungen Männer hatten während des sexuellen Aktes eine frauenähnliche Rolle einzunehmen, außerdem wurde erwartet, daß sie sich ein wenig feminin benahmen oder zumindest rein verbal eine grobe Behandlung tolerierten. Die jungen Bantus wurden als »dreckige Flittchen« bezeichnet.

Zur Verteidigung der Chinesen führte Bucknill an, daß sie sich sehr diskret verhielten. Wenn man die Vorfälle überhaupt Prostitution nennen wollte, dann am ehesten bei den Chinesen, so Bucknill. Unter den schwarzen Arbeitern hingegen entwikkelten sich häufig feste und herzliche Beziehungen, die eher mit zeitlich begrenzten Ehen zu vergleichen waren. Aber keine dieser festen sexuellen Beziehungen führte dazu, daß ein Bantu seine männliche »Ehefrau« mit in sein Dorf nahm, wenn sein Arbeitsvertrag auslief.

Hinsichtlich der Homosexualität war der negativste Punkt in Bucknills Bericht, daß dadurch die Marktchancen der schwarzen weiblichen Prostituierten beschränkt wurden. Allerdings waren unter den billigen Huren Geschlechtskrankheiten sehr stark verbreitet. So wurde, Bucknills Ansicht nach, ein negativer Faktor durch den anderen aufgehoben.

In London ließ man sich durch diese ausführliche und nüchterne Beschreibung beruhigen. Der Bericht hatte nur unbedeutende Konsequenzen. Fünf oder sechs chinesische Theater wurden geschlossen und fünfzig, sechzig feminine Chinesen deportiert. Man kann kaum behaupten, daß die britischen Behörden bei ihrer ersten offiziellen Begegnung mit nichtheterosexueller Prostitution in Afrika überreagierten.

1807 war Kapstadt von den Briten übernommen worden. Sofort sorgten sie dafür, daß auch weiße Prostituierte in das Riesenbordell kamen, das die Ostindische Kompanie ausschließlich mit schwarzen Sklavinnen betrieben hatte. Die Sexsklaverei wurde abgeschafft und durch selbständige Prostituierte ersetzt, die auf eigene Rechnung arbeiteten. Die meisten Briten bevorzugten weiße Frauen und zahlten dafür bereitwillig einen höheren Preis. Für die wenigen schwarzen Frauen, die sich im Gewerbe von Kapstadt hielten, hatten die weißen Kolleginnen durchaus Vorteile; auch die schwarzen Prostituierten arbeiteten jetzt unter besseren Bedingungen. Allerdings verdrängten die weißen Huren die meisten schwarzen Frauen aus den Bordellen, doch kannten diese nun die Finessen der Sexbranche und konnten andere Mädchen anlernen. Das Gerücht vom leichtverdienten Geld durch Sex begann sich über den gesamten Kontinent zu verbreiten.

Um die Jahrhundertwende hatte der Burenkrieg zur Folge, daß sämtliche Spielarten der Prostitution in Südafrika prosperierten. Immer mehr Mädchen, zumeist aus Frankreich und

Zentraleuropa, standen den weißen Soldaten zu Verfügung, Seite an Seite mit den wenigen Schwarzen, die sich am Markt behaupten konnten. Schon bald war Johannesburg eine der wirklichen Sexmetropolen der Erde. In der Stadt lebte eine enorm große Zahl unverheirateter Männer, und da gleichzeitig sehr viel Geld im Umlauf war, kamen ständig weitere Prostituierte nach Johannesburg.

Der Erste Weltkrieg, der in Afrika häufig »der Krieg der Deutschen« genannt wurde, brachte der Prostitution einen weiteren Boom, vor allem in Ostafrika. Hier spürte man den Krieg am deutlichsten, denn die wichtigste Basis der Deutschen war Tansania. Um die Jahrhundertwende hatten in Britisch Ostafrika noch nicht allzuviele Weiße gelebt, während des Krieges jedoch expandierte die Kolonie. Nairobi wuchs ständig, und es wurde darüber diskutiert, ob für die verschiedenen Bevölkerungsgruppen separierte Viertel eingerichtet werden sollten. In der Stadt entstand eine Mischkultur, in der Briten und andere Europäer, Inder und diverse braune und negroide Völker von den Massai bis zu den Bantu nebeneinander lebten. Es gab Muslime, Christen und »Heiden«, insgesamt eine große Zahl beschnittener und unbeschnittener Männer.

Innerhalb der schwarzen Bevölkerungsgruppe lag das Verhältnis zwischen Frauen und Männern bei eins zu zehn, und auch bei den Weißen und den Indern herrschte beträchtlicher Frauenmangel. Dementsprechend prosperierte die Prostitution. Frauen, die eigentlich als Haushaltshilfe oder Verkäuferin beschäftigt waren, versuchten sich zusätzliche Nebeneinnahmen zu verschaffen. Sie trugen einen Sack, wenn sie scheinbar zufällig durch ein Viertel gingen, in dem Europäer, Schwarze oder Inder arbeiteten. Die Frauen taten so, als würden sie Bohnen sammeln. Aber jedermann wußte, daß der Sack als Matratze zu dienen hatte.

Die verbreiteteste Form der Prostitution in diesen Jahren war der »Hausbesuch« für eine Nacht. Die afrikanischen Männer wohnten gewöhnlich unter elenden hygienischen Bedingungen dichtgedrängt in Baracken. Da schwarze Frauen zum Teil über relativ große und saubere Wohnungen verfügten, war es angenehm, dort einen Hausbesuch zu machen. Die Frauen bereiteten den Männern das Essen, wuschen sie und kümmerten sich auch nach dem Geschlechtsverkehr noch um ihre Kunden. Einige wuschen sogar ihre Kleidung. *Malaya*-Prostitution wurde diese Form der hausfraulichen Fürsorge genannt.

Weder ein Plakat noch eine rote Lampe wiesen den Weg zu den Frauen. Sie verließen sich darauf, daß die Männer sie untereinander empfahlen. Die Männer hatten höflich an die Tür zu klopfen und die Frau vorsichtig zu fragen, ob sie allein lebe und kein anderer Mann käme, wenn sie ihn freundlicherweise hereinlassen würde. Die Rechnung wurde präsentiert, wenn alles vorbei war; entweder noch spät in der Nacht oder früh am Morgen, ähnlich wie in einem Hotel oder Restaurant. Bevor der Gast ging, bekam er einen detaillierten Rechnungsbeleg. Ältere Prostituierte aus Nairobi waren legendär für ihre nüchternen, detaillierten Abrechnungen. Ohne jede Scham wurden Einzelposten wie »Wäsche«, »Trost« oder »Liebesgeflüster« berechnet.

Die Malaya-Prostitution war in jeder Hinsicht diskret. Ein Kunde, der sich über eine Rechnung beschwerte, konnte ungestraft gehen. Die Frauen wollten auf jeden Fall Ärger oder Handgreiflichkeiten in der Wohnung vermeiden, für die sie viel Geld bezahlten. Und solange sie ihren Nachbarn nicht offen zeigten, womit sie ihr Geld verdienten, wurden sie in der Öffentlichkeit mit Respekt behandelt. Indische und europäische Klienten waren im Vergleich zu Afrikanern in der Minderheit, sie waren aber gern gesehen, weil sie besser zahlten und schneller wieder verschwanden.

Die Migration männlicher schwarzer Afrikaner prägte um die Jahrhundertwende ganz Afrika. Soldaten, Eisenbahner und Arbeiter zogen über den gesamten Kontinent. Afrikas Prostituierte hielten sich meist länger an einem Ort auf und hatten einen verhältnismäßig geringen Aktionsradius. Eine Frau aus

Uganda wurde vielleicht in Nairobi Prostituierte und überlegte sich, nach Mombasa oder Daressalam zu ziehen, selten jedoch weiter. So gut wie alle arbeiteten auf eigene Rechnung, kein Zuhälter oder Mittelsmann forderte einen Anteil an ihren Einnahmen.

Die Prostitution in Westafrika und Nigeria ist nicht so gründlich untersucht worden wie die in Ost- und Südafrika, aber alles deutet darauf hin, daß sich trotz der kulturellen Unterschiede zwischen den verschiedenen Stämmen die Prostitution über den ganzen Kontinent in ungefähr dem gleichen Tempo ausbreitete. Lediglich in Ostafrika bildeten die Massai-Frauen eine Ausnahme; sie prostituierten sich nur, bis sie die notwendige Anzahl Kühe anschaffen konnten, die sie zum Lebensunterhalt benötigten. Offensichtlich nahmen sie den Geldhandel nicht so ernst wie Frauen anderer Stämme.

Die Mehrzahl der Prostituierten Nairobis kam aus dem Stamm der Kikuyu, der in dem Gebiet um die Stadt vorherrschend war. Die männliche Bevölkerung der Großstadt war weitaus gemischter, hier waren die Kikuyu in der Minderheit. Die demographische Zusammensetzung der Kunden führte zu unterschiedlichen Strategien bei den Prostituierten. Einige meinten, es gäbe eine gewisse Sicherheit, wenn die Kunden aus ihrem eigenen Volk stammten. Die Mehrzahl war allerdings der gegenteiligen Ansicht, zumal die Männer häufig gegenüber den Frauen ihres Stammes gewalttätig wurden. Viele Kikuyu-Prostituierte erklärten zudem, Männer ihres eigenen Stammes wären »langweiliger«, außerdem hatte man ihnen Rabatt zu gewähren. Die Frauen entwickelten daher besondere Tricks, um ihre Stammeszugehörigkeit zu verbergen, wenn sie einen Verwandten bemerkten.

Prostituierte aus Stämmen, in denen die Beschneidung üblich war, bedienten ungern unbeschnittene schwarze Kunden und hielten sie für pubertäre Knaben. Allerdings konnte es zu gewaltsamen Auseinandersetzungen kommen, wenn ein beschnittener Afrikaner bemerkte, daß die Prostituierte eine unbeschnittene Frau war. Die über Generationen weitergegebenen, von Traditionen und Emotionen geprägten sexuellen Mythen entzogen sich der kommerziellen Vernunft.

Parallel mit der wachsenden Zahl schwarzer Prostituierter, die ihre Kunden unter schwarzen Männern fanden, strömte eine steigende Anzahl weißer Prostituierter in die Bordelle der Großstädte. Gleichzeitig kamen immer mehr tugendhafte, ehrbare weiße Frauen als Ehefrauen der Siedler und Kolonialbeamte nach Afrika. Diese Entwicklung führte zu einer deutlichen Reduktion der Kontakte zwischen weißen Männern und afrikanischen Frauen, sexuell wie sozial. Als die Briten 1807 die Kolonie am Kap der guten Hoffnung übernahmen, hatten nur noch zehn Prozent aller Weißen nicht-weiße Ehefrauen, davon waren drei Prozent Afrikanerinnen, die übrigen Asiatinnen und gemischtrassige Frauen.

Die Verbindungen von Europäern mit Eingeborenen waren in Afrika noch verpönter als in allen anderen Teilen der Erde, in denen sie Kolonien errichteten. Briten und Holländer standen dem sexuellen Verkehr mit Negroiden oder farbigen Partnern nirgendwo sonderlich aufgeschlossen gegenüber. Und die Missionare waren geradezu fanatische Gegner jeglicher Rassenvermischung. Selbst wenn eine Afrikanerin getauft war und dem wahren Glauben anhing, wäre kaum ein Missionar des 19. Jahrhunderts bereit gewesen, sie mit einem weißen Mann zu verheiraten. Die Missionare des 18. Jahrhunderts hatten derartige Ehen, wenn auch widerstrebend, noch gutgeheißen, später waren sie so gut wie unmöglich.

Im Gegensatz zu den Engländern und Niederländern wurden die Mischehen von den Franzosen regelrecht propagiert; insbesondere »temporäre Vereinigungen mit einer sorgfältig ausgesuchten eingeborenen Frau«, wie es L. G. Binder, der Direktor des französischen Kolonialministeriums, 1902 formulierte. Je mehr Verbindungen dieser Art es gab, desto schlagkräftiger wurde Frankreich im Kampf um die Gallifizierung Westafrikas, so die offizielle Politik. Auch in der Vorstellung der Engländer sollte Afrika ein Teil des britischen Empires werden, nur wollte man die eigene Form der »Zivilisation« ohne Fremdeinflüsse aufrechterhalten.

Der britische Militärratgeber Richard Meinertzhagen war 1902 nach einem Besuch in Kenia regelrecht geschockt, nicht nur über die Inder und Schwarzen, sondern auch über seine eigenen Landsleute: »Der eine säuft wie ein Fisch, der andere bevorzugt Männer statt Frauen und schämt sich nicht ... Fast alle Männer in Nairobi sind Eisenbahnfunktionäre. So ziemlich jeder hat eine schwarze Geliebte, in der Regel eine Massai. In den Massai-Dörfern findet ein regulärer Handel mit den Mädchen statt. Wenn ein Mann seiner Geliebten überdrüssig ist, geht er ins Dorf und bittet um eine neue, in besonderen Fällen sogar bis zu drei Frauen. Und meine Offizierskameraden sind da keine Ausnahme.«

Die Vorurteile gegen eine Ehe mit einer Schwarzen waren noch größer als die Vorurteile gegen den sexuellen Verkehr zwischen einem weißen Mann und einer schwarzen Frau. Die Anzahl von Mischlingskindern war dementsprechend weitaus höher als die Anzahl von Mischehen, vor allem Dienerinnen und Sklavinnen wurden von ihrer europäischen Herrschaft mißbraucht. In Durban erklärte der Polizeichef 1903, daß es kaum mehr als zehn Prozent der bei Weißen arbeitenden schwarzen Dienstmädchen schaffen, »ihr gutes Leben nicht zu ruinieren«.

Die Gesetzgebung Rhodesiens sah 1903 zwei Jahre Gefängnis für eine weiße Prostituierte vor, die mit einem schwarzen Kunden erwischt wurde; der Kunde wurde sogar zu fünf Jahren Gefängnis verurteilt. Paradoxerweise gab es einen größeren Toleranzspielraum für Homosexualität, auch in Fällen, in denen es den Verdacht gab, daß ein Weißer einen schwarzen Partner hatte. Doch aus solchen Verbindungen entstanden keine Kinder, außerdem hätte niemand es gewagt, der guten Gesellschaft einen schwarzen Partner zu präsentieren.

Je mehr weiße Frauen in die Kolonien kamen, um so effektiver sorgten sie dafür, daß die Eingeborenen aus der guten Gesellschaft verschwanden. Afrikanische Frauen wurden allein wegen ihres physischen Erscheinungsbildes als primitiv und unzivilisiert angesehen. Puritanische Kreise unter den britischen Siedlern inszenierten daher eine Reihe von offiziellen Skandalen, Zeitungs- und Parlamentsdebatten. Um die Jahrhundertwende fahndete man intensiv in ganz Rhodesien und Kenia nach britischen Beamten, die offen mit afrikanischen Frauen zusammenlebten. Sieben Männer wurden aus ihren Ämtern entfernt. Das Empörende war aber nicht der sexuelle Verkehr mit einer Eingeborenen, sondern daß man einer schwarzen Frau und schwarzen Kindern Respekt und Liebe zeigte. Wehe dem Engländer, der sich mit einer dunkelhäutigen Frau in der Öffentlichkeit zeigte oder für gemeinsame Kinder die Verantwortung übernahm! Die »Vermischung der Rassen« war und blieb abscheulich und wurde nicht toleriert. Daß eine afrikanische Frau und ihre Sippe stolz auf ihre Familie waren und ein Ehrgefühl entwickelten, war für die Engländer dieser Zeit ein undenkbarer Gedanke. Auch nach 1920 sah man in Afrika vierzig Jahre lang keinen Briten mit einer afrikanischen Frau an seiner Seite.

Kapitel 17
Nana und die Belle Époque

Die Frau vor dem Schminkspiegel ist lediglich mit Seidenunterwäsche und hochhackigen Schuhen bekleidet. In der linken Hand hält sie einen Lippenstift, in der rechten eine Puderquaste, an einem Finger trägt sie einen Ring. Der kleine Finger ist vornehm und fast ein wenig keck abgespreizt. Ein dickes Goldarmband gleitet ihren nackten weißen Arm herunter. Die Frau auf dem Gemälde hat schon viele Male so posiert. Edouard Manets 1877 entstandenes Meisterwerk läßt keinerlei Zweifel an ihrer Profession. Zumal ein im Hintergrund auf die Tapete gemalter Kranich zusätzliche Hilfestellung gibt: *Une grue* ist ein französischer Slangausdruck für eine Prostituierte.

Ein Herr mit Seidenzylinder und Abendanzug sitzt auf einem mit Samt bezogenen Sofa und betrachtet die Frau. Sie weiß genau, daß er ihr herausforderndes Hinterteil anstarrt. Ihr Blick geht in eine andere Richtung, als würde sich in ihrem Boudoir noch ein weiterer Mann befinden, den wir nicht sehen. Dieser Mann – also wir, die Betrachter – genießt den Anblick der Frau ebenfalls. Sie weiß es und steht gern dort. Sie ist eine selbständige Frau, von keinem der Männer abhängig, von denen sie begehrt wird. Aber ganz frei ist sie nicht. Um sich ihre Kunden aussuchen zu können, ist sie abhängig von ihrer physischen Attraktivität.

»Nana« heißt die Frau auf Edouard Manets Bild. Er nannte sie nach einer Prostituierten, über die er bei Émile Zola gelesen hatte; schließlich sprach damals das gesamte literarische Paris von Zolas Roman.

»Die Warenform tritt als der gesellschaftliche Inhalt der allegorischen Anschauungsform bei Baudelaire zutage. Form und Inhalt sind in der Dirne als in ihrer Synthesis eins geworden.« So charakterisiert Walter Benjamin im *Passagen-Werk* die Figur der Prostituierten, die in den fünfziger und sechziger Jahren des 19. Jahrhunderts so häufig in Charles Baudelaires Lyrik auftaucht. Manets Bild ist eine Spur zu schön, um Baudelaires Gedichte zu illustrieren, Nanas Blick jedoch ist der Blick der Großstadt, wie Baudelaire sie beschreibt. Die professionellen Prostituierten des 19. Jahrhunderts entwickelten diesen »urbanen Blick« als erste. Nana ist einladend und berechnend, fern und nah und trotz aller Intimität weit weg.

Nana ist jung und freimütig und zeigt sich in der um 1880 für viele Prostituierte typischen Arbeitskleidung, vor allem, wenn sie in den Bordellen arbeiteten. Zu dieser Zeit war es üblich, weiße, rosa oder schwarze Netzstrümpfe zu tragen, offene, hochhackige Schuhe und ein halblanges, durchsichtiges Oberteil aus Tüll, wenn man sich nicht bereits im Korsett und modischen Dessous zeigte. In den von bürgerlichen Kunden besuchten Bordellen gehörten Ringe, Halsbänder und Halstücher ebenfalls zur Ausstattung. Manet hätte uns eigentlich keinen Kunden im eleganten Abendanzug und Zylinder zeigen müssen, um deutlich zu machen, daß Nana eine Frau von Qualität war.

Zolas Nana war eine Kokotte, die aus dem Rinnstein stieg, um sich an der Oberklasse zu rächen. Sie wollte, daß Männer aus allen gesellschaftlichen Schichten zu ihren Füßen liegen, geschlagen, vernichtet und ruiniert. Nana war Venus und Amazone, Liebesgöttin und Racheengel, sie war für jeden Mann in Paris erotisch erregend und gleichzeitig eine soziale Bedrohung.

Zola erzählt, wie sämtliche Liebesbeweise der Pariser Männerwelt nicht ausreichten, um den Ausbruch der Langeweile bei Nana zu verhindern. Als Mann verkleidet, schmuggelt sie sich in die Pariser Bordelle, um ihre Kolleginnen auszuspionieren; in der Hoffnung auf authentische Liebe beginnt sie eine lesbische Liebesbeziehung. Nichts hilft. Vielleicht entwickelt sich Nana zu einem solchen Sexmonster, weil die ganze Welt mit ihr physisch in Kontakt kommen möchte. Sie wird zu »einer destruktiven Naturkraft, die Paris zwischen ihren schneeweißen Schenkeln korrumpiert«. Und da es so ist, muß ihr Autor sie zugrundegehen lassen. Der Roman *Nana* ist ein Meisterstück der Dekadenz, er endet mit einer detaillierten Beschreibung der Pockenkrankheit, die den einst so attraktiven Frauenkörper allmählich zerstört.

Daß es in dieser Epoche zu einer Blüte des Liebesgewerbes in den Städten kam, hängt nicht zuletzt mit der ideologischen Entwicklung in der Medizin zusammen. Im Vergleich mit ihren Kollegen ein Jahrhundert zuvor, waren die Ärzte des 19. Jahrhunderts ausgesprochen sexualfeindlich. Sie bekämpften die Masturbation und rieten verheirateten Frauen, nicht mehr als einmal im Monat mit ihrem Mann zu schlafen. Die Frauen sollten in erster Linie Mutter sein; es galt als nachgerade unschicklich, wenn sie Freude an der Sexualität empfanden. Eine Frau, die ihr Sexualleben genoß, würde schon bald an Geschlechtskrankheiten leiden, behaupteten die Ärzte. Sexueller Genuß war für eine Frau beinahe ebenso gefährlich wie die Masturbation für einen Mann. Auf der anderen Seite bekamen Männer den ärztlichen Rat, mindestens jeden vierten Tag Geschlechtsverkehr zu haben. Die Mediziner des 19. Jahrhunderts trugen somit stark zum Aufschwung des Prostitutionsgewerbes bei.

Die Pariser Polizei schätzte, daß es 1860 zirka dreißigtausend Prostituierte in Paris gab, obwohl offiziell nur sechstausend Frauen registriert waren. In den folgenden Jahrzehnten wuchs die Zahl sprunghaft. London konnte mit Blick auf die Zahl der Prostituierten durchaus konkurrieren, dennoch wurde die Prostitution im öffentlichen Bewußtsein nach wie vor mit Frankreich in Verbindung gebracht. In Paris und in den Regionen Cannes und Marseille kamen mehr als fünfzig von der Polizei registrierte Prostituierte auf zehntausend Männer, das heißt eine Frau auf gut zweihundert Männer im Alter von fünfzehn bis neunundvierzig Jahren. Die französische Polizei rechnete allerdings mit mehr als fünfmal so vielen unregistrierten Frauen. Und schon die offiziell registrierten Huren hatten allwöchentlich zahlreiche Kunden. Es gibt berechtigten Grund zu der Annahme, daß französische Männer zu dieser Zeit mehr Sex mit Prostituierten hatten als innerhalb ihrer Ehe.

Es kommt nicht von ungefähr, daß das Thema der Prostitution und die Figur der Kokotte, der Demimonde einen zentralen Platz in der zeitgenössischen Literatur einnahmen. In den französischen Romanen der Belle Époque, *Nana* von Émile Zola, *Glanz und Elend der Kurtisanen* von Honoré de Balzac oder *Die Kameliendame* von Alexandre Dumas, begegnen wir Prostituierten als zentralen Figuren der Erzählung. Sie tauchen bei Viktor Hugo ebenso auf, wie bei Eugène Sue, Paul Alexis, Alphonse Daudet oder Gustave Flaubert. Die Brüder Goncourt erzählten mit Vorliebe von hedonistischen, labilen Frauen. Guy de Maupassant schrieb humoristisch und mitfühlend über Huren jeden Alters; und Alexandre Dumas führte nach der *Kameliendame* mit seinem Buch *Monsieur Alphonse* noch den französischen Zuhälter in die Weltliteratur ein. Von Joris Karl Huysman wurden Bordellkunden und kleinbürgerliche Beamte beschrieben, die Prostituierte heirateten. Und in vielen Gedichten von Charles Baudelaire, Paul Verlaine oder Alfred de Musset geht es um Prostitutierte.

Das französische Lieblingsthema beeinflußte auch die Autoren anderer Länder. Rußlands Huren wurden durch Dostojewski unsterblich. Seine Romanfigur Sonja verkauft in *Schuld und Sühne* ihren Körper, um den Armen und Hungernden zu helfen; sie ist eine wahre Maria Magdalena, die dem Mörder Raskolnikow den Glauben zurückgibt und dann ein neues und besseres Leben mit ihm beginnt. Französische Autoren haben weitaus mehr und hübschere Kokotten und Kurtisanen beschrieben als alle anderen Autoren, aber die heiligste Hure der Weltliteratur mußte wohl aus dem tiefen Herzen Rußlands kommen.

Edouard Manets und Auguste Renoirs Bilder von Huren, Blumen- und Nähmädchen sowie Toulouse-Lautrecs derbe Frauengestalten werden als Beginn der Moderne in der westlichen Malerei gesehen. Die sich prostituierende Frau wurde für die französische Avantgarde zum Symbol der Modernität.

Manets *Nana* ist sicherlich das bekannteste Prostitutionsgemälde der Kunstgeschichte. Zu einem regelrechten Kunstskandal kam es allerdings 1863, als das Bild der unbekleideten Prostituierten *Olympia* aus der vorimpressionistischen Phase Manets beim jährlichen Salon der Académie Royale abgelehnt wurde. Paul Cézanne beschäftigte sich ebenfalls intensiv mit der Prostitution und malte gleich dreimal die *Olympia* als Kommentar zu Manets Gemälde. Henri de Toulouse-Lautrec ließ das Motiv nie zur Ruhe kommen.

Karikaturen und Witzzeichnungen, Skizzen und Radierungen von Louis Morel-Retz, Victor Morland und Jean-Louis Feraud trugen ebenfalls dazu bei, daß die Prostitution zu einem Hauptmotiv der französischen Literatur- und Kunstgeschichte des 19. Jahrhunderts werden sollte. Doch auch in anderen Ländern nahm sich die Kunst an der Schwelle zwischen Naturalismus und Impressionismus des Themas an. In Deutschland malte vor allem Max Liebermann Prostituierte. Auch im Werk des Norwegers Edvard Munch spielt die Hure eine Rolle, zunächst in den Bildern »Erbe«, »Heiligabend im Bordell« und »Rose und Amélie«, später in dem Bilderzyklus »Das grüne Zimmer«. Ein Zimmer des Berliner Bordells »Zum süßen Mädel« diente ihm als Inspirationsquelle. Es ist durchaus denkbar, daß sich einige professionelle Huren auch in vielen Madonnenbildern Munchs wiedererkennen würden.

In Zolas Roman empfing Nana ihre Kunden in ihrer eigenen, eleganten Wohnung. Nach unseren Maßstäben würde man sie also als ein privat wohnendes und arbeitendes Callgirl bezeichnen. Der norwegische Arzt Hakon Boeck hatte sicher recht, als er darauf hinwies, daß es in Deutschland und Skandinavien erhebliche Unterschiede in Alter, Schönheit und Gesundheit zwischen den privat arbeitenden Prostituierten und den Huren in den Bordellen gab. In Frankreich bot sich ein noch weitaus differenzierteres Bild: Die Prostitution war spezialisierter, stärker nach gesellschaftlichen Schichten und Klassen getrennt und in ihren Angeboten offener für die unterschiedlichsten sexuellen Neigungen der Kunden. In einem *maison de rendez-vous* konnten sich wohlhabende Kunden der Illusion hingeben, sich nicht im Bordell zu befinden, sondern in einer Wohnung, die ihrer eigenen zum Verwechseln ähnlich sah. Hier genossen sie das Liebesspiel in einer angenehmen, gemütlichen, fast kleinbürgerlichen Umgebung. Die Mädchen wurden nicht direkt bezahlt, sondern über eine Vermittlerin. So konnten die Männer höflicher und galanter auftreten.

Maison de passe wurden die unregistrierten kleinen Stundenhotels genannt, die von den Prostituierten frequentiert wurden, die ihre Kunden auf der Straße oder in Restaurants trafen. *Maison de tolérance* war die Standardbezeichnung für ein organisiertes Bordell; es gab sie in allen Preisklassen und Kategorien, von der Luxuseinrichtung mit Marmor und teuren Vorhängen bis hin zu Eisenbetten oder Matratzen direkt auf dem Boden.

Aufgrund des Schmucks und der offensichtlichen physischen Gesundheit ist nicht zwangsläufig davon auszugehen, daß Manets Nana in ihrer eigenen Wohnung arbeitet, es könnte sich ebensogut um ein Bordell der besten Kategorie handeln. Dafür würden das großzügige Zimmer und die Malereien an der Wand sprechen. Prostituierte ihrer Klasse verdienten in Paris und Frankreich deutlich mehr als ihre Kolleginnen in Deutschland oder den skandinavischen Ländern, wo derartige Luxusbordelle nie existierten.

Zola läßt seine Romanheldin aus der Arbeiterklasse kommen; andere Prostituierte in den Romanen dieser Zeit sind Näherinnen oder verführte Dienstmädchen, die in der Prostitution landen. In der Realität war der soziale Hintergrund weitaus differenzierter, als es von der Literatur vermittelt wird. Das

Polizeiregister von Marseille lieferte um 1880 grundlegende Informationen über die sozialen Verhältnisse der Prostituierten und belegt, daß die Mädchen praktisch aus allen Klassen und Schichten kamen. Der überwiegende Teil hatte Handwerker und kleine Gewerbetreibende als Väter, die Bandbreite war dennoch groß. Allerdings kamen bei über dreitausend registrierten Prostituierten in Marseille lediglich fünfhundert vom Land. Vierzig Huren waren Töchter von Fischern, vier von Schafhirten. Möglicherweise lieferte die alte Stabilität des Landlebens doch einen gewissen Schutz vor dem Weg in die Prostitution.

Weitaus die meisten französischen Prostituierten kamen aus den Provinzstädten, sie waren die Töchter von Unteroffizieren, Eisenbahnangestellten, Polizisten, Bau- und Metallhandwerkern oder Hafenarbeitern. Erstaunlicherweise gab es unter den Prostituierten von Marseille auch dreizehn Töchter von Lehrern, einer Berufsgruppe, die man eigentlich auf der Tugendleiter eher im oberen Bereich ansiedeln würde.

Prostituierte in Marseille 1872–1882, klassifiziert nach dem Erwerb ihres Vaters:

	Insgesamt	relativer Anteil
Juristen, Rentiers, Lehrer, Landbesitzer, Offiziere und größere Kaufmänner	353	12%
Kleine Kaufmänner, Laden-Besitzer, Cafébesitzer	351	12%
Handwerker im Bau-, Textil-, Holz- und Nahrungsgewerbe	855	26%

Kleinere Beamte bei Post, Armee und Eisenbahn, Hotelangestellte, Diener	429	13%
Tagelöhner, Hausdiener, Zirkusartisten, Strafgefangene, Bettler usw.	643	21%
Fischer, Bauern, Hirten, Zimmerleute	570	16%

Das Registrierungssystem verschaffte Polizei und Ärzten eine Vielzahl von Informationen, die bis heute gründliche historische Analysen ermöglichen. Hier eine vereinfachte Version einer der vielen Statistiken des Sozialhistorikers Alain Corbin.

Edgar Degas war Frankreichs bedeutendster Bordellmaler. Er hat die Prostituierten in allen Situationen gemalt, bekleidet oder unbekleidet, in Cafés am Nachmittag oder auf den nächtlichen Pariser Straßen. Auf Bestellung schuf er außerdem dekorative Gemälde für die luxuriösen Bordelle im Quartier rund um die Pariser Oper. Mit ihrer Einrichtung konnten diese Häuser durchaus mit der Grand Opéra konkurrieren, alles war in Gold, Samt und Marmor gehalten. Säulen und Vorhänge umgaben ein großes, nach drei Seiten offenes Bett, an mehreren Wänden, häufig auch unter der Decke, hingen Spiegel. Bronzestatuen von Faunen und Bacchantinnen regten die erotische Phantasie an, das Licht war gedämpft und so arrangiert, daß es die intime, phantasieanregende Atmosphäre unterstrich.

Es herrschte Ruhe und Diskretion; die Kunden konnten kommen und gehen, ohne einander zu begegnen oder auch nur Notiz von einer anderen Frau nehmen zu müssen als der, die man besuchen wollte. Möglicherweise hatte der Kunde sie bereits am frühen Abend mit dem Opernglas in der Oper beobachtet. Toulouse-Lautrec hat die Atmosphäre dieser elegantesten Bordelle von Paris auf seinem Bild *Salon* verewigt. Das Bild zeigt, wie sinnlich ein derartiges Interieur gestaltet werden konnte. Nicht ein einziger Mensch ist auf dem Bild, nirgendwo ist weiße Haut zu sehen. Und doch weiß der Betrachter sofort, wo er ist, denn das ganze Ensemble duftet nach Frauen, Körper und edlen Parfums.

Die teuersten Pariser Bordelle waren von Villen oder luxuriösen Stadtwohnungen kaum zu unterscheiden. Die Kunden meldeten sich auf Empfehlung. An billigeren Orten wiesen eine rote Laterne, die dunkle Beleuchtung des Treppenhauses, anregende Zeichnungen oder eine Prostituierte auf der Straße den Weg.

Die meisten Bordelle ermöglichten ihren Kunden außergewöhnliche sexuelle Ausschweifungen. Es gab Männer, die den Wunsch äußerten, daß das Mädchen zunächst in einem Brautkleid oder einer Nonnenkutte erschien. In besseren Etablissements war es auch möglich, um zwei Mädchen auf einmal zu bitten. Wenn der Kunde sich damit begnügen wollte, die Frauen nur zu betrachten, gab es große schwarze Samtportieren, schwarze Satinlaken und diskrete Beleuchtung, um die helle Haut der Frauenkörper zu betonen. Folterphantasien oder Sex mit einer deutschen Dogge gehörten für Herren mit spezielleren Bedürfnissen in bestimmten Einrichtungen ebenfalls zur Angebotspalette. Die teuren und exklusiven Häuser hatten auch kein Problem damit, wenn die Kunden Männer bevorzugten. Mit strengster Diskretion wurden derartige Wünsche erledigt.

Der größte Teil der französischen *Maisons de tolérance* waren geschlossene Häuser, in denen die Prostituierten nach strengen Regeln lebten und verköstigt wurden. Interieur und Ausstattung der Etablissements mochten unterschiedlich und den jeweiligen Preiskategorien der Kunden angepaßt sein, die innere Ordnung jedoch war von Haus zu Haus identisch. Die Disziplin war Klöstern nicht unähnlich. Das ist einer der Gründe, daß der Begriff »Äbtissin« weiterhin als Synonym für

Bordellwirtin verwendet wurde. In Frankreich waren sich Polizei und Ärzte einig, daß die Betreiberin eines Bordells erhebliche Qualitäten aufweisen mußte: »Sie muß Kraft und Stärke, moralische und physische Energie, natürliche Autorität und gleichsam etwas Maskulines an sich haben«, heißt es in einer Studie des französischen Arztes Parent-Duchatelet, die fast einer Vorschriftensammlung für das Bordellwesen gleichkam.

Eine Bordellwirtin hatte in ihrem Haus und unter ihren Mädchen Ordnung zu halten, und sie mußte darauf achten, daß die Frauen keine Beziehungen zu Männern außerhalb des Bordells unterhielten – etwa zu einem Alfons, einem Zuhälter oder einem Geliebten, wie ihn die unregistrierten Huren hatten. Die Madame hatte unverheiratet zu sein, denn ein Mann im Haus hätte das Verhältnis zu den väterlichen Autoritäten – dem behandelnden Arzt oder der örtlichen Polizei – in Unordnung gebracht.

Obwohl es einer Bordellwirtin nicht gestattet war zu heiraten, war es normal, daß sie Kinder hatte. Die Kinder durften das Bordell allerdings nicht betreten; sie wurden in der Regel auf ein Internat geschickt, und den meisten gelang ein deutlicher sozialer Aufstieg. Im Bordell hatte die Wirtin andere »Kinder« zu erziehen, die Huren. Wenn »Maman« ein Zimmer betrat, hatten sich die Mädchen zu erheben, zum Teil sogar zu verbeugen. Die Mahlzeiten wurden zusammen eingenommen und bestanden aus ordentlicher, nahrhafter Kost. Madame sorgte für Ruhe beim Essen, das in einer Atmosphäre bürgerlicher Respektabilität stattfand. Allerdings wurden die Mahlzeiten zu etwas anderen Tageszeiten eingenommen als in bürgerlichen Haushalten.

Da die Prostituierten nachts arbeiteten, durften sie morgens relativ lange schlafen und standen erst gegen zehn, elf Uhr am Vormittag auf. Der erste Teil ihres Tages verging normalerweise mit Baden, Körperpflege und Frisieren. Nach dem Mittagessen folgten endlose Stunden, die mit Lotto- und Kartenspielen oder dem Lesen von Romanen verbracht wurden.

Einige Bordelle verfügten über einen Garten, in dem sich die Mädchen aufhalten oder Ball spielen konnten, ansonsten lebten sie auffallend isoliert von der Außenwelt.

Nach dem Abendessen, gegen sieben Uhr, zogen sich die Frauen um. Die meisten kleideten sich so, wie es uns Manets Bild *Nana* zeigt. Die erotischen Phantasien und die sexuellen Ideale der französischen Männerwelt waren sich offenbar ähnlicher als ihre Brieftaschen. Die Bordellkunden des Jahres 1880 hatten ziemlich identische Vorlieben, egal ob es sich um reiche Geschäftsleute handelte, arme Diener, Soldaten oder Matrosen.

Durchschnittlich blieben die Prostituierten, von denen Daten erhoben wurden, selten länger als vier Jahre in einem Bordell. Einige arbeiteten danach auf eigene Rechnung weiter oder wurden Kellnerin in einem Lokal und betrieben die Prostitution nur noch als Nebengeschäft. Die meisten kehrten zurück in die »Gesellschaft«. Tatsächlich gab es einen stetigen Austausch und Wechsel, eine Tatsache, die der Ideologie des 19. Jahrhunderts strikt widerspricht, daß es sich bei der Prostitution um eine Art geschlossener Parallelgesellschaft »außerhalb« der eigentlichen Zivilisation handele.

Die Wände zwischen der »bürgerlichen« und der »sündigen« Welt waren weitaus dünner, als es die Polizei, die meisten Kunden und die Moralprediger wahrhaben wollten. Die Mehrzahl der Freudenmädchen kehrte – nach einer von Prostitution geprägten Jugendphase – zurück in ein kleinbürgerliches oder proletarisches Leben als Hausfrau und Mutter. Frauen, die nur in einem einzigen Bordell gearbeitet hatten, fiel es nicht sonderlich schwer, ihr Vorleben zu verheimlichen.

Dennoch war das Leben in den Bordellen keineswegs angenehm. Die französischen Romane, die im Prostituiertenmilieu spielen, sind einigermaßen unrealistisch, wenn sie das Leben innerhalb der Häuser schildern. So erzählt Maupassant in *Das Haus Tellier* beispielsweise von Mädchen, die ein Tanzlokal besuchen, nachdem sie behauptet haben, sie wollten zur Kirche. Im besten Internatsstil seilen sie sich mit weißen Laken aus dem Fenster ab. Tatsächlich war das reale Leben nicht so heiter. 1867 legten die Prostituierten eines Bordells in Parthenay zwischen Poitiers und Nantes Feuer in ihrem »Heim«, um sich zu befreien. Wie spätere Forschungen zeigten, waren diese Revolten kein isolierter Unfall oder Einzelfall. Die Mädchen durften nur ausnahmsweise einen Besuch zu Hause oder so etwas wie Urlaub machen. Nur die erwachsenen Frauen, die schon viele Jahre im Geschäft waren und beinahe den Status von »Töchtern« der Bordellwirtin hatten, bekamen eine derartige Erlaubnis. Eine ältere Prostituierte berichtete, daß sie im Laufe von siebzehn Jahren lediglich zweimal Besuche in ihrer Heimatstadt machen durfte.

Dennoch gab es Festtage im Bordell, wenn die Madame zum Beispiel Geburtstag hatte. Ein Fest wurde auch gefeiert, wenn zwei gute Freundinnen sich entschlossen zu »heiraten«, eine indirekte Konzession an die lesbische Subkultur im Milieu. Diese Art von »Ehen« konnten durchaus praktisch sein, denn es gab häufig Kunden, die zwei Mädchen auf einmal wollten, vorzugsweise Frauen, die körperlich gut miteinander vertraut waren.

Zeitgenössische Prostitutionskritiker fanden diese Art von Beziehungen besonders anstößig. Der Prostitutionsforscher Parent-Duchatelet hat lange Passagen seiner Untersuchung der kritischen Diskussion von lesbischen Beziehungen in den Bordellen gewidmet. Sowohl in den Krankenhäusern, in denen man venerische Krankheiten behandelte, als auch in den Gefängnissen wurden enge Frauenfreundschaften hart bekämpft. Allerdings mußten die Frauen, sobald sie wieder in die Bordelle zurückkehrten, feststellen, daß man hier die Verhältnisse geradezu förderte, die in der übrigen Gesellschaft verpönt waren.

Im Nachtclub Folies-Bergère steht ein Barmädchen zwischen Kuchen, Likör- und Champagnerflaschen. Ihr Blick geht in die Ferne, das Haar ist hochgesteckt, ein Stück Schmuck hängt an einem engen, schwarzen Samtband um ihren Hals. An jedem

Ohr trägt sie einen Goldring. Die Wand hinter ihr ist voller Spiegel, in denen eine Kollegin zu sehen ist, die sich einem Herrn mit Schnurrbart und Zylinder entgegenbeugt. Das Bild ist durchzogen von erotischer Zweideutigkeit. Ist eine der beiden Barfrauen bereit, die andere nicht? Daß käuflicher Sex eine Komponente des Bildes ist, darüber gibt es keinen Zweifel. Aber in welchem Maß? Hat sich Manet 1882 auf seinem letzten großen Gemälde noch einmal mit der Prostitution befaßt?

Das Folies-Bergère war das größte und beste Pariser Etablissement seiner Art. Anfang der achtziger Jahre des 19. Jahrhunderts gab es eine Reihe ähnlicher Lokale, die allerdings allesamt schlichter und billiger waren. Aber waren das tatsächlich Bordelle? Diese Stätten sahen aus wie gewöhnliche Restaurants, in die man sich setzt, um ein Glas Bier zu trinken. Man wurde nach und nach verführt. Die Kellnerin kam an den Tisch des Kunden, ohne bestellt worden zu sein, schenkte sich selbst ein und forderte den Kunden auf, noch etwas zu trinken. Nach einem kurzen Flirt erklärte sie wahrscheinlich, daß auch sie zu »konsumieren« sei, so schildert ein zeitgenössischer Beobachter die Szene. Viele der Mädchen bekamen eine Umsatzprovision oder einen Bonus bei guten Umsätzen der Bar. Zeigte sich ein Kunde an Sex interessiert, wurde er aus dem Lokal herausgeführt. Wie in einem traditionellen Bordell ging man in ein Zimmer im zweiten oder dritten Stock des gleichen Gebäudes oder in ein kleines Hotel an der Straße.

In Frankreich lag der Anteil der von der Polizei registrierten Prostituierten selten so niedrig wie in der Zeit um 1880. Das heißt nicht, daß es tatsächlich weniger Prostituierte gab, doch es hatte sich allmählich ein wachsender Widerstand gegen die übereifrigen Kontrollen der Bordelle entwickelt. Dazu kam, daß viele Kunden die Prostituierten nun in einer öffentlicheren Umgebung treffen wollten. Vielleicht hatten auch einige der Frauen den Wunsch, sich die Kunden selbst aussuchen zu können.

Mit der Restaurant- und Kabarettprostitution tauchte in den achtziger Jahren eine neue Generation von Freudenmädchen auf; die traditionellen Bordelle verloren dadurch erheblich an Marktanteilen. Es kam vor, so ein zeitgenössischer Bericht von 1888, daß eine alte Bordellwirtin ihr Bordell ganz einfach in ein Restaurant oder Kabarett umwandelte, wenn sie die Repressalien der Polizei nicht mehr ertrug und die zahlreichen Auflagen der Gesundheitsbehörden nicht mehr erfüllen wollte. Außerdem war es bisweilen sehr hilfreich, wenn den Kunden das Gefühl gegeben wurde, sie wären tatsächlich die Verführer. »Es ist ein Gefühl von Eroberung und echter Liebe, sie lächeln, sie reden, sie mögen sich. Diese Illusion der freien Wahl droht die billigsten Vergnügungsetablissements zu ruinieren«, so ein weiterer Beobachter dieser Entwicklung.

Eine ganze Generation junger Franzosen war mit Büchern aufgewachsen, die von der Liebe zwischen Prostituierten und jungen Dichtern oder Studenten handelten. Es war also nicht überraschend, daß sie glaubten, so etwas könnte sich auch in der Realität abspielen. Daß zwei Menschen, die eine Nacht oder einige Stunden miteinander verbringen wollten, sich gegenseitig bewußt wählten und nicht einfach nur in das gleiche Zimmer beordert wurden, empfanden beide Partner zumindest als emotionale Verbesserung.

Nana sollte in ihrer Eigenschaft als Symbol der Prostitution in Literatur und Malerei einzigartig bleiben. Und doch hat sich ihr Name in Frankreichs Bordellen und Cafés nicht durchgesetzt. Die Mädchen, die man gegen Ende des 19. Jahrhunderts in den Hurenhäusern fand, nannten sich lieber Paulette, Brunette, Blondinette, Odette oder Arlette. Nur die wenigsten verwendeten ihren wahren Taufnamen.

Der meistgebrauchte aller Künstlernamen war Carmen, nach Prosper Mérimées 1845 erschienenem gleichnamigen Roman, der Grundlage für Georges Bizets spätere Oper. Andere populäre Künstlernamen fanden die Prostituierten in den melancholischen Romanen von Hugo, Dumas oder Abbé Prévost. Die Bordelle waren voll von Frauen, die sich Mignon, Manon,

Camelia oder Fantine nannten. Merkwürdigerweise gab es auch eine ausgeprägte Schwäche für russische Namen wie Olga oder Sonja. Allerdings ist es eher unwahrscheinlich, daß sich dieses Phänomen auf die Lektüre von Dostojewski zurückführen läßt.

Die Prostituierten in den Bordellen galten als kindlich, kapriziös und putzsüchtig, angeblich waren sie verrückt nach Blumen. Darüber hinaus hieß es, sie seien religiöser und romantischer als die Mehrheit der französischen Mädchen.

Die Lesefertigkeit unter den französischen Bordellhuren war überraschend hoch. Nur zehn Prozent waren Analphabeten. Die meisten lasen gern und viel. Sie hatten viel Freizeit am Nachmittag, und es wäre überraschend, wenn sie keine Liebesromane gelesen hätten. Auch die große Zahl französischer Bücher, die Prostituierte als Heldinnen hatten, wird den Weg in ihre Bücherregale gefunden haben.

Kapitel 18
Der Kampf um die Sittlichkeit

»Christus in Frauengestalt, herabgestiegen zur Erde, um uns vom Elend zu erlösen. Der Gedanke ergriff mich bei ihrem bloßen Anblick und hat mich seither nie wieder verlassen.« So beschrieb eine Mitstreiterin 1871 ihre erste Begegnung mit Josephine Butler, der hartnäckigsten Kämpferin der Weltgeschichte gegen die Prostitution. Nach Königin Victoria und Florence Nightingale war sie wahrscheinlich die bekannteste Engländerin ihrer Zeit.

Josephine Butler mochte bisweilen einen schüchternen Eindruck machen, doch ein Brief von ihr konnte zu den größten politischen Verwicklungen führen – beim Gouverneur des britischen Empires in Indien ebenso wie in den Parlamenten der europäischen Staaten. Sie war in der Lage, die halbe Welt für ihre Sache zu mobilisieren, und sie tat es, wenn sie es für notwendig erachtete. Wer von dieser außergewöhnlichen Frau einen Brief bekam, las ihn genau.

»Als sie sich dem Rednerpult näherte und uns mit einem Blick voll unendlicher Trauer ansah, schien es, als würde das Gewicht der Worte Sünde und Verzweiflung ganz allein auf ihren schmalen Schultern liegen.« Die feingliedrige, schlanke und graziöse Frau war immer nach der neuesten Mode gekleidet, in der jeweils schicklichsten Ausführung und unprovozierend elegant. Sie sprach ihre Zuhörer an, ohne anbiedernd zu wirken. Bei großen Versammlungen zog sie Frauen wie Männer in ihren Bann, wenn sie sorgenvoll vor sich hinblickte und langsam und dramatisch entwickelte, wie die unheilvollen

Dinge miteinander zusammenhingen: die Dekadenz der Oberklasse, die Korruption der Polizei und das niederträchtige Verhalten unredlicher Männer gegenüber unschuldigen Frauen, privat wie in der Öffentlichkeit. Für Josephine Butler war die Prostitution »das große soziale Böse«, das Problem, das es in der Welt vor allem zu bekämpfen galt.

1828 geboren, wurde sie protestantisch erzogen. Nach einer religiösen Krise in ihrer Jugend fühlte sie sich »berufen« und wagte sich in den Jahren des amerikanischen Bürgerkrieges zum ersten Mal in die Politik. Sie trat als Agitatorin gegen die Sklavenhaltung auf. Nach der Abschaffung der Sklaverei sah sie sich nach einem neuen, ebenso wichtigen Aktionsfeld um.

»Wir müssen die Töchter der Welt retten. Denn die Mutterschaft ist das Heiligste in der Welt«, war eine ihrer Grundüberzeugungen. Josephine Butler hatte eine Tochter durch einen furchtbaren Unfall verloren und suchte lange nach »Schmerzen, die tiefer sind als mein eigener, nach Menschen, die unglücklicher sind als ich«. Durch einen Vetter, der Missionar war, bekam sie Kontakt zu den Armen in Liverpool. Ein paar Prostituierte nahmen sie mit auf ihre nächtlichen Ausflüge ins Hafenviertel, wo sie ihr tägliches Brot verdienten. Diese Erfahrung war für Josephine Butler ein Schock, gleichzeitig aber auch eine Hilfe, denn nun hatte sie eine neue »Sache« gefunden. 1869 ließ sie ihre erste Kampfschrift erscheinen: *Women's Work and Women's Culture* und startete damit einen offenen Angriff auf ein neues Gesetz, das in Großbritannien gerade verabschiedet worden war und Maßnahmen zur Verhütung von Geschlechtskrankheiten vorschrieb. Zu dieser Zeit war Josephine Butler bereits die Präsidentin einer nationalen Frauenorganisation und so bekannt, daß sie das gesamte Land, wahrscheinlich sogar halb Europa, in Anhänger und Gegner spaltete.

1874 wurde die »Weltorganisation zur Bekämpfung der staatlichen Regulierung von Prostitution« gegründet, zur ersten Generalsekretärin wählte man Josephine Butler. 1881 erschien ihr Buch *A Letter to the Mothers of England,* in dem zum ersten Mal die Prostitution von Minderjährigen und die Frage nach einem Mindestalter für den Geschlechtsverkehr auf die politische Tagesordnung gesetzt wurden. Das Buch wurde in mehreren Ländern publiziert.

Einer der Onkel von Josephine Elizabeth Grey Butler war der Außen- und Staatsminister Lord Charles Grey, ein protestantischer Staatsmann, Merkantilist und Freund des Adels. Und ihre Tante Margaretta Grey war eine überzeugte Feministin, die sich als Mann verkleidet ins Parlament schlich und auf der Straße mit ihrem Schirm oder der Tasche nach Männern schlug, die sie nicht mochte. Josephine Butler hatte wohl etwas von beiden in sich. Sie engagierte sich vor allem für »die ehrlich Arbeitenden ... und Unterprivilegierten«.

Jeder Versuch, die Prostitution einzudämmen, sei wie das »Zustopfen eines Kloakenabflusses. Dessen stinkender Inhalt sucht sich sofort andere Auswege und infiziert durch eine Menge unumgänglicher Löcher nur die Umgebung«, erklärte 1881 der norwegische Medizinaldirektor Ludvig Vilhelm Dahl. Er war sich in dieser Hinsicht mit Napoleon Bonaparte einig, der erklärt hatte, Prostitution sei notwendig, denn ohne die Prostitution würden gewöhnliche Männer respektable Frauen auf der Straße belästigen. Der norwegische Arzt und der französische Kaiser stimmten aber auch darin überein, daß kommerzieller Sex von ordentlichen Bordellwirtinnen, Polizisten und Ärzten genauestens kontrolliert und reguliert werden müsse. Frankreich wurde für das restliche Europa zum Vorbild für die sogenannte Reglementierung der Prostitution, für die systematische Einführung von ärztlichen Kontrollen und Restriktionen bei Geschlechtskrankheiten. Der französische Arzt A. J. B. Parent-Duchatelet war nicht nur als »Newton der venerischen Krankheiten« bekannt, sondern auch als Begründer der *réglementation,* so der französische Fachbegriff.

1835 veröffentlichte Parent-Duchatelet ein zweibändiges Werk über die Prostitution. Dieses epochemachende Buch basierte auf Studien an zwölftausend Prostituierten, die zwischen 1815 und 1831 unter Aufsicht der Pariser Polizei gestanden hatten. Parent-Duchatelet analysierte den sozialen Hintergrund der Frauen, den Familienstand, die Anzahl der heimlichen Geburten, die Lesefähigkeit und das Gefühlsleben. Sein Werk lieferte eine logisch aufgebaute Sammlung von Argumenten für die *réglementation.* Nur so konnten die Unmoral und die Verbreitung von Geschlechtskrankheiten gleichzeitig unter Kontrolle gehalten werden. Der Autor belegte mit seinem Buch unter anderem, daß es in Paris einen Zusammenhang und fließenden Übergang zwischen sexuell »kriminellen« und generell »armen« Frauen gab. Er beschrieb Frauen, die einen abrupten sozialen Abstieg erlebt hatten, einige von ihnen waren sogar total verelendet. Insgesamt aber lebten die Prostituierten nicht »außerhalb der Gesellschaft«, und für die meisten war die Prostitution lediglich eine Phase ihres Lebens. Viele von ihnen heirateten, nachdem sie sich einige Jahre prostituiert hatten. Auch nachdem sie sich aus dem Gewerbe zurückgezogen hatten, lebten die meisten dieser Frauen weiterhin auf einem sehr niedrigen sozialen Status. Der exakte und detailverliebte Parent-Duchatelet schränkte jedoch ein, daß er nicht über das statistische Material verfüge, um Aussagen über sämtliche Prostituierten von Paris treffen zu können. So standen ihm keinerlei empirische Daten über die wohlsituierten *femmes galantes,* die Kurtisanen, zur Verfügung, für die sich die Literatur und Malerei am meisten interessierte. Bei ihnen hatte die Pariser Polizei kein Material gesammelt.

Parent-Duchatelets Schriften wurden in ganz Europa gelesen und kommentiert. Ähnliche, weniger gründliche Untersuchungen wurden in London und Glasgow, New York, Brüssel, Antwerpen, Berlin, Hamburg, Mailand, Rom, Kristiania, Stockholm und Kopenhagen vorgenommen. Doch kein anderes europäisches Land verfügte über vergleichbares statistisches Material, das die Polizei durch jahrzehntelange genaue Kontrolle des Prostitutionsgewerbes beschafft hatte. Allerdings ging auch kein anderer Prostitutionsforscher mit der gleichen wissenschaftlichen Akribie ans Werk wie Parent-Duchatelet. Dennoch verfuhren die Experten der Nachbarstaaten mit der französischen Untersuchung eher oberflächlich. Parent-Duchatelets Beobachtungen des stabilen – das heißt stabil niedrigen – sozialen Status von Prostituierten wurden ignoriert; seine gründlichen und kritischen Untersuchungen über Geschlechtskrankheiten, Sterilität, Frigidität und physischen Verfall wurden aus dem Zusammenhang gerissen und als allgemeingültige Fakten über die Prostitution präsentiert.

Aufgrund der Lektüre seiner Bücher und weiterer Untersuchungen wurde die französische Form der Reglementierung und Kontrolle der Prostitution auch in anderen Ländern eingeführt. Belgien, die Niederlande und Polen waren dem französischen Vorbild schon früh gefolgt. In Italien kopierte man Frankreich zunächst in einigen der Kleinstaaten, nach der italienischen Einheit im gesamten Land. Auch in den deutschsprachigen und den skandinavischen Ländern näherte man sich mehr und mehr dem französischen Vorbild. In einzelnen deutschen Teilstaaten bekam die Polizei noch weitergehende Vollmachten als in Frankreich, in einigen skandinavischen Städten wurde zwar die öffentliche Registrierung von selbständigen Prostituierten verlangt, die in ihrer eigenen Wohnung arbeiteten, nicht aber die Kontrolle der Bordelle. In Stockholm bekämpfte man die Bordelle, während sie in Göteborg, Kopenhagen, Bergen und Kristiania zugelassen wurden – allerdings »reglementiert«.

In Großbritannien gab es traditionell weitaus weniger Kontrollen der Prostitution als im übrigen Europa. Neuere Untersuchungen des Prostitutionsaufkommens, die in den dreißiger und vierziger Jahren des 19. Jahrhunderts veröffentlicht wurden, führten jedoch zwangsläufig dazu, die Anzahl der Prostituierten mit dem Auftreten von Geschlechtskrankheiten in Beziehung zu setzen. Es zeigte sich, daß in Großbritannien weitaus mehr Fälle von Geschlechtskrankheiten auftraten als in jedem anderen europäischen Land. Die Ausweitung der Befugnisse der Londoner Polizei war 1850 das erste Signal eines veränderten Vorgehens. Zwischen 1864 und 1867 wurden in mehreren Schritten Gesetze zur Bekämpfung von Geschlechtskrankheiten verabschiedet. Zunächst traten die *Contagious Diseases Acts* (»Gesetze über ansteckende Krankheiten«) in Hafenstädten wie Southampton und Plymouth in Kraft, dann auch in London, und schließlich galten sie im gesamten britische Empire.

1870 hatten ganz Europa und große Teile der übrigen Welt – mit den wichtigen Ausnahmen USA, China, Japan und den pazifischen Inseln – die französische *réglementation* übernommen. Regelmäßige medizinische Kontrolle und die Registrierung von Prostituierten war zur Weltnorm geworden. Das Spekulum, dieses alte französische gynäkologische Instrument, kam zur Gesundheitskontrolle von Prostituierten in ganz Europa und großen Teilen Asiens und Amerikas in Gebrauch.

In Marseille und Dresden wurden die Prostituierten wöchentlich kontrolliert, in Paris und Madrid waren zweiwöchentliche Kontrollen die Norm. In anderen Städten richteten sich die Kontrollintervalle nach der jeweiligen Kategorie, in die die Prostituierten eingeteilt waren. »Achttagemädchen« hatten viele Kunden am Tag, »Vierzehntagemädchen« hatten eine geringe Kundenzahl und einen allgemein besseren Gesundheitszustand. Einige wenige Prostituierte bekamen das Privileg, sich ebenso diskret bei der Polizei zu melden, wie sie ihre Kunden empfingen. In den europäischen Städten mußten Polizei und Ärzte allerdings zugeben, daß sie die »vornehmere Prostitution« letztlich wesentlich schlechter im Griff hatten als die »einfache Prostitution«.

»Ich bin ein unbedingter Anhänger des Kontrollsystems, und zwar in seiner schärfstmöglichen Form. Ich bin der Ansicht, daß eine Frau, die ihren Körper öffentlich zum Kauf anbietet und für die lediglich der Preis entscheidet, an wen sie sich verkauft, der gleichen Aufsicht zu unterliegen hat wie jeder andere Händler, der eine gesundheitsgefährdende Ware verkauft.« So faßte der norwegische Professor Johan Hjort den Standpunkt seiner ärztlichen Kollegen in ganz Europa zusammen. Von 1865 bis 1890 verteidigte die internationale Ärzteschaft das Reglementierungssystem; Ärztekongresse in Paris, Florenz und Düsseldorf forderten in Resolutionen immer wieder eine regulierte Form der Prostitution. Innerhalb des Polizei- und Militärwesens war man sich ebenfalls einig, daß das hygienische Kontrollverfahren die beste, ja die einzig denkbare Lösung für zwei eng verwandte Probleme war: sexuelle Unmoral und venerische Krankheiten. Dort, wo die Reglementierung eingeführt wurde, ging die Anzahl der Prostituierten zurück, gleichzeitig bekamen die Frauen, die sich weiterhin anboten, weniger Geschlechtskrankheiten.

In den achtziger Jahren kam es zum Gegenschlag: Es gelang den christlichen Moralaktivisten mit Josephine Butler an der Spitze, die Diskussion über die Prostitution von einer praktischen, medizinischen und gesundheitspolitischen Frage in ein ausschließlich persönliches Problem der Moral zu verwandeln. Die Epoche der Reglementierung wurde abgelöst von Moralismus, Abolitionismus und Feminismus.

»Kein junger Mensch kann nach Einbruch der Dunkelheit einen Schritt in der Stadt tun, ohne Annäherungsversuche erleben zu müssen … Jegliche Autorität wird verspielt, während sich die Unmoral auf das Schrecklichste ausbreitet.« So die Warnung des christlichen britischen Moralreformers William Tait 1840. Insbesondere protestantische Gruppen glaubten in der Mitte des 19. Jahrhunderts wieder verstärkt an die Liebe in der Ehe als grundlegende Kraft, die die ganze Gesellschaft beeinflussen mußte. Dieser Glaube war die christliche Variante der gleichzeitig stattfindenden romantischen Bewegung in der Kunst und Literatur. Diejenigen, die an innerliche, »wahre« Liebe glaubten, verdammten die arrangierten Vernunftehen der Oberklasse ebenso wie die Untreue und den Mangel an liebevollem Familienleben, den sie bei den unterprivilegierten Klassen vermuteten.

Die Lösung all dieser Fehlentwicklungen konnte in allen gesellschaftlichen Schichten nur in der Stärkung von Ehe und Familie bestehen. Die Ehe sollte eine »ewige Institution sein, die auf gegenseitiger Liebe basiert ... bestimmt, um ewige Zeiten zu überdauern«. Untreue war für beide Partner einer Ehe destruktiv, sie stellte eine absolute Bedrohung der »heiligen und unverletzlichen Vereinigung« dar, die Gott geschaffen hatte, eine Bedrohung jeder guten Gesellschaftsordnung. Die Prostitution verkörperte die Untreue in ihrer lieblosesten und unmoralischsten Form, sie untergrub Liebe, Sittlichkeit und jedwede Moral.

Die neuen christlichen Meinungsführer hatten einen völlig anderen Blick auf die Prostitution als die Ärzte, Juristen und Militärs. Für sie ging es darum, dem sittlichen Niedergang der gesamten Gesellschaft Einhalt zu gebieten.

Viele Männer des viktorianischen Zeitalters behaupteten, daß für den Verfall der Sitten im wesentlichen die Frauen verantwortlich seien: »Wenn eine Frau erst einmal von der Säule der Unschuld gestiegen ist, dann ist sie in der Lage, jedwede kriminelle Handlung zu begehen«, schrieb der Moralreformator J. B. Talbot 1844 in seinem Buch *The Miseries of Prostitution.* Einzelne Moralisten wollten daher sämtliche Formen der Prostitution verbieten und alle Prostituierten gesetzlich verfolgen.

Männliche Eiferer vertraten häufig den Standpunkt, daß Prostituierte moralisch schlechtere Wesen seien als ihre Kunden. Diese Art von Frauen verkörperte beinahe etwas Tierisches, wenn sie »die höchsten Lebensfunktionen des Menschen für ein paar Kronen und Øre, Schmuck und Amüsement herabwürdigen«, so der Vorsitzende der norwegischen Sittlichkeitsbewegung Bredo Morgenstierne 1882. Mit den männlichen Kunden verhielt es sich anders; sie befanden sich in einer Situation, in der sie einfach die Kontrolle über »den natürlichen Trieb, den stärksten des Menschen,« verloren hatten. Der Vorsitzende der Sittlichkeitsvereinigung war überzeugt, daß die Bevölkerung allein aufgrund des gesunden Menschenverstands

»eine Prostituierte immer schärfer verurteilen werde als den Leichtsinnigen«.

Die Sittlichkeitsbewegung, die sich in den Jahren nach 1875 als internationales Netzwerk entwickelte, kämpfte vor allem gegen die Prostitution und das Reglementierungssystem; es war ein exakt geplanter und gut organisierter Kampf, der alle denkbaren politischen Allianzen nutzte.

Die Schande des Hurenwesens war nur eines von vielen Themen innerhalb der Sittlichkeitsbewegung, ähnlich engagiert vorgegangen wurde gegen die Pornographie. Man appellierte an Autoren, Buchhändler und Verlage, sämtliche Publikationen von Bildern mit nackten Körpern oder erotisch obszönen Illustrationen einzustellen. Darüber hinaus traten die Sittlichkeitsapostel der Verhütung und der Homosexualität entgegen, Masturbation hielt man für schädlich, und freie Liebe, Geschlechtsverkehr außerhalb der Ehe und andere moralische Abweichungen wie Alkoholismus und Spielsucht wurden verurteilt. Eines der wichtigsten Ziele der Bewegung war – neben der Bekämpfung der Prostitution – die Anhebung des Mindestalters für sexuelle Kontakte, das damals in den meisten Ländern bei zwölf Jahren lag.

Die Weiße-Kreuz-Armee war eine zeittypische internationale Jugendbewegung, die unter den jungen Männern der Arbeiterklasse die Sittlichkeit fördern sollte. Anwärter mußten mit der Hand auf dem Herzen geloben, alle Frauen mit Respekt zu behandeln und sie vor dem Bösen und der Versuchung zu bewahren. Darüber hinaus hatten die jungen Männer selbst »rein« zu bleiben, häßliche Worte und schlechte Manieren zu bekämpfen und zur sittlichen Reinheit unter Jungen wie Mädchen beizutragen. Aber auch Organisationen wie die Heilsarmee mit ihren christlichen Soldaten nahmen an diesem Kreuzzug teil.

In der großen Sittlichkeitsdebatte, die gegen Ende des 19. Jahrhunderts schließlich in ganz Europa geführt wurde, gab es die unterschiedlichsten Fraktionen. Die schärfsten Auseinandersetzungen fanden zwischen den Befürwortern einer kontrollierten Prostitution und den Kämpfern für die Sittlichkeit statt. Streit gab es auch zwischen männlichen Sittlichkeitswächtern und Feministinnen über die Frage des außerehelichen Zusammenlebens, obwohl sich beide Fraktionen in der Pornographie- und Prostitutionsdiskussion einig waren.

Wie so oft gehörten die weiblichen Sozialisten und Anarchisten in dieser Debatte keinem der traditionellen Flügel an, sondern näherten sich der Prostitutionsfrage eher pragmatisch. Die Anarchistin Emma Goldmann verteidigte Prostitution unumwunden als Notlösung und bot selbst ihren Körper im Dienste der guten Sache an; die deutsche Sozialistenführerin Clara Zetkin hielt jedes moralische Argument gegen die Prostitution für »Tugendheuchelei der ehrenwerten Bourgeoisie« und kritisierte Wladimir Iljitsch Lenin in ihrem Briefwechsel für seinen naiven Moralismus. Clara Zetkins Argumentation wird am deutlichsten in ihrem Buch *Die Arbeiterinnen- und Frauenfrage der Gegenwart* aus dem Jahr 1889; sie fordert hierin ein selbständiges Einkommen für die Arbeiterinnen als reelle, positive Alternative zu einem Leben in Prostitution.

»Es sind Männer, nur Männer, von Anfang bis Ende, mit denen wir es zu tun haben. Um einen Mann glücklich zu machen, habe ich zum ersten Mal gesündigt. Seither bin ich von Mann zu Mann gegangen. Dann waren es die Männer der Polizei, die Hand an mich gelegt haben. Es sind Männer, die uns untersuchen, uns kurieren und uns aufs neue besudeln. Und in den Institutionen sind es wiederum Männer, die zu uns kommen, für uns die Bibel lesen und für uns beten. Niemals entkommen wir den Händen der Männer!«

So beklagte sich eine verbitterte Prostituierte in einem Brief an Josephine Butler. Der Brief illustriert, wie sehr die Diskussion um die Prostitution allmählich einen geradezu »natürlichen« feministischen Weg einschlug. Im Kampf gegen die Reglementierung wurde ein wichtiges Argument im Namen der Gleichberechtigung angeführt. Es sei »unrechtmäßig«, so hieß es, daß nur die Frauen kontrolliert wurden, obschon sämtliche Kunden Männer waren. Und die wurden niemals zu medizinischen Untersuchungen geschleppt oder zwangsweise in Krankenhäuser eingewiesen. Zunehmend klagten feministische Gegnerinnen der Polizeikontrollen auch darüber, daß unschuldige Frauen regelmäßig Opfer »perverser« Ärzte und Polizisten wurden. Allerdings zeigt der pauschale Vorwurf, die Untersuchungen seien gleichsam Vergewaltigungen durch die Ärzte, zunächst einmal die unklare Begrifflichkeit der viktorianischen Ära. Dennoch gibt es zahlreiche ernstzunehmende Zeugenaussagen über sexuelle Übergriffe durch Polizisten nach der Untersuchung durch einen Polizeiarzt.

Tatsächlich war der bloße Verdacht, daß sich eine Frau prostituierte, ausreichend, um sie einer Kontrolle zu unterziehen. So konnte jede Frau, die sich nach Einbruch der Dunkelheit ohne Begleitung in der Öffentlichkeit aufhielt, für »so eine« gehalten werden, zumindest wenn sie auch noch Rouge aufgelegt hatte. Junge Polizisten gingen in den Bordellvierteln daher nachts besonders gern auf Streife. Die Polizei hatte völlig freie Hand bei den Frauen, die sie sich gern »genauer ansehen« wollten.

Als die Prostitutionsdiskussion in Großbritannien zunehmend den Charakter einer Debatte über die Rolle der Geschlechter annahm, brach Josephine Butler mit den Männern der Sittlichkeitsbewegung und gründete ihre eigene Organisation, die »Ladies' National Organization for the Repeal of the Contagious Diseases Act«. Die Moralistin verfügte über viele gute Argumente, um die Frauen in der Debatte um erzwungene Kontrollen zu verteidigen. Mehrfach belegte sie, daß Männer mit Geschlechtskrankheiten Prostituierte gern als Infektionsherd benannten, obwohl sie sich offensichtlich durch einen homosexuellen Akt angesteckt hatten. So waren bei siebzig Männern der britischen Marine, die ein Jahr lang keine Frau gesehen hatten, venerische Krankheiten diagnostiziert worden.

Vom feministischen wie vom menschenrechtlichen Standpunkt her fiel die Argumentation nicht schwer, daß die Reglementierung ideale Bedingungen für sexuelle Übergriffe bot. Von ärztlich-administrativer Seite hingegen war man der Auffassung, daß es keine andere Lösung gab, zumal ganz einfach keine besseren medizinischen Möglichkeiten zur Verfügung standen. Doch je mehr sich die moralisch-religiöse Argumentation mit der frauenpolitischen Agitation traf, wogen diese gebündelten Argumente schwerer als die pragmatisch-medizinische Motivation.

Prostitution und Syphilis 1858

Stadt	Anzahl von Prostituierten	Anzahl von Syphilisfällen
Paris	31502	8094
London	30015	12670
New York	13860	14770
Leipzig	564*	7800
Berlin	840*	2133
St. Petersburg	1893	1032
Kristiania (Oslo)	1200	1500**

lt. Dr. Hügel 1858, zitiert nach Paul Lafour.
* nur öffentlich registrierte Frauen
** Zahl von 1870 lt. Aina Schiøtz

Josephine Butler und ihre Anhängerinnen hoben immer wieder hervor, daß Prostitution als eine Form der Sklaverei anzusehen sei, weil sie wie Sklaven an einen Bordellbesitzer oder einen Zuhälter gebunden seien; außerdem seien sie die Sexsklaven ihrer Kunden. Josephine Butlers Sprachgebrauch erklärt sich vor allem durch ihre politische Schulung in der Sklavenbefreiungsbewegung, läßt die Begriffe dadurch aber nicht präziser werden.

Weltweit kam es zu überraschenden politischen Allianzen im Kampf gegen die regulierte Prostitution. Gewerkschaften, Frauenrechtsorganisationen, humanitäre und christliche Vereinigungen organisierten um 1880 Demonstrationen und schrieben Resolutionen und Eingaben an die Regierungen ihrer Länder.

Großbritanniens führender Politiker zu dieser Zeit war der liberale, aber puritanische Schotte und viermalige Premierminister William Gladstone. Er war einige Jahre mit Mrs. Thistlethwaite befreundet, einer intelligenten Exprostituierten in seinem Alter. Er war sehr an der Prostitutionsfrage interessiert und hatte trotz seines Ranges zusammen mit Mrs. Thistlethwaite an nächtlichen Befreiungsaktionen von Prostituierten aus dem Polizeigewahrsam teilgenommen. Mary Hume-Rothery, eine von Josephine Butlers Mitarbeiterinnen mit guten politischen Kontakten, übernahm es, Gladstone aufzuklären, was es bedeutete, wenn der Polizeiarzt »ein spionierendes Rohr in einen sklavisch angeketteten Unterleib« schob.

Die ärztlichen Untersuchungen der damaligen Zeit waren schon rein physisch äußerst unangenehm und selbst unter erfahrenen Prostituierten verhaßt. Viele Prostituierte erklärten, sie hätten das Gefühl, als würden sich die Ärzte an ihnen rächen wollen. Das hohe Tempo der Visite – ungefähr dreißig Patientinnen in der Stunde – bestärkte bei den Frauen den Eindruck, nicht menschenwürdig behandelt zu werden. In der Propaganda der Abolitionisten wurde dies zum zentralen Argument. Es hieß, die ärztlichen Untersuchungen seien »unnatürlich«, »voyeuristisch«, »brutal« und in hohem Maße entwürdigend für jede Frau, egal ob sie als Privatpatientin kam oder eine Prostituierte war.

Die Debatte schlug immer höhere Wellen. 1879 war das britische Parlament gezwungen, eine Kommission einzusetzen, die die Notwendigkeit einer Fortführung der Reglementierung prüfen sollte; inzwischen war William Gladstone ebenfalls zu einem erklärten Gegner der Kontrolle geworden. Schließlich gab es auch im Oberhaus eine Mehrheit, und im März 1886 wurde das britische Gesetz zur Verhütung von Geschlechtskrankheiten definitiv aufgehoben.

In Italien erlitten die Reglementierungsanhänger im Juli 1888 eine Teilniederlage. Die Polizei verlor dort ihre umfassenden Befugnisse gegenüber einzelnen Prostituierten, war aber immerhin noch für die Aufsicht der Bordelle verantwortlich. Im gleichen Jahr wurden auch in Frankreich, dem Ursprungsland der Reglementierung, Änderungen verfügt. Das neue französische System wurde als neo-reglementarisch beschrieben. Man hörte auf die französischen Ärzte noch mehr als auf ihre britischen Kollegen, das Syphilis-Argument hatte in Frankreich immer ein großes Gewicht. Aber auch dort wurde letztlich jegliche obligatorische Kontrolle und Reglementierung abgeschafft.

Um 1880 sah es zunächst so aus, als sei die Ära der Bordelle vorüber. Doch sobald die offiziellen Bordelle schlossen, setzte sich die Prostitution in anderen Formen und Etablissements fort. Der Fall des Reglementierungssystems führte zu weniger Bordellen und einem Anstieg der »heimlichen« Prostitution in Tanzhallen und Restaurants. Gleichzeitig gab es deutlich weniger Kontakte zwischen Prostituierten und den Gesundheitsbehörden; und das wohl schlimmste Resultat war gegen Ende des 19. Jahrhunderts ein sprunghaftes Anwachsen venerischer Krankheiten. Die Prostitution ging letztlich nicht wirklich zurück, die gesundheitlichen Verhältnisse verschlechterten sich allerdings überall. Die Syphilis verbreitete sich in den neunziger Jahren in einem Maß, wie man es in der Geschichte bisher noch nicht erlebt hatte. Dafür hatten die meisten Länder Europas nun eine sittenstrengere Gesetzgebung. Die überwiegende Zahl der Ärzte erlebte diese Situation als ein gewaltiges Dilemma, die Anhänger der Sittlichkeits- und Moralbewegungen indes begriffen nicht einmal, daß sie ein neues Problem geschaffen hatten.

Die Anführerinnen der internationalen Schwesternschaft der Sittlichkeitsbewegung hatten einen überraschend identischen Hintergrund. Die meisten kamen aus christlichen Elternhäusern, hatten reich geheiratet oder waren wohlhabende Witwen mit guten Kontakten zu den führenden politischen Familien ihres Landes: Emilie de Morsier und Caroline de Barreau in Frankreich; Georgina Crawford Saffi und Anna Maria Mozzoni in Italien; Elizabeth Cady Stanton und Carry Chapman Scott in den USA. Die Pastorentochter Josephine Butler war die Nichte eines Ministerpräsidenten; in Norwegen stammte Gina Krog ebenfalls aus einer Pastorenfamilie und hatte verwandtschaftliche Beziehungen zu Regierungsvertretern. Der Glaube an Gott verhalf zu innerer Stärke und Kraft, und eine machtvolle Familie sorgte für die praktische Hilfe und die politische Unterstützung. Diese Frauen gingen nicht wie ihre Verwandten in die Oper oder organisierten Debütantinnenbälle.

Allerdings gab es auch die eine oder andere Abweichlerin unter den Frauen der Sittlichkeitsbewegung. Elizabeth Wolstenholme zum Beispiel war keine überzeugte Christin und lebte in Sünde mit dem Dichter Benjamin Elmy, »zum großen Schaden für die Sache«. Und die zigarrerauchende und geschiedene Emilie Venturi war in England ein ähnliches Original wie die unverheiratete, maskuline Aasta Hansteen in Norwegen. All diese Frauen waren politisch liberal, wenn es um die Gleichberechtigung oder das Wahlrecht ging. Aber ihre liberalen Einstellungen betrafen nicht die Themen Liebe und Sexualität, hier wurden sehr strenge, ja, sogar absolute Forderungen aufgestellt. In den siebziger und achtziger Jahren des 19. Jahrhunderts wurde die Sittlichkeitsdebatte mit einer unglaublichen Intensität geführt, gerade weil diese Frauen mit zwei Forderungen zugleich antraten: Sie verlangten die Liebe in der Ehe und gleichzeitig die Ausmerzung von Unmoral in der Gesellschaft.

Die Sittlichkeitsbewegung gewann die erste Schlacht im Krieg gegen die Prostitution, als die reglementierte Prostitution und damit alle Formen der »öffentlich akzeptierten« Unmoral abgeschafft wurden. Die unmittelbaren Folgen – die Anstekkungsquote mit Geschlechtskrankheiten stieg, die Zahl der aktiven Prostituierten ging nicht wirklich zurück, die geringere Zahl von Bordellbetrieben und die veränderten Arbeitsbedingungen führten zu erhöhter Armut bei den Prostituierten und ihren Kindern – wurden von den Sittlichkeitsfanatikern entweder geleugnet oder gar nicht wahrgenommen. Sie kamen offenbar nicht auf den Gedanken, ihre Handlungen oder deren Konsequenzen wirklich zu Ende zu denken. Sie gingen davon aus, daß die Welt ein protestantisches Utopia würde, hätte man erst einmal die Prostitution abgeschafft. Dann wäre »das Prinzip des eigentlich Bösen von der Erdoberfläche ausgerottet«, so Josephine Butler, »dann, erst dann, wäre die Gerechtigkeit auf Erden wieder eingeführt!«

Kapitel 19
Sex im Wilden Westen

Kitty LeRoys Schicksal endete 1877 im Lone Star Saloon von Deadwood, South-Dakota, in einem Zimmer, das sie über dem Tanzsalon gemietet hatte. Kitty wurde von ihrem damaligen Liebhaber Sam Curley erschossen. Nicht ihre Arbeit hatte ihn eifersüchtig werden lassen, versicherte Sam hinterher den Zeitungen, dazu war die Prostitution im gesetz- und morallosen Westen, wo es nur wenige Frauen gab, zu verbreitet. Nein, es waren die Gerüchte, daß Kitty wieder Kontakt zu einem ihrer früheren Ehemänner aus der Zeit in Texas aufgenommen hatte und ihn kostenlos bediente.

Eine Reihe von Leuten haben Sam mit dem Sechsschüsser im Gürtel in den Lone Star gehen sehen. Und noch mehr Leute haben die Schießerei auf dem Zimmer gehört. Sam hatte zunächst versucht, den Typen aus Texas zum Duell zu fordern, allerdings ohne Erfolg. Dann hatte er einem schwarzen Kellner wütend erklärt, daß Kittys Zeit nun gekommen sei.

Da niemand Sam wieder hinunterkommen sah, wunderte man sich auch nicht sonderlich, als zwei Leichen im Zimmer gefunden wurden. Sam hatte sich nach dem Mord an seiner Geliebten selbst erschossen. Der Saloon-Besitzer und die Bordellwirtin wuschen und puderten die Toten und richteten das Paar so her, daß sie nett und sexy aussahen. Anschließend stellten sie die in einer Blutlache zwischen Schußwaffen liegenden Leichen öffentlich zur Schau, so etwas war eine gute Reklame. Die Karriere der achtundzwanzigjährigen Jig-Tänzerin und Hure war damit definitiv beendet. Kitty LeRoy hatte von

Michigan bis Texas, von Kalifornien bis Denver gehurt und getanzt, sie hinterließ ein Kind und drei Ehemänner. Niemand weiß, wie vielen Männern sie vor Sam Curley bereits den Kopf verdreht hatte.

Ähnliche Geschichten spielten sich im Wilden Westen der USA gegen Ende des 19. Jahrhunderts tatsächlich häufiger ab, nur ist Kitty LeRoys und Sam Curleys Schicksal in den zeitgenössischen Gerichtsakten und Zeitungen ausführlich dokumentiert. Daß es im Wilden Westen Gewalt und Prostitution gab, ist bekannt. Durch Hollywood-Filme und Westernromane kennen wir die Tänzerinnen der Saloons mindestens ebensogut wie die Soldaten, Cowboys, Minen- und Eisenbahnarbeiter oder Sheriffs. Aber Hollywood ging es in den Western in aller Regel nicht darum, ein realistisches Bild der Prostituierten zu zeichnen. Mehr als alle anderen Gruppen wurden sie zu Klischees und dekorativen Nebenfiguren einer jahrzehntelangen Filmgeschichte.

Die Epoche des Wilden Westens war in der amerikanischen Geschichte eine Phase der Expansion und des Aufschwungs. Von diesem Boom profitierten die Prostituierten allerdings so gut wie überhaupt nicht. Im Vergleich zu ihren Kolleginnen im zivilisierten Süden oder Osten lebten die Freudenmädchen des Westens in Armut und wenig glamourös; sie starben jung, infizierten sich häufig mit Geschlechtskrankheiten und waren in einem kaum nachvollziehbaren Ausmaß an Schlägereien, Saufereien, Mord und Totschlag beteiligt. Zeitgenössische Gerichtsakten liefern dafür überzeugende Belege.

Wo es Waffen im Überfluß gibt, werden sie auch eingesetzt. Und so wurden im Westen nicht nur unzählige Prostituierte erschossen, viele Huren schossen selbst auf ihre Kunden, Liebhaber oder Kolleginnen. Am schnellsten hatten die schwarzen Mädchen den Finger am Abzug, die ab 1865 – nach Aufhebung der Sklaverei – ins Gewerbe drängten. Mattie Lemon zum Beispiel war zweiundzwanzig Jahre alt, als sie einen Klienten erschoß, aufgrund ihres Alters kam sie mit zehn Jahren Gefängnis davon. Bell Warden hatte es bereits zur Bordellwirtin gebracht, als sie 1884 verhaftet und zu einer lebenslangen Freiheitsstrafe verurteilt wurde, weil sie einen Kunden in Denver ermordet hatte.

Die ersten weißen Siedler erreichten Nordamerika im frühen 17. Jahrhundert. Der Weg nach Westen wurde zu einem Kampf um die Erschließung der Wildnis, auf Kosten der indianischen Ureinwohner. Die Siedler der Neuen Welt sagten sich von England los, kauften Frankreich 1803 das Gebiet um Louisiana westlich des Mississippi ab und eroberten in den vierziger Jahren im Krieg gegen Mexiko das Gebiet vom Rio Grande bis Kalifornien. Erst jetzt konnte die Wanderung nach Westen ernsthaft in Angriff genommen werden.

Nach 1860 richtete sich durch den Bürgerkrieg und die Sklaverei die Aufmerksamkeit zunächst auf die alten Ansiedlungen in Virginia, Georgia und Carolina. Die folgenden fünfundzwanzig Jahre – die Zeit zwischen 1865 und 1890 – standen jedoch im Zeichen der Expansion nach Westen. Der Bau einer nördlichen und einer südlichen Eisenbahnlinie quer über den Kontinent trug dazu bei, daß nun doppelt so viel Land, wie man bisher besiedelt hatte, in feste Siedlungsgebiete umgewandelt wurde. Denver und Kansas City, San Antonio und Dallas, Santa Fe und Salt Lake City wurden zu wichtigen Städten.

Um 1900 war alles vorbei. Der ursprünglich so »wilde« Westen war mit den übrigen Vereinigten Staaten im 20. Jahrhundert angekommen: Es gab Telefon und Elektrizität, Straßen, Autos und schließlich eine Hollywood-Version der eigenen Geschichte. Sehr bald schon hatte die Nation ihre »Frontier«-Erfahrungen hinter sich gelassen, der Mythos jedoch hielt sich wie eine Jugendliebe. Das Vierteljahrhundert, das wir als »Ära des Wilden Westens« kennen, wurde zu den sagenumwobensten Jahren in der Geschichte der USA; die Cowboy-Filme sind dafür der beste Beleg.

Der Wilde Westen war eine im wesentlichen von Männern

dominierte Gesellschaft. Natürlich gab es auch Frauen, die Frauen der Siedler, vornehme Damen auf großen Farmen, Lehrerinnen und Missionarinnen. Und einige wenige Ranchbesitzer und Farmer hatten sicherlich auch wohlerzogene und attraktive, christlich erzogene und ordentlich gekleidete Töchter. Ein näherer Kontakt zu diesen Frauen war allerdings nicht vielen Männern vergönnt. Also blieb nur das Bordell als Alternative.

Anfang der achtziger Jahre führte glücklicherweise der Unternehmer und Anteilseigner der Kohleminen in Irwin, Colorado, H. C. Cornwall, ein Tagebuch. Es war eine Zeit des ökonomischen Aufschwungs, in der die Bodenpreise ununterbrochen stiegen und Minenarbeiter, Händler, Prostituierte und Spieler in die Stadt Irwin strömten. Cornwalls Aufzeichnungen liefern uns authentische Beschreibungen des Alltags, so berichtet er unter anderem über einen Wohltätigkeitsball, auf dem fünf respektable Damen tatsächlich Seite an Seite mit stadtbekannten Huren wie Durango-Nell, Timberline-Kate und weiteren Kolleginnen aus dem Gewerbe tanzten. Die Saloon-Mädchen und Tänzerinnen stellten zwar nicht die Mehrheit der Frauen im Wilden Westen, doch sie waren überall zu finden und bestimmten das öffentliche Bild.

Die USA hatten um 1860 ungefähr dreißig Millionen Einwohner, gegen Ende des Jahrhunderts waren es mehr als anderthalbmal so viele. Den größten Anteil an diesem Bevölkerungswachstum hatten die Einwanderer aus Europa; die größten Gruppen kamen zunächst aus Deutschland und Irland, dann aus Skandinavien und Süd- und Osteuropa. An der Westküste siedelten sich Chinesen, Japaner, Mexikaner und Bewohner der pazifischen Inseln an.

Unter den neu angekommenen Frauen versuchten nur die wenigsten Prostituierten ihr Glück im Westen; sie zogen in die abgelegenen Grenzgebiete. Unter den Siedlern war das Verhältnis Männer zu Frauen fünf zu eins; und möglicherweise ist jede zehnte dieser Frauen eine Prostituierte gewesen. Die Chancen für eine unverheiratete Frau, einen Mann zu finden, waren entsprechend groß, doch beinahe ebensogroß war die Versuchung, sich zu prostituieren. Ähnlich wie Kitty LeRoy versuchten viele Frauen daher, beides miteinander zu vereinbaren.

Im Januar 1882 wurde in Arizona folgendes Plakat aufgehängt: »Alle Frauen von zweifelhaftem Charakter in Tombstone werden aufgefordert, sich in dieser Stadt weiterhin auf der dunklen Seite der Straße aufzuhalten. Dies betrifft insbesondere Amazone-Amy, Big Nose-Bertha, Bubbles-Berrick, Footsie-Ferel, Formaldehyd-Flo, Paraffin-Katie, Fifi L'Amour, Tuberkulose-Tessie, Toothy-Jane und zwanzig andere. Ihr alle wißt genau, wer gemeint ist. Wenn jemand von euch auf der Sonnenseite der Straße gesehen wird, wartet ein ruhiges Plätzchen auf euch – das Gefängnis. Die Alternative besteht darin, die Stadt für immer zu verlassen. Das wäre jedenfalls nicht schlecht für Tombstone.« Das Plakat war unterzeichnet mit »Doc. Linton, Sheriff von Tombstone«.

Abgesehen von den Sheriffs gab es im Westen nur wenige offizielle Beamte, und es war schwer, den Überblick über die vielen Neuankömmlinge zu behalten. Allerdings zahlten die Frauen, die Saloons und Bordelle betrieben, erhebliche Summen an Steuern und tauchen somit in einer Reihe von Dokumenten auf. Über ihre Angestellten, die besitzlosen Huren, erfahren wir vor allem immer dann etwas, wenn sie mit dem Gesetz in Konflikt gerieten, starben oder ein Kind begruben.

Wyoming war ein dünn besiedelter Präriestaat im Nordwesten der Vereinigten Staaten mit einem einzigen kleinen Eisenbahnstädtchen: Cheyenne. 1880 bezog man die professionellen Prostituierten in die Volkszählung mit ein. Der aufstrebende Bundesstaat registrierte bei einer Gesamtbevölkerung von höchstens zehntausend Einwohnern einundsiebzig Huren. Alle registrierten Prostituierten wohnten in Cheyenne. Allerdings hat keiner der Volkszähler an sich prostituierende Indianerinnen oder die verheirateten Frauen gedacht, die sich nebenbei einen kleinen Verdienst verschafften. Die tatsächliche Anzahl der Prostituierten in Wyoming dürfte durchaus höher gewesen sein.

Im bevölkerungsreichen Texas im Süden der USA gab es wesentlich mehr Prostitution. Die drittgrößte Stadt in Texas war die Viehmetropole Austin, die um 1870 ungefähr fünftausend Einwohner hatte. Zwischen 1876 und 1879 nahm die Polizei zweihundertvierzig namentlich bekannte Prostituierte wegen Mord, Trunkenheit, Schlägerei und anstößiger Reden fest. Wenn man davon ausgeht, daß die Gesamtzahl der Frauen, die sich mit sexuellen Dienstleistungen ernährten, ungefähr doppelt so hoch war, war also jeder zehnte Bewohner Austins eine Prostituierte gewesen. Keine andere Stadt vergleichbarer Größe konnte derartige Zahlen aufweisen.

Die Gesamtzahl der Prostituierten im damaligen Westen dürfte zwischen fünfzig- und zweihunderttausend Frauen gelegen haben, dazu kamen ein paar tausend Männer. Jeder Versuch, diese Zahlen zu präzisieren, ist sinnlos. Wir wissen lediglich, daß es im gesamten Westen Prostituierte gab, daß es viele waren und daß sie hart arbeiten mußten. Die brutalen Lebensverhältnisse an den Randzonen der Zivilisation ließen Unsicherheit und chaotische Zustände zur Regel werden. Um eine eventuelle soziale Rehabilitierung der Huren kümmerte sich lediglich der Orden der »Schwestern vom Guten Hirten«, allerdings ohne sonderlich großen Erfolg. Wahrscheinlich hätten die Frauen gut Hilfe und Verständnis brauchen können, denn nur eine von zehn Prostituierten war ausreichend versorgt oder hatte bei rechtlichen Auseinandersetzungen das Geld, einen Anwalt zu bezahlen. Auch waren die wenigsten in der Lage, überhaupt Geld zu sparen. Das lag allerdings nicht nur an den Frauen. Denn oft genug mußten sie sich sehr billig verkaufen, da die meisten ihrer Kunden weit weniger Geld verdienten, als man es bei der wirtschaftlichen Konjunktur jener Zeit hätte vermuten können.

Wenn Prostituierte nicht relativ jung starben, endeten sie bisweilen als Bordellwirtin oder Abtreibungsspezialistin; wobei die Chancen für ein einigermaßen auskömmliches Leben bei den Bordellwirtinnen besser waren. Viele Huren entschieden sich für ein Zusammenleben mit einem Mann und Kindern, wenn sie nach den zahlreichen Abtreibungen überhaupt noch Kinder bekommen konnten. Das Problem war allerdings, daß auch die Männer aus den am meisten benachteiligten Schichten der »Frontier«-Gesellschaft kamen. Es waren Minen- und Eisenbahnarbeiter oder Saisonkräfte in der Land- und Viehwirtschaft; viele hatten einen kriminellen Hintergrund und ließen ihre Frauen auch nach der Heirat als Nebenerwerbsprostituierte weiterarbeiten. Trotz Aborten, Gewalt und miserablen Lebensverhältnissen gehörten wahrscheinlich auch einige tausend Prostituierte zu den Stammüttern der kommenden Generationen im Westen.

In San Antonio, Texas und in den Grenzgebieten Mexikos waren die meisten Prostituierten des 19. Jahrhunderts spanisch-indianischer Herkunft. In Kalifornien stammten viele aus China und Japan. Und jede vierte Hure im sogenannten Wilden Westen war eine ehemalige schwarze Sklavin. Nur wenige Berichte gibt es über männliche Prostituierte in Bordellen oder Militärlagern. In der Regel handelte es sich um junge Transvestiten in Frauenkleidung, denen es möglicherweise sogar gelang, vor den Kunden ihr Geschlecht zu verbergen. Denn Nacktheit beim Geschlechtsverkehr war – wie überall zur Zeit des Viktorianismus – die Ausnahme, nicht die Regel.

Sehr viele Prostituierte kamen aus den Indianerreservaten. Normalerweise wurden in der unmittelbaren Nähe der Militarforts Freudenhäuser eröffnet, die wie Farmgebäude aussahen. Dort wurden den Soldaten Indianerinnen aus den Stämmen der Navajo, Maricopa und Yuma angeboten. Offenbar waren Sioux-Frauen nur in Ausnahmefällen darunter, zumindest traten bei ihnen ausgesprochen selten Geschlechtskrankheiten auf. Aus den Westernfilmen kennen wir die Soldaten ausschließlich als Kämpfer gegen die Indianer; tatsächlich aber kam es auch zu Liebschaften zwischen Angehörigen der US-Armee und Indianerinnen in den Bordellen. Die Soldaten hatten im Regelfall dennoch für den Geschlechtsakt zu zahlen.

Innerhalb der Forts lebten auch weiße Frauen; sie waren mit Soldaten oder Offizieren verheiratet oder kümmerten sich um die Wäsche und die Mahlzeiten. Wahrscheinlich hatten einige von ihnen auch enge Beziehungen zu den Soldaten – bezahlte wie unbezahlte. Trotz einzelner solcher Kontakte zwischen Soldaten und weiblichen Armeeangestellten ist die indianische Prostitution doch das wichtigste emotionale und erotische Stimulans der Blaujacken gewesen.

Die Forts waren gedacht als Außenposten zwischen dem urbar gemachten Farmland, den Indianerreservaten und der verbliebenen Wildnis; die Aufgabe der Soldaten bestand darin, den »amerikanischen Frieden« zu sichern. Kaum bekannt ist, daß man in den Forts engen Kontakt zur indianischen Bevölkerung hielt. Die Indianer konnten sich innerhalb der Forts frei bewegen und Handel treiben, dabei wurde natürlich auch Sex angeboten und verkauft.

Daß Soldaten indianische Frauen für sexuelle Dienste bezahlten, ist ein Teil der Geschichte, die für Hollywoods Filmproduzenten offensichtlich ein wenig zu kompliziert ist. Indianerinnen werden in den Filmen traditionell als Freundinnen oder kurzzeitige Ehefrauen der Helden dargestellt, die als einsame Jäger an den Randzonen der Zivilisation leben. Immerhin hatte es diese Form der geschlechtlichen Beziehungen zwischen Indianern und Weißen ursprünglich tatsächlich einmal gegeben.

Die Indianerinnen Nordamerikas genossen große Freiheiten, und indianische Männer und Frauen waren der Ansicht, daß es nur von Vorteil sein konnte, wenn eine Frau nicht mehr Jungfrau war, sobald sie sich einen Ehemann wählte. Bei den Navajos hatten »freie« Frauen ihre eigenen Zelte, in denen sie die Männer empfingen, die ihnen gefielen. Die Gesänge der Papago-Indianer preisen die Schönheit von freien Frauen. Allerdings kannten nur einige wenige Stämme diese Tradition der freien Frauen. Auf der anderen Seite gab es in beinahe allen Stämmen feminine Männer, die *berdaches,* die ihre Zelte am Rand des Lagers aufschlugen und sich allen Männern des Stammes zur Verfügung stellten. Im Süden und Westen verhielten sich die Indianerinnen bei großen Festen immer promisk; sie verließen ihre Ehemänner und boten sich, wenn auch nur für einige Tage, anderen Männern an. Die weißen Jäger haben diese indianische Lebensform über Jahrhunderte respektiert. Pelzhändler und andere Männer an der Peripherie der weißen Zivilisation hatten im 18. Jahrhundert ohne Probleme die häufig aus wirtschaftlich-pragmatischen Interessen geschlossenen Ehen auf Zeit mit einer Indianerin akzeptiert; »à la façon du pays« war der französische Begriff dafür. Und die Indianer waren überzeugt, daß sie den Kontakt zu den Fremden verbesserten, wenn sie ihnen ihre Frauen für eine gewisse Zeit überließen.

Die Verhältnisse änderten sich grundsätzlich, als die ersten Missionare auftauchten und sofort begannen, die Indianer der Unzucht und der Prostitution zu bezichtigen. In der zweiten Hälfte des 19. Jahrhunderts war es dann auch mit den Mischehen vorbei, dafür sorgten spätestens die Frauen der Pioniere in den protestantischen Siedlungen. Auf diese Weise verloren die Indianerinnen allmählich den Status, den sie bis dahin in den Augen des weißen Mannes gehabt hatten. Prostitution ersetzte nun die Kurzzeitehen. Die Geringschätzung indianischer Frauen nahm zu, der Rassismus verschärfte sich.

Aus dem frühen 19. Jahrhundert existieren Berichte, daß die Indianer an der Küste Kaliforniens ihre Frauen zum Strand brachten und den Seeleuten gegen Geld oder Waren anboten, wenn europäische Schiffe auftauchten. Hinterher gingen Männer und Frauen zusammen mit den Einnahmen wieder nach Hause. In den Wüstengebieten zwischen Mexiko, Texas und Nevada gab es in vielen Stämmen eine Tradition der »internen« Prostitution. Bei den Sierra-Tarasca-Indianern wußten die älteren Frauen im Dorf immer, welche der jüngeren Frauen bereit waren. Als Kunden kamen ältere und jüngere unverheiratete Männer des Dorfes. Die alten Frauen arrangierten die Treffen und bekamen ihren Teil der Bezahlung.

So menschlich, wie uns Hollywood beispielsweise in *Vom Winde verweht* die Bordellwirtin Belle Watling präsentiert, ging es in den Bordellen des Wilden Westens nicht zu. In der Kleinstadt Boise in Idaho verlangte die örtliche Polizei um 1870 monatlich dreißig Dollar als Abgabe für den Betrieb eines Bordells. Agnes Bush und ihre Kolleginnen Jean Gorden, Nona Dee und May Bradbury teilten sich die Ausgabe und paßten dementsprechend genau auf ihre eigenen Mädchen auf. Agnes hatte vierzehn Frauen unter sich. Sie besaß ein hübsches Haus mit sechs Zimmern im ersten Stock. Darüber hinaus vermietete sie einige baufällige Hütten in der Gasse dahinter. Die Mädchen, die Agnes im Haupthaus wohnen ließ, hatten zwanzig Dollar in der Woche für Kost und Logis zu bezahlen. In den siebziger Jahren waren zwischen drei und acht Dollar pro Kunde zu verdienen, so daß bereits drei bis vier Kunden pro Woche einen gewissen Profit für die Prostituierte wie für die Madame erbrachten. Schlimmer war es für die Frauen, die in den kleinen Hütten arbeiten mußten. Sie hatten fünfzig Dollar im Monat im voraus zu zahlen, von denen die Hälfte direkt in die Taschen von Madame floß. Wenn eine Frau in ihrer Gunst sank, konnte sie sie nach Belieben in eine der Baracken versetzen. Wenn eine Prostituierte kein Geld gespart hatte – von Agnes Bush war keine Hilfe zu erwarten.

Je tiefer man in den Westen vordrang, desto seltener wurde das Märchen von der herzlichen Bordellwirtin oder den Huren mit dem goldenen Herzen. Möglicherweise hat es das eine oder andere »gute« kleine Bordell gegeben, vielleicht in Denver oder in Texas. Doch selbst in den besten Hurenhäusern von Texas waren die Verhältnisse trauriger, als es je in Hollywood-Filmen gezeigt wurde. Die Arbeitsbedingungen waren weit schlimmer als in den Bordellen der zivilisierteren Städte der Ostküste.

Hollywoods Regisseure waren allerdings nicht die ersten, die die Prostitution des Wilden Westens schönfärbten, dafür hatten die Huren schon im 19. Jahrhundert selbst gesorgt. Die berühmteste von ihnen war Martha Jane Cannary, genannt »Calamity Jane«. Ihrem Photo nach zu urteilen, hatten der Alkohol und das harte Leben, das sie führte, bereits im Alter von vierundzwanzig Jahren deutliche Spuren hinterlassen. Acht Jahre war sie von Stadt zu Stadt gezogen und hatte von Cheyenne in Nebraska bis Hays City in Kansas getanzt und gehurt. Berühmt wurde sie durch ihre Beziehung zu James Butler alias »Wild Bill Hickok«, einer weiteren Wildwestlegende.

Calamity Jane überlebte Wild Bill und wurde – ihrem Ruhm gemäß – zu einem exzentrischen Original. Viele Jahre, als die Zeit des Wilden Westen längst vorbei war, reiste sie mit Wildwest-Shows in den USA herum; sie begann Männerkleidung zu tragen und legte ihr weibliches Erscheinungsbild mehr und mehr ab. Jahrelang gab sie jungen Journalisten Interviews, nur war keiner intelligent genug, die Lügenmärchen, die sie ihnen auftischte, einmal miteinander zu vergleichen. Calamity Jane wurde zu einer amerikanischen Legende, die dazu beitrug, den Wilden Westen wie ihre eigene Vergangenheit zu mystifizieren. Hollywood hatte es gar nicht nötig, die Freudenmädchen des Wilden Westens zu glorifizieren, der Mythos wurde den Filmproduzenten praktisch auf einem silbernen Tablett serviert.

Kapitel 20

Das tugendhafte Empire

Als Lord Fredrick Roberts im Mai 1893 nach England zurückkam, erwartete ihn die Presse. Er wurde mit Fragen überhäuft, denn Roberts hatte gerade seine Demission als oberster militärischer Führer der Briten in Indien eingereicht. Es lag nahe, daß er der Meinung war, die Journalisten seien deshalb erschienen.

Lord Roberts war mittelgroß und schlank, er hatte scharfe, grüne Augen, der Teint war von der Sonne Indiens gebräunt. Fredrick Roberts war einer der angesehensten Männer der Nation; der General war für seine zahlreichen Heldentaten im Dienste der Krone sogar geadelt worden.

Doch der britischen Presse ging es keineswegs um vergessene Kriege oder vergangene militärische Leistungen. Die Journalisten am Kai brannten darauf, Lord Roberts eine aktuelle moralische Frage zu stellen: »Ist es wahr, daß britischen Offizieren in den Militärlagern systematisch Prostituierte angeboten werden?« Roberts erwiderte mit der knappen Präzision eines alten Soldaten: »Dem muß ich widersprechen. Es entspricht nicht der Wahrheit!« Unsicher wurde er erst, als er die Frage beantworten sollte, ob syphiliskranke Frauen zu Krankenhausaufenthalten gezwungen wurden. »Das ist wahrscheinlich, außerdem wünschenswert. Aber ich habe darüber keine konkreten Kenntnisse!«

Seine Erklärung wurde zunächst im *Christian Commonwealth* gedruckt und dann von den übrigen englischen Zeitungen ausführlich zitiert. Dafür sorgte William T. Stead, ein Gesinnungsgenosse der Josephine Butler, der für die Koordination der Pressekampagne der englischen Prostitutionsgegner verantwortlich war. »Ein Armeegeneral, der nicht weiß, was in einem halben Dutzend der größten militärischen Standorte Indiens vorgeht, kann unmöglich der Mann sein, von dem wir glaubten, er wäre es«, faßte der *Christian Commonwealth* die Stimmung zusammen. Unterschrieben war der Artikel von W. T. Stead.

Lord Roberts wußte nicht, daß zwei Amerikanerinnen, Elizabeth Wheeler Andrews und Dr. Kate Bushnell, 1891 eine dreimonatige Inspektionsreise durch indische Militärlager unternommen hatten. Sie hatten Bordelle und Krankenhäuser besucht und sich mit Prostituierten unterhalten. In Großbritannien waren die Gesetze zur Vermeidung von venerischen Krankheiten und der Kontrolle der Prostitution, wie bereits dargestellt, seit 1886 abgeschafft. Die Gesetzesänderungen galten ab 1888 auch für Indien, und es gab ein erhebliches öffentliches Interesse, wie die Änderungen dort umgesetzt wurden. Unmittelbar vor Lord Roberts' Rückkehr hatten die beiden Amerikanerinnen bei einer öffentlichen Anhörung einen Bericht über ihre Beobachtungen vorgelegt. Ihre Dokumentation lief im wesentlichen darauf hinaus, daß sich an der Verbreitung der Prostitution in Indien nicht geändert hatte.

Die Artikel der Londoner Zeitungen wurden von der britischen Presse in Indien sofort übernommen und kommentiert. So schrieb die *Tribune* aus Lahore vorsichtig, daß nun voraussichtlich Roberts' weitere Karriere auf dem Spiel stehen könnte. Die Presse hatte nachgewiesen, daß die britischen Militärbehörden nicht sonderlich viel dazu beigetragen hatten, die Änderungen der englischen Sexualpolitik auch in Indien durchzusetzen. »Die indischen Eingeborenen leben in Übereinstimmung mit alten Bräuchen und Traditionen; es ist schwer, sie zu schnellen Änderungen zu zwingen«, versuchte Lord Roberts die Situation in einem Brief an die Presse zu erklären, in dem er sich mehr oder weniger entschuldigte. Doch es war so gut wie unmöglich, mit einer derartigen Argumentation Ende des

19. Jahrhunderts in Großbritannien Gehör zu finden. Für die meisten Engländer war es vollkommen normal, ja, geradezu demokratisch, daß politische Beschlüsse im Mutterland augenblicklich in praktische Politik umgesetzt wurden, auch auf einem Kontinent auf der anderen Seite der Welt.

»Man kann nicht behaupten, daß unser Leben in Indien normal war. Unsere Gesellschaft war eingeschlechtlich. Die Frauen befanden sich an der Peripherie ... Jeder Mann, der sexuelle Befriedigung suchte, stand in der Gefahr, eine zynische Härte zu entwickeln, einen Mangel an Sympathie ... Einige widmeten sich den Polobällen, andere begannen Rebhühner zu züchten; einige begruben sich in Arbeit, andere besuchten Prostituierte mit den schrecklichsten Krankheiten. Einige heirateten in aller Eile, nur um darüber zu sinnieren, wer wohl ihre Ehefrau verführen würde, wenn sie selbst verreist waren. Und einige Homosexuelle folgten ihrem heimlichen Stern in dieses große Land, in dem es sich leicht und ziemlich komfortabel leben ließ.« So beschrieb der Offizier John Masters das Leben in der britischen Kolonie Indien.

Nach dem Aufstand der Sepoy, der indischen Soldaten innerhalb der britischen Armee, wurden 1858 die größte Handelsorganisation, die Ostindische Kompanie, und die Verwaltung des Kontinents der britischen Krone direkt unterstellt. Der Generalgouverneur von Kalkutta erhielt den Titel eines Vizekönigs, und Königin Victoria nannte sich ab 1877 »Kaiserin von Indien«. Indien war damit endgültig zu einem Teil des britischen Empires geworden.

Madras, Bombay, Kalkutta oder Rangoon waren Weltstädte, in denen weder der britische Gouverneur noch die indischen Fürsten allein herrschen konnten. In den Metropolen wimmelte es von Seeleuten, Schmugglern, Abenteurern und Händlern aus aller Welt. *Babus* nannte man die eurasischen Inder, die meist in den Städten wohnten. Viele von ihnen hatten eine Erziehung in Europa genossen, wurden in Indien aber miserabel entlohnt. In den Restaurants und Bierschänken der Großstädte bedienten junge Hindus oder englische Kellnerinnen, indische Frauen taten so etwas nicht. Daß weiße Frauen derartige Arbeiten übernahmen, wurde lange Zeit hingenommen. Doch um 1890 kamen die britischen Behörden zu der Ansicht, es sei unschicklich für das Ansehen des Imperiums, wenn weiße Frauen Männer von gemischter oder brauner Rasse bedienten. Mit den Jahren wurde es immer wichtiger, die Formen zu wahren, den Respekt vor dem Empire und der weißen Rasse zu erhalten.

In den Metropolen, die Ende des 19. Jahrhunderts bereits Millionenstädte waren, blühte die Prostitution. Allein in Kalkutta gab es weit mehr als dreißigtausend Prostituierte: hinduistische, muslimische, englische, französische, jüdische und ostasiatische Frauen. Die Missionare hatten lange versucht, das Böse zu bekämpfen, am intensivsten natürlich in den Vierteln, in denen weiße Huren arbeiteten. 1890 ging in Bombay von sieben Uhr abends bis drei Uhr nachts die »Bombay Midnight Mission« auf Streife. Die Aktivisten – Niederländer und Briten sowie indische Christen und Kastenlose – lasen Bibelzitate, sangen lautstark Psalmen und pochten an die Türen, in der Hoffnung, dahinter ein sündiges Pärchen aufzuschrecken.

Muslime und Hindus nahmen an den Aktionen gegen die Prostituierten und ihre Kunden nicht teil, sie hielten sich tagsüber selbst gern in den Bordellvierteln auf. Die Viertel wurden fast zu einer touristischen Attraktion für viele Inder, die mit Interesse registrierten, wie sehr sich diese Form der Prostitution, die sie für »europäisch« hielten, von der traditionellen indischen Prostitution unterschied, die sie aus ihren Dörfern und Kleinstädten kannten.

Weiße Bauern oder Pflanzer gab es in Indien nicht. Die gesamte Landwirtschaft lag in indischen Händen, allerdings betrieben die Ausländer die Minen und kontrollierten den Ex- und Import des Kontinents. Nach 1850 verband ein Eisenbahnnetz die Großstädte und das Innere des Landes. Daher waren sehr bald schon im gesamten Land die Soldaten der Heilsarmee und weiße Abenteurer beiderlei Geschlechts zu finden. Noch in den kleinsten indischen Dörfern, schreibt der Schriftsteller Rudyard Kipling, gab es zwei oder drei Engländer, die dort geboren waren. Allerdings mußte man schon sehr genau hinsehen, denn »sie waren bereits am ganzen Körper braun«. Mehr als hunderttausend Engländer lebten in Indien auf eine Weise, die sicherlich nicht mit den Vorstellungen der tonangebenden Kreise um den Vizekönig und den Gouverneur über das Benehmen eines Briten übereinstimmten. Gleichwohl repräsentierten auch sie das Empire.

Die wahren Repräsentanten Großbritanniens hingegen lebten so stilvoll und zivilisiert, als gehörten sie der Aristokratie ihres Heimatlandes an. Reiche Kaufleute, Offiziere und Zivilbeamte, Ärzte, Lehrer und führende Missionare bezeichneten sich ohne jede Scham oder Ironie selbst als die »herrschende Rasse«. In den größten englischen Wohngebieten war etwa die Hälfte der Männer verheiratet und lebte mit Ehefrau, Kindern, Gouvernanten und Verwandten zusammen. Der Alltag verlief streng nach britischem Vorbild, man nahm gegen 17 Uhr seinen Tee, glaubte an Gott, brachte einen Toast auf die Königin aus und kleidete sich zu jedem Anlaß korrekt.

»Der größte Fehler der Briten war es, ihre Frauen nach Indien mitzubringen.« Nicht nur Inder haben dies behauptet, auch englische Autoren wie Kipling, George Orwell oder Joseph Conrad. Im 18. Jahrhundert kamen die Familien eher selten mit, erst in der zweiten Hälfte des 19. Jahrhunderts wurde dies zur gängigen Praxis. Über kaum eine andere soziale Gruppe ist in der Geschichte so viel gelästert worden wie über die britischen Ehefrauen, die gegen Ende des 19. Jahrhunderts bei der Entwicklung der Etikette und der Moral des British Empire eine so wesentliche Rolle spielen sollten. Die *memsahibs*, wie sie von den Indern genannt wurden, waren hauptverantwortlich für den eklatanten Mangel an menschlichen Beziehungen zwischen Indern und Engländern. Ihnen fehlte jegliche Neugier oder Abenteuerlust, sie waren voller Vorurteile und gingen nur ihren trivialen Interessen nach. Das einzige, worauf sie sich wirklich verstanden, waren Blumenarrangements, Klatsch und Bridge. Und nach Ansicht der indischen Männer waren sie nicht einmal besonders hübsch. Am schlimmsten führten sie sich gegenüber der Dienerschaft, indischen Frauen oder gegenüber Engländern auf, die Sympathien für die Inder zeigten. Es war eine geschmacklose Mischung aus Rassismus, Moralismus und Größenwahn. Diese Frauen kamen aus kleinbürgerlichen Verhältnissen und waren plötzlich – im Ausland – zu Hofdamen der Kaiserin aufgestiegen.

Ende des 19. Jahrhunderts war die Zahl der Memsahibs so groß, daß sie versuchten, in ihren Exklaven jedweden sozialen und kulturellen Kontakt mit Indern zu unterbinden. Nur in Kaschmir, im Norden von Assam und Burma oder an der Küste von Goa, in isolierten Tälern oder Küstenstreifen, wo es den britischen Ladies zu unwegsam, zu kalt, zu feucht oder zu heiß war, fanden sich noch Jahrzehnte später englische Gentlemen, die das Leben des 18. Jahrhunderts lebten: mit indischen »Ehefrauen« oder Geliebten, *bibis,* wie die Inder diese Frauen respektvoll nannten. Ursprünglich hatten sogar die englischen Gouverneure so gelebt. Dies ist eine Erklärung, warum es gegen Ende des 19. Jahrhunderts dreihunderttausend Eurasier auf dem indischen Subkontinent gab, viele von ihnen mit einem ausgesprochen hohen Bildungsniveau.

Tatsächlich konnten Liebesbeziehungen zwischen Engländern und Inderinnen nie ganz unterbunden werden; es kam zu einer Vermischung der Völker, der natürlich auch Kinder entsprangen. Nach Ansicht der englischen Ladies waren sie »ein häßliches Volk, das nur die schlimmsten Eigenschaften der Inder mitbekommen hatte, und nicht eine der guten«. Die Existenz so vieler Eurasier war allerdings nicht nur den Memsahibs ein ständiger Dorn im Auge, sondern auch ihrem obersten Vertreter, der 1899 Vizekönig von Indien wurde: Lord George

Nathaniel Curzon. Kaum jemand in der indischen Geschichte ist je mit größerem Unrecht als ein »großer Mann« bezeichnet worden.

Als der besonders tugendhafte und sittsame Curzon mit vierzig Jahren Vizekönig wurde, war er noch immer verlobt. Und es sollte auch noch sehr lange dauern, bis er sich endlich zur Ehe entschloß. Hinter seinem Rücken wurde getuschelt, in Eton sei er einmal geküßt worden. Curzon selbst erklärte nur, daß er den Zölibat für »das Praktischste« hielte.

Lord Curzon war mindestens so verärgert wie die englischen Damen, wenn er erfuhr, daß Engländer rassenschändlichen, ja, eigentlich tierischen Sex mit Eingeborenen hatten. Wenn derartige Gerüchte dem Vizekönig zu Ohren kamen, konnte der Betreffende davon ausgehen, daß seine Karriere beendet war. Anständige Briten brachen die Kontakte zu solch einem Mann sofort ab, aus Rücksicht und Sorge um die Tugend des Empires.

»Ein Leutnant ist immer ein Junggeselle, ein Kapitän kann, ein Major soll, und ein Oberst muß verheiratet sein«, lautete die Regel in der englischen Armee. In der Praxis heiratete ein Offizier nie vor dem dreißigsten und selten vor dem vierzigsten Lebensjahr; die britische Armee konnte eine ganze Reihe von steifbeinigen Obersten und Generälen vorweisen, die ihren Junggesellenstatus das ganze Leben hindurch verteidigten. Die jüngeren, unverheirateten Offiziere bildeten die zahlenmäßige Mehrheit der offiziellen britischen Elite. Rund tausend wohlerzogene, kultivierte britische Gentlemen hatten im fernen Indien das Empire und die Königin, Gott und die Tugend zu verteidigen. Doch ganz ohne Sexualleben ging es auch nicht. Und da nach 1900 indische Geliebte dank der Bemühungen der Memsahibs und Lord Curzons vollkommen inakzeptabel geworden waren, kompensierten die jungen Offiziere diesen Zustand durch intensive Flirts mit verheirateten jüngeren Frauen und diskreten, heimlichen Bordellbesuchen.

Die Nachwelt hat von diesem Liebesleben durch eine Reihe von erotisch orientierten Autobiographien erfahren, die einige der Gentlemen später veröffentlichten. Sie schildern, wie leicht es für eine Gruppe junger Offiziere war, sich fünf, sechs Prostituierte der teuersten Kategorie zu bestellen und mit ihnen im Hochland tagelange Feste zu feiern. In Bombay arrangierten Offiziere und Ärzte wochenlange Orgien, bei denen sie vergleichende Anatomie und physiologische Nahstudien bei den Prostituierten verschiedener Nationalitäten betrieben und hinterher Noten vergaben. Die Memoiren berichten ausführlich über homosexuelle Flirts und dauerhafte Liebesbeziehungen unter Offizieren, die häufig parallel zu ihren heterosexuellen Ausschweifungen stattfanden. Es gab Offiziere, die Affären mit indischen, singalesischen und burmesischen Männern hatten.

Am detailliertesten erzählen diese Autobiographien jedoch von den ständigen Bemühungen, attraktive Offiziersgattinnen zu verführen. »Pudeljagd« hießen diese Wettbewerbe bei den jungen Offizieren. Offenbar waren nicht alle Memsahibs so sittsam, wie sie taten, zumindest hatten viele nichts gegen einen Flirt. Und mit einem Seitensprung ließ sich das ansonsten ziemlich langweilige Dasein in den Kolonien ein wenig abwechslungsreicher gestalten. Kam ein Kind, dann war es zumindest rasserein.

So isoliert, wie es ihr Bestreben war, konnten die Briten also nicht leben, selbst wenn einige der Damen es gern gesehen hätten. In administrativen Zusammenhängen mußte man mit Blick auf die Ehre des Empires einen gewissen sozialen Umgang mit Vollblutindern und Mischlingen pflegen. Es war unumgänglich, daß man die lokale Aristokratie einlud und eingeladen wurde. Eigentlich, so formulierte es Lord Curzon, mußte man die indische Aristokratie schon zur herrschenden Klasse zählen, aber sie gehörten ganz sicher nicht zur herrschenden Rasse. Die Maharadschas bildeten die traditionelle Oberklasse Indiens; einige kontrollierten große Gebiete des Landes und besaßen ein gewaltiges persönliches Vermögen. Eine Reihe der Fürsten hatte ihre Ausbildung in Europa genossen. Die Maharadschas waren daher nicht nur eine Bedrohung für die selbsterwählte soziale Vorherrschaft der Briten; einige sahen sogar die gottverfügten Privilegien der britischen Rasse bedroht, wenn ein junger Maharadscha Augenkontakt mit einem britischen Fräulein aufnahm. Mit aller Kraft versuchte Lord Curzon daher auch, eine Ehe zwischen dem Maharadscha von Patiala und einem Fräulein Florry Bryan zu verhindern, in diesem Fall allerdings vergeblich.

Lord Henry Hamilton, Curzons Staatsminister in Indien, kritisierte einmal den Vizekönig, daß er die indischen Fürsten wie Schuljungen behandle. »Aber genau das sind sie doch«, war Curzons Antwort.

Im 19. Jahrhundert existierte noch immer die Tempelprostitution in Indien, obwohl einige muslimische Herrscher versucht hatten, diesen Brauch zu unterbinden. Im 20. Jahrhundert erlangten Indiens Tempeltänzerinnen, die *devadasi,* sogar literarisch-romantischen Weltruhm. Die Europäer interessierten sich sehr für das Phänomen der Devadasi, allerdings bezeichneten sie sie mit einem aus dem Portugiesischen abgeleiteten Begriff als Bajaderen. In Europa wurden Erzählungen, Gedichte und Lieder über die Bajaderen geschrieben, Jacques Offenbach komponierte sogar eine ganze Operette mit einer Bajadere als Hauptperson. In einem Vortrag vor Londons Anthropologischer Vereinigung hatte Dr. J. Shortt um 1860 erklärt, die indischen Devadasi seien »schön genug, um die kritischen Blicke der anspruchvollsten Kenner zufriedenzustellen«. Als Albert Edward, Prinz von Wales und als König Edward II. späterer Kaiser von Indien, 1875 Indien besuchte, wurde er traditionsgemäß auf aristokratische Weise unterhalten. Er bekam ein klassisches indisches Ballett zu sehen, ein *nautch,* aufgeführt von den Devadasi der vornehmsten Tempel des Landes. Bei gesellschaftlichen Veranstaltungen war es üblich, daß ein indischer Fürst seinen Gästen die Tänzerinnen als Ausdruck der Gastfreundschaft für den Rest der Nacht zum privaten Vergnügen anbot, nachdem sie die Gäste zunächst mit klassischem Tanz unterhalten hatten. Britische Ehefrauen waren an derartigen Abenden nicht anwesend, ebensowenig die Frauen der indischen Aristokratie. Aber die wenigen Male, bei denen englische Damen diese Art von Tanz erlebten, empfanden sie ihn – wie so vieles in der indischen Kultur – übereinstimmend als anstößig. Und die britische Presse wetterte gegen die Tanzveranstaltungen der Devadasi, die immer wieder anläßlich eines hohen Besuches dargeboten wurden. Die von W. T. Stead geleitete Zeitung *Sentinel* eiferte, man könne gern behaupten, daß es sich bei den Frauen um Künstlerinnen handele, die eine zeremonielle Funktion hätten. »Aber wenn es um die Männer geht, die ihnen zusehen, können wir sicher sein, daß sie wenige Stunden, nachdem sie diese Art von Tanz gesehen haben, sündige Handlungen ausführen.«

Sobald Lord Curzon als Vizekönig eingesetzt war, hatte es mit den Tänzen bei offiziellen Veranstaltungen ein Ende. Natürlich wurde nicht die Prostitution ausgemerzt, als britische Ladies, christliche Missionare und moralische Brahmanen mit der Unterstützung des neuen, prüden Vizekönigs ihre Anstrengungen bündelten. Allerdings verlor sie die religiösen und kulturellen Bindungen, die den Prostituierten ihren gesellschaftlichen Status gesichert und auch im Alter für auskömmliche Lebensbedingungen im Tempel gesorgt hatten. Die Prostitution gab es auch weiterhin, nun aber nur noch in einer säkularisierten, armseligeren Form.

Soldaten bildeten die größte und wichtigste Gruppe der Engländer in Indien. Im frühen 19. Jahrhundert waren auf dem Subkontinent vierzigtausend einfache britische Soldaten stationiert, dazu kamen sechsmal so viele eingeborene indische Soldaten oder Sepoys. Nach den Unruhen 1857/1858 wurden die Relationen verändert, die Zahl der Briten erhöhte sich auf sechzigtausend, die Anzahl der Sepoys wurde halbiert. In den neunziger Jahren standen achtzigtausend britische Soldaten in

Indien, aber noch immer gab es doppelt so viele Sepoys. »Für einen jungen Mann, der nicht heiraten kann und keine höhere Bildung genossen hat, um zu lernen, wie man die natürlichen physiologischen Instinkte unterdrückt, gibt es nur zwei Formen der Befriedigung: die Masturbation und kommerziellen Sex. Die erste Lösung zerstört Körper und Geist, die andere hat häufig venerische Krankheiten zur Folge«, erklärte 1886 der Chefchirurg von Bombay, Dr. W. J. Moore. Es gab einen dritten Weg. Aber Ärzte wie Offiziere hielten Homosexualität unter den einfachen Soldaten offensichtlich für weitaus schädlicher als unter Offizieren. Homosexualität galt als unmännlich und Bedrohung der militärischen Disziplin.

Die Soldaten lebten weitgehend isoliert von der übrigen Gesellschaft und blieben, vor allem wenn die Temperaturen tagsüber ihren Höhepunkt erreichten, innerhalb der Lager. Solange die politische Situation einigermaßen stabil war, hatten sie nur wenig zu tun, sie brauchten Ablenkung. Die billigste und einfachste Unterhaltung fanden sie im *Lal bazar,* den indischen Basaren, die rings um die Militärlager entstanden. Dort gab es eine Unzahl weiblicher Prostituierter, in Burma und Ceylon boten sich auch junge Männer an.

Lal Bazare hatte es so lange gegeben, wie englische Truppen im Land waren. Anfang des 19. Jahrhunderts begann man, die sozialen Zustände und die Zahl der Fälle von Geschlechtskrankheiten innerhalb der einzelnen Camps zu vergleichen. Kanpur und Murat, zwei Militärlager nahe Delhi, hatten eine besonders niedrige Rate von Geschlechtskrankheiten. Dort bezahlte man seit langem ältere Frauen, daß sie die venerisch erkrankten Prostituierten ermittelten, sie medikamentös versorgten und von den Soldaten fernhielten, bis sie wieder gesund waren. 1807 wurden eigene Krankenhäuser für venerisch kranke Prostituierte in Agra und Muttra eingerichtet. Allerdings erklärte der Bischof von Bombay nach einer Rundreise, es sei unanständig, daß die Militärbehörden dazu beitrügen, risikofrei zu sündigen.

Die Briten hatten in Indien mit der Reglementierung der Prostitution begonnen, noch bevor sich diese Idee Jahrzehnte später in England durchsetzte. 1855 war die gesamte Prostitution in den fünfundsiebzig militärischen Distrikten Indiens organisiert und kontrolliert. Die Prostituierten bewohnten bessere Häuser oder Zelte als die übrigen zivilen Dienstleister der Armee, und sie durften nicht jünger als fünfzehn Jahre alt sein. Zwischen sechzig und hundert Mädchen beherbergte ein Bordell, auf eine Frau kamen etwa fünfzehn Engländer beziehungsweise fünfundzwanzig Männer, wenn man die Sepoys mitrechnete. Die Frauen wurden regelmäßig untersucht.

Im Gegensatz zu den Offizieren schrieben gewöhnliche Soldaten eher selten ihre Memoiren, der Veteran Frank Richard ist einer der wenigen, der es im Alter getan hat. Daß ein gesunder, gestandener Mann sich nicht von Frauen fernhielt, wurde von der militärischen Führung »nicht nur akzeptiert, sondern geradezu erwartet«, so seine Erinnerung. Zumal es praktisch unmöglich gewesen sei, sich außerhalb des Lagers zu bewegen, ohne den Ruf »jiggady-jig« zu hören, den üblichen Slangausdruck für Geschlechtsverkehr.

In einzelnen Militärlagern gab es zum Teil spezielle Bordelle für die Sepoys, während die Briten separat gelegene, bessere Häuser besuchten. Aber die Trennung wurde nicht immer strikt eingehalten. Die Militärärzte begannen sich bald zu fragen, warum so wenige Sepoys geschlechtskrank wurden. Die Anzahl der Infektionsfälle unter ihnen war ausgesprochen niedrig. Die Ärzte hatten den Eindruck, daß sie nahezu »immun« waren gegen venerische Ansteckungen. Lag es an der Rasse? Einige Ärzte waren der Ansicht, das hinduistische Kastenwesen habe zu einem so komplizierten Auswahlverfahren von Frauen geführt, daß allein dadurch die Ansteckungsgefahr reduziert sei. Muslimische Soldaten und Sikhs tranken keinen Alkohol, außerdem waren die Muslime beschnitten und weitaus reinlicher als die Briten. Die Ärzte spekulierten, ob von den Sepoys möglicherweise andere sexuelle Techniken praktiziert würden. Oder ahnten sie instinktiv, wenn sie einer geschlechtskranken Frau gegenüberstanden?

Tatsächlich waren dreiviertel aller Sepoys verheiratet, während die britischen Soldaten so gut wie alle ledig waren. Es ist erstaunlich, daß nicht einer der englischen Militärärzte die Möglichkeit in Erwägung zog, daß die indischen Soldaten ihren Ehefrauen treu waren und ganz einfach nicht zu Prostituierten gingen.

Nur in Ausnahmefällen war es englischen Soldaten möglich, mit Inderinnen eine feste Beziehung einzugehen; am verbreitetesten war dies in den buddhistischen Gebieten, auf Ceylon und in Burma. Von den Militärbehörden wurden diese Verhältnisse allerdings systematisch bekämpft, weil man sich nicht um die Nachkommen kümmern wollte, die derartige Beziehungen notwendigerweise mit sich brachten. Auch Ehen mit Engländerinnen wurden nur ausnahmsweise bewilligt.

Sexuelle Gewalt wurde in Indien nicht toleriert. Die britische Militärpolizei schritt sofort ein, wenn indische Prostituierte sich bedroht fühlten – oder wenn der Kunde die Rupie, die er normalerweise zu bezahlen hatte, nicht zahlen wollte. Heute würden wir dieses Vorgehen als eine Art Rechtsschutz für die Prostituierten sehen, für die Prostitutionsgegner in Großbritannien war es 1893 lediglich ein zusätzlicher Beleg für die öffentlich legitimierte Unmoral in Indien.

Die siebentausendfünfhundert Militärhuren machten lediglich einen geringen Prozentsatz an der Gesamtzahl der indischen Prostituierten aus. Überall auf dem Subkontinent gab es Tempeltänzerinnen, aristokratische Kurtisanen, Dorf- und Großstadtprostituierte, vollkommen unabhängig von britischen Kolonialtruppen und anderen Ausländern. Die Soldaten mußten sich nicht allzuweit von ihren Lagern entfernen, um attraktivere, jüngere und billigere Huren zu finden als in den Militärbordellen. Und in Madras, Bombay oder Kalkutta waren die Bordellviertel beliebte Ziele während der Ausgangszeit der Soldaten.

Die Engländer versuchten daher, auch in den indischen Großstädten ärztliche Kontrollen einzuführen. In der Durchführung erwiesen sich diese Maßnahmen jedoch als weitaus komplizierter als gedacht; es zeigte sich, daß eine lückenlose Kontrolle sämtlicher Prostituierten in den Großstädten aussichtslos war. Die Verhaltensmaßnahmen gegen venerische Krankheiten wurden daher vor allem in den Prostitutionsvierteln durchgesetzt, die besonders beliebt bei Europäern waren. In Bombay hatten die Maßnahmen offenbar Erfolg, zumindest dort, wo sich Europäer aufhielten. So hatte sich der Kapitän der »H.M.S. Dragon« in früheren Jahren mehrfach öffentlich beschwert, seine Matrosen kämen nach ein paar Wochen Bombay mit so vielen Geschlechtskrankheiten zurück an Bord, daß es schwierig sei, das Schiff aus dem Hafen zu manövrieren. 1884 konnte er dagegen freudestrahlend berichten, daß die Mannschaft sechshundert Pfund von der Bank abgehoben habe, als sie an Land ging, und sich die Männer vergnügt hätten wie immer. Aber diesmal seien die Seeleute mit lediglich zwei harmlosen Fällen von Gonorrhöe zurückgekehrt, eine erstaunliche Verbesserung.

Als um 1890 in London die Diskussion über die Prostitution in Indien begann, konzentrierte man sich zunächst auf die Prostituierten in den Lal Bazars außerhalb der Militärlager. Von den christlichen Zeitungen wurden sie als »staatlich lizenzierte Huren« bezeichnet. Alfred Dyer, ein Journalist des *Sentinel*, unternahm auf Kosten der Zeitung eine Studienreise durch die indischen Militärbordelle. Als besonders abstoßend hob er hervor, daß die Militärbehörden auf den Zeltplätzen für Licht, eine ordentliche Wasserversorgung und Möbel gesorgt hatten. Die militärische Führung hatte alles getan, um diese Sündenpfuhle behaglich zu gestalten! Triumphierend konnte Dyer aus einem Brief des Medizinalinspektors von Faizabad zitieren, der für das dortige Militärbordell junge und attraktivere Prostituierte suchte.

Die Reportagen aus Indien spielten eine wichtige Rolle in der englischen Debatte. Für die militärischen Autoritäten war es dagegen ein regelrechter Schock, als man 1886 das Reglementierungssystem abschaffte und zwei Jahre später entsprechende Änderungen auch für Indien forderte. Der Besuch der auf Geschlechtskrankheiten spezialisierten Krankenhäuser wurde daraufhin freigestellt, die obligatorischen Kontrollen vermindert. Darüber hinaus mußten sich Prostituierte nicht mehr registrieren lassen.

Die Prostitution ließ sich durch diese Maßnahmen natürlich nicht eindämmen, und in London hielten sich die Gerüchte über die erschreckende Moral der britischen Soldaten, die dem neuen Moralgefühl in der Heimat diametral entgegenstand. Um 1870 gab es in der englischen Armee in Indien jährlich pro tausend Soldaten 270 Fälle von Geschlechtskrankheiten. Dies war eine geringfügig höhere Zahl als in England. Die englischen und indischen Zahlen hatten jedoch eine schockierende Wirkung auf alle, die sie mit den Zahlen der französischen und deutschen Heere verglich: Bei den Franzosen waren es pro tausend Mann vierundvierzig Fälle, bei den Deutschen lediglich siebenundzwanzig Ansteckungen. In der britischen Armee gab es mehr Fälle von Syphilis und Gonorrhöe als von sämtlichen anderen Krankheiten zusammen. 1896 starben in England jährlich über zweitausend Männer an venerischen Krankheiten. Überwiegend handelte es sich um Soldaten, die aus Indien zurückgekehrt waren, nachdem man sie dort immer wieder behandelt hatte – bis zum dritten Stadium der Syphilis. Schließlich mußten sämtliche Maßnahmen zur Kontrolle der Prostitution wieder eingeführt werden. Es gab ganz einfach keine andere Lösung, war doch die Infektionsrate in Indien 1892 auf 438 und 1896 sogar auf 522 pro tausend Soldaten gestiegen. Jetzt hatte die Administration in Kalkutta immerhin begriffen, daß diese Maßnahmen nicht ohne eine gewichtige weibliche Unterstützung durchzusetzen waren.

1897 gab es eine scheinbar spontane Unterschriftenaktion

unter den Damen der britischen Aristokratie, die sich als enorm wichtig erweisen sollte. Zu den Unterzeichnerinnen der Petition gehörten eine Prinzessin, einige Herzoginnen, sehr viele Baronessen und Florence Nightingale. Sie verlangten die Wiedereinführung der ärztlichen Inspektionen in Indien nach dem alten Muster, es ging ganz einfach um die Rettung von Menschenleben. Betont wurde, daß es ebenso notwendig sei, strenge Kontrollen auch bei den Männern durchzuführen. Bereits 1901 war die Infektionsrate in Indien wieder auf 276 Fälle gesunken, 1909 gab es gerade noch achtundsechzig Infektionen. Damit näherte man sich dem europäischen Standard.

So war es letztlich die Syphilis in Indien, die Großbritanniens Frauen in ihrer Haltung zur Prostitution spaltete. Gedient war damit den Soldaten und den indischen Prostituierten. Die Soldaten wurden deshalb nicht tugendhafter, ebensowenig wie das Offizierskorps. Zumindest aber lebten sie länger, denn nun bekamen sie rechtzeitig Medikamente und konnten eine Ansteckung kurieren – bis zum nächsten Sündenfall.

Kapitel 21
Tango!

In Europa war seit dem Ende des 19. Jahrhunderts ein eher abschreckendes Bild von Buenos Aires entstanden. Die Stadt galt als ein Sündenpfuhl voller Sklavenhändler, die ganze Schiffsladungen gekidnappter europäischer Jungfrauen importiert und gezwungen hatten, sich halbnackt in den Bordellen anzubieten. Und dort tanzten sie Tango!

Der Tango trat seinen Siegeszug um die Welt um 1910 an. Es war die herausforderndste Art zu tanzen, die man je gesehen hatte: »Tango wird aus der Hüfte bis hinunter zu den Füßen getanzt. Von der Leibesmitte an nach oben tanzt der Körper nicht, sondern ist so steif, als würden die beteiligten vier Beine zwei schlafende Körper tragen, die sich umarmen. Ein monotoner und ausdrucksloser Tanz, der den Rhythmus des Geschlechtsaktes nachahmt.« So beschrieb Ezequiel Martínez Estrada, einer der bedeutendsten Essayisten Argentiniens, den Tango. Der Tanz scheint eine sexuelle Begegnung anzudeuten, in der der Mann dominiert; in Wahrheit jedoch, so Estrada, spiegelt er die schwache Position des Mannes in der modernen Welt. Der Tango ist nicht sonderlich sinnlich, er imitiert eine mechanische Kopulation, den kommerziellen Sex ohne Freude. Der Tango entehrt nicht die Frau, indem er sie in eine unterwürfige Rolle zwingt. Er bringt Scham über beide Geschlechter, meint Estrada, weil er demonstriert, daß der Mann im Geschlechtsakt ebenso zum Opfer wird wie die Frau, die gekauft und bezahlt wurde.

Gegen Ende des 19. Jahrhunderts entstand der Tango in den

Bordellen von Argentinien und Uruguay. Und schon bald galt der sehr körpernah zu tanzende Tango als der Tanz, der der Prostitution am nächsten kam. Die Tangowelle gab den Prostituierten eine eigene kulturelle Stimme, denn die Texte, die Musik und die Bewegungen des Tanzes beschrieben die Lebensumstände von Huren. In Argentinien und anderen Ländern verlagerte sich der Schwerpunkt der Sittlichkeitsdebatten von den Bordellen auf die Tanzhallen, von der Prostitution auf den verderblichen Einfluß des Tangos.

Argentinien ist Lateinamerikas »weißestes« Land. Das »Silberland« unterscheidet sich grundsätzlich von den ehemals vom Sklavenhandel geprägten Nationen wie Brasilien oder Kuba, deren Bevölkerung noch immer eine solide Anzahl von Schwarzen aufweist. Argentinien ist aber auch anders als Länder wie Bolivien, Kolumbien oder Mexiko, in denen Mestizen oder Latinos – die Mischlingsbevölkerung aus Spaniern und Indianern – die Bevölkerungsmehrheit stellen. Zur Zeit der ersten spanischen Immigration lebten auf dem heutigen argentinischen Staatsgebiet nur wenige indianische Stämme. Im Norden des Landes konnten Baumwolle und Tabak angebaut werden, dennoch wurden so gut wie keine schwarzen Sklaven importiert. Das Land war noch immer ziemlich dünn besiedelt, als Mitte des 19. Jahrhunderts eine zweite Einwanderungswelle einsetzte, die Argentinien Australien und Südafrika ähnlicher werden ließ als den übrigen Ländern Lateinamerikas. Bergbau und Landwirtschaft expandierten ebenso wie die Viehhaltung auf den Pampas im Süden und Westen. Für all diese Arbeiten brauchte es mutige junge Männer, die aus Italien, England, Spanien und Zentraleuropa kamen.

In Argentinien herrschte sehr rasch enormer Frauenmangel, und die Verhältnisse zogen abenteuerlustige Frauen an, hier ihr Glück zu versuchen. Buenos Aires, der Eisenbahnknotenpunkt am Flußbett des Rio de la Plata, wurde zu einer notwendigen Zwischenstation oder oft genug zum endgültigen Ziel. Zwischen 1869 und 1914 wuchs die Bevölkerung von hundertachtzigtausend auf 1,4 Millionen Einwohner an; Buenos Aires wurde zur größten Stadt der südlichen Halbkugel.

Ausländische Einwanderer waren die Hauptursache dieses Wachstums, obwohl die Arbeitsmöglichkeiten in den Konservenfabriken und Häfen auch eine interne Landflucht in die Hauptstadt auslösten. In kaum einem anderen Land entwikkelte sich der Geschlechteranteil so unausgeglichen wie in Argentinien. Schon bald hatte sich in Europa herumgesprochen, daß sich mit dem Transport von Frauen nach Argentinien viel Geld verdienen ließ. Allerdings wurde in Buenos Aires kaum in Arbeitsplätze für Frauen investiert. Und Männer, die auf dem Land arbeiteten, kamen nicht sehr oft in die Hauptstadt, um eine Ehefrau zu finden.

Dennoch hat die Behauptung, so gut wie alle Europäerinnen, die nach Argentinien kamen, seien Prostituierte gewesen oder es geworden, nichts mit der Realität zu tun. Weitaus mehr Einwanderinnen lernten nähen oder waschen als Tango zu tanzen. Und die hysterischen Berichte über einen »weißen« Sklavenhandel waren angesichts der tatsächlichen Kriminalität um die Jahrhundertwende aus der Luft gegriffen, sie spiegelten vor allem die Angst der Europäer vor sich auflösenden Familienstrukturen und selbständig agierenden Frauen wider. Trotz aller Schreckenspropaganda traten Tausende, möglicherweise Hunderttausende junger Mädchen die Reise nach Argentinien an. Sie reisten freiwillig und verließen ein Europa, das von Überbevölkerung, Krisen und Konflikten geprägt war. Nicht wenige Mädchen begannen tatsächlich, als Prostituierte zu arbeiten, viele allerdings nur für eine gewisse Zeit. Einige von ihnen brachten Erfahrungen aus ihren Heimatländern mit: »Sie strömten nach Buenos Aires, als ob dort Gold auf den Straßen läge. Allein aus meinem Haus sind in vier Monaten fünfzehn Mädchen verschwunden. Und scheinbar ist es dort so gut, wie gesagt wird, denn keines der Mädchen ist zurückgekommen«, erklärte damals ein französischer Bordellbetreiber.

Nach der Jahrhundertwende blühte also das sexuelle Dienstleistungsgewerbe in Buenos Aires auf. Sechzig Prozent aller registrierten Prostituierten waren außerhalb Argentiniens geboren. Allerdings war der Anteil von Europäerinnen in den Bordellen weitaus höher als bei der »inoffiziellen« Prostitution in den Tanzhallen und Nachtclubs, die zu dieser Zeit auch in Argentinien wie Pilze aus dem Boden schossen.

Um die Jahrhundertwende mußte man sich lediglich ein Klavier kaufen oder ein kleines Orchester engagieren und sich die Lizenz zum Ausschank alkoholischer Getränke besorgen. So konnte jeder Mann mit ein wenig Initiative rasch einen großen Kundenstamm aufbauen und schnell relativ viel Geld verdienen. In Argentinien wurde – wie in Südeuropa – nicht nur in Cafés und Tanzhallen getanzt, sondern auch auf Marktplätzen und in Zirkuszelten. In den Tanzlokalen verkehrten sämtliche sozialen Schichten: Soldaten und Seeleute, Junggesellen vom Land und arme Einwanderer, Schönlinge mit zwielichtiger Vergangenheit und »unseriösen« Absichten, aber auch die jungen Männer der Oberklasse. Die Mädchen hatten einen wesentlich homogeneren Hintergrund. Tanzen und trinken an öffentlichen Orten gehörte sich nicht für anständige Frauen. Auf der Tanzfläche standen »Semiprostituierte«, es waren »Mädchen von zweifelhaftem Ruf«. Einige von ihnen wurden nur für ihre Anwesenheit in den Tanzhallen bezahlt. Wenn ein Mann mit ihnen tanzen wollte, mußte er ebenfalls zahlen. Das war keine Prostitution im eigentlichen Sinne und doch ein Abbild der ökonomischen Abhängigkeit der Frauen. Wenn niemand die Mädchen zum Tanz aufforderte oder die Tanzfläche sich leerte, tanzten die Frauen zum Teil miteinander. In Südeuropa und Lateinamerika kam es auch vor, daß Männer zusammen tanzten, um Geld zu sparen. Das hatte keinen homosexuellen oder lesbischen Hintergrund, es ging lediglich darum, sich selbst und seinen Körper möglichst vorteilhaft zu präsentieren. Die Vorstellung, der Tanz sei das erregende Vorspiel für den späteren Geschlechtsakt, war weitverbreitet. Das Problem war nur, daß auch der Sex bezahlt werden mußte.

Die Tanzhallen und Cafés waren leicht zu finden, Tanz und Getränke waren billig. Bisweilen wurde beklagt, daß die Tanzhallen eine Konkurrenz für die organisierte Prostitution seien. Der Polizeichef von Buenos Aires, Francesco J. Beazley, schrieb 1897 an den argentinischen Innenminister, daß »kleine Bars mit Ausschank auf der Straße und modische Cafés mit Bühne, Orchester und Bedienung den Markt für sämtliche zugelassenen Bordelle der Stadt zerstören, da es keine Schranken mehr gibt, die verhindern, daß junge Mädchen unter fünfzehn Jahren tanzen und Kellnerinnen mit den Gästen trinken«. Die Tanzhallen galten nicht als Bordelle. Dennoch wurden dort mindestens ebensoviele Verabredungen getroffen wie in den Bordellen, denn alle Mädchen brauchten Geld. Je mehr sich der Tango in den Tanzhallen Argentiniens und anderen Teilen der Welt durchsetzte, unterminierte er die Bordellprostitution. Und er forcierte die Entwicklung einer neuen, eher zynischen Haltung zu Sex und Liebesdiensten.

Die erste Zeit in der Geschichte des Tangos wurde als die »Bordellphase« bezeichnet. Noch spielten die Texte der Stücke keine besondere Rolle, der Tanz war das Wichtigste. Außerdem wurde zu dieser Zeit in den Bordellen noch tatsächlich getanzt, die Tanzhallen kamen erst allmählich auf.

Um 1910 begann sich der Tango von Argentinien aus zu verbreiten. Ein neuer Begriff, die »Tangomanie«, umschrieb die beinahe hysterische Popularität, die der Tanz in Paris bekommen sollte, wo sich niemand um dessen Ursprung und die damit verbundenen moralischen Implikationen kümmerte. Um so besorgter reagierten die konservativen Kreise Europas. Papst Pius X. sprach eine klare Warnung vor dem sündigen neuen Tanz aus. Der deutsche und der österreichisch-ungarische Kaiser verboten ihren Soldaten, in Uniform Tango zu tanzen. Doch niemand war in der Lage, die Tangobesessenen zu stoppen. Und obwohl sich die Begeisterung für den Tanz in den USA, Westeuropa und Lateinamerika unterschiedlich entwikkelte, gab es doch eine Gemeinsamkeit: Auf der ganzen Welt versuchte das gehobene Bürgertum den Tango von seiner Vulgarität und seinen Assoziationen an kommerziellen Sex zu befreien.

Das berühmteste Tanzpaar der USA in den Jahren des Ersten Weltkrieges waren Irene und Vernon Castle. Sie traten vor allem in den eleganten New Yorker Nachtclubs auf und erklärten, Tango müsse man oft tanzen, aber stets mit demselben Partner. Nur so könne der Tango zivilisiert, weich und graziös vorgeführt werden. Vernon Castle trat nur im Smoking auf, und Irene zeigte weit weniger Bein und Rücken als die Tangopioniere in den Bordellen Argentiniens. Zuweilen behauptete das Ehepaar Castle, der Tango stamme aus Europa, dann wieder, sie hätten »ihn von einem argentinischen Diplomaten im Pariser *Maxim* gelernt«. Der Tango sollte auf diese Weise so elitär und salonfähig wie möglich gemacht werden.

Auch Argentiniens Mittel- und Oberklasse holte den Tango aus den Bordellen in die Ballsäle. Die Initiative ging 1912 von einem italienischen Baron aus, der für einen Ball Tangotänzer engagiert hatte. Kurz darauf gab es überall Tangolehrer, die Privatunterricht anboten, die Musik war nun auch in den anständigsten Tanzrestaurants zu hören. Wenn die Elite von Buenos Aires Tango tanzte, dann ausschließlich im Smoking.

In den kommenden Jahren etablierte sich der Tango auf einem gesellschaftlich relativ hohen Niveau, und damit wurden auch die Texte der Stücke akzeptabler. Die »Stimme« des Tangos war ursprünglich ein Opfer des sozialen Elends gewesen, nun veränderte sie sich zu einem Beobachter und Kommentator. Plötzlich wurde es sehr viel leichter, mit diesen Geschichten von leichtlebigen Prostituierten umzugehen, von denen die meisten Texte noch immer handelten. Der größte Interpret und Vermittler des Tango, Carlos Gardel, erlangte ungeheure Popularität. Er selbst kam aus ärmlichen Verhältnissen und kannte die Existenzen, von denen er als Sänger und Lyriker erzählte. Neben Evita Perón ist er bis heute sicherlich der populärste Argentinier. Evita und er wurden beide zu Mythen und waren wie geschaffen für das Weltbild des Tango.

Paradoxerweise sind in den Texten traditionell die Männer die Wortführer, so wie sie scheinbar auch die Bewegungen des Tanzes dominieren. Die melancholische Botschaft in Tanz und Text ist allerdings, daß die Männer die Kontrolle über die Frauen verloren haben. Vor allem die Tangotexte aus der *Epoca de Oro,* der goldenen Ära, sind besonders eingehend analysiert worden. Die Periode erstreckte sich von 1918, als Carlos Gardel seine erste Platte einspielte, bis 1935, als der Sänger bei einem Flugzeugunglück ums Leben kam. Die meisten Texte aus dieser Zeit handeln davon, daß die modernen Frauen Hosen tragen, Zigaretten rauchen und Whisky trinken. Die Frauen sind häufig Prostituierte, in jedem Fall betrügen sie konsequent ihre Männer. »Ich bin ein Ochse, aber gezähmt und kastriert«, ist ein charakteristischer Ausdruck für das Gefühl der Ohnmacht, das diese Männer empfinden.

Die Frauen haben ein intensives Sexualleben und wollen keine Mütter sein. Diese Tatsache wirft den Tangomann aus der Bahn, der sich in seine Kindheit zurücksehnt, zu einem einfacheren Leben bei seiner Mutter. Väter haben in den Texten der Tangos keinen Platz, dafür wimmelt es von treulosen Frauen, die sich von reichen Männern Kleider und Wohnungen bezahlen lassen. Sie verlassen die ärmeren Männer, von denen sie geliebt werden, und sie vergessen ihre armen, alten Mütter.

Die Tangolyriker benutzten nicht nur den Straßenslang von Buenos Aires, um die Frauen zu beschimpfen, sie zeigten sie auch als verführte und verlassene Opfer, die von *bacanes* (reichen Liebhabern), *apaches* (Gangstern) oder *cafishos* (Zuhältern) ausgenutzt werden.

Alle Männer des Tangos sind eifersüchtig. Natürlich sind sie im Vergleich mit den Frauen unschuldig. Keine Frau in einem

Tangotext ist noch Jungfrau, im Laufe der Jahre handelten die Texte jedoch immer weniger von Prostitution, sondern drehten sich mehr und mehr um moderne, selbstbewußte Frauen. Auf diese Weise sind die Texte auch ein Spiegel der realen historischen Entwicklung der argentinischen Gesellschaft.

Bis in die dreißiger Jahre des 20. Jahrhunderts gab es fast ausschließlich männliche Tangointerpreten. In den wenigen Fällen, in denen Sängerinnen Erfolg hatten, handelte es sich um moralisierende Tangostücke. In einigen der mondänsten Etablissements Argentiniens waren Sängerinnen zugelassen, allerdings mußten sie im Smoking auftreten. Nur wenn die Frauen so taten, als würden sie sich verhalten wie die Männer der Oberschicht, durften sie die Lieder der Männer singen. Als um 1930 auch Frauen mit genuin weiblichen Tangoklagen auf den Plattenmarkt drangen, wurden die alten Tangos von ihnen zitiert, auch sie wendeten sich nun an den ewigen Polizeibeamten – allerdings mit umgedrehten Vorzeichen: »Señor Comisario, geben Sie mir einen anderen Mann, denn der, den ich jetzt habe, will nicht mit mir schlafen!«

Eingewanderte Frauen aus Europa dominierten die reale Welt der Bordelle und Tanzhallen von Buenos Aires. Jede zehnte kam aus einer jüdischen Familie. Doch in den Texten der Tangos gibt es keine Rachel oder Esther, im Weltbild des Tangos sind Ausländerinnen komplett ausgeblendet. In den Stücken heißen die Mädchen Margarita, Conchita, Linda, Consuelo und Anita, alle sind sie in Argentinien aufgewachsen, häufig in einer Vorstadt von Buenos Aires. Argentinien ist ein Land, das Mythen liebt. Bei aller Melancholie kaschierte der Tango eine soziale Wirklichkeit, die von vielen als problematisch empfunden wurde. Er etablierte um Sexualität und Prostitution eine nationale Mythologie, die in Argentinien auf eine sehr große Akzeptanz stieß.

Kapitel 22

Weißer Sklavenhandel

Volkstümliche Romane aus den Jahren um den Ersten Weltkrieg handeln gern von sittsamen Schul- oder Dienstmädchen, die auf dem Weg zur Schule oder beim Einkauf von zwielichtigen Männern verschleppt werden. Sie erleiden ein grausames Schicksal in einem türkischen Harem oder einem dreckigen Bordell in New Orleans, wo sie gezwungen werden, Neger zu bedienen. »Weißer Sklavenhandel« war eine häufige Überschrift in den Zeitungen der damaligen Zeit. Auslöser dieser ausufernden Phantasien war eine Verbreitung der Prostitution, wie man sie bisher in der Geschichte noch nicht erlebt hatte. Überall auf der Welt wurden Liebesdienste angeboten, überall existierten Bordelle, und man fand junge weiße Prostituierte in Schanghai und Alexandria ebenso wie in Johannesburg oder anderen exotischen Städten. Entführt waren jedoch die wenigsten dieser Frauen, und nur eine Minderheit könnte man tatsächlich als »Sklavin« definieren.

Dennoch bleibt es eine historische Tatsache, daß sich nie zuvor so viele Frauen von der Prostitution ernährten wie in den Jahren zwischen 1870 und 1930. Und obwohl in den Weltstädten New York, London, Paris und Schanghai die meisten Huren lebten, war die Prostitution weitaus präsenter in Städten wie Alexandria, Istanbul oder New Orleans, »the greatest brothel city of all times«. Auch in San Francisco, Kalkutta, Havanna, Neapel, Marseille, Kapstadt und Hongkong wurde das Stadtbild mehr als in den übrigen Weltmetropolen durch die Prostituierten bestimmt.

Schon immer ist es schwierig gewesen, die käufliche Liebe zu quantifizieren. Die Prostitutionsgegner berufen sich häufig auf grobe Berechnungen und unterscheiden selten eindeutig zwischen dem regulären Gewerbe, der eher zufälligen Nebeneinnahme oder genereller Promiskuität. Bei zivilen und medizinischen Behörden zeigt sich umgekehrt die Tendenz, die Verbreitung von Prostitution als zu niedrig anzusetzen, da die Berechnungen auf der Anzahl der Fälle von Geschlechtskrankheiten oder kriminellen Handlungen basieren.

1905 wurde behauptet, daß sich einundzwanzig Prozent aller erwachsenen Frauen in Mexiko City von der Prostitution ernährten, also insgesamt etwa hunderttausend Frauen. Sollte diese Angabe korrekt sein, hätten – mit Ausnahme von Schanghai – in keiner anderen Weltstadt mehr Prostituierte gelebt. Beinahe alle Prostituierten waren in Mexiko geboren und aufgewachsen, zum Teil waren sie rein indianischer Abstammung. In Schanghai stammten neunzig Prozent der Prostituierten aus China oder Japan. Derartige Informationen konnten es also kaum gewesen sein, die zu den Überschriften der europäischen Zeitungen führten. Es war die Prostitution in Buenos Aires und Rio de Janeiro, die wirklich schockierte. Dort rekrutierten sich zwischen fünfundsiebzig und achtzig Prozent aller Prostituierten aus eingewanderten Europäerinnen der ersten Generation. Dampfschiffe und Eisenbahnen hatten die Welt in kurzer Zeit deutlich kleiner werden lassen, für den Austausch von Kapital und Arbeit gab es kaum noch Grenzen. Die industrielle Revolution und ihre Folgen hatte gleichzeitig zu einer Internationalisierung und zu einer Veränderung der Prostitution geführt. Aus einem selbständigen Kleingewerbe wurde ein weitverzweigtes ökonomisches Netzwerk, in das Hunderttausende von Frauen und viel Geld involviert waren.

Um die Jahrhundertwende stand die Welt mehr denn je zuvor im Zeichen von Aus- und Zuwanderungen. Siedler und Arbeiter brachen nach Nordamerika, Argentinien, Australien und Südafrika auf. Europäische Unternehmer bewirtschafteten die Minen und Plantagen von Afrika, Südostasien und den Inseln des Pazifiks, in denen chinesische und indische Kulis arbeiteten. Der größte Teil dieser Arbeiter waren alleinstehende junge Männer, deren Lohn nicht ausreichte, um eine Familie zu ernähren. Und die wenigen, die verheiratet waren, zogen es vor, ihre Familien in ihren Heimatländern zurückzulassen. Die Massenemigration alleinstehender junger Männer zog entsprechende Auswanderungsschübe von Prostituierten nach sich. Gemessen an den reinen Zahlen war die Migration von Prostituierten und anderen ledigen Frauen jedoch deutlich geringer als die männliche. Dennoch gab es vor allem in den Ländern Südostasiens und Lateinamerikas unter den weiblichen Einwanderern der ersten Generation derart viele Prostituierte, daß die nationalen Geschichtsschreibungen Probleme bekamen. Daß so viele Prostituierte in ihren neuen Heimatländern zu Stammüttern der späteren Bevölkerung wurden, paßte nicht so recht ins Wunschbild der nationalstaatlichen Mythenbildung.

»Wir haben positive Beweise, daß jiddischsprechende Juden eine kontinuierliche Völkerwanderung junger Jüdinnen nach Nord- und Südafrika, Indien, China, Japan, die Philippinen, Nord- und Südamerika und Europa organisieren – ausschließlich mit dem Ziel, daß sie sich dort prostituieren«, wurde 1902 auf einer Konferenz der Londoner jüdischen Vereinigung zum Schutz junger Mädchen und Frauen erklärt. Ursache dieser Massenemigration seien Hunger und Not, so der Sprecher weiter, zum Teil auch Judenpogrome in Ost- und Zentraleuropa.

Von den zweitausend weißen Prostituierten Schanghais im Jahr 1900 waren zwei Drittel osteuropäische Jüdinnen, die übrigen Frauen kamen aus Frankreich. In europäischen und amerikanischen Zeitungen wurde der hohe Anteil der jüdischen Frauen im Prostitutionsgewerbe immer wieder thematisiert, und die Boulevardpresse beschäftigte sich vor allem mit den jüdischen Mittelsmännern. In vielen Zeitungen wurde die

Prostitution überhaupt als eine weltumspannende Verschwörung jüdischer Kuppler und Zuhälter dargestellt. Besonders gern brachten die Blätter Berichte über zynische Juden, die ein gewaltiges Vermögen mit dem Verschieben von Menschen verdienten.

Sadie Solomon hieß eine der berühmtesten Bordellwirtinnen, die um 1914 in der Boulevardpresse als Prostitutionsmillionärin vorgeführt wurde. Sie war wohlbekannt in der New Yorker Unterwelt, und die Presse wußte auch, daß sie Bordelle in Johannesburg, Rio de Janeiro, Buenos Aires, Panama, Texas und Kanada besaß. Ein berühmter Zuhälter war Nathan Spieler; er hatte aufgehört, in New York Brezeln zu backen, und eröffnete statt dessen Bordelle in Schanghai, Konstantinopel, Bombay und Singapur. Auch in Manila wollte man ihn gesehen haben.

Der Völkerbund war die erste nationenübergreifende Organisation, die sich für Frieden und internationale Zusammenarbeit einsetzte. 1919 nach dem Versailler Frieden gegründet, spielte er vor allem in den Jahren um 1930 eine wichtige Rolle, bevor Japan, Deutschland und Italien die Organisation verließen und die Sowjetunion ausgeschlossen wurde. Die Frage der internationalen Transaktionen von Prostituierten und die Lebensverhältnisse der Frauen im Sexgewerbe waren zu dieser Zeit wesentliche Punkte auf der Tagesordnung des Völkerbundes. Zwischen 1924 und 1927 hatte eine Expertengruppe achtundzwanzig Länder und einhundertzwölf Städte bereist und sechstausendfunfhundert Gespräche mit Prostituierten und anderen Frauen des Gewerbes geführt. 1929 legte die Kommission einen Bericht über die weltweite Situation der Prostitution vor. Die Dokumentensammlung ist bis heute das umfassendste Material der Geschichte, wenn es darum geht, international die sozialen, psychologischen und wirtschaftlichen Verhältnisse von Prostituierten zu vergleichen.

Zu welchem Ergebnis kam der Völkerbund in der Frage des

»Frauenhandels«? Eine 1905 geborene Französin wurde 1927 von Mitgliedern der Kommission in Kalkutta befragt. Sie erzählte, daß sie nach drei Jahren in einem Pariser Bordell im Alter von ungefähr zwanzig nach Saigon im damaligen Französisch-Indochina gereist war, um eine ältere Kollegin zu unterstützen. Von dort ging es weiter nach Manila auf die damals von den Amerikanern kontrollierte Inselgruppe der Philippinen. Hier wie dort hatte die Frau einige Jahre gelebt. In Singapur wurde sie schwanger und reiste zurück nach Paris, um ihr Kind dort zur Welt zu bringen. Sie bekam eine Tochter und brachte sie bei einer Schwester unter. Diese Französin hatte zu diesem Zeitpunkt mehr von der Welt gesehen als die meisten ihrer Altersgenossen, und eigentlich war sie lediglich unzufrieden darüber, daß sie so gut wie alle Ersparnisse aufgebraucht hatte. In dem Pariser Bordell, in dem sie anfangs gearbeitet hatte, traf sie eine Freundin aus ihrer Zeit in Manila, die sie zurück nach Asien brachte, diesmal nach Kalkutta. Alle ihre Reisen hatten ältere Kolleginnen organisiert. Bei ihrer Ankunft in Kalkutta war sie sechsundzwanzig Jahre alt und hatte einiges erlebt. Sie ging davon aus, daß sie ihren Körper vielleicht noch zehn Jahre verkaufen konnte.

Die französische Prostituierte des Völkerbund-Berichts war keine Sklavin, sie war eher eine selbständige Gewerbetreibende: Sie lieferte ihren Profit nur bei Kolleginnen des gleichen Geschlechts ab, und nur, wenn diese ihr halfen. Weniger als zehn Prozent der Frauen, zu denen die Kommission Kontakt hatte, waren unter achtzehn Jahren alt. Der Bericht des Völkerbundes kam daher zu dem Ergebnis, daß Minderjährige »eine geringere Rolle im Frauenhandel spielen als angenommen«. Auch war der Modebegriff vom »Sklavenhandel« falsch, wenn es um die internen Verhältnisse der Prostitutionsbranche ging, jedenfalls in Westeuropa und Amerika.

In Asien war das Geschäftsgebaren wesentlich inhumaner als in Europa und den USA. Größere Armut und ein stärkeres

Bevölkerungswachstum führten zu generell schlechteren Arbeitsbedingungen. In den Küstenregionen Japans und Chinas wurden Prostituierte unter Bedingungen rekrutiert, die man schon eher mit Formen der Sklaverei vergleichen konnte. Aber »Sexsklaverei« kam in Europa nur auf die Titelseiten, wenn es sich um europäische Frauen handelte. An den Frauen in Asien hatten die europäischen Zeitungen keinerlei Interesse. Und leider herrschte eine ähnliche Interesselosigkeit, die sich darüber hinaus noch mit rassistischen Vorurteilen paarte, auch bei den Experten des Völkerbundes.

China und Japan waren patriarchalische Gesellschaften, in denen Frauen nur ein besonders niedriger Status zugestanden wurde. In einer wirtschaftlichen Phase, die von Armut, Überbevölkerung und Schuldsklaverei geprägt war, behalfen sich viele bäuerliche Familien damit, entweder neugeborene Mädchen zu töten oder ihre Töchter im Teenageralter reisenden Aufkäufern zu überlassen, um die Familien erhalten zu können. Die Mädchen wurden nach Ostasien, Indien, Südostasien und auf die pazifischen Inseln gebracht; nur selten durften sie sich dort außerhalb der Bordellviertel zeigen. Von den Küstengebieten Südchinas brachten Handelsschiffe junge chinesische Mädchen über Hongkong nach Manila, Saigon, in die britische Kolonie Malaysia, ins niederländische Ostindien sowie nach Hawaii und San Francisco. Tausende japanischer Mädchen wurden aus den armen, dichtbevölkerten Küstengebieten Südostjapans nach Schanghai, Harbin in der Mandschurei und Wladiwostok gebracht. Gen Süden fuhren die Schiffe nach Australien oder Rangoon, Kalkutta und Madras. Ein Teil der Mädchen wurde illegal in die Hafenstädte geschmuggelt. Die meisten hatte man in der Zwischenzeit mit legalen Emigrationspapieren versorgt und ließ sie getarnt als »Töchter« oder »Nichten« ihrer *mamasans* reisen – normalerweise einer Tochter oder der Ehefrau des Aufkäufers.

Japanerinnen standen in dem Ruf, von allen Asiatinnen die professionellen Fertigkeiten des Lustgewerbes am besten zu beherrschen, obwohl kaum eines der Mädchen in Tokios legendärer Sexmetropole Yoshiwara ausgebildet worden war. Chinesische Frauen dagegen waren dafür bekannt, zu Depressionen zu neigen und viel zu weinen, vor allem bei europäischen Freiern. Ein großer Teil von ihnen fühlte sich nur in der Lage, mit chinesischen oder asiatischen Männern zu verkehren. Die ostasiatischen Mädchen kamen schlecht gekleidet und ohne jeden Besitz in den fremden Großstädten an; allein, um sich Kleidung für ihre Arbeit zu kaufen, waren sie gezwungen, sich zu verschulden. Sie gerieten sofort in Abhängigkeiten, die zu längeren Arbeitsperioden und noch größerer Unfreiheit führten. Unter den chinesischen Prostituierten war die Selbstmordrate so hoch, daß man besonderes Personal anstellte, das nichts anderes zu tun hatte, als Selbstmorde unter den Mädchen zu verhindern.

In Japan, China und Indien wurde der Markt von einheimischen Frauen dominiert, während in Südostasien einheimische und ausländische Huren aus Ostasien und Europa zusammenarbeiteten. Die einheimischen Prostituierten Südostasiens wanderten fast nie aus und wurden normalerweise auch nicht zwangsrekrutiert, sondern hatten das Gewerbe freiwillig gewählt. Sie prostituierten sich im allgemeinen nur für eine begrenzte Zeit. Es hieß, die einheimischen Prostituierten würden weniger weinen, seien warmherziger und freundlicher und ebenso hübsch. Aber da sie wenig kosteten, wurden sie von westlichen Kunden weniger geschätzt.

1899 war Singapur noch keine Großstadt, sondern zählte eher zu den mittelgroßen Städten Asiens. Dennoch gab es dort dreihundertelf registrierte Bordelle und tausendvierhundert weibliche Prostituierte, drei Viertel von ihnen stammten aus China. Die zweitgrößte ethnische Gruppe stellten die Japanerinnen. Fünf Prozent der Prostituierten kam aus Indien und Malaysia, ungefähr ebensoviele aus Europa. In Singapur gab es darüber hinaus Männerbordelle mit rund dreihundert jungen Burschen. In den übrigen Städten der britischen Kolonie

Malaysia – in Johor, Malacca, Ippoh und Penang – lebten zusammen siebentausend Prostituierte, deren prozentuale Verteilung auf Herkunft und Geschlecht sich ähnlich verhielt wie in Singapur.

In sämtlichen asiatischen Bordellen führten die Europäerinnen die Preislisten an. Viele wohnten in eigenen Häusern und waren von der Lokalbevölkerung und den Vierteln der Europäer weniger separiert als die japanischen und chinesischen Prostituierten. Die chinesischen Mädchen wohnten nahezu eingesperrt in großen, rein chinesischen Hurenbezirken.

Asien ist der größte Erdteil, sowohl von der Landfläche wie von der Bevölkerungszahl. In den zwanziger Jahren gab es in Asien die unübertroffen höchste Anzahl von Prostituierten weltweit. Als die Resultate der Untersuchungen des Völkerbundes vorlagen, wurde dennoch mehrfach betont, daß die Prostitution in Asien »keinen Anlaß zur Sorge bereitete«. Schlimmer hätte man es nicht ausdrücken können. Denn in Wahrheit wollte man damit sagen, daß *europäische* Prostituierte in Asien gut verdienten, daß so gut wie keine von ihnen in Armut oder Hunger lebte oder direktem Zwang ausgesetzt war. Heute würden wir eine Erklärung für eine derartig »westliche« Sichtweise fordern. 1930 war das nicht nötig.

Alexandria ist zu allen Zeiten ein Zentrum für sexuelle Dienstleistungen gewesen. In Südafrika existierte die Prostitution seit dem 17. Jahrhundert. Gegen Ende des 19. Jahrhunderts war die käufliche Liebe auch in Städten wie Lagos, Leopoldville, Addis Abeba, Nairobi, Mombasa, Daressalam und Salisbury zu einem wichtigen Erwerbszweig geworden. In Afrika wurde die Prostitution nicht zur Einbahnstraße in die Armut; Untersuchungen über die afrikanische Prostitution um die Jahrhundertwende haben darauf hingewiesen, wie wichtig das Gewerbe für Frauen gewesen ist, die in der Gesellschaft etwas erreichen wollten. Eine Prostituierte verdiente bedeutend mehr als ein männlicher Lohnarbeiter und beabsichtigte nicht zu heiraten. Das Resultat war eine Akkumulation von Kapital, das häufig in festes Eigentum in der Stadt investiert wurde. In Tansania war die Prostitution jahrzehntelang die lukrativste Beschäftigung, der eine Afrikanerin nachgehen konnte. In Daressalam gehörten die Prostituierten zu den gebildetsten und geachtetsten Frauen der Stadt. Während des Ersten Weltkrieges stiegen Angebot und Nachfrage in Ostafrika enorm. Viele Frauen arbeiteten tagsüber als Haushaltshilfe und Kindermädchen und hatten nachts ihre Extraeinnahmen.

In der Zeit zwischen den beiden Weltkriegen konnte man in Nairobi und anderen afrikanischen Städten erleben, wie sich neben den traditionellen Varianten der afrikanischen Prostitution eine neue Form entwickelte. Ursprünglich mußten die Männer wissen, wo eine Prostituierte wohnte, sie hatten diskret an die Tür zu klopfen. Nun kam »die Frau auf dem Balkon« nach Ostafrika. Sie war weniger diskret gekleidet, schminkte sich und ließ sich am Tag wie am Abend außerhalb des Hauses sehen. Die Zimmer, über die diese Frauen verfügten, waren häufig lediglich zehn Quadratmeter groß, weit weniger, als die vorhergehende Generation von Prostituierten bewohnt hatte. Die Kunden bekamen auch keine Mahlzeit mehr serviert. Auf der anderen Seite wurde es für die ausländischen Soldaten und Arbeiter einfacher, Prostituierte zu besuchen.

Die Huren Afrikas hatten damit alle Eigenschaften von Ersatzehefrauen verloren. Der Preis wurde im voraus abgesprochen, und niemand stellte mehr wie früher eine Rechnung aus über Liebesbezeugungen und hausfrauliche Verrichtungen. Die Frauen nahmen zunehmend weniger Rücksicht auf ihre Nachbarn, die Prostitution wurde nicht mehr heimlich praktiziert. Dadurch kam es einerseits zu einem Anstieg der Gewalt, andererseits stiegen aber auch die Einnahmen, denn die Frauen hatten mehr Kunden als zuvor, häufig einen Freier am Vormittag und einen in der Nacht.

Die schwarzen Prostituierten in Afrika unterschieden sich in jeder Beziehung von ihren Kolleginnen der restlichen Welt.

Hätte die Expertenkommission des Völkerbundes darauf hingewiesen, wäre ihre Untersuchung besser und wirklichkeitsnäher gewesen. Doch der Völkerbund beschränkte seine Untersuchungen auf fünf Städte in Afrika: Johannesburg, Kapstadt, Alexandria, Algier und Tunis. Das Fazit: »In allen Städten Afrikas gibt es eine Mehrheit von französischen und jüdischen Prostituierten. Lokale arabische Mädchen stellen zwanzig Prozent der Belegschaften in Alexandria. Negerinnen gibt es kaum.« Heute wissen wir, daß es beinahe überall in Afrika schwarze Prostituierte gegeben hat, weit mehr als hunderttausend.

Als der Völkerbund seine Daten sammelte, waren Afrikas schwarze Prostituierte selbständige Gewerbetreibende. Als Stadtbewohner der ersten und zweiten Generation hatten sie ihre ehemaligen Stammesgemeinschaften hinter sich gelassen. Sie hatten aufgehört, ihr Kapital in Tiere oder Land zu investieren, sie legten ihr Geld auf der Bank an oder erwarben Häuser in der Stadt. In den zwanziger Jahren mußten die schwarzen Minen- und Eisenbahnarbeiter über den halben Kontinent ihrer Arbeit hinterherreisen. Eine schwarze Prostituierte überquerte selten mehr als eine Landesgrenze; Reisen nach Europa, Asien oder Lateinamerika fanden nicht statt. Doch der Völkerbund hatte kein Interesse an den tatsächlichen Lebensverhältnissen der Prostituierten in West-, Zentral- oder Ostafrika. Nur Frauen europäischer Abstammung schienen für die Kommission »wirkliche« Prostituierte zu sein. Die schwarzen Frauen Afrikas gehörten noch weniger als die Asiatinnen zum Weltbild des Völkerbundes.

In den Jahren, in denen der Völkerbund seine Untersuchungen vornahm, stieg die Anzahl der Artikel in der Boulevardpresse über sogenannte jüdische Frauentransaktionen erneut. Ein Teil der Prostitutionsdebatte beschäftigte sich intensiv mit der »jüdischen Mentalität«, jetzt noch mehr als um die Jahrhundertwende in einem aggressiv antisemitischen Ton. Angeblich prostituierten sich überall auf der Welt jüdische Mädchen, außerdem schienen viele Juden an dem Gewerbe beteiligt zu sein. Eine jüdische Dominanz hat es jedoch nie gegeben. Die Juden wurden in der Prostitutionsdebatte zum Sündenbock gemacht, ebenso wie in vielen anderen Zusammenhängen in den Jahren nach 1930. In der Zeit zwischen den Weltkriegen waren die Juden ein ideales Ziel für den Haß der Moralisten in Deutschland, Polen und Frankreich. Im Bericht des Völkerbundes hatte man zumindest noch versucht, die Rolle, die den »jüdischen Hintermännern« nachgesagt wurde, zu relativieren. Es wurde festgehalten, daß es auf der ganzen Welt nicht mehr Prostituierte jüdischer Herkunft gab als französische Prostituierte innerhalb der Grenzen Frankreichs.

Die Lebensumstände französischer Prostituierter waren allerdings tatsächlich ein weiterer Schwerpunkt des Berichts. Das mag daran gelegen haben, daß französische Experten eine zentrale Rolle bei der Untersuchung gespielt hatten und Französisch die Hauptsprache des Völkerbundes war. Allerdings spricht auch einiges für die Annahme, daß die Franzosen zu dieser Zeit mehr Geld mit der Sexbranche verdienten als jede andere Nation und diese Verhältnisse gern analysiert sehen wollten. Möglicherweise war dieses Interesse eine natürliche Folge der langen Prostitutionstradition in Frankreich. In jedem Fall war man im Völkerbund ausgesprochen vorsichtig, irgendeine ethnische oder religiöse Gruppe für die sich weltweit ausbreitende Sexindustrie hauptverantwortlich zu machen.

Kapitel 23
Kamikaze und Zwangsprostitution

»Mein Leben für die Liebe, jawohl«, singt Zarah Leander mit ihrer tiefen Stimme in *Die große Liebe,* einem Nazi-Film aus dem Jahr 1941. Darin liebt sie einen deutschen Jagdpiloten, beide sind sie bereit, alles für die große Liebe, den Führer und das Vaterland zu opfern.

In der japanischen Kriegspropaganda ging es weniger um die Liebe, sondern eher um Sex. Immer wieder wurde die kaiserliche rote Sonne in Japans Flagge als phallisches Symbol interpretiert, und Japans Heerführer waren geradezu zwanghaft davon überzeugt, daß Geschlechtsverkehr vor dem Angriff für die Soldaten ein gutes Rüstzeug sei. Zölibatäre Kämpfer waren dazu verdammt zu verlieren. Die Kamikazepiloten flogen mit Amuletten und Armbändern aus dem Schamhaar koreanischer Prostituierter in den Tod, mit denen sie in der Nacht vor dem letzten Flug zusammengewesen waren.

Interessanterweise entwickelten die Amerikaner und Russen zur gleichen Zeit ein historisch gesehen neues Heldenideal: den enthaltsamen, treuen Soldatenehemann. In der russischen und der amerikanischen Propaganda wurden Heim, Familie und Vaterland zu Schlüsselbegriffen, vor allem in der Anfangsphase des Krieges. Die Sowjets wie die Westalliierten wollten die alte Verbindung zwischen Krieg und promiskem Sex minimieren. Die Japaner versuchten es mit dem umgekehrten Extrem und schweißten Sex- und Kriegsmystik so eng wie nie zuvor zusammen. Auch in Fragen der Sexualität, des Geschlechtslebens und der Prostitution war der Zweite Weltkrieg voller Gegensätze.

In den Jahren vor dem Zweiten Weltkrieg sank die Zahl der Prostituierten in den USA, Großbritannien, Deutschland und anderen westlichen Ländern. Dies betraf sowohl die absoluten Zahlen wie das quantitative Verhältnis zu den jeweils unter Waffen stehenden Soldaten. Dennoch entwickelten die Militärbehörden im Westen einen gewissen Moralismus. Denn trotz eines Rückgangs der Prostitutionszahlen hatten die Soldaten eher mehr als weniger Geschlechtsverkehr. Sexualaufklärung, politische Demokratisierung, soziale Nivellierung und billige zugängliche Verhütungsmittel hatten zu einer zunehmenden sexuellen Emanzipation von Mädchen aus der Mittelschicht und der Arbeiterklasse geführt. Die Soldaten waren die ersten, die spürten, daß die Zeiten sich geändert hatten. Und warum sollten sie bezahlen, wenn sie den Sex umsonst bekommen konnten? Sie leisteten schließlich einen patriotischen Einsatz für Gott und Vaterland, ein Argument, mit dem sich die Mädchen noch leichter verführen ließen.

Die militärische Führung merkte, daß sie die bisherige Kontrolle über das Sexualleben der Soldaten allmählich verlor. Immer weniger Soldaten besuchten Bordelle. Der neue Moralismus, der sich unter Militärärzten und höheren Offizieren verbreitete, hatte eine konkrete Ursache: die Syphilis. Die Angst vor der Krankheit wuchs zwischen den Kriegen, denn die Anzahl der Ansteckungen verzeichnete erneut einen alarmierenden Anstieg. Fünf Prozent der weißen amerikanischen Soldaten infizierten sich pro Jahr, bei den farbigen Soldaten stieg der Anteil sogar auf dreißig Prozent.

Die modernsten Länder in Asien waren Japan, China und die von den USA kontrollierten Philippinen. In diesen Ländern registrierte man in dieser Zeit ebenfalls einen Anstieg der Geschlechtskrankheiten und eine geringere Frequenz der Bordellbesuche. Während des Zweiten Weltkriegs sollte sich in Asien das Angebot sexueller Dienstleistungen durch Zwangsrekrutierungen in den Bordellen allerdings in eine ganz andere Richtung entwickeln.

In einem stehenden Heer versammelt sich ein wesentlicher Teil der vitalsten jungen Männer einer Nation, dazu in einer Lebensphase, in der die sexuelle Energie mit am stärksten ist. Die Soldaten leben isoliert und unter Aufsicht, es gibt nur wenige Möglichkeiten der sozialen und emotionalen Ablenkung. Naturgemäß wird Sex zu einem wesentlichen Thema der Gespräche. Es ist ein altes Argument militärischer Führer, daß Soldaten Bordelle brauchen und sich der Bedarf erhöht, wenn eine Armee aktiv in ein Kriegsgeschehen eingreift. Im Kampf sind erhöhte Disziplin und klare Kommandostrukturen gefordert, die Streßfaktoren potenzieren sich. Um so größer wird für die Soldaten der Bedarf nach Entspannung. Und traditionell ist Sex die beste und effizienteste Entspannung.

Ob eine intime Situation nun einen Tag anhält oder nur fünfzehn Minuten, man erhält für einen Augenblick die Möglichkeit, wieder zum »Individuum«, zum Menschen zu werden; frei von der Furcht vor Kugeln und Bomben, losgelöst von Kommandostrukturen und militärischen Rangordnungen. Die Angst, nie wieder eine derartige intime Situation zu erleben, läßt jede Begegnung existentiell und schicksalsschwer werden; egal ob man für den Geschlechtsakt bezahlen muß oder vielleicht zum letzten Mal seine feste Freundin trifft.

Gibt es einen Zusammenhang zwischen den Eigenschaften eines Mannes als Liebhaber und als Krieger? Gibt es einen inneren, unerklärbaren Zusammenhang zwischen der Beherrschung des männlichen Geschlechtsorgans und der Fähigkeit eines Kämpfers, seine Waffe zu bedienen? Die abergläubische Identifikation von Sexualität und Aggressivität war auch in militärischen Kreisen weitverbreitet. Sexuelle Riten gibt es in vielen Kulturen; Zeremonien, in denen junge Burschen zu Männern geweiht werden, gehören dabei möglicherweise zu den wichtigsten Ritualen. Der obligatorische Bordellbesuch ist einer der Initiationsriten unter Seeleuten und Militärs der westlichen Hemisphäre. Aber keine westliche Männerkultur schrieb so rigide und zwanghaft den Bordellbesuch vor wie die japanische Armee vor und während des Zweiten Weltkrieges.

Heutzutage begreifen wir es als Zwangsvorstellung, daß ein sexuell unerfahrener Mann als Kämpfer nicht zu gebrauchen ist und er Unglück über seine Kampfeinheit bringen kann. 1940 war dies in Japan eine in jeder Hinsicht akzeptierte Vorstellung. Wenn eine Armeeeinheit entdeckte, daß sich unter ihnen ein sexuell unerfahrener Soldat befand, zwang man ihn in ein Bordell; die Kameraden sahen bei der Einweihung des Kriegers und Mannes durch ein Loch in der Wand zu. Wehe dem jungen Mann, der sich gegen eine solche Initiation wehrte! Ein Abweichler war nicht nur eine Bedrohung der militärischen Hierarchie, sondern ein Angriff auf Japan und den Tenno persönlich.

Die Gesundheitsbehörden der USA hatten bereits in den frühen dreißiger Jahren weitgehende Befugnisse, um Prostituierte zu internieren und auf Geschlechtskrankheiten zu untersuchen; vor allem diejenigen, die sich in der Nähe von Militärlagern aufhielten. Die Bürokratie registrierte jedoch, daß immer weniger Soldaten Bordelle besuchten, sondern »normale« Mädchen vorzogen. Diese Mädchen konnten und wollten die Amerikaner aber nicht überwachen und kontrollieren lassen. »Die Hure mit roten Lippen und offenem Haar hat dem netten Mädchen von nebenan Platz machen müssen«, stellte 1941 ein Militärarzt fest. Zumindest aber mußte man die Soldaten vor den *khaki-wackies* warnen, den patriotischen Flittchen »mit ihrer zweifelhaften Moal, auch wenn sie eifrig bemüht sind, unseren Einsatz im Krieg zu unterstützen«.

In der amerikanischen Militärpropaganda wurden promiske Frauen zur »dritten Gefahr« im Krieg. Tatsächlich ging von liberalen Nichtprostituierten eine größere Ansteckungsgefahr aus als von registrierten Prostituierten. Frauen, mit denen man zufällig Sex hatte, mußten als Feinde angesehen werden, die zusammen mit Hitler und Kaiser Hirohito den Untergang der

USA und der westlichen Welt betrieben. Die neue und etwas überraschende Parole hieß daher: »If you can't say no, take a pro!«, weil eine Prostituierte ein vergleichsweise geringes Ansteckungsrisiko darstellte.

Aber wie sollte sich die Gesundheitsbehörde mit dieser Botschaft Gehör verschaffen? Und wie rational waren die jungen Männer der westlichen Welt, wenn es um so heikle Fragen wie Männlichkeit und Sex ging? Tatsächlich war es so, daß die Soldaten der alliierten Streitkräfte beides suchten: die »wahre« Liebe und den freien Sex. Als Nordeuropa und Frankreich von der deutschen Besatzung befreit waren, nahmen die alliierten Soldaten auch sexuell den Dank patriotischer Frauen in den befreiten Ländern entgegen. Nur in wirtschaftlich rückständigen Gebieten wie Süditalien und Nordafrika mußten sie für Sex, Intimität und Erholung weiterhin bezahlen. Die offizielle amerikanische Militärpolitik war restriktiv, von der Propaganda wurde jegliches Abenteuer verurteilt, sei es mit professionellen Prostituierten oder mit leichtlebigen Frauen. Soldaten hatten sämtliche Aktivitäten außerhalb der Lager einzuschränken, sie sollten mit ihren Gedanken und Gefühlen ganz bei den Daheimgebliebenen und dem Vaterland sein.

Während des Hitler Regimes wurden in Deutschland – weit mehr als in den Ländern der Alliierten – Prostitution und freie Sexualität streng geregelt. Die NSDAP orientierte sich bei ihrer Machtübernahme 1933 an den Gesetzen und Überwachungsinitiativen des faschistischen Italien. In allen von Hitler-Deutschland während des Krieges okkupierten Ländern wurden Kontrollen der Prostitution und des »freien« sexuellen Verkehrs eingeführt. Offiziell übernahm das deutsche Heer existierende Bordelle und reservierte sie für deutsche Militärs, allerdings wurde diese Regelung in den einzelnen Ländern unterschiedlich durchgesetzt.

In Frankreich, den Niederlanden und Belgien existierten zahlreiche Bordelle. Die Übernahme durch die Deutschen zeigte sich in Form einer neuen, strengeren Gesundheitsüberwachung. Außerdem mußten die Bordelle die Namen wechseln. Deutsche Schilder erklärten nun vorbeikommenden Militärs, ob sie vor einem »Hotel« für Offiziere standen oder vor einem Haus, das für einfache Soldaten gedacht war. Mit getrennten Bordellen für Offiziere und Gemeine verringerte man Auseinandersetzungen und sicherte den Offizieren den Zugang zu den attraktivsten Frauen.

Offensichtlich drückten die Deutschen auch einmal die Augen zu, wenn französische Kunden die Bordelle in Zeiten nutzten, wo wenig Betrieb war. Unzählige Geschichten der französischen Resistance erzählen von Prostituierten, die engen Kontakt zur Widerstandsbewegung unterhielten. Es gibt Berichte, wie deutsche Soldaten und französische Widerstandskämpfer, im Prinzip also Todfeinde, in benachbarten Zimmern des gleichen Bordells bedient wurden. Edith Piaf und ihre Schwester versteckten sich zeitweise in einem Hurenhaus, in dem eine Freundin, Andrée Bigeard, als Prostituierte arbeitete – allerdings nur für Kunden aus der Befreiungsbewegung. Ein Indiz mehr für die These, daß die französischen Bordelle während der Besatzungszeit auch Zentren des Widerstands waren.

Im Norden und Osten Europas stellte sich die Situation anders dar. Dort gab es mehr Soldaten und weniger Huren. So war es in Norwegen und Dänemark aufgrund der geringen Dichte der Städte gar nicht möglich, eine Trennung zwischen zivilen und militärischen Bordellen vorzunehmen. Französische Luxusprostituierte wurden in Bordelle für deutsche Offiziere gebracht, für die Truppe wurden neue Bordelle mit deutschen *Einsatzfrauen* eingerichtet. Offiziell war es skandinavischen Frauen verboten, im Sexgewerbe zu arbeiten, einige boten sich jedoch auch weiterhin auf der Straße an. Nach deutschem Recht hatten unregistrierte Prostituierte einen schwarzen Stern zu tragen und konnten im schlimmsten Fall in ein Konzentrationslager geschickt werden. In okkupierten Gebieten, in denen es keine lokalen Bordelle gab, wurden Militärbordelle eingerichtet, in der Regel auf höchsten Befehl der Wehrmacht oder der Kriegsmarine. Vor Ort hatten Offiziere der mittleren Führungsebene die Verantwortung für Ausstattung, Kontrolle und Verpflegung, für die Reinigung und die Versorgung mit Kondomen, Seifen und Gleitcremes. An der Küste Nord-Norwegens ankerten, so oft es der Verlauf des Krieges zuließ, ganze Schiffe voller »Einsatzfrauen« für die deutsche Truppe.

Naturgemäß stößt eine Okkupationsmacht in einem fremden Land auf weniger Wohlwollen als eine Befreiungsarmee. Schon aus diesem Grund brauchten die Deutschen mehr Prostituierte als die Amerikaner. Doch obwohl sie eine Okkupationsmacht repräsentierten, entwickelten sich in den urbanisierten und über weite Teile sexuell recht freizügigen Ländern Westeuropas auch private Liebschaften zwischen deutschen Offizieren und Soldaten und einheimischen Frauen. In Skandinavien, Frankreich und den Niederlanden bekamen viele Deutsche umsonst, wofür sie sonst in den Bordellen bezahlen mußten. Nur wenige Wehrmachtsangehörige zeigten sich mit Geld erkenntlich, allerdings verschenkten sie großzügig Kleidung, Schmuck, Lebensmittel und andere Waren, die in einer Zeit willkommen waren, in der es an jeglichem Luxus fehlte. In der deutschen Wehrmacht und der Marine herrschte strenge Disziplin. Soldaten, die in den Verdacht sexueller Gewaltanwendung gerieten, mußten mit harten Strafen rechnen. In Nord- und Westeuropa sind derartige Fälle nur selten vorgekommen.

Das Wissen um die gesundheitlichen Gefahren durch Geschlechtsverkehr war in Deutschland beinahe ebensogroß wie in England und den USA. Während des Ersten Weltkriegs hatte man erlebt, wie Geschlechtskrankheiten ein Heer beinahe lahmlegen können; zwei Millionen venerisch kranker Soldaten waren der militärischen Führung eine Lehre. In Hitlers Krieg wurde den Ärzten in den besetzten Ländern befohlen, sämtliche Bordelle zusammen mit verantwortlichen Ärzten der Wehrmacht zu inspizieren. Außerdem hatten die Gesundheitsbehörden der okkupierten Länder gegen unorganisierte Promiskuität vorzugehen; den nationalen Polizeikräften wurde befohlen, alle ansteckungsgefährdeten Frauen zu überwachen, ob sie nun als Prostituierte arbeiteten oder nicht. In Norwegen wurden diese Vorschriften strenger gehandhabt als in anderen besetzten Staaten. Die norwegische Sittenpolizei internierte in speziellen Lagern ganze Gruppen »ansteckender« Frauen, von denen nur ein sehr kleiner Teil tatsächlich Prostituierte waren. In Dänemark ging man bei weitem nicht so brutal zu Werk, obwohl Geschlechtskrankheiten in beiden Ländern etwa gleich verbreitet waren. Auch in Frankreich, Belgien und den Niederlanden wurde die Verordnung wesentlich liberaler ausgelegt.

In Osteuropa stellte sich die Situation der Prostitution vollkommen anders dar als in Skandinavien oder Westeuropa. Die Deutschen führten an der Ostfront einen brutaleren und grausameren Krieg und lebten wesentlich separierter von der Zivilbevölkerung. Osteuropas Städte waren klein und kaum industrialisiert, Meinungen und Ansichten wurden von der katholischen oder russisch-orthodoxen Dorfgemeinschaft oder der kommunistischen Partei bestimmt. Die Möglichkeiten sexueller Freiheit waren äußerst begrenzt. In den okkupierten Ländern herrschte eine Mischung aus Puritanismus und Deutschenhaß, nur wenige Frauen suchten freiwillig den Kontakt zu deutschen Soldaten. Die Wehrmacht startete mehrere Initiativen, um das Sexualleben der Soldaten sicherzustellen, und schickte Prostituierte in den Osten. Es waren allerdings bei weitem nicht genug. Aus der Ukraine und Weißrußland gibt es Berichte über eine erhebliche Anzahl von Fällen sexueller Gewalt gegenüber einheimischen Frauen. In Polen und der Ukraine, zum Teil auch in Serbien wurden Zwangsaushebungen einheimischer Mädchen vorgenommen. Formell hatten sie die Wahl zwischen harter Zwangsarbeit und einem etwas komfortableren und besser bezahlten Leben in einem Bordell.

In Japan hatten staatliche Eingriffe in die Prostitution eine lange Tradition. Ende des 19. Jahrhunderts hatten japanische Unternehmer mit dem Export von Freudenmädchen, den *karayuki-san,* nach China, Südostasien, Australien und den USA begonnen. Die Erträge dieses Sextransfers spielten eine erstaunliche Rolle für die wirtschaftlichen und industriellen Umwälzungen in Japan zu Beginn des 20. Jahrhunderts, das auf dem Weg zur Großmacht war. 1855 wurden Okinawa und die Ryuku-Inseln annektiert, ein Krieg mit China führte zur Übernahme von Formosa. 1904 wurde Korea besetzt, 1910 annektiert und in Chosen umbenannt. In den folgenden Jahren übernahmen die Japaner die Insel Sachalin und Mikronesien, während die Westmächte die verbliebenen Inseln im Pazifik besetzten.

Das japanische Heer wuchs mit den politischen Ambitionen des Reiches. Parallel dazu stieg die Anzahl der Bordelle, bis es allmählich zu Rekrutierungsproblemen von Prostituierten kam. Der Zustrom junger Mädchen stagnierte, da sich Japan in einer wirtschaftlichen Phase des Aufschwungs befand. Die Familien waren nicht mehr gezwungen, sich überzähliger Töchter zu entledigen, darüber hinaus fanden immer mehr Frauen Arbeit in der Landwirtschaft. Die Nachfrage nach Prostituierten begann das Angebot zu übersteigen. Seit 1920 stieg das Durchschnittsalter japanischer Prostituierter kontinuierlich Jahr für Jahr, darüber hinaus infizierten sich immer mehr Frauen mit Geschlechtskrankheiten.

In der puritanischen halbfeudalen Ackerbaugesellschaft Koreas existierte keine wirkliche Prostitution, es gab lediglich *kisaengs,* hochgestellte Unterhalterinnen, die mit Geishas zu vergleichen waren. Die Japaner änderten diesen Zustand und errichteten ein Bordellviertel in Seoul. Gleichzeitig versorgten sie ihre eigenen Bordelle mit jungen Frauen von der koreanischen Halbinsel. Die Rekrutierung übernahmen private Werber, die in den ländlichen Gebieten herumreisten und armen Bauern die Töchter abkauften. Die Anwerbungen erfolgten in enger Zusammenarbeit mit den japanischen Gesundheitsbehörden. Die Stellung der Töchter in dem halb konfuzianischen, halb schamanistischen Korea war noch schlechter als in den patriarchalischen Nachbarstaaten China und Japan. Da der Handel gut bezahlt wurde und keine der Töchter zu protestieren wagte, stieß der Aufkauf von Mädchen für die Bordelle auf keinerlei Widerstand. In den zwanziger Jahren waren die japanischen Bordelle für die koreanischen Agenten ein Geschäftsfeld mit hohen Profitraten. Von den frisch rekrutierten Prostituierten wurde in einem noch höheren Maß als von den übrigen Koreanern erwartet, daß sie sich wie Japaner benahmen. Sie hatten sich japanisch zu kleiden und japanische Namen anzunehmen.

1931 annektierte Japan die Mandschurei, benannte sie in Manchuko um und setzte den ehemaligen Kaiser von China als Marionettenherrscher ein. Mit der Annexion der Mandschurei kamen zunehmend auch erfahrene russische und chinesische Prostituierte in die japanischen Bordelle, dadurch verminderte sich eine Zeitlang der Druck auf die bäuerlichen Familien Koreas.

Der Film *Schanghai Express* – mit Marlene Dietrich als Schanghai-Lily in der Hauptrolle – rief 1932 dem Kinopublikum weltweit die erschreckende Möglichkeit einer extremen Eskalation des Konflikts zwischen China und Japan ins Bewußtsein. Darüber hinaus gab es nach diesem Film keinen Zweifel mehr, daß Schanghai, Chinas größte Stadt, eine der Metropolen der Prostitution war.

Während der Kämpfe um Schanghai im selben Jahr hatte die japanische Heeresleitung zeitweilig ihre Truppen nicht mehr unter Kontrolle. Trotz einer Unzahl von Bordellen in der Stadt kam es zu Massenvergewaltigungen von Zivilistinnen. Die japanische Führung begann sofort mit »präventiven Gegenmaßnahmen«. Militärbordelle wurden eingerichtet, die gesamte Prostitution direkt der militärischen Leitung unterstellt. Auf diese Weise sollte die Akzeptanz von Bordellbesuchen unter den Soldaten gefördert werden. Tatsächlich sank die Zahl der angezeigten Vergewaltigungen, sobald die vom Militär betriebenen Bordelle ihren Betrieb aufnahmen. Die neuen Militärbordelle wurden zunächst mit Mädchen aus koreanischen Bauernfamilien belegt. Sie waren weit weniger routiniert als japanische oder chinesische Prostituierte, hatten aber garantiert keine Syphilis. Dennoch bevorzugten vor allem Offiziere konsequent erfahrene Prostituierte ihrer eigenen Nation. Es ist davon auszugehen, daß diese Frauen »handverlesen« waren und unter besonderer ärztlicher Kontrolle standen.

1937 führte ein bewaffneter Zusammenstoß an der Marco-Polo-Brücke bei Peking zum offenen Krieg mit China. Nanking, die damalige Hauptstadt, wurde in einer Orgie von Gewalt und Vergewaltigungen eingenommen. Die Mehrzahl der japanischen Offiziere hatte den Krieg mit China nicht gewollt, doch nun war er blutige Realität. Die deutsche Offensive ab 1939 in Europa hatte den Nebeneffekt, daß sich das mit dem nationalsozialistischen Deutschland verbündete Japan mit einem sehr einfachen und unblutigen Manöver die Kolonien Frankreichs, Großbritanniens und Hollands in Südostasien aneignen konnte. Die Westmächte verloren jegliches Ansehen in den Augen der südostasiatischen Bevölkerung und sollten es nie wieder zurückbekommen. Japan sicherte sich die militärische Kontrolle über einen großen Teil der Welt und eine gewaltige Menge an Rohstoffen.

Die politische Allianz zwischen Japan, Deutschland und Italien sollte die neuen Machtsphären absichern und die USA abschrecken. Das Gegenteil war der Fall. Die USA verhängten harte wirtschaftliche Sanktionen und verlegten ihre gesamte Flotte in den Pazifik, in Richtung Japan. Der japanische Angriff 1941 auf Pearl Harbor und die Philippinen war lediglich der Kulminationspunkt eines komplizierten Prozesses, der den Krieg jedoch vollkommen veränderte. Nun wurde der Krieg ein Weltkrieg.

Die militärischen Bordelle von Schanghai wurden zum

Muster eines umfassenden Bordellsystems, das sich parallel zur Expansion Japans entwickelte. Immer mehr koreanische Mädchen wurden in die Militärbordelle verschickt, dazu kamen Frauen aus Taiwan, China, Okinawa und den Philippinen, die Japan in die Hände gefallen waren. Einige der Frauen hatten Erfahrungen als Prostituierte, die meisten nicht. Nur wenige bekamen einen gewissen Anteil ihrer Bezahlung, beinahe alles verschwand in den Taschen von Mittelsmännern.

Die Bestimmungen wurden strenger, je länger der Krieg dauerte. Der wachsende Druck auf die Soldaten wurde an die Mädchen weitergegeben. Tatsächlich stammten fast alle aus armen, allmählich zerfallenden Familien, doch den meisten asiatischen Müttern war bewußt, daß sie ihre Töchter in Bordelle verkauften. Nur hatten sie keine Ahnung von dem grausamen Schicksal, das ihre Töchter tatsächlich erwartete.

Filme wie *Die Brücke am Kwai* und Berichte von englischen, niederländischen und amerikanischen Kriegsgefangenen haben unser Bild von Japan als kriegführender Nation geprägt. Die japanische Armee war extrem hierarchisch und autoritär organisiert. Offiziere und Soldaten erlaubten sich unglaubliche Übergriffe auf internierte Europäer und die Zivilbevölkerung, vor allem auf dem Land. Von der malaiischen Halbinsel Malakka und den Inseln im Pazifik liegen besonders viele Berichte über Vergewaltigungen von Zivilpersonen vor.

Japans Krieg kennzeichnete dennoch mehr als nur Gewalt; das japanische Zwischenspiel in Südostasien und im Pazifik hatte entscheidende Auswirkungen auf die gesamte spätere politische Entwicklung der Region. Die Zivilverwaltungen, die Japan einsetzte, waren Marionettenregierungen mit unterschiedlichen Befugnissen in der nationalen Führung. Japan selbst sah sich als Befreier Asiens und der Pazifik-Region von den früheren Kolonialmächten. Und zum Teil war diese Sicht nicht einmal falsch, denn die spätere Unabhängigkeit Vietnams, Malaysias und Indochinas ist ohne den japanischen Kriegseinsatz kaum vorstellbar. Mitten im Krieg übernahm

Japan eine Doppelrolle – als Okkupations- und als Befreiungsmacht. Japanische Männer konnten an politische Kollaborationen und emotionale Bindungen glauben. Die »wahre Liebe« innerhalb der Länder Asiens war doch möglich. Auf Java, der Malakka-Halbinsel, in Vietnam und auf den Philippinen gingen japanische Offiziere und Bürokraten befristete Ehen mit einheimischen Frauen ein. Dies entsprach nicht nur den Traditionen der Region, es war auch erholsamer als jedes Bordell. Außerdem entstanden auf diese Weise ganz natürliche Kontakte zur lokalen Bevölkerung.

Unabhängig von dieser Form der Kollaboration und den japanischen Militärbordellen gab es in den Großstädten weiterhin die zivilen Bordelle. Dort waren die Arbeitsbedingungen besser als in den militärischen Einrichtungen, und die Mädchen wurden für ihre Dienste bezahlt. Allerdings haben zwangsrekrutierte koreanische Prostituierte inzwischen auch von Ausnahmen unter den Japanern berichtet, von Kunden, die freundlich und einfühlsam waren. Es gab immer wieder Soldaten, die auf die Bordellmädchen Rücksicht nahmen und dafür sorgten, daß auch sie ein wenig Trost und Erholung im Chaos des Krieges fanden.

Obwohl man Japans Rolle als Okkupationsmacht nicht durchgängig negativ zeichnen sollte, steht fest, daß es im Krieg mehr Zwang und Gewalt anwandte als jede andere kriegführende Nation. Möglicherweise gehören die Zwangsrekrutierungen für die Militärbordelle mit zu den schlimmsten Ereignissen dieses Krieges, in jedem Fall sind sie allein wegen ihres Ausmaßes eines der übelsten Beispiele für die Unterdrückung von Frauen in jüngerer Zeit.

Es scheint historisch belegt zu sein, daß mehr als zweihunderttausend Frauen gekauft und abtransportiert wurden. Gegen Ende des Krieges wurde darüber hinaus mit direkter, gewaltsamer Zwangsrekrutierung begonnen.

Sowohl die Zwangsausgehobenen als auch die Mehrzahl der

Mädchen, die von ihren Familien verkauft worden waren oder sich freiwillig gemeldet hatten, endeten in einem straff und effektiv organisierten sexuellen Zwangssystem, das mit klassischer Prostitution nichts mehr gemein hatte. Die wenigsten Prostituierten wurden bezahlt, nur ganz selten wurde ihnen gestattet, ihren Arbeitsplatz zu verlassen.

Die japanischen Soldaten erholten sich am liebsten in den Großstädten, denn in Singapur, Manila, Hongkong, Nanking, Djakarta und Schanghai gab es eine beträchtliche Zahl ziviler Bordelle. Und wenn Offiziere oder Soldaten die Wahl hatten, bevorzugten sie trotz der Kosten privat geführte Bordelle. Allerding waren die bevorzugten Rotlichtviertel nur selten erreichbar. Die überwiegende Zahl der Militärprostituierten wurde dagegen nicht in den Großstädten stationiert, sondern in kleineren Orten, teilweise in kleinen Militärbordellen in unmittelbarer Nähe der Armee-Einheiten. Diese »Erholungseinrichtungen« gab es auf den Andamanen im Indischen Ozean, von Timor bis zu den Salomon-Inseln im Pazifik, auf Inseln wie Palau und Yap bis hin zu den Aleuten im Norden.

In winzigen Räumen oder Zelten mußten Hunderttausende asiatischer Mädchen ohne Unterbrechung bis zu vierzig Kunden am Tag bedienen. Sie hatten eine Stunde Mittagspause und durften sich mehrfach am Tag die Geschlechtsteile waschen. Wenn es die örtlichen Bedingungen erlaubten, wurde das Angebot nach Diensträngen differenziert. Die japanischen Offiziere mußten sich dann nicht, wie die einfachen Soldaten, vor den Zelten in die Reihe stellen und warten, bis sie dran waren.

Seit den siebziger Jahren erscheinen Biographien und Erinnerungen von Zwangsprostituierten. In diesen Aufzeichnungen finden sich Berichte über dramatische Fluchten und geglückte Integrationen in andere asiatische Nationen nach dem Krieg. Einige ehemalige Militärprostituierte erzählen von glücklichen wie unglücklichen Ehen mit Männern unterschiedlicher Herkunft in den neuen Heimatländern. Vor allem aber wird von der Scham, der Angst und dem Hunger der Kriegsjahre gesprochen. Unglaublich viele Frauen erzählen detailliert über Massenmorde, Selbstmorde, Vergewaltigungen, Krankheiten, Hungersnöte oder von Frauen, die bei Geburten starben. Diese Lebensgeschichten geben auch Auskunft über das Leben nach Kriegsende. Am schlimmsten war es für alle Frauen, wieder heim in die ländlichen Gebiete Koreas zu kommen, die kulturell und wirtschaftlich noch immer rückständig waren. Dort wurden sie sozial stigmatisiert, vage Gerüchte wollten von Geschlechtsverkehr mit vielen Ausländern und Fremden wissen, Scham- und Schuldgefühle wuchsen. Viele der Frauen waren inzwischen steril, viele blieben unverheiratet, was im agrarischen Korea zu einer zusätzlichen Stigmatisierung führte. Nachts wachten die Frauen verängstigt auf, tagsüber kämpften sie damit, eine Vergangenheit zu verdrängen, von der niemand etwas wissen sollte.

Eine ungewöhnlich hohe Zahl Prostituierter kam in der letzten Phase des Krieges ums Leben, ihre Todesrate war beinahe ebensohoch wie die ihrer Kunden. Als die japanischen Truppen 1944 begannen, sich aus den besetzten Gebieten Asiens und des Pazifiks zurückzuziehen, begingen viele Prostituierte Harakiri. Es kam auch vor, daß die Frauen von den Japanern erschossen wurden, die sie auf dem Rückzug nicht mitnehmen konnten oder wollten.

Der amerikanische Luftangriff auf Tokio im März 1945 zerstörte das alte Bordellviertel Yoshiwara vollständig. Der Stadtteil lag auf einer Insel und war aus der Luft sehr leicht zu identifizieren; die Bomben trafen genau und müssen auf Befehl abgeworfen worden sein. Vierhundert Prostituierte starben in dem Flammenmeer, einige hundert weitere ertranken bei dem Versuch, sich im Sumida-Fluß vor den amerikanischen Bomben zu retten.

Beim Vormarsch der philippinischen Befreiungsarmee wurden viele koreanische Frauen getötet. Für die Soldaten gab es keinen erkennbaren Unterschied zwischen Japanern und Koreanern, sie hielten die Prostituierten für einen Teil der japanischen Besatzungsarmee.

Anfang 1943 wurde in amerikanischen Labors entdeckt, daß Penizillin eine bemerkenswerte Wirkung bei der Bekämpfung von Geschlechtskrankheiten hat. Durch die hohe Syphilisrate der Kriegsjahre stand der Forschung eine große Menge Patienten zur Verfügung, und die Ergebnisse übertrafen alle Erwartungen. Innerhalb eines Jahres wurde eine aufsehenerregende Heilungsquote von bis zu siebenundneunzig Prozent vermeldet. Mit dem Ende des Krieges schwand die Angst vor der Syphilis; für die Heeresleitung der USA offenbar ein Grund, es zumindest in Asien mit der Moral der Truppe nicht mehr so genau zu nehmen. In Europa und Deutschland verlangten die amerikanischen und britischen Behörden 1945 auch weiterhin die medizinische Kontrolle angeblich unsolider Frauen und Prostituierter, aber sie wurde bei weitem weniger streng als zuvor durchgeführt.

Als die Briten 1945 Burma befreiten, lebten über dreitausend Zwangsprostituierte in ihrer ehemaligen Kolonie. Die meisten kamen aus Korea, doch es waren, wie in ganz Asien, auch indische, burmesische und chinesische Frauen darunter. In den Jahren nach 1945 nahmen die Amerikaner und die wiedereingesetzten europäischen Kolonialherren statistische Untersuchungen über die Anzahl der Prostituierten und Fälle von Geschlechtskrankheiten in den rückeroberten Ländern vor. Die Bordelle wurden wieder privatisiert. In Korea registrierten die Amerikaner lediglich zweitausend Prostituierte, in Manila einige tausend, darunter spanische, russische, philippinische, chinesische und koreanische Frauen, und auf den Philippinen über zweitausend zurückgelassene Prostituierte.

In einigen Fällen nahmen sich die Siegermächte auf den Philippinen und im niederländischen Ostindien jener Frauen an, die sich von der japanischen Militärmacht mißbraucht fühlten. In den Augen des Westens war es besonders gravierend, daß die

Japaner auch holländische Frauen zum Dienst in ihren Militärbordellen gezwungen hatten. Doch weder die Europäer noch die Amerikaner hielten es für notwendig, sich um die von den Japanern ausgenutzten chinesischen oder koreanischen Frauen zu kümmern. Dadurch wäre es nur schwieriger geworden, die Organisation, die die Japaner aufgebaut hatten, für ihre Soldaten zu nutzen.

Als die Alliierten die Bordelle übernahmen, ließen sie die Frauen untersuchen und die Dokumente archivieren, die die Japaner hinterlassen hatten. Die Frage der Zwangsprostitution nahmen sie nicht sonderlich ernst, warum also sollten es andere Länder tun? China war mit der Revolution beschäftigt, und die koreanischen Frauen, die den Großteil der japanischen Militärprostituierten ausgemacht hatten, waren traumatisiert und hielten vor Scham den Mund. In der obersten japanischen Heeresleitung hielt man den sexuellen Zwang für ein unbedeutendes, alltägliches Phänomen – Japans Vorgehen wurde daher zunächst vergessen.

General Douglas McArthur, der Kommandeur der amerikanischen Streitkräfte, war der Mann, der in den Augen vieler eigentlich den Krieg im Pazifik gewonnen hatte; nun bekam er die Aufgabe, den Frieden zu organisieren. McArthur erkannte sehr schnell, daß die sexuellen Einrichtungen des japanischen Heeres von Nutzen sein könnten. Auf den Philippinen, in Okinawa und in Korea, wo große amerikanische Militärkontingente stationiert wurden, übernahm man einfach die vorhandenen Anlagen. Aus Japan kam der dringende Wunsch japanischer Geschäftsleute, ihre Bordelle wiedereröffnen zu dürfen und neue Mädchen für weitere Häuser zu rekrutieren. McArthur erklärte ihnen, daß er den Betrieb von Bordellen für inhuman hielte. Nur, wie konnte etwas in Japan inhuman sein, was in Korea und auf den Philippinen akzeptiert war? McArthurs Standpunkt hatte nicht viel mit Ethik zu tun – er war nur ausgezeichnet informiert über die hohen Syphiliszahlen bei den japanischen Prostituierten.

Gleichwohl setzten sich die japanischen Geschäftsleute mit einem Kompromiß durch: Einige neue Bordelle mit gesunden Mädchen wurden eingerichtet, die alten nicht wiedereröffnet. Die Syphilis breitete sich dennoch weiter aus. Als sich in einem amerikanischen Bataillon achtundsechzig Prozent der Soldaten infiziert hatten, war ein neuer Weltrekord erreicht.

Über vierzig Jahre mußten vergehen, bis die Welt zur Kenntnis nahm, was die Zwangsprostituierten im Dienst der japanischen Armee während des Krieges erlebt hatten. Es ist eher unwahrscheinlich, daß ihre Geschichte über das Stadium des Gerüchtes hinausgekommen wäre, wenn es nicht entsprechende Initiativen und einen Informationsaustausch von Feministinnen und der liberalen Presse in Korea, auf den Philippinen und in Japan gegeben hätte.

Südkorea und Japan sind heute moderne Industrienationen mit dem höchsten Lebensstandard in Asien. Allerdings hat sich das Denken nicht im gleichen Tempo verändert, die Rechte der Frauen spielen in diesen von Männern dominierten Nationen noch immer eine eher untergeordnete Rolle. Die Frauen Südostasiens hingegen waren traditionell freier, ihr gesellschaftlicher Rang höher. Der starke amerikanische Einfluß hatte auf den Philippinen bereits lange vor dem Zweiten Weltkrieg seine Spuren hinterlassen. Und obwohl das Land seither wirtschaftlich stagnierte, wurde die Entwicklung der westlichen Frauenbewegung dort aufmerksamer beobachtet als in anderen asiatischen Ländern. Die Frauenbewegung erreichte aber auch Japan und Süd-Korea, wenngleich langsamer. Spätestens in den achtziger Jahren begann die Kritik am Sextourismus der japanischen und koreanischen Männer nach Südostasien. Auf den Philippinen machten Frauenrechtlerinnen sich Sorge wegen der vielen jungen Mädchen, die als Prostituierte nach Japan gingen.

1989 wurde die Leiche der philippinischen Prostituierten Maricis Siosin von Tokio nach Manila überführt. Die Tote war am Kopf und an den Geschlechtsteilen durch Messerstiche entstellt. Dem Transport folgte ein japanischer Obduktionsbericht, der sämtliche unübersehbaren Beweise sexueller Mißhandlung, Folter und Tötung ignorierte – und als Todesursache eine Hepatitis angab. In Manila war man empört, der Fall weckte das Interesse an der Geschichte der Zwangsprostitution und des sexuellen Mißbrauchs, auch im Rückblick auf die Kriegsjahre.

Von großer Bedeutung für die weitere Debatte war eine außergewöhnlich ehrliche Autobiographie eines älteren japanischen Offiziers, in der er über seine Verbrechen im Zusammenhang mit der Zwangsmobilisierung in Korea berichtete. Damit war das Thema nicht mehr nur ein feministisches Anliegen, sondern zu einer Frage der militärischen und politischen Geschichte geworden, für das sich nun auch asiatische Männer zu interessieren begannen.

Nach 1990 kam es in Südkorea, in Japan und auf den Philippinen zu einer breiten öffentlichen Debatte über Prostitution und Zwang während des Pazifikkrieges, die auch den Rest der Welt erreichte. Zwei ältere südkoreanische Frauen forderten 1990 von Japan eine öffentliche Entschuldigung und eine finanzielle Wiedergutmachung. Sie wurden von einer protestantischen Frauengruppe unterstützt, die rasch weltweit weitere christliche Organisationen mobilisierte. Tausende von koreanischen Frauen unterschrieben eine Petition des südkoreanischen Frauenrats an Japan. Die japanischen Behörden reagierten mit demütigem Schweigen, Lügen und Verschleierungen.

Auf den Philippinen berichteten nun immer mehr ältere Frauen im Fernsehen über ihr Schicksal; plötzlich war es akzeptiert und möglicherweise sogar profitabel, von dem tiefen Schmerz zu erzählen, den viele ihr ganzes Leben unterdrückt hatten. Eine öffentliche Untersuchungskommission wurde eingesetzt, sah sich aber zunächst außerstande, die Vorfälle zu dokumentieren. Alles deutete darauf hin, daß entweder die Japaner oder die Amerikaner in Manila wichtiges Archivmaterial vernichtet hatten. Es mußten Gutachten in Auftrag gegeben und aus anderen Ländern Südostasiens Dokumentationen beschafft werden. Nach und nach wurden Beweise vorgelegt und Zeugen gehört.

Die japanische Geschichtsschreibung hatte vierzig Jahre lang eine konsequent chauvinistische Darstellung der Ereignisse im Zweiten Weltkrieg geliefert und sämtliche unangenehmen Fakten unterdrückt. Doch ging die japanische Regierung dabei zu weit und lancierte so offensichtliche Lügen, daß eine Gruppe angesehener älterer Offiziere die führenden Politiker des Landes der Geschichtsfälschung bezichtigte. Die Offiziere legten private Kopien einer Vielzahl von militärischen Dokumenten vor, die ihre Version der Geschichte belegten. Im Dezember 1992 fand in Tokio eine öffentliche Anhörung statt. Zwangsprostituierte aus ganz Asien bekamen siebenundvierzig Jahre nach Kriegsende die Möglichkeit, vor der ganzen Welt Zeugnis abzulegen. Viele ältere koreanische Frauen machten ihre Aussagen unter Tränen und waren noch jetzt so voller Wut, Scham und Haß, daß selbst geübte Dolmetscher Probleme mit der Übersetzung hatten.

Erst die ausführliche, kühle und nüchterne Zeugenaussage von Jan Ruff, einer gebürtigen Holländerin, die mit 16 Jahren zur Zwangsprostitution gepreßt worden war, überzeugte auch den Teil der Weltpresse, der noch immer daran zweifelte, ob sich diese Ereignisse wirklich so abgespielt hatten. Schließlich waren die elementaren Tatsachen dokumentiert und ihnen endlich auch Glauben geschenkt – und Koreas Frauen hatten selbst dazu beigetragen, daß sich die Welt ein Bild von Schicksalen machen konnte, die in ihrer Grausamkeit bis heute kaum faßbar sind.

Kapitel 24

Das Sexgewerbe in Südostasien

Bis in die frühen Zeiten der Kolonisation war Südostasien geprägt von Polygamie und befristeten Ehen zwischen durchreisenden Männern und einheimischen Frauen. Prostitution war ursprünglich unbekannt und entwickelte sich erst durch die Bedürfnisse der Händler aus dem Westen und aus China, später gefolgt von chinesischen Kulis und den Soldaten in den Diensten der Kolonialmächte. Auf die Philippinen kamen die Amerikaner zunächst als Kolonialmacht, nach der Befreiung 1945 blieben sie als Militärmacht. In Saigon und Bangkok kam es während des Vietnamkrieges zu einer permanenten Konzentration von amerikanischen Soldaten auf Fronturlaub. Dies ist die eigentliche Erklärung, warum auf den Philippinen, in Vietnam und in Thailand Prostitution weitaus verbreiteter ist als in anderen Ländern der Region. Im 20. Jahrhundert beeinflußte die Prostitution das sexuelle Verhalten sämtlicher Männer Südostasiens.

Sowohl im buddhistischen Thailand wie auf den katholischen Philippinen ist eine gutorganisierte Männer- und Jungenprostitution zu finden, die von Einheimischen wie Ausländern frequentiert wird. An Touristenorten wie Phuket und Pattaya in Thailand oder Puerto Galera auf den Philippinen gibt es heute die gleiche organisierte Form der Prostitution wie in Manila oder Bangkok.

In den muslimischen Gebieten im südlichen Teil der Region – in Malaysia, Indonesien und den südlichen Philippinen – ist Prostitution bei weitem nicht so verbreitet. Das Gewerbe wird hier in der Regel von geschiedenen jungen Frauen dominiert und ist regional begrenzt, außerdem gibt es hier so gut wie keine männlichen Prostituierten. Die Kunden sind Einheimische, Ausländer, die ständig dort leben, oder Seeleute. Die Zahl der Touristen ist für eine sichere Kundenbasis noch zu gering.

»Was willst du? Eine Frau oder einen Mann, jung oder alt?« fragen die professionellen Anreißer jeden Tag Tausende von Touristen in Patpong, dem Rotlichtbezirk von Bangkok. Das buddhistische Thailand entwickelte sich während des Vietnamkrieges zu einer Großmacht der Prostitution und ist bis heute nicht nur im Verkauf von sexuellen Dienstleistungen an Einheimische und Touristen führend, sondern auch im Export von Prostituierten in den Rest der Welt. Patpong ist nicht der größte, aber der bekannteste und »westlichste« Prostitutionsdistrikt in Bangkok, und allein deshalb ein Touristenziel. Das Gebiet in der Nähe des Flusses, zwischen den Hauptstraßen Silom und Suriwong, besuchen jeden Abend Tausende von Touristen. Sie flanieren über die Straßenmärkte, kaufen etwas, werfen vorsichtige Blicke in die Sexbars und gehen wieder in ihre Hotels. Erst später schleichen sich einige zurück in die Bars, in denen Mädchen oder Transsexuelle, schlanke Jungen oder junge Bodybuilder Go-Go tanzen, sich Wachs über den Körper tropfen lassen, Bierflaschen mit den Geschlechtsteilen öffnen und auf offener Bühne Geschlechtsverkehr simulieren oder auch tatsächlich ausführen. So sieht der Alltag in Patpong zwischen zehn Uhr abends und drei Uhr morgens aus.

Einige der Touristen, die in die traurigsten Bars von Patpong gelockt werden, stehen am Ende mit Rechnungen da, die sie weder erwartet haben noch bezahlen können. Viele kennen allerdings die Spielregeln und sind vorsichtig, sie spendieren nichts und bestellen keine Getränke, von denen sie die Preise nicht kennen. Der Kauf einer oder eines Prostituierten für eine Nacht oder den frühen Morgen ist nur unwesentlich teurer als ein Getränk, ungefähr neun Dollar. Allerdings wird erwartet, daß man hinterher das Drei- bis Vierfache als »Trinkgeld« bezahlt. Die meisten Männer tun es gern. Die Mädchen und Jungen von Patpong sind hübsch, können sich benehmen und sind das Geschäft mit den Touristen gewohnt.

Da die weibliche wie die männliche Prostitution in Patpong und an Ferienorten wie Phuket und Pattaya vorwiegend Touristen aus Japan und dem Westen als Zielgruppe hat, sind die Preise entsprechend hoch. Darüber hinaus gibt es in Thailand Luxusprostituierte, die noch wesentlich mehr verdienen als die Mädchen in Patpong, sie werden vor allem von der militärischen Führung Thailands oder reichen asiatischen Geschäftsleuten geordert und bezahlt.

Die Mehrzahl der thailändischen Prostituierten verdient jedoch weniger als ein Zehntel des Geldes, das die Mädchen in Patpong erhalten. Es gibt annähernd zwanzigtausend Prostituierte in Patpong, dreihunderttausend in Bangkok und zirka eine Million in ganz Thailand, wenn man die Ausländerinnen mitzählt. Der Anteil von HIV-positiven Prostituierten ist am höchsten in Nord-Thailand, wo Heroin leicht zu bekommen ist und Freunde und Freier der Frauen häufig abhängig sind. Die meisten Prostituierten in Thailand leben in erbärmlichen Verhältnissen, tragen kaum westliche Kleidung, müssen viele Kunden am Tag bedienen und sind weit davon entfernt, so gut ernährt, gesund und sexy zu sein wie die Mädchen in Patpong. Die Prostitution für die Einheimischen in den entlegeneren Provinzen ist weder ein sonderlich verlockendes Thema, noch ist es einfach, etwas darüber zu erfahren. Sobald die Prostitution die Aura des Interessanten verliert und sich in ihrem ganzen sozialen Elend zeigt, verschwinden bei westlichen Wissenschaftlern oder Journalisten vielfach die Lust und die Fähigkeit, sich damit zu beschäftigen.

Aus Yunnan in Südchina, Laos, den Shan-Staaten und dem übrigen Burma kam in den neunziger Jahren ein Strom von Emigranten an die Grenze nach Thailand. Hunderttausende träumten von Arbeit und Geld in dem modernen, reichen und industrialisierten Nachbarstaat. Viele der gesündesten und jüngsten Mädchen, zumal wenn sie helle Haut hatten, ließen sich überreden, als Prostituierte zu arbeiten.

Der wichtigste Grenzübergang im Norden von Thailand liegt bei Mae Sai. Da allerdings keiner der Immigranten erwünscht war, waren sie abhängig von Schleusern oder Agenten, die sie gegen Bezahlung über die Grenze brachten. Bis zur größten Stadt im Norden, Chiang Mai, kostete es etwa fünfzig Dollar, eine beträchtliche Summe für jemanden, der vollkommen mittellos ist. Also besorgten die Agenten auch Make-up, passende Kleidung und Schuhe und vermittelten den Kontakt zu einem Bordell. In kürzester Zeit konnte sich eine junge Frau oder ein Mann erheblich verschulden und in ein Abhängigkeitssystem geraten, dem er möglicherweise erst nach Jahren entkam. Junge Männer konnten zuweilen flüchten, den Mädchen gelang es nur selten. Wenn jemand bis nach Bangkok oder Südthailand wollte, stiegen nicht nur die Transportkosten, gleichzeitig wurde es teurer und schwieriger, Geld nach Hause zu schicken.

Aus Vietnam kam ein weiterer Strom von jungen Mädchen nach Kambodscha und Thailand. In Vietnam gibt es noch immer den alten asiatischen Brauch, für eine bestimmte Zeit einem Agenten die Tochter als Abschlag oder Tilgung von Schulden zu verkaufen. Entführungen, Gewalt oder Vergewaltigungen, also der allerschlimmste Beginn eines Prostituiertenlebens, sind statistisch gesehen selten, doch insbesondere aus den Fischerdörfern im Süden Burmas werden noch immer derartige Fälle berichtet. Diese vietnamesischen und burmesischen Mädchen enden jedenfalls alle in Thailand, allerdings keine von ihnen in Patpong.

Die Mädchen, die die New Yorker Sozialanthropologin Cleo Odzer bei Feldforschungen für ihr Buch über die Prostitution in Thailand in Patpong kennenlernte, kamen weder aus Burma, China oder Vietnam, sie stammten alle aus Zentral-Thailand.

Sie waren weder entführt noch vergewaltigt oder in die Prostitution verkauft worden, sondern hatten sich selbst für diese Art zu leben entschieden. Sie waren fröhlich und selbstbewußt und verdienten genug, um verhältnismäßig oft in ihre Heimatprovinzen zu reisen. Cleo Odzer hatte die Möglichkeit, mehrere solcher Familienbesuche zu begleiten. Da sie jedoch nur das Leben von mit ihr befreundeten Prostituierten aus Patpong erlebte, stieß sie nirgendwo auf eine Spur von Zwang und Kontrolle, von denen Thailands Sexindustrie auch gekennzeichnet ist, und damit beschreibt sie lediglich ein Segment der thailändischen Prostitution.

Indonesien ist Südostasiens größtes Land, von der Bevölkerungszahl ist es das viertgrößte Land der Welt. Ethnisch, religiös und sprachlich ist Indonesien so zusammengewürfelt, daß es naheliegend wäre, eher von einem Insel-Imperium als von einer Nation zu sprechen. Die Mehrheit der Bevölkerung Indonesiens ist muslimischen Glaubens, die Nationalsprache ist Malay.

1987 beschloß die australische Prostitutionsforscherin Allison Murray, einen Rotlichtbezirk in Djakarta zu untersuchen, der vor allem von Besuchern aus dem Mittelstand frequentiert wurde. Block M liegt zwischen einem Busterminal und einem teuren Einkaufszentrum, das von reichen Malaien und Ausländern genutzt wird. Ende der achtziger Jahre wurde hier eine Reihe von amerikanisch aussehenden Bars eröffnet, mit Billardtischen, Dartscheiben und gedämpfter Musik. Die Bars wurden vor allem von einsamen, dreißig bis vierzig Jahre alten Ausländern besucht, die in Djakarta lebten, ein wenig reden und vielleicht auch weibliche Gesellschaft für den Rest der Nacht kennenlernen wollten. Wenn die Bars in Block M gegen ein oder zwei Uhr schlossen, zogen die noch verbliebenen Gäste in das einzige Lokal im Viertel, das eine Nachtkonzession hatte – die Diskothek im Basement des Paradise Hotels. Mädchen und Ausländer mußten hier keinen Eintritt bezahlen, allerdings gab es aufwendige Sicherheitskontrollen. Die Hunderte von Prostituierten in Block M und im Paradise Hotel wurden nach der ältesten Bar im Bezirk »Bintang-Mädchen« genannt.

Block M besuchten auch westlich orientierte Malaien, ihre besten Kunden fanden die Prostituierten jedoch unter den Ausländern, die sich in Djakarta niedergelassen hatten. Am liebsten waren ihnen Europäer und Australier; Klienten aus arabischen Ländern galten als dominant, brutal und waren generell nicht sonderlich populär. Auch für typische Touristen hatten die Bintang-Mädchen nicht sehr viel übrig. Eine von Murrays Freundinnen bat sie eines Abends herauszufinden, wieviel Geld ein australischer Rucksacktourist in der Brieftasche hatte. Als Murray ihr »zwanzig Scheine« zuflüsterte, schnaubte das Mädchen nur vor Verachtung.

Die Bintang-Mädchen gingen mit ihren Kunden in kleine Zimmer in der Nähe der Bars, die sie auf Stundenbasis mieteten. Manchmal nahmen sie ihre Kunden auch mit nach Hause, dann wurde Allison Murray Zeugin des weiteren Geschehens. Sie wohnte zusammen mit fünfzig Hühnern und fünf indonesischen Prostituierten, von denen drei vom Land kamen, in einem zweihundertfünfzig Quadratmeter großen Hinterhofareal, mitten zwischen neuen, modernen Wohnblocks in Djakarta. Murray teilte sich mit einer der Prostituierten einen kleinen Schuppen, hörte aber auch alles, was sich in den übrigen Baracken abspielte. Den Rest erfuhr sie jeweils am anderen Morgen. In der kleinen Kolonie wohnten außerdem zwei alte Witwen – ihnen gehörten die Unterkünfte und die Hühner – und ein einziger Mann, ein stiller Alter, der eine winzige Tofufabrik besaß. Kinder gab es keine.

Allison Murrays Freundinnen verbrachten die Vormittage mit Shopping und Friseurbesuchen oder ruhten sich aus, um am Abend wieder hübsch auszusehen. Alle sprachen ein wenig Englisch und kleideten sich gern nach der westlichen Mode. Sie hatten genügend Kleidung, um zu variieren; Jeans mit sexy

Löchern konnten je nach Stimmung mit einer hübschen Bluse, einem engen T-Shirt oder einem anderen Oberteil kombiniert werden. Trotz ihres scheinbar modernen Lebensstils glaubten alle Freundinnen Allisons an schwarze Magie und benutzten Talismane und Amulette, egal ob sie in ihren Dörfern in muslimischem, christlichem oder animistischem Glauben erzogen waren. Im Bintang mußten die Mädchen nicht nackt oder halbnackt auf einem Podium tanzen, denn offiziell ist Prostitution in Indonesien verboten. Die Bars waren daher keine »Hurenbars« wie in Bangkok. Wenn ein Bintang-Mädchen einen Kunden hatte, mußte er keine Gebühren an den Bar- oder Diskothekenbesitzer zahlen. Wenn hingegen eine ältere »Tante« einem Mädchen bei einer Verabredung half, erhielt sie zehn Prozent Provision. Hin und wieder mußten die jüngsten und neu dazugekommenen Frauen dafür sorgen, daß das Sicherheitspersonal und die örtliche Polizei bei Laune gehalten wurden, die regelmäßig freien Geschlechtsverkehr forderten.

Die meisten Bintang-Mädchen haben zeitweise in Vertragsehen gelebt, in zeitlich begrenzten, festen Beziehungen mit Ausländern. Einige Frauen bezogen noch immer eine Unterstützung von ihren ehemaligen Geliebten, die inzwischen in ihre Heimatländer, auf ein Schiff oder eine Ölbohrplattform zurückgekehrt waren. Viele der Frauen kamen nur in die Bars von Bintang, wenn sie Geld brauchten. Nahezu alle bevorzugten feste, langfristige Beziehungen mit Ausländern, viele träumten sogar davon, mit ihrem Liebhaber ins Ausland zu ziehen. Sie hofften, daß ihre Ehe auf Zeit sich in ein dauerhaftes Glück verwandeln würde.

Die Bintang-Mädchen waren selbständige Gewerbetreibende ohne irgendein Abhängigkeitsverhältnis. Sie verdienten ungefähr fünfzig Dollar pro Kunde und benötigten nur einige wenige Kunden pro Woche, wenn sie nicht in einer festen Beziehung lebten. Die meisten hatten genügend Geld, um einmal im Monat ihre Familien zu besuchen; jede Frau unterhielt bis zu achtzehn Familienmitglieder daheim. Sie waren geachtet und geehrt, doch ihre Tätigkeit in der Stadt wurde verheimlicht, vor allem in den muslimischen Dörfern. In der Prostitutionshierarchie Indonesiens repräsentierten die Bintang-Mädchen eine soziale Schicht, die zwischen den reichen Callgirls und den armen Straßenhuren zu positionieren ist.

Kramat Tunggak war das Zentrum der Billigprostitution in Djakarta, es lag mitten im Hafenviertel. Offiziell behaupteten die indonesischen Behörden, das Quartier sei ein Rehabilitierungszentrum für Ex-Prostituierte, tatsächlich war es Djakartas eindeutigstes und billigstes Bordellviertel. Im Unterschied zu Block M unterstanden die Frauen in Kramat Tunggak der direkten Kontrolle von Barbesitzern und Zuhältern. Da dort Drogen- und Gewaltkriminalität ziemlich verbreitet waren, sorgte diese Abhängigkeit allerdings auch für eine gewisse Sicherheit. 1990 gab es in Kramat Tunggak mehr als zweitausend Prostituierte und sechs- bis siebenhundert Aufpasser, Zuhälter und Barbesitzer, zehnmal so viele wie im Bintang-Gebiet. Es hieß, in ganz Djakarta gäbe es zwanzigtausend Prostituierte, im Vergleich mit Metropolen wie Bangkok, Manila oder Saigon noch immer eine ausgesprochen niedrige Zahl.

In Kramat Tunggak waren die Prostituierten jung und ohne jede Schulbildung, beinahe alle waren geschieden. Ein Kunde bezahlte selten mehr als vier bis fünf Dollar pro Geschlechtsakt, weniger als ein Zehntel des Preises von Bintang. Es war ein Preis, der sicherstellte, daß auch schlechtbezahlte indonesische Seeleute und Bauarbeiter ihren Bedürfnissen nachkommen konnten. Doch selbst diese miserabel bezahlten Huren machten noch einen wohlhabenden Eindruck, wenn sie in ihre Dörfer in der Provinz fuhren.

Nachdem die USA 1945 den Pazifikkrieg gegen Japan gewonnen hatten, blieben die Amerikaner die größte militärische Macht in der Region, Japan entwickelte sich zur wichtigsten Wirtschaftsnation. Und obwohl die USA den Koreakrieg beinahe verloren hätten und in Vietnam eine Niederlage erlitten, dominierten die Amerikaner Asien und den Pazifik weiterhin militärisch. Hawaii, Guam östlich von Japan und einige Inseln Samoas waren amerikanisch, außerdem gab es Basen in Okinawa und Korea. Auf den Philippinen hatten die USA bis 1991/1992 ihr militärisches Hauptquartier. Ungefähr vierzigtausend Männer, der überwiegende Teil jung und unverheiratet, waren in diesen Jahren in Subic Bay und Olongapo stationiert. Und zirka dreißig Kilometer landeinwärts lag im Schatten des Vulkans Mount Pinatubo Clark Air Field, der zentrale Flughafen der Luftwaffe. Hier verrichteten zusätzlich mehrere tausend Soldaten ihren Dienst.

Ende der achtziger Jahre lebten siebzehntausend Frauen in Olongapo, die als Prostituierte arbeiteten. Die Zahl konnte sich innerhalb weniger Stunden verdoppeln, wenn das Gerücht umging, die amerikanische Flotte würde Manila und Luzon einen Besuch abstatten.

Die Philippinen sind ein gastfreundliches und herzliches Volk, allerdings nicht ganz frei von Doppelmoral. Sie sind die einzigen Christen unter den Völkern Asiens, katholisch seit der Zeit der spanischen Entdecker im 16. Jahrhundert. Weder Verhütung noch Abtreibung oder Prostitution sind erlaubt. In Olongapo waren die Frauen offiziell Artisten oder Barwirtinnen. Doch trotz aller gesetzlichen Vorschriften war die Prostitution in Olongapo ein blühendes Geschäft und ausgesprochen gut organisiert; die Barbesitzer Olongapos kooperierten, die Beziehungen zur örtlichen Polizei und zu den Gesundheitsbehörden waren eng, und die Kommunikation mit den amerikanischen Militärbehörden funktionierte ebenfalls ausgezeichnet. Sämtliche weiblichen »Artisten« waren demzufolge von den einheimischen Behörden registriert, besaßen Ausweispapiere und unterlagen einer regelmäßigen medizinischen Kontrolle, die weitaus besser war als etwa in Manila.

Natürlich lag es an der amerikanischen Basis und den damit verbundenen Verdienstmöglichkeiten, daß sich in dieser Provinzstadt im Norden der Philippinen ein Sex-Angebot entwikkelte, das weitaus besser organisiert, differenzierter und professioneller war als in der Hauptstadt Manila oder einem der kleinen Urlaubsorte an der Küste. Olongapo hatte eigene Bars für schwarze Amerikaner, in denen die Musik funky und cool war, es gab exklusive Jazzklubs für die Offiziere, Country- and Western-Klubs, Salsabands und glitzernde Diskotheken. Ein unzufriedener Kunde konnte dort sein Geld jederzeit zurückverlangen; der Barinhaber zog in einem derartigen Fall dem Mädchen das Geld vom Monatslohn ab. Eine Frau, die sich ohne Begleitung nachts auf der Straße zeigte, bekam von der Polizei eine Geldstrafe, es sei denn, sie konnte eine gültige Karte der Bar vorzeigen, in der sie registriert war. Nur die Karte zeigte, ob sie sich legal von ihrem Arbeitsplatz entfernt hatte.

Bier und Alkohol waren – wie überall auf den Philippinen – auch in Olongapo billig. Die Marinesoldaten konnten sich problemlos erlauben, den Philippinas mehrere Drinks zu spendieren – in Bangkok hätte sich das jeder Tourist zweimal überlegt. Bei der Bezahlung gab es nie Probleme, obwohl die Barmädchen an den Drinks mitverdienten und die jungen Männer animierten, so viel wie möglich zu trinken. Dafür war der Preis einer Frau höher als in Thailand, ungefähr zwölf Dollar. Auch hier war es üblich, nach der Nacht »Trinkgeld« zu bezahlen.

Die philippinischen Inseln leiden an Überbevölkerung, die Industrie ist unterentwickelt, und der Agrarexport abhängig von den USA. Die Oberschicht lebt in verblichenem Glanz, die Mittelschicht ist gebildet und westlich orientiert, aber verarmt. Die ländliche Unterschicht hingegen lebt so, wie man es eigentlich nur in einem Film für möglich hält: Erdbeben, Taifune und Vulkanausbrüche treffen die Philippinen häufiger als jedes andere Land auf der Erde, immer wieder geraten Inseln und Dörfer in akute Krisensituationen. Viele Familien überleben nur mit der Strategie, daß ein oder mehrere Familienmitglieder in die Städte oder ins Ausland ziehen, um dort Geld für alle zu verdienen. Wenn Prostitution die Lösung ist, dann entscheidet sich das jeweilige Mädchen, der Junge oder einer der Verwandten selbst dafür. Entführungen, Vergewaltigungen oder Zwangsrekrutierungen zur Prostitution kommen auf den Philippinen praktisch nicht vor.

Keine Frau in Olongapo war verkauft oder zur Prostitution gezwungen worden. Sie begannen freiwillig, meist hatte ihnen eine Freundin, eine Verwandte oder die eigene Mutter dazu geraten. In der Blütezeit von Olongapo verdienten die Frauen in der Regel durchschnittlich fünf- bis sechsmal so viel wie Frauen in der Textilindustrie und achtmal mehr als eine Hausangestellte in Manila. Die Huren in Olongapo verdienten genug, um bis zu zehn Familienmitglieder in ihrer Heimatprovinz zu ernähren. Außerdem lebten sie luxuriöser, sie hatten mehr zu essen, mehr Freizeit, mehr Schlaf und oft genug auch mehr Vergnügen als in ihren Dörfern. Die meisten von ihnen waren Freudenmädchen im eigentlichen Sinne des Wortes. Darüber hinaus durften sie Bier und Wein trinken, was sich sonst im philippinischen Alltag nur Frauen der Oberschicht erlauben konnten.

Der Preis dafür war eine extrem strenge Disziplin. Die Barmädchen von Olongapo mußten Strafe zahlen, wenn sie Sandalen anstelle von hochhackigen Schuhen trugen; sie wurden bestraft, wenn sie betrunken oder aggressiv waren oder während der Arbeit schliefen, weil in den Bars nichts los war. Am höchsten war die Strafe, wenn ein Mädchen dabei erwischt wurde, daß sie einen Matrosen, den sie besonders mochte, heimlich traf – entweder weil sie auf eine höhere Bezahlung hoffte oder ihm die Ausgaben in der Bar ersparen wollte. Bisweilen wollte sie ihm und der übrigen Welt auch zeigen, daß sie es ernst meinte. Es war allerdings ein Spiel mit einem sehr hohen Einsatz. Denn die Behörden hatten die Strafen mit Absicht so hoch angesetzt, um jegliche Romantik zu unterbinden.

Philippinische Frauen sind echte Entertainerinnen, sie sind katholisch erzogen und lieben den Gesang. Außerdem sprechen sie weitaus besser englisch als andere Asiaten. Von den religiösen Hymnen in der Provinzkathedrale ist es nur ein kleiner

Schritt bis zu amerikanischen *love songs*. Schöner Gesang, viel Bier, eine intime Bar und halbnackte sexy Frauenkörper, das war eine gefährliche Mischung, die viele U.S. Marines zur Reproduktion anregte – zur Verzweiflung der Militärbehörden.

Für eine philippinische Prostituierte, die ein Kind bekam, konnte das Leben chaotisch werden. Wenn nicht eine Mutter oder Tante das Kind versorgte und sie nicht zu den ganz wenigen gehörte, die mit einem Soldaten zusammengewesen waren, der die Verantwortung für das Kind übernahm, war sie gezwungen, zurück in ihre entlegene arme Heimatprovinz zu ziehen. Dort hatte sie aber nur wenig Möglichkeiten, eine Arbeit zu finden, und mußte sich ziemlich weit hintanstellen, wenn das Familienoberhaupt das Geld verteilte, das von den Verwandten aus der Stadt oder dem Ausland kam. Und wie attraktiv die junge Mutter auch sein mochte, ein Kind aus einer gemischten Verbindung war ein eindeutiges Zeichen ihrer zweifelhaften Vergangenheit und schreckte die einheimischen Bewerber ab.

Hunderte von Mädchen sind alljährlich mit einem Kind, einem zerstörten Ruf und einer ungewissen Zukunft aus Olongapo in die Heimatprovinzen zurückgefahren. Allerdings sind auch jedes Jahr über hundert Mütter philippinischer Säuglinge in die USA gereist, um dort den Kindsvater zu heiraten und eine Familie zu gründen.

Die Mahidol-Universität in Bangkok hat den jährlichen Umsatz der Sexbranche in Thailand auf zwanzig Milliarden Dollar veranschlagt. Die WHO und die UNAIDS, die beiden UN-Organisationen, die sich am meisten mit Sex und Prostitution beschäftigen, haben hochgerechnet, daß es in Südostasien bis zu zehn Millionen Prostituierte gibt – bei fünfhundert Millionen Einwohnern in der Region.

Alles deutet darauf hin, daß sich die lokalen Prostitutionsmärkte in Asien im Laufe der letzten fünfzig Jahre nicht so grundlegend verändert haben wie im Westen. In Asien ist der typische einheimische Kunde einer Prostituierten – wie in Europa vor zwei Generationen – ein junger Mann zwischen achtzehn und dreißig Jahren, der Erholung und Entspannung sucht und ein wenig Geld ausgeben will, allerdings nicht allzuviel. Er ist Asiate, Student oder Soldat, Seemann oder Arbeiter, er ist unverheiratet und wohnt möglicherweise weit entfernt von seiner Freundin. Der Durchschnittskunde der asiatischen Bordelle ist jünger und verdient weniger als der Durchschnitt der urbanen, modernen Einwohner seines Landes. Die Nachfrage nach Sex ist angebotsgesteuert – wenn sexuelle Dienstleistungen billiger werden, werden sie von mehr Kunden in Anspruch genommen. An manchen Orten Asiens gehört Sex zur billigsten Form der Unterhaltung.

Überschlägige Berechnungen gehen davon aus, daß achtzig Prozent der Huren Südostasiens Einheimische bedienen. Der Rest der Kundschaft besteht aus Männern aus Japan, Korea und Taiwan sowie Studenten, Geschäftsleuten und Touristen aus der arabischen Welt. Männer aus den USA oder Europa stellen höchstens fünf Prozent der Kunden in Südostasien.

Doch wann hat man je etwas über die asiatischen Kunden gelesen? Und wen interessieren die Millionen von Prostituierten in den Provinzstädten? Die Reportagen westlicher Medien erwecken den Eindruck, als würde der Westen das gesamte asiatische Sexgewerbe am Leben erhalten.

In den neunziger Jahren wurde der Mythos der asiatischen Frauen noch durch Prostitutionsmusicals wie *Miss Saigon* und *Patpong* weitergetrieben. Offenbar funktioniert die Spannung zwischen Ost und West nach wie vor: Der Mann aus dem Westen, der die Asiatin ausnutzt, ist seit *Madame Butterfly* ein Archetypus. Doch jedesmal, wenn uns dieses Thema in einem Musical oder einem Film begegnet, ist die Botschaft doppeldeutig. Denn es gibt zwei westliche Bedürfnisse, die befriedigt werden müssen: Traum und Romantik und Reue und Selbstverachtung.

Internationale Hilfsorganisationen und westliche Medien

sind den gleichen vereinfachenden Vorstellungen verhaftet, immer steht die westliche Klientel im Mittelpunkt des Interesses. Liegt es möglicherweise daran, daß nur das eigene schlechte Gewissen des Westens unser Interesse findet?

Als der Völkerbund seine große Untersuchung über die Weltprostitution in den Jahren 1927 bis 1930 vornahm, waren es vorzugsweise weiße, europäische Prostituierte in Asien und Afrika, für die man sich interessierte. Fast ist man geneigt zu glauben, daß viele Prostitutionsaktivisten auch heute kein sonderlich großes Interesse an den Lebensbedingungen der Prostituierten in Asien haben, sondern nur um die Moral des Westens besorgt sind.

Es gibt eine ganze Reihe von Büchern über die moderne Prostitution in Asien. Meist sind sie schlecht, zwar moralisch »engagiert«, aber arm an Fakten und sachlicher Information. In keinem anderen Teil der Welt ist die Prostitution so verbreitet und präsent wie in Südostasien. In beinahe jedem Dorf werden Münder mit dem Geld gestopft, das von Verwandten, die in den Städten oder im Ausland in der Sexbranche arbeiten, geschickt wird. Wenn man Prostitution heute wirklich in irgendeinem Teil der Welt genau und tiefergehend untersuchen will, dann müßte es in Südostasien sein.

Kapitel 25
Callgirls

»Sehen Sie denn nicht, daß dies anständige Mädchen sind?« wies ein älterer Richter in New York den zweiten Staatsanwalt Dennis Wade zurecht, als er im März 1984 drei hübsche junge Mädchen aus der Mittelklasse der Prostitution anklagte, zwei Studentinnen und eine Sekretärin. »Was erwarten Sie sich eigentlich von der Stunde, die Sie normalerweise mit einem Kunden im Hotel zubringen?« wollte der Richter von einer von ihnen wissen. »Ich erwarte einen Gentleman zu treffen, der mich mit Respekt behandelt«, lautete die Antwort. Dem Richter war es unangenehm, so schöne, modisch gekleidete Frauen über ihre sexuellen Beziehungen mit Männern aus führenden gesellschaftlichen Positionen in teuren Hotels zu befragen. Zumal sie weder Drogen nahmen noch etwas Stärkeres tranken als Champagner.

Prostitution ist in New York, wie in vielen anderen Staaten der USA, ungesetzlich. Wenn derartige Frauen bisher vor Gericht erschienen, hatte es sich um Straßenmädchen gehandelt, die in dem Outfit erschienen, in dem sie auch um ihre Kunden warben: kräftig geschminkt, gefärbtes Haar, tief ausgeschnitten und mit hautengem Latex bekleidet.

Viele Polizisten glaubten also, daß sie im Recht waren, wenn sie sich erst einmal umsonst bedienen ließen, bevor sie die Huren aufs Revier brachten. Es gab Mädchen, die der Polizei so gut gefielen, daß sie zweimal in der Woche verhaftet und eingesperrt wurden. Gegen Bezahlung war es allerdings möglich, einer Verhaftung zu entgehen. Am einfachsten war es für die weißen Mädchen. Weniger als die Hälfte aller New Yorker Prostituierten war schwarz, dennoch wurden Farbige siebenmal häufiger in Gewahrsam genommen als weiße Frauen.

Anfang der achtziger Jahre verhaftete die New Yorker Polizei jährlich etwa zweitausendsiebenhundert Prostituierte. Weitere fünftausend wurden an Ort und Stelle ermahnt und bekamen eine Geldbuße. Eine solche »Ermahnung« war noch zumutbar, aber jede Verhaftung mit anschließender Vorführung vor Gericht kostete die Polizei und das Rechtswesen dreitausend Dollar.

Daß sorgfältig gekleidete und frisierte, diskret geschminkte junge Frauen der Prostitution angeklagt wurden, kam in New York nicht jeden Tag vor. Der Richter war der Ansicht, daß der Staat nur wertvolle Zeit und viel Geld verlor, wenn man derartige Fälle überhaupt verfolgte. Darüber hinaus war publik geworden, daß eines der Mädchen von einem Polizisten zum Sex gezwungen worden war, und ein anderer hatte »seine« Blondine zum Oralverkehr genötigt und sie eingesperrt, nachdem sie eingewilligt hatte. Die Polizei war so wie immer vorgegangen, in der sicheren Annahme, daß Prostituierte es niemals wagen würden, über solche Dinge vor Gericht zu sprechen. Aber diese Frauen hatten den Mut.

Die New Yorker Polizei hatte Kontakt zu den jungen Frauen bekommen, nachdem sie das Begleitservice-Büro »Cachet« angerufen hatte, das in der *International Herald Tribune* inserierte. Über Geld wurde nicht gesprochen, aber die Polizei hatte bewiesen, daß es möglich war, Prostituierte per Telefon zu bestellen. Vier Polizisten hatten einen Monat gebraucht, um dies herauszufinden – ziemlich viel Arbeitszeit für ein derart mageres Resultat. Der Richter verwarnte die Polizisten, ließ die Anklage fallen und schickte die Frauen nach Hause. Die New Yorker Polizei arbeitete dennoch weiter an der Sache, weitgehend in Eigeninitiative. Die wesentliche Initiative ging von dem Polizeibeamten Elmo Smith aus, einem ehemaligen Privatdetektiv mit CIA-Erfahrung. Smith hatte eine sehr lebhafte Phantasie und den großen Wunsch, berühmt zu werden. Im Laufe des folgenden Jahres benahm er sich wie die Parodie eines Actionhelden: Er beauftragte das ungenehmigte Anzapfen der Telefone, brach Wohnungen auf, schlug Türen ein und bedrohte die Mädchen mit gezogener Pistole. Elmo Smith wollte den »Ring sprengen«, koste es, was es wolle. Der Polizeieinsatz von Elmo Smith und seinen Leuten kostete ungefähr eine Million Dollar! Wir werden später auf seine Aktivitäten zurückkommen.

Im März 1985 meldete sich eine dreiunddreißigjährige Frau, die sich Sheila Devin nannte, im Büro des Staatsanwalts in der Hoffnung, dadurch weiteren Unannehmlichkeiten zu entgehen. Zu diesem Zeitpunkt hatte die Polizei ohne Durchsuchungsbefehl ihr Büro und ihre Wohnung durchsucht, die Türen eingeschlagen, ihr Büroinventar und die Toilettenartikel konfisziert und fünf, sechs Telefonistinnen zu Tode erschreckt. Sie war nicht zu Hause gewesen, also zerrissen die Polizisten auch ihre Unterwäsche und »testeten« ihr Bett, bis es kaputt war.

»Sheila Devin« kam zusammen mit ihrer Anwältin Risa Dickstein. Merkwürdigerweise war die halbe New Yorker Presse informiert. Alle Medienleute erwarteten eine »Bordellwirtin« und realisierten nicht, daß eine dieser eleganten Damen die Angeklagte war. Sowohl »Sheila Devin« als auch ihre Begleiterin wurden von den Journalisten für Anwältinnen gehalten, doch sollte sie bald einen neuen Beinamen bekommen: »Mayflower Madam«.

Das Interesse an Prostitution – in allen Erscheinungsformen – war damals in der amerikanischen Öffentlichkeit gigantisch. Zirka zehn Jahre zuvor hatte Xaviera Hollander ihre Autobiographie *The Happy Hooker* publiziert, die sich exzellent verkaufte und mehrmals verfilmt wurde. Als 1986 das Buch über den New Yorker Callgirl-Ring »Cachet«, *Mayflower Madam. The Queen of Credit Card Sex,* erschien, wurde es ebenfalls ein Verkaufserfolg. Im Frühjahr 1985 war es endlich der Polizei gelungen, den Callgirl-Ring zu sprengen, den sie anderthalb

Jahre abgehört und ausspioniert hatte. Die Boulevardpresse konnte über sämtliche Details des Falles berichten, in der *New York Times* erschienen Leitartikel, der Skandal wurde von *Newsweek* und überregionalen Fernsehsendern aufgegriffen.

Der Name der Firma, »Cachet«, war bewußt gewählt worden, weil viele ihn nicht richtig aussprechen konnten und unerwünschte Kundschaft auf diese Weise einfach aussortiert wurde. Die Finanzzeitung *Barron's* war das einzige Blatt, das den Fall nur unter geschäftlichen Aspekten untersuchte. Die Zeitung lobte das professionelle Management und die routinierten Geschäftsabläufe und schlug vor, daß die Chefin zur Strafe an der Handelsschule Administration unterrichten sollte.

Die Chefin des Geschäfts war zunächst unter dem Namen »Sheila Devin« aufgetreten. Aber in der Presse war schon bald zu lesen, daß sie in Wahrheit Sydney Biddle Barrows hieß, auf gute Schulen gegangen war und aus einer der ältesten Familien in Philadelphia und New England stammte. Einige ihrer Vorfahren hatten zum Kreis um George Washington gehört. Sydney Biddle Barrows hatte an Zusammenkünften im vornehmen Mayflower Club teilgenommen und in Westhampton mit dem jungen New Yorker Geldadel Tennis gespielt. Nur war sie keine Einkäuferin in der Modebranche, wie die meisten ihrer Freunde und Bekannten glaubten, sondern betrieb einen veritablen Callgirl-Ring. Jetzt nannte die Presse sie »Mayflower Madam«.

»Cachet« hatte 1979 den Betrieb aufgenommen. Mit den Mädchen, die vermittelt wurden, hatte Biddle Barrows intensiv gesprochen, man hatte sie körperlich untersucht, und sie mußten an einem Schnellkurs in sexueller Etikette teilnehmen, bevor sie beginnen durften. Alle hatten eine gute Schulbildung; einige studierten Jura und Wirtschaftswissenschaften, andere beschäftigten sich mit Theater und Tanz oder hatten Jobs in Rechtsanwalts- oder Maklerbüros. Nicht alle Mädchen waren überwältigend schön, aber alle hatten Stil und waren intelligent. Sie sahen aus wie die typischen »uptown girls«, schlank, selbstsicher, gut gekleidet, zwischen neunzehn und achtundzwanzig Jahren alt.

Der Soziologe Lewis Diana hat sich in seinen Untersuchungen mit weit mehr Callgirls befaßt als den zweihundert Mädchen, die in den fünf Jahren bei »Cachet« arbeiteten. Er bestätigt, daß Callgirls in der Regel aus der Mittelschicht stammen, studieren oder einen festen Job haben. Ein typisches Callgirl betreibt die Prostitution nur als Nebenerwerb für eine gewisse Zeit, nur wenige arbeiten länger als vier bis fünf Jahre in diesem Job. Kaum eine Frau macht die Arbeit zu ihrem Hauptberuf, wenngleich die Prostitution eine Zeitlang sicherlich ihre Haupteinnahmequelle ist.

»Sie war klein und beweglich, mit honigblondem Haar, ein stiller, tiefsinniger Frauentypus, außerdem außerordentlich gut angezogen. Ihre Kleidung paßte perfekt zu ihrer Frisur. Ein paar moderne Ohrringe aus Kupfer waren der einzige Schmuck. Sie machte den Eindruck einer Ballettänzerin oder einer Kunststudentin, jedenfalls eines Mädchens mit einem guten Hintergrund. Ihre Sprache war gebildet, ein angenehmer Tonfall; während der zwölfmonatigen Therapie nahm sie nicht ein einziges Schimpfwort in den Mund.« So beschrieb der New Yorker Psychiater Harold Greenwald 1958 »Sandra«, seine wichtigste Patientin, in einem Buch, das sich zum ersten Mal ausführlich mit dem Phänomen der Callgirls befaßte. Es sollte sich zeigen, daß der erste Eindruck, den der Psychiater von Sandra hatte, nicht stimmte. Sie war in bescheidenen Verhältnissen in New Jersey aufgewachsen, teils in einem Kinderheim, teils bei Pflegeeltern. Der Pflegevater hatte sie sexuell mißbraucht. Eine College-Ausbildung hatte Sandra auch nicht. Nach der High School arbeitete sie in einem Geschäft, dann begann sie sich zeitweilig zu prostituieren. Sandra kam fünf Jahre lang in Greenwalds Therapie und erzählte im Laufe dieser Zeit, daß sie davon geträumt habe, als Junge aufzuwachsen. Außerdem hatte sie die Phantasie, daß ihre Mutter mit einem Zuhälter verheiratet war.

Sandra und ihr Psychiater schrieben sich noch mehrere Jahre nach Beendigung der Therapie. Er vergaß sie nie. Aber welche Schlüsse kann ein Psychiater nach fünfjähriger Behandlung einer Patientin ziehen? Greenwald hatte später noch weitere fünf Callgirls als Patientinnen; alle kamen zu ihm auf eigenen Wunsch und zahlten aus eigener Tasche. Greenwalds Assistenten interviewten weitere zwanzig Mädchen. Das Material ist dünn, vor allem, wenn man sieht, welche weitreichenden Folgerungen Greenwald daraus zog und welchen Stellenwert seine Ergebnisse bekommen sollten.

Greenwald gelang es, weltweit folgende Erkenntnisse als psychiatrische Wahrheit durchzusetzen: »Der Prostituierten fehlt die Fähigkeit zu ... der stabilen Beziehung, auf der eine Ehe beruht. Das heißt, sie hat entweder ein beschädigtes Wertesystem oder einen gestörten Realitätssinn.« Greenwald erklärte unverdrossen, daß ein Callgirl eine schöne Frau mit Nerzmänteln und Cadillacs ist. Ihre Eltern waren normalerweise geschieden, sie selbst hatte suizidale und lesbische Neigungen, war häufig frigide und hatte große Probleme mit ehrlicher Liebe. Außerdem beging sie gern aus reinem Vergnügen Ladendiebstähle. Allerdings bestahl ein Callgirl niemals einen Kunden. Möglicherweise paßten in den fünfziger Jahren einige wenige Callgirls in Greenwalds stereotypes Schema, aber sicherlich nicht viele.

Callgirls sind eindeutig ein Nachkriegsphänomen. Sie sind ein Produkt der verschärften Prostitutionsgesetzgebung der fünfziger Jahre, des wirtschaftlichen Nachkriegsbooms, der erhöhten Anzahl von Geschäftsreisen und einer verbesserten Telephontechnologie. Die wachsende Anzahl von Callgirls trug in den westlichen Ländern zu einem Rückgang der Straßenprostitution und des Bordellwesens bei.

Europa lernte das Phänomen des Callgirls 1963 durch die Presse kennen. In diesem Jahr wurde einer schockierten Öffentlichkeit die Beziehung des konservativen britischen Verteidigungsministers John Profumo zu dem Callgirl Christine Keeler enthüllt. Der englische Nachrichtendienst war am meisten davon alarmiert, daß die junge Dame parallel zu Profumo auch Beziehungen zu einem Attaché der sowjetischen Botschaft unterhielt. Wie alle Russen zu dieser Zeit galt er sozusagen naturgemäß als KGB-Agent. Im Sommer 1963 mußte Profumo abdanken. Er schrieb dem damaligen Premierminister Harold MacMillan, daß er gelogen habe, als er beteuerte, sein Verhältnis mit der Keeler sei nicht anstößig gewesen.

Anstößig? Das war von Profumo doch wohl weit untertrieben. Die Zeitungen berichteten über Orgien mit Callgirls auf englischen Landgütern und in vornehmen Londoner Wohnungen. Auf einem Fest in Bayswater waren Christine Keeler, ihre Kollegin Mandy Rice-Davies und ein junger Herr namens Stephen Ward anwesend. Er hatte seinerzeit die Mädchen mit der gesamten konservativen Parteispitze bekanntgemacht. An diesem Abend hatte ein führender Politiker angeblich gebratenen Pfau zum Essen servieren lassen, er saß nackt am Tisch, nur mit einer Fliege und einer Maske bekleidet. Über dem Bauch baumelte ein Schild mit der Aufschrift: »Peitsch mich!« Bei einer anderen Gelegenheit hatten acht Richter des obersten Gerichts an einer Orgie mit einer Gruppe Callgirls teilgenommen.

Premierminister Harold MacMillan bekam Atemnot, als er davon in den Zeitungen las, und er vertraute einem Parteifreund verzweifelt an: »Einen könnte ich ja akzeptieren, zwei würde ich versuchen zu vergessen. Aber acht! Kann man sich das vorstellen? Es ist nicht zu fassen!« Unglücklicherweise hatten die britischen Zeitungsleser daran wenig Zweifel. Im Herbst lag ein offizieller Bericht über die »Profumo-Affäre« vor. Stephen Ward wurde der Zuhälterei angeklagt, er beging Selbstmord, bevor es zu einem Urteil kam. Das britische Establishment hatte einen Sündenbock gefunden, um sich von dem Problem distanzieren zu können, so stellte es sich jedenfalls für die Presse dar. Wirklichen Abstand zu der Geschichte bekam MacMillan erst ein Jahr später, als die konservative Regierung abgewählt wurde und Harold Wilson mit der Labour Party an die Macht kam. Ironischerweise hatten John Profumo und Christine Keeler zu einer gewissen politischen Radikalisierung in Großbritannien beigetragen.

Obwohl Callgirls die neue Form der Prostitution waren, erlebten die Bordelle im Laufe der weitaus sexualfreundlicheren sechziger Jahre eine gewisse Renaissance. In Europa entstanden die ersten Eros-Center. In New York hingegen gab es noch immer sehr teure Bordelle, die sich als Privatklubs tarnten. Die übrigen Hurenhäuser der USA waren eher traurige und finstere Etablissements. Und da Prostitution in den meisten Staaten der USA verboten war, mußten die Bordellbesitzer die lokale Polizei großzügig bestechen. Xaviera Hollander erzählt in ihrer Autobiographie, daß sie in den sechziger Jahren monatlich tausend Dollar Bestechungsgeld an die Polizei zahlte.

Prostitutionsforscher wie Eileen McLeod und Lewis Diana gehen davon aus, daß in den Jahren nach 1980 die Straßenprostitution etwa ein Viertel des Gesamtmarktes in den USA und Westeuropa ausmachte. Diese Zahl entspricht den Schätzungen des internationalen Prostitutionskomitees ICPR. Demnach arbeitet in den westlichen Ländern nur eine von zehn Prostituierten in einem Bordell. Der weitaus größere Teil operiert »selbständig« in Bars oder Restaurants, denen sie einen Teil ihres Verdienstes abgeben, um von den Kellnern oder Barkeepern beschützt zu werden. Für ungefähr die Hälfte aller Prostituierten wurde in den vergangenen zwanzig Jahren das Telefon zum wichtigsten Hilfsmittel für die Kundenkontakte. Dabei arbeiten die meisten Prostituierten mit Vermittlungsbüros zusammen, viele verlassen sich indes aber auch auf den eigenen Apparat.

Auch bei männlichen Prostituierten setzte sich nach 1970 der telefonvermittelte Sex durch. Insbesondere spezialisierte junge Burschen und Männer wurden durch Agenturen vermittelt: Sportler und Bodybuilder oder Männer, die mit Leder, Gummi oder anderen Fetischen arbeiteten. Wieder andere setzen auf den Klassiker der männlichen Prostitution, das Image des Jünglings. Die meisten sichern ihre Kundenkontakte durch Inserate in der subkulturellen homosexuellen Presse. Wenn weitaus mehr Männer als Frauen selbständig arbeiten, liegt es im wesentlichen natürlich daran, daß Männer in einem sehr viel geringeren Maß angewiesen sind auf die Sicherheit und die Kontrolle, die eine Agentur gewährleistet. Darüber hinaus kann ein unabhängig arbeitender Mann den gesamten Verdienst behalten.

Das Vermittlungsbüro für Callgirls, das Sydney Biddle Barrows betrieb, war bekannt für seine hohe Qualität. Die Damen waren langbeinig und gingen in kurzen Röcken und besonders hochhackigen Schuhen – ihr einziges Zugeständnis an einen »sexy look«. Mädchen von »Cachet« erschienen niemals in Hosen, allerdings trugen sie die eleganteste Unterwäsche von New York, dazu Strumpfhalter und Strümpfe ohne Nähte oder Muster. Ansonsten waren sie diskret gekleidet, weitausgeschnittene Oberteile waren verpönt. Sie benutzten einfachen, echten Schmuck und lackierten sich die Fußnägel, die Fingernägel blieben unlackiert. Häufig trugen sie Handschuhe und Hüte und erschienen, je nach Gelegenheit, mit einer Aktentasche oder dem Theaterprogramm in der Hand. Nichts an ihren Handlungen oder ihrem Akzent unterschied sie von Geschaftsfrauen, wenn sie selbstsicher durch die Lobbys der renommiertesten New Yorker Hotels flanierten. Manhattan war normalerweise ihr einziges Einsatzgebiet. Dennoch war es absolut undenkbar, eine Frau mit einem typischen New Yorker Akzent einzustellen, alle Mädchen sprachen deutlich dialektfrei und gebildet.

Neun von zehn »Cachet«-Mädchen arbeiteten mit einem Künstlernamen, der zu ihrem »Typ« paßte. Die Namen Nicole, Monique und Tiffany waren unter den Straßenhuren zu verbreitet, als daß man sie bei »Cachet« hätte tolerieren können. Doch jeder Kunde wußte, daß ein großes, blondes und imponierendes Geschöpf ihn besuchen würde, wenn er »Alexandra«

bestellte. »Nathalia« war etwas weicher und herzlicher, mit tiefbraunen Augen und langem, dunklem Haar. »Kristin« und »Sonja« waren ebenfalls der große blonde, europäische Typ, allenfalls mit einem ganz leichten, etwas fremdartigen und aufregenden Akzent. Nur vier Frauennamen wurden auf Wunsch des Büros mehrfach verwendet: Heather, Melissa, Kelly und Jennifer – ein Zugeständnis an die Klischees der amerikanischen Fernsehseifenopern.

Fiktive Berufsangaben gehören ebenfalls zu den Standards eines Callgirls. Alle Kunden von »Cachet« liebten »Stewardessen«. »Photomodelle« hingegen wirkten offenbar nur in Zeitschriften anregend und schienen »Cachets« Kunden eher abzuschrecken, jedenfalls war die Nachfrage nach ihnen nicht sonderlich groß. Kunstgeschichte-, Mode- und Musikstudentinnen waren in den Augen des typischen »Cachet«-Kunden verlockender als angehende Juristinnen oder Wirtschaftswissenschaftlerinnen. Alle Mädchen von »Cachet« hatten die *New York Times* oder *Newsweek* zu lesen. Mit der Post bekamen sie wöchentlich relevanten Lesestoff zugeschickt, der von einem Ausschnittdienst zusammengestellt wurde. Es wäre für die Firma beschämend gewesen, wenn ein Mädchen von »Cachet« die Weltbank nicht gekannt oder Marokko und Malaysia verwechselt hätte. Umgekehrt konnte eine Studentin der Jurisprudenz oder der Wirtschaftswissenschaften auch sämtliche Gefühle und ein spannendes erotisches Erlebnis zunichte machen, wenn sie allzuviel Sachkenntnis zeigte.

»Cachet« garantierte ein unvergeßliches Erlebnis von einer oder zwei Stunden Dauer, in einer Preiskategorie zwischen zwei- und vierhundert Dollar. Fehler durften dabei nicht passieren. Das Büro vermittelte von 16 Uhr bis 1 Uhr nachts. Zwischen 18 und 20 Uhr und ab kurz nach Mitternacht herrschte Hochbetrieb. Viele Geschäftsleute wollten Sex vor einem wichtigen Abendessen, um sich zu entspannen; andere wollten etwas feiern oder einfach nur nicht allein sein. Sonnabend war und ist für Callgirls eher ein Ruhetag; verheiratete Männer verbringen den Tag mit ihrer Familie, und für Geschäftsreisende gibt es genügend andere Angebote.

Die Frauen hatten normalerweise an drei Abenden in der Woche per Telefon abrufbereit zu sein. Sie mußten sich perfekt frisiert, geschminkt und angezogen bereithalten, so daß sie sich innerhalb von zehn Minuten in ein Taxi setzen konnten. Nur in Ausnahmefällen wurden Kunden in billigen Hotels akzeptiert, beispielsweise wenn ein Geschäftsmann, der normalerweise in einem teuren Hotel wohnte, New York privat besuchte und Geld sparen wollte. Die Mädchen von »Cachet« standen nur innerhalb des Gebietes der Upper East und Upper West Side, Midtown, Soho, Tribeca und dem eleganteren Teil von Greenwich Village zur Verfügung.

»Wir verkaufen Phantasie und Glück«, prägte Sydney Biddle Barrows ihren handverlesenen Mädchen ein. Sie besaß Geschmack und Menschenkenntnis, hatte aber die Prüderie ihrer Vorväter nicht ganz abgelegt. Sie repräsentierte exakt die Art von Snobismus, die man in den besten und zweitbesten Kreisen New Yorks erwarten durfte.

Sydney Biddle Barrows schärfte ihren Mädchen immer wieder ein, wie wichtig es sei, eine gute Zuhörerin zu sein. Das Tragen von über Funk arbeitenden Rufgeräten war selbstverständlich verboten. Sie konnten bei einem Beischlaf ungemein störend sein und dem Kunden das Gefühl vermitteln, daß es noch weitere Verabredungen an dem Abend gab. Niemandem gefällt ein solcher Gedanke. Daß es mehrere Kunden an einem Abend geben konnte, gehörte zu den bestgehüteten Geheimnissen von »Cachet«. Wenn ein Mädchen bis zu ihrer nächsten Verabredung nicht fertig wurde, mußte die Zentrale improvisieren: »Barbaras Vorstandskonferenz ist leider noch nicht zu Ende. Dürfen wir Ihnen statt dessen jemand anderen schicken?« »Melody muß leider eine Filmszene noch einmal wiederholen. Es tut mir wirklich leid!« Es stand jedem Kunden und jedem

Mädchen frei abzulehnen, wenn sie sich in der Gesellschaft nicht wohlfühlten, die das Büro vermittelt hatte. Aber in den allermeisten Fällen ging es gut. Dies lag nicht zuletzt an der Zentrale.

Beim telefonvermittelten Sex spielt derjenige, der dem Kunden antwortet, eine entscheidende Rolle. Man muß die Wünsche, Träume und Bedürfnisse des Anrufers erfassen und so gut wie möglich mit den Mädchen, die an dem jeweiligen Abend zur Verfügung stehen, in Einklang bringen. Die Frauen in der Zentrale mußten über ein außergewöhnliches Maß an Intuition und sozialer Intelligenz verfügen und eine vertrauenerweckende, sinnliche Stimme haben. »Cachet« war bekannt für seine großen, blonden und gebildeten Frauen im besseren Mittelklasse-Look, so daß es normalerweise nicht so schwer war, das richtige Mädchen an den richtigen Kunden zu vermitteln. Allerdings gab es auch bei »Cachet« nicht genügend große, blonde Idealfrauen. Westeuropäisch aussehende Mädchen hatte man immer im Angebot, mit der Zeit erwiesen sich auch einige asiatische Mädchen als vermittelbar. Schwarze und puertorikanische Frauen waren ausgeschlossen, wie gebildet, stilsicher und elegant sie auch sein mochten. Dagegen konnte eine etwas kleinere, dunkel- oder rothaarige amerikanische oder europäische Frau ebenso elegant sein wie eine Blondine und natürlich ebenso intelligent und sinnlich.

Einige Männer wünschten besonders große Frauen mit besonders großen Brüsten. Vereinzelt kam es vor, daß Kunden vollkommen absurde Vorstellungen hatten, welcher Brustumfang von »Cachet« angeboten werden konnte. Dann lag es an der Dame in der Zentrale, dem Kunden diskret klarzumachen, daß nicht einmal Dolly Parton den Brustumfang aufwies, den er gerade zu bestellen versuchte. Es gab einen Kreis von kleinen Männern, die konsequent Frauen bestellten, die größer waren als sie selbst, andere fühlten sich provoziert, wenn sie so etwas erlebten. Einigen Männern ging es mehr um intelligente Konversation als um Brüste und Schenkel, wenngleich es letztlich doch immer auf Sex hinauslief. Und es gab Männer, die von den strahlend schönen Frauen irritiert waren.

»Ach, es war eine großartige Arbeit in den Nächten, in denen das Telefon ständig klingelte und das Geschäft brummte! Die Mädchen brannten darauf, ihre Jobs zu erledigen, die Klienten konnten es kaum erwarten, sie zu treffen. Natürlich war Sex ein Teil des Spiels, aber so habe ich das tatsächlich nie gesehen. Ich habe mich eher als eine Art Repräsentantin der Glücksbranche gesehen.« So erinnerte sich Liza, die beste Frau, die je in der Vermittlung von »Cachet« gearbeitet hat, viele Jahre später an ihren Job.

»Cachets« jüngster Kunde war der Sohn einer Berühmtheit. Er war siebzehn, ein einsamer, unerfahrener Bursche, der sich natürlich gleich unsterblich in das erste Mädchen verliebte, das ihn besuchte. Und ein einsamer arabischer Prinz ließ die Herzen aller Frauen schmelzen; er wollte am liebsten Kissenschlachten austragen, um eine Kindheit zu kompensieren, die er nie gehabt hatte. Ein Vietnam-Veteran, dem beide Beine amputiert waren, war ein jahrelanger Kunde. Fast alle »Cachet«-Frauen verliebten sich in ihn und baten hinterher, nicht mehr zu ihm zu müssen. Dafür gab es keine sexuellen Gründe, denn die eigentlichen Begegnungen verliefen völlig normal. Sämtliche Mädchen befiel jedoch hinterher eine eigenartige, tiefe Trauer.

Hatte ein Kunde eine Favoritin, bekam er sie, wenn sie an diesem Tag Dienst hatte. Aber das Büro schickte niemals dasselbe Mädchen unaufgefordert, egal wie zufrieden der Kunde beim ersten Treffen gewesen war. Die Philosophie von »Cachet« war, daß beiden Teilen bei einer kommerziellen sexuellen Beziehung gedient ist, wenn es eine professionelle Distanz zwischen Sex und Privatleben gibt. Man versuchte, keine allzustarken Gefühle zwischen einem Klienten und der Prostituierten aufkommen zu lassen. Die Abwechslung geschah zum Vorteil aller und war weniger bedrohlich für das Privatleben eines verheirateten Mannes. Gab es aufgrund von wiederholter Nachfrage nach demselben Mädchen Anlaß zu der Vermutung, daß sich ein Kunde richtig verliebt hatte, war die Standardmitteilung in der Regel, daß das Mädchen nach Louisiana verzogen war. Ihre neue Adresse hatte sie natürlich nicht hinterlassen.

Mit Liza, die nur das Telefon betreute, verhielt es sich anders. Ein fester Kunde hatte sie immer in New York angerufen, wenn er in anderen Städten auf Geschäftsreise war, nur um zu hören, wie es ihr ging. Aber Liza ließ sich nicht mit ihm ein. Erst nach zwei Jahren mit telefonischen Flirts akzeptierte sie seine Einladung zum Abendessen Es zeigte sich, daß sie mehr gemeinsam hatten als nur sympathische Stimmen: »Cachet« verlor an diesem Abend einen seiner treuesten Kunden und die beste Telefonistin, die es je in der Zentrale gegeben hatte.

Debütantin zu sein ist schwierig. »Cachets« Politik war es, daß ein erfahrener fester Kunde eine Anfängerin in den Job einführte. Er empfand dies als eine Ehre, es war ja beinahe wie die Defloration einer Jungfrau. »Cachet« führte Buch über sämtliche Kunden mit Namen, Adressen und Lebensdaten. Mit Ausnahme von Stammkunden führten die Telefonistinnen hinterher kurze Interviews mit den Männern und den Frauen, um zu klären, ob alles korrekt verlaufen war, und um das Angebot beim nächsten Mal noch zu verbessern. *LP* war das Codewort für Kunden mit einem besonders großen Penis, was einige Mädchen nicht mochten. Die Abkürzung wurde zum Gegenstand obszöner Nachfragen durch die Anklagebehörden, als gegen »Cachet« rechtlich vorgegangen wurde.

Narzißtische Männer, die von einer Frau in erster Linie bewundernde und zärtliche Worte hören wollten, akzeptierte das Büro problemlos, ebenso harmlose Varianten des Fetischismus. Bestellungen von zwei Frauen wurden angenommen, wenn beide Mädchen dazu bereit waren, allerdings wurde prinzipiell nicht eine Frau mehreren Männern vermittelt. »Cachets« Kunden wünschten zu neunzig Prozent normalen Sex, selbst Oralsex war eine Ausnahme. Wenn ein Klient das Bedürfnis nach sadomasochistischen Praktiken signalisierte, wurde er an die Kollegin Olga weitervermittelt. »Baronesse von Stein« war damals New Yorks professionellste und anspruchsvollste Domina.

Ein durchschnittlicher »Cachet«-Kunde war zwischen achtundzwanzig und fünfzig Jahre alt. Überwiegend waren es Geschäftsleute, Diplomaten, Börsenmakler, Ärzte und Anwälte, allerdings enthielt die Kundenkartei auch einige sehr bekannte und populäre Namen. Daß die Kartei insgesamt dreihundertvierzig New Yorker Anwälte umfaßte, machte indes dem Staatsanwalt erhebliche Sorgen, als der Fall vor Gericht ging. Viele Stammkunden waren regelrechte Workaholics. Möglicherweise gelang es ihnen nicht, eine feste Beziehung aufzubauen, vielleicht zogen sie aber auch unregelmäßigen, gut organisierten Sex einer festen Beziehung vor. Außerdem waren viele Männer die anstrengende »swinging singles«-Kultur New Yorks leid. Sicherlich gab es viele hübsche, intelligente Blondinen in New York, aber die echten Swinger waren ausgesprochen anspruchsvoll und kapriziös.

Ein »Cachet«-Mädchen hingegen war garantiert nicht feministisch, nahm keine Drogen und hatte keinerlei ansteckende Krankheiten. Und es hatte seine Prinzipien. Öffnete ein Mann die Tür seines Hotelzimmers unbekleidet, wurde er höflich, aber bestimmt gebeten, sich anzuziehen, bevor er Damenbesuch empfing. Männer, die nicht sauber waren, wurden unter die Dusche geschickt; zunächst diskret, dann sehr bestimmt, wenn sie zögerten. Die Mädchen hatten nach dem Orgasmus noch einen Augenblick im Bett zu bleiben und sollten nicht sofort unter die Dusche gehen; die meisten Männer fühlten sich sonst gekränkt, als wäre etwas Schmutziges geschehen. Im Hotel sollte lediglich das Make-up aufgefrischt werden, geduscht wurde zu Hause.

»Cachets« Renommee für außerordentliche Sauberkeit und Gesundheit bekam 1984 Kratzer, als sich im Service die Gonorrhöe ausbreitete. Sämtliche Stammkunden mußten informiert werden, das Büro wurde drei Wochen geschlossen, und noch Wochen später wurde ausschließlich mit Kondomen gearbeitet. Vorher hatte die Benutzung von Kondomen »Cachets« Politik absolut widersprochen. Sydney Biddle Barrows versuchte zu dieser Zeit, mit anderen Vermittlungsbüros zu kooperieren. Da viele Kunden mehrere Büros gleichzeitig nutzten, hätte es eigentlich ein grundsätzliches gemeinsames Interesse geben müssen. Aber eine rein geschäftliche Zusammenarbeit ließ sich nicht etablieren, dazu war der Konkurrenzkampf unter den Büros zu groß.

Zweimal im Jahr hatte »Cachet« Hochsaison: Im Sommer dominierten verheiratete Männer aus New York die Kundenliste, im Oktober stand die Hauptversammlung der UN auf der Agenda. Unter den Stammkunden gab es einige hervorragende Liebhaber, und bisweilen konnte es durchaus zu gegenseitiger Befriedigung kommen. Doch ein Job war ein Job, und die meisten Mädchen schätzten den kurzen, normalen Geschlechtsakt mit einem nicht allzu leidenschaftlichen, höflichen verheirateten Mann. Viele mochten japanische Männer, da sie sexuell passiv waren und ihr Penis in der Regel keine unangenehme Größe hatte. Bei derartigen Besuchen hatte die Frau die Situation komplett im Griff. Kunden aus arabischen Staaten galten als schwieriger. Gegen die Regeln des Büros verhandelten sie über den Preis, und dabei spielte es keine Rolle, daß sie hinterher häufig gute Trinkgelder gaben. Am schlimmsten war, daß sie die Mädchen nicht immer mit dem Respekt behandelten, den sie verdienten. Glücklicherweise entwickelten einige Frauen ein besonderes Geschick im Umgang mit dieser Kundengruppe, zur Erleichterung der anderen.

Schwarze Amerikaner akzeptierte »Cachet« nie – egal welchen sozialen Hintergrund sie auch hatten; afrikanische Diplomaten wurden nur in Ausnahmefällen bedient. Erstaunlicherweise gab es auch einige Homophile in der Kundenkartei, sie nutzten die Mädchen tatsächlich als Begleitung. Bei großen Ereignissen hatten sie dann als »Verlobte« aufzutreten. Die Mädchen liebten diese Jobs, solange sie nicht taktlosen Fragen nach ihrer Verwandtschaft ausgesetzt waren.

Anfang der achtziger Jahre gab es einige Vermittlungen wie »Cachet« in Manhattan, aber kaum eine zweite mit einem derart angesehenen Profil. Es gab Büros, die höhere Preise hatten und zum Teil mit größeren Brüsten dienen konnten. Bei großen Firmen standen Callgirls als PR-Mitarbeiterinnen auf der festen Lohnliste. Das Unangenehme daran war nur, daß sie keinen Kunden abweisen durften, den sie unsympathisch fanden. Andere Vermittlungsbüros kontrollierten ihre Frauen intensiver als »Cachet«, und die »ordinären« Büros hatten häufig Männer als Telefonisten. Natürlich entwickelte sich dadurch nicht diese besondere Atmosphäre, wenn es darum ging, alle Details und Wünsche im Vorfeld zu besprechen. Und häufig genug fühlten sich weder der Kunde noch das Mädchen wohl, wenn das Treffen endlich stattfand. Eine junge, weibliche Stimme in der Telefonzentrale war einfach romantischer.

Es gab nur eine Frau bei »Cachet«, die auch für weltweite Besuche zur Verfügung stand. Eigentlich hatte sich dieser Service durch frühere persönliche Kontakte ergeben, doch zu »Cachets« Freude ließ dieses Mädchen auch weiterhin sämtliche Kontakte und Absprachen durch das Büro koordinieren.

Sydney Biddle Barrows hatte sich, wie berichtet, im März 1985 im Büro des Staatsanwalts gemeldet, nachdem die Polizei ihre Wohnung verwüstet hatte. Ihre Anwältin war der Ansicht, dies sei der beste Weg, um weiteren Unannehmlichkeiten aus dem Weg zu gehen; es war einfacher, mit dem Staatsanwalt zusammenzuarbeiten. Zum einen hatten die Beamten der Staatsanwaltschaft eine juristische Ausbildung, darüber hinaus würden sie den politischen und sozialen Druck aus dem Kreis der Klienten direkter zu spüren bekommen als die »harten Jungs« von der Polizei.

Biddle Barrows wurde nach einem Tag Gefängnis gegen eine Kaution entlassen, die gute Freunde gestellt hatten. Im Laufe von vierundzwanzig Stunden hatte sie viele Dinge kennengelernt, die für Straßenprostituierte zum Alltag gehörten. Derweil ahnte die New Yorker Presse, daß sich hier ein wirklich skandalöser Fall zusammenbraute. Und New Yorks Rechtsanwälten war klar, wie kompliziert es werden würde, Sydney Biddle Barrows und »Cachet« vor Gericht zu bringen. Denn die Firma hatte Steuern, Miete und Telefonrechnungen bezahlt, und die Frauen in der Telefonzentrale waren legal angestellte Mitarbeiterinnen. Bei einer Anklage gegen die Inhaberin eines Escort-Büros ist es so gut wie unmöglich, die Kunden aus dem Fall herauszuhalten. In New York dröhnten die Buschtrommeln. Die Anklagebehörde war eine Zeitlang wie gelähmt, so furchteinflößend wirkte der immer lauter werdende Unmut der Rechtsanwälte, die in den Fall verwickelt waren.

Bei der Polizei sah man die Sache anders. Elmo Smith wurde, wie erwähnt, in den Medien zum Superhelden, wie er es vorausgesehen hatte. Eine Zeitlang lächelte er täglich von den Titelseiten sämtlicher Boulevardblätter, unaufgefordert versorgten er und seine Kollegen die Presse wöchentlich mit neuen Details. Erst als der Staatsanwalt erfuhr, daß sie Klientennamen weitergeben wollten, wurden die Polizisten angewiesen, ihren Mund zu halten.

Einstimmig verurteilten die Medien die »Mayflower Madam«, vor allem zu Beginn der Affäre. In einigen Zeitungen erschienen differenziertere Leserreaktionen neben den Leserbriefen indignierter Moralisten. Barbara Walters dachte über ein größeres Fernsehinterview mit Sydney Biddle Barrows nach, wurde aber von einflußreichen Mitgliedern des Biddle-Clans gestoppt.

Ein ehemaliger Freund aus Studienzeiten verkaufte fünfzehn Jahre alte Privatphotos, die Biddle Barrows halbnackt an einem Strand bei Amsterdam zeigten. Die gesamte Boulevardpresse druckte die Bilder. Das um sein Prestige bemühte Sozialregister der amerikanischen »Mayflower«-Nachkommen behalf sich mit einer peinlichen, schlichten Geschichtsfälschung. Man tilgte sämtliche Spuren von Sydney Biddle Barrows und ihrer Mutter aus der Kartei, als hätte es sie nie gegeben.

In den Vorverhandlungen des Prozesses argumentierte Biddle Barrows' Verteidigerin Risa Dickstein feministisch: Wenn die Männer, die Prostituierte besuchen, nicht angeklagt werden, warum sollten die Betreiber eines Büros bestraft werden, das diskrete, hygienische und gut organisierte Prostitution anbot und für dieses Geschäft auch noch Steuern zahlte?

Sydney Biddle Barrows hatte gegen einen Prozeß nichts einzuwenden, denn sie hatte nichts zu verlieren. Allerdings machte sie sich Sorgen um die Mädchen. Ob sie nun eine Garantie ihrer Anonymität hatten oder nicht, einige würden in jedem Fall den Medien in die Hände fallen. Biddle Barrows glaubte außerdem, daß sie ihren Kunden gegenüber verpflichtet war, immerhin hatte sie ihnen volle Diskretion garantiert. Nach einigen Überlegungen akzeptierte sie einen Vergleich. Der Fall wurde niedergeschlagen.

Der Presse gefiel es gar nicht, als der Ballon allmählich zusammenfiel, den man zu gigantischen Dimensionen aufgeblasen hatte. Es hieß, die »Mayflower Madam« sei freigesprochen worden, weil die Oberschicht die Hand über ihre eigenen Leute hielt. Elmo Smith und seine Polizisten traf der Vergleich wie eine persönliche Niederlage, und obwohl sie keiner öffentlichen Kritik ausgesetzt waren, wurden sie doch intern gerügt.

Bei »Cachet« hatten sich derweil die Ausgaben gehäuft. Das Geld, das Sydney Biddle Barrows geblieben war, nachdem sie die Kaution und die Anwaltsrechnung bezahlt hatte, lag unter dem Durchschnittsverdienst eines amerikanischen Industriearbeiters. Als Lösung mußte ein Wohltätigkeitsball herhalten.

»Die Freunde von Sydney Biddle Barrows haben die Ehre, Sie zu einem Ball am 30. April 1985 ins Limelight einzuladen. Dresscode: Smoking. Diademe sind nicht nötig« hieß es in der Einladung. Sydneys Verwandte, Anna Biddle aus Philadelphia, trug dennoch das Familiendiadem. Sydney Biddle Barrows selbst erschien in einem weiten rosafarbenen, trägerlosen Taftkleid, einer dreifachen Kette aus echten Perlen und Diamanten sowie ellenbogenlangen weißen Handschuhen. Der Abend verlief auf hohem Niveau, getanzt wurde bis in die frühen Morgenstunden.

Am nächsten Morgen war im Boulevardblatt *Newsday* zu lesen: »Sidney Biddle Barrows hat gestern der High Society ihren Körper präsentiert – wie gewöhnlich gegen Bezahlung. Viel Geld wurde von den Snobs dafür gezahlt, daß sie zu sehen war«. Sie sah das ganz anders. Eigentlich hatte sie sich ganz altmodisch vorgestellt, daß ihr Hochzeitstag irgendwann zum größten Tag werden sollte – statt dessen wurde dieses Fest zum Höhepunkt ihres Lebens.

Kapitel 26

Feminismus und Hurenbewegung

Margo St. James war ein echtes Kind der Nachkriegszeit, ein Beatnik, Blumenkind und Groupie aus North Beach, San Francisco. In den sechziger Jahren studierte sie Jura und besserte ihre Finanzen dadurch auf, daß sie bei Cocktailgesellschaften aushalf. Bei ihr zu Hause war immer etwas los, im Freundeskreis rauchte man Marihuana, tanzte und erprobte die totale sexuelle Freiheit als das neue Ideal der Zeit.

Die Polizei von San Francisco war der Ansicht, ihr Haus sei ein »Hippie-Nest«, und begann es zu überwachen. Eines Tages klingelte es an Margos Tür. Ein vollkommen unbekannter Mann wollte mit ihr schlafen – gegen Bezahlung. Sie lehnte ziemlich verblüfft ab. Daraufhin zog er seine Polizeimarke und verhaftete sie wegen versuchter Verführung. Sie wurde vor ein Gericht gestellt und wegen Prostitution verurteilt. Der Richter hob vor allem hervor, daß Margo sofort den Begriff einer »Nummer« definieren konnte. Nur eine Hure beherrsche ein solches Vokabular, erklärte er in seiner Urteilsbegründung. Nach der Verhandlung wurde Margo St. James gegen eine Kaution auf freien Fuß gesetzt, doch es war schwer, das Geld aufzubringen. In ihren alten Nebenjobs in San Francisco konnte sie nicht mehr arbeiten, Gerüchte über sie und ihr lokkeres Leben waren inzwischen in Umlauf. An ihrem Jurastudium verlor sie jedes Interesse, nachdem sie die Handhabung der Gesetze in der Realität erlebt hatte. Da war es interessanter, sich politisch für eine rechtliche und soziale Absicherung von Prostituierten zu engagieren. Mit ihnen konnte sie sich identifizieren, seit sie selbst erfahren hatte, welch miserablen Rechtsschutz eine emanzipierte Frau genoß. Prostituierte erlebten diese Art von Übergriffen täglich.

1970 initiierte Margo St. James in San Francisco den »Maskenball der Huren«, der für das Grundkapital der ersten Prostituierten-Gewerkschaft in der Geschichte sorgte. Juristen, Journalisten und Sozialarbeiter, Männer wie Frauen unterstützten die Initiative. COYOTE wurde die Organisation genannt; es war das amerikanische Wort für »Präriewolf«, gleichzeitig aber auch die Abkürzung ihrer Parole: »Call Off Your Old Tired Ethics« (»Entledigt euch eurer alten und unbrauchbaren Moral«). Der heulende Coyote wurde zu ihrem Symbol.

Margo St. James gehörte zu den zahlreichen jungen Frauen in den sechziger Jahren, für die »Feministin« zum Ehrentitel wurde. Sie bewunderten Emma Goldman, Margaret Mead, Karen Horney und Simone de Beauvoir. Diese Theoretikerinnen und Wissenschaftlerinnen hatten sich mit den Fragen des Geschlechts, der Sexualität und der Gesellschaft beschäftigt, ihre Fragen an die Geschichte und die Gesellschaft waren radikal und kritisch; alle kämpften für eine Freiheit, die auch sexuelle Implikationen hatte. Denn die Forderung nach einer Befreiung der Frau bedeutete auch, selbst wählen und einen Mann ablehnen zu können.

Die »rote« Emma Goldman hatte sich in New York prostituiert, um ihren Liebhaber und ihren Sohn versorgen zu können. Sie hatte andere Frauen unterstützt, die sich für die gleiche Lebensweise entschieden hatten. Margaret Mead hatte ihre Zeitgenossen über sexuelle Praktiken in der nichtwestlichen Welt aufgeklärt, und Simone de Beauvoir hatte 1949 geschrieben: »Man muß nicht fragen, warum sich Frauen prostituieren, sondern, warum es nicht mehr tun.« Ein solcher Gedankengang klang damals unglaublich radikal.

Die Frauenbewegung der fünfziger und sechziger Jahre wurde von dieser Tradition unterschiedlich geprägt. Eine

Frau war »befreit«, wenn sie ein Pessar verwendete oder die Anti-Baby-Pille nahm. Damit signalisierte sie ihrer Umwelt, daß sie ihre Rolle als Frau nicht nur als biologisches Schicksal verstand. Eine emanzipierte Frau bestimmte selbst, wann sie Mutter werden wollte. Aber eine Frau, die viele Sexualpartner hatte, mußte sich darüber im klaren sein, daß sie riskierte, als Hure abgestempelt zu werden, vor allem von konservativen, religiösen Männern. Emanzipierte Frauen verglichen und identifizierten sich daher spontan mit Prostituierten. Die christlichen Moralisten mit ihrer traditionellen Frauensicht wurden zu ihren Gegnern – nicht das männliche Geschlecht als solches. In den sechziger Jahren wurde die Frauenbefreiung als Sache der Frauen gesehen, man kümmerte sich nicht sonderlich um die Männer. Viele Frauen hofften, daß auch die Männer sich aus ihrer traditionellen Geschlechterrolle befreien würden.

Ein wichtiges Signal war, daß auch homosexuelle Männer begannen, sich in der öffentlichen Debatte zu äußern. Homosexuelle verglichen sich traditionell gern mit Prostituierten; wie die Prostituierten lebten sie in einer sexuellen Subkultur, hatten viele unterschiedliche Partner und häufigen, anonymen Sex. Nun begannen die Homosexuellen, an einer Entkriminalisierung und dem Recht auf Organisation zu arbeiten, sie führten einen parallelen Kampf um die sexuelle Befreiung.

Junge Männer der Ober- und Mittelklasse in den USA und Europa nahmen traditionell zwei sexuelle Angebotsformen wahr, sie befriedigten ihre sexuellen und emotionalen Bedürfnisse bei Frauen verschiedener Klassen. Mit Frauen ihrer eigenen Klasse verkehrten und flirteten sie, bevor sie sie heirateten. Gleichzeitig hatten sie heimliche Affären mit Arbeiterfrauen, Dienstmädchen und Prostituierten. Der durchschnittliche junge Mann aus der Mittelklasse hatte bis weit ins 20. Jahrhundert hinein sein erstes sexuelles Erlebnis mit einem Dienstmädchen oder einer Prostituierten. Für die Frauen der Mittelklasse gab es normalerweise kein voreheliches sexuelles Debüt, sie blieben Jungfrauen bis zur Hochzeitsnacht.

In der Zeit zwischen den Weltkriegen verbesserten sich die Ausbildungsstrukturen, viele Frauen begannen als Lehrerinnen, Krankenschwestern oder Büroangestellte zu arbeiten; häufig wohnten sie während der Ausbildung oder vor der Heirat einige Jahre in möblierten Zimmern oder einem Pensionat. Gegenüber diesen alleinstehenden Frauen konnten sich die Männer nun sexuell aufdringlicher benehmen, zumal wenn sie ihnen die Ehe versprachen. Einige Frauen versuchten durch häufig wechselnde Partnerschaften den richtigen Mann zu finden, doch wegen ihrer Angst vor Geschlechtskrankheiten und Schwangerschaft hielt sich diese Option in Grenzen. Nach dem Zweiten Weltkrieg war die Furcht vor der Syphilis so gut wie verschwunden, darüber hinaus ließen Verhütungsmittel und bessere Abtreibungsmöglichkeiten das Sexualleben offener und freier werden. Die Männer der Mittelklasse fanden nun sexuelle Befriedigung auf dem gleichen Markt, auf dem sie ihre Lebenspartner suchten; der Unterschied zwischen den beiden Angebotsformen verwischte sich, zumal die Klassenunterschiede unschärfer wurden. Konservative Kreise hatten den Eindruck, daß in den Ländern Westeuropas und der USA immer mehr Frauen zu Huren wurden. Amerikanische Frauenaktivistinnen bezeichneten sich im Spaß als »Hure«, um jedweder moralischen Verurteilung zuvorzukommen und sich gegenseitig auf das Programm der sexuellen Befreiung einzuschwören.

Bereits nach dem Ersten Weltkrieg hatten die Ärzte registriert, wie sich der Großteil der Ansteckungen mit Syphilis und Gonorrhöe allmählich vom Prostitutionsmilieu in die bürgerliche Gesellschaft verlagerte. Aber in der Weise, wie sich die Frauen der Mittelklasse in den sechziger Jahren im Spaß zu »Huren« wandelten, wurden sie zu ernsthaften Konkurrentinnen der professionellen Prostituierten. Seit Jahrzehnten hatte das Hurenwesen an Umfang und Bedeutung verloren; die

Anzahl der Huren sank, während die Bevölkerungszahlen stiegen, aber immer weniger Männer besuchten Prostituierte. Das Lustgewerbe hatte seine Funktion als Bühne für die sexuelle Erziehung komplett verloren. Der Branche fehlte ihre wichtigste Kundengruppe, die große Masse der unverheirateten jungen Männer. Immer mehr Studenten, Angestellte, ja sogar Soldaten, Seeleute und junge Einwanderer hatten sanktionsfreien Sex, ohne jedes Eheversprechen und noch dazu gratis.

In den sechziger Jahren wurde die Prostitution zurückgedrängt, aber sie verschwand nicht. Statt dessen spezialisierte und differenzierte sie sich, sie richtete sich auf die Abweichler und Verlierer des allgemeinen Marktangebots ein. Rollenspiele, Fetischismus und anspruchsvolle sexuelle Rituale und Spiele wurden jetzt für das Prostitutionsgewerbe wichtiger.

Auf dem großen, freien und konventionellen Markt gab es Sex durchaus umsonst, jedoch nicht ganz ohne Nebenkosten. Denn es kostete Zeit und Geld, ein Mädchen zu umwerben, auch wenn man keine Heiratsabsichten hatte. Auf diesem Sexmarkt entwickelten sich rasch neue Spielregeln und Normen. Die Frauen hatten Angst, mit jemandem »zu früh« ins Bett zu gehen, obwohl sie Lust hatten und Verhütungsmittel verwendeten. Es hätte ihrem Ansehen in den Augen des Mannes oder bei einer Freundin schaden können. Obwohl die Männer für den eigentlichen Geschlechtsakt nicht mehr bezahlen mußten, konnte das Vorspiel teuer und zeitaufwendig sein. Viele Männer gingen allerdings auch gern auf die Jagd und freuten sich über jede neue Eroberung. Andere hielten es für reine Zeitverschwendung und kauften sich Sex weiterhin, ganz einfach weil es für sie am praktischsten war.

Der Kampf um unbezahlten Sex produzierte auch Verlierer. Manch einer versuchte gar nicht erst, ohne Heiratsversprechen mit einer Frau zu schlafen, andere hatten kein Glück bei ihren Versuchen und Versprechungen. Eine dritte Gruppe wurde zu psychologischen Verlierern. Etliche Männer wurden unsicher, sie hatten Angst vor der neuen, frauendominierteren Sexualkultur. Denn die neue weibliche Freiheit trug auch zu einer gesteigerten Selbstsicherheit und größeren Freude am Sex bei. Erfahrene Frauen wurden häufig als fordernd und furchteinflößend empfunden, so daß bei diesen Männern jegliches Selbstvertrauen verschwand. Alternativen bot der käufliche Sexmarkt, es kam durch diese Entwicklung zu einer eindeutigen Stärkung der therapeutischen Funktionen der Prostitution.

Marie, eine New Yorker Prostituierte, hat ihre praktisch-therapeutische Haltung folgendermaßen formuliert: »Sex ist ein Geschäft, und ich verhalte mich so wie jeder, der ein Geschäft betreibt: Ich lächle, bin nett zu den Kunden und werde nie sauer, wie so manche andere Lady heutzutage. Ehrlich gesagt, es geht hier doch nicht um mich und meinen Körper, ich habe an den armen Kerl zu denken, der dafür bezahlt, daß er mit mir zusammen ist.«

Die Prostituierten fühlten sich durch die Frauenbewegung nicht bedroht, eher angespornt und inspiriert. Für viele Sexarbeiterinnen war es naheliegend, daß ihre Bemühungen um eine Verbesserung ihrer Lebensverhältnisse eng mit der Frauenbewegung verbunden waren.

Zwei brutale Morde an Huren wurden 1974 zum Auftakt einer breiten Kampagne für die Sicherheit von Prostituierten. Die Lyoner Polizisten hatten damals feste Nebeneinnahmen, indem sie Huren an Ort und Stelle ein Bußgeld abforderten. Je mehr Prostituierte versuchten, sich gegen diese Praktiken zu wehren, und sich organisierten, desto mehr weitete die Polizei ihre Bußgeldpraxis aus. Huren, die kein Bargeld zur Hand hatten, wurden eingesperrt. Am Ende ging es für die neue Prostituiertenorganisation ums Überleben. Am Montag, dem 3. Juni 1975, suchten hundertfünfzig Frauen in der St. Nizier-Kirche Asyl. Im Namen ihrer Kinder hängten sie Transparente mit der Aufschrift »Unsere Mütter gehören nicht ins Gefängnis« aus den Kirchenfenstern. Die Aktion der Huren zeigte keinerlei Wirkung bei der französischen Polizei, war aber ein voller Erfolg in den Medien. Sympathisanten brachten Lebensmittel und Kleidung nach St. Nizier.

In ganz Frankreich gab es Solidaritätskundgebungen mit den Lyoner Huren. Kirchenbesetzungen folgten in Montpellier, Toulouse, Cannes und sogar in der St. Bernard-Kapelle auf dem Montparnasse in Paris. Das war das Signal, auf das die französische Polizei gewartet hatte. Am frühen Morgen, als die Sympathisanten noch schliefen, brachte die Polizei einen Priester dazu, die Tür von St. Nizier aufzuschließen. Vierzig Polizisten stürmten die Kirche und zogen einige Frauen buchstäblich an den Haaren heraus. Andere Kirchen wurden ebenso brutal geräumt. Die Polizei hatte diese Schlacht zwar gewonnen, verlor auf lange Sicht aber den Krieg. Denn durch diese Auseinandersetzungen hatte die gewerkschaftliche Aktivität und Organisation unter Frankreichs Prostituierten enorm zugenommen.

In den siebziger Jahren kam es zu immer mehr Gewalt gegenüber Prostituierten, nicht nur von seiten der Polizei. In England ging der Massenmörder Peter Sutcliffe um, der auch als »Yorkshire Ripper« bekannt wurde. »Nutten sind beschissene Bastarde, die die Straßen versauen«, erklärte Sutcliffe nach seiner Verhaftung den Zeitungen. Wenn er sie mit dem Messer ermorde, sei dies ein gutes Werk für die Gesellschaft. Der Kommentar des britischen Staatsanwalts belegt, wie tief die Vorurteile in der gesamten Gesellschaft saßen: »Das Tragischste an dem Fall ist ja, daß einige der Mordopfer gar keine Prostituierten waren.«

Gewalt und Zwang verbreiten Schrecken, stärken oft aber auch den Zusammenhalt. In den siebziger und achtziger Jahren wurden starke gewerkschaftliche Organisationen für Prostituierte in einigen Staaten der USA, in Frankreich, England und in Australien gegründet. Vor allem die amerikanischen Organisationen gaben sich nach dem Vorbild von Coyote recht einprägsame Namen: Pony, Puma, Hydra, Passion und Ocelot.

In den Hurenorganisationen gaben die älteren, erfahrenen

und selbstbewußten Prostituierten den Ton an. Am schwierigsten ließen sich die ausgezeichnet bezahlten Callgirls, die ganz jungen und die am schlechtesten bezahlten Huren organisieren. Um 1985 waren siebzig Prozent der organisierten Prostituierten in England alleinstehende Mütter, eigentlich eine absolut untypisch hohe Zahl für das Gewerbe. Sie zeigt, daß offenbar gerade Prostituierte mit Kindern eine gewerkschaftliche Vereinigung für sinnvoll hielten.

Seit den frühen achtziger Jahren begann sich der Organisationsgedanke international durchzusetzen, doch es gab zum Teil erhebliche Probleme. So wurde die erste Leiterin der Hurenorganisation in Irland bei einem Brandanschlag ermordet, Thailands erste Prostituiertenvereinigung war gezwungen, sich im Untergrund zu organisieren, in Ecuador sperrten Bordellbesitzer organisierte Prostituierte aus. Doch so etwas gehört in der Dritten Welt zum gewerkschaftlichen Alltag. Allmählich entstanden in Brasilien, auf den Philippinen und in Thailand bedeutende Gewerkschaftsorganisationen, aber sie wuchsen langsamer und organisierten nur einen kleineren Teil der Branche als in den hochindustrialisierten Staaten. In einigen europäischen Ländern, in denen es von seiten des Staates eine aktive Sozialarbeit unter Sexarbeiterinnen gab, entwickelte sich erst relativ spät eine Selbstorganisation der Huren. So wurde Pion, die norwegische Interessenorganisation, erst Anfang 1990 gegründet. Die deutsche Organisation Hydra hingegen existiert seit 1980.

Die Hauptforderungen der Prostituierten sind in allen Ländern relativ ähnlich: Entkriminalisierung des Gewerbes, Rechtsschutz, Meinungsfreiheit, das Recht auf Heirat, ohne daß der Partner automatisch kriminalisiert wird, Reisefreiheit ohne die Notwendigkeit besonderer Stempel im Paß und die Sicherheit, daß Gewaltverbrecher und Vergewaltiger strafverfolgt werden. Einen hohen Stellenwert hat in allen Ländern der Kampf von Prostituierten, ihre Kinder behalten zu dürfen, auch wenn sie von den Sozialbehörden als ungeeignete

Mütter angesehen werden. Inzwischen gibt es zahlreiche lokale Zentren für Rechtshilfe, Gesundheitsservice und Hilfen zur Selbsthilfe.

Mit ihrem Buch *Prostitution Papers* aus dem Jahr 1975 schuf die Feministin und Lesbierin Kate Millett die Voraussetzungen für die Prostitutionsanalyse in der zweiten Hälfte der siebziger Jahre, sie selbst steuerte die Debatte mit harter Hand. Dabei ging es allerdings keineswegs mehr um die Problematisierung der Prostitution als gesellschaftliches Phänomen, es war eine Strategiediskussion. Eine der Vorgaben dieses Diskurses war die ultimative dogmatische These, daß Prostitution – wie die Pornographie – von vornherein schlecht sei und kompromißlos bekämpft werden müsse. Und so, wie studentische Gruppen als selbsternannte Sprachrohre der Arbeiterbewegung auftraten, sprach eine Reihe von führenden Frauenaktivistinnen mit großer Selbstverständlichkeit im Namen aller Frauen.

In den siebziger Jahren setzte die Frauenbewegung in den USA ein Antidiskriminierungsgesetz durch. Vor diesem Hintergrund ist es geradezu paradox, daß große Teile der Frauenbewegung bestimmte Gruppen von Frauen als minderwertig abstempelten. Frauen, die eine Rolle als Hausfrau und Mutter der Lohnarbeit vorzogen, galten als »unbewußt« und reaktionär, Prostituierte als deformiert und schädlich. Sie waren Frauen, die nicht im Namen ihres Geschlechts zu Wort kommen durften. Die Prostituierten hatten »kein Bewußtsein als Frau« und wurden »von Instinkten getrieben, nicht von Gedanken«, erklärte Kate Millett.

»Es ist mein Körper, und ich kann damit machen, was ich will!« war eine der üblichen Erklärungen in der Abtreibungsdebatte der siebziger Jahre. Prostituierte äußerten sich häufig mit ähnlichen Argumenten über ihr Recht, den eigenen Körper zu verkaufen. Die philippinische Aktivistin Nelia Sancho, die Leiterin der Frauenorganisation Gabriela, arbeitete die Parallele zwischen der Abtreibungs- und der Prostitutionsfrage deutlich heraus: »Das Recht einer erwachsenen Frau auf Arbeit als Prostituierte muß man mit dem Recht auf eine freie Abtreibung vergleichen. Niemand hat gesagt, daß eine Abtreibung eine gute Entscheidung ist – oder womöglich etwas Angenehmes. Aber eine Frau muß unter allen Umständen über ihren Körper selbst bestimmen können, es muß das Recht jeder Frau sein, sich für die Prostitution wie für eine Abtreibung zu entscheiden, wenn sie das Gefühl hat, es ist notwendig.«

Ende der siebziger Jahre stimmten die wenigsten frauenpolitisch Engagierten in den USA und Europa mit dieser Haltung überein. In der Abtreibungsdiskussion setzte sich das Argument durch, daß die Frau über ihren eigenen Körper selbst bestimmen sollte, nicht aber in der Frage der Prostitution. Von der Frauenbewegung wurde die gewerkschaftliche Aktivität von Prostituierten selten kommentiert oder unterstützt. Und die wenigen Ex-Prostituierten, die sich in der Frauenbewegung engagierten, sprachen nicht über ihre Vergangenheit.

Kathleen Barry, eine elegante New Yorker Feministin in der Tradition Kate Milletts, gab 1981 das Buch *Sexuelle Versklavung von Frauen* heraus, das zwei Jahre später auch in Deutschland erschien. Margo St. James war im Laufe der siebziger Jahre durch ihre Gewerkschaftsarbeit unter Sexarbeitern in den gesamten USA berühmt geworden. Als sie 1982 von Kathleen Barry gefragt wurde, ob sie an den Vorbereitungen für einen Kongreß über Prostitution in Rotterdam teilnehmen wollte, sagte sie erfreut zu.

Doch kaum hatten Margo St. James und einige weitere Repräsentanten der gewerkschaftlich organisierten Prostituierten in der Vorbereitungsgruppe der Konferenz zu arbeiten begonnen, kam es zum Streit. Die Prostituierten schlugen vor, als Hauptziel »den feministischen Kampf gegen männliche Gewalt und den feministischen Kampf für Selbstbestimmung« in den Mittelpunkt zu rücken. Zum größten Streit führte der Begriff der »Selbstbestimmung«. Die Repräsentanten der Prostituierten hatten erwartet, bei der Konferenz als Rednerinnen auftreten zu können, statt dessen erhielten sie den minderen Status von »persönlichen Quellen«. Sie durften sich befragen lassen, aber keine eigenen Argumente vorbringen. Jede Prostituierte sollte das Podium verlassen, sobald sie befragt worden war. Die Gruppe um Margo St. James informierte die Presse, doch als die Zeitungen Kathleen Barry nach der Konferenz mit dem Problem konfrontierten, antwortete sie selbstsicher: »Wir tun unserem Geschlecht unrecht, wenn wir schwache Frauen ohne Bewußtsein für ihre falschen Entscheidungen verantwortlich machen.« Dann begann sie, die UNESCO und den Weltkirchenrat für deren Schwäche in dem wichtigen Kampf gegen die Prostitution zu kritisieren. Aber zunächst wandte sie sich gegen jeden, der es wagte, Prostitution für eine akzeptable Lebensform zu halten. Für die Presse war Kathleen Barry eine »mutige Frau«, 1983 wurde sie in den USA zur »Wonder Woman« gewählt. Margo St. James hingegen ging mit einer Formulierung in die Offensive, der kein guter Journalist widerstehen konnte: »A blow job ist better than no job!«

Die internationale Dachorganisation der gewerkschaftlich organisierten Prostituierten, das International Committee for Prostitutes' Rights, ICPR, führte seinen ersten Kongreß 1985 in Amsterdam durch, in Zusammenarbeit mit den europäischen Grünen fand der zweite Kongreß 1987 in Brüssel statt. Margo St. James spielte auch hier eine zentrale Rolle. »Ihr wiederholt nicht die Geschichte! Endlich geschieht etwas Neues«, erklärte die Prostitutionshistorikerin Judith Walkowitz während der Eröffnung des Kongresses.

Aber die Prostituierten hatten noch immer mehr Gegner als Verbündete. Die internationale Föderation der Abolitionisten, die Josephine Butler im 19. Jahrhundert gegründet hatte, erwies sich als Erzfeind. 1987 hielten die Abolitionisten ihren 29. Weltkongreß in Stuttgart unter der Parole ab: »Prostitution. Ein Weltproblem. Eine Bedrohung der Menschheit«.

Wohlmeinende Frauen aus christlichen und kulturellen Organisationen trafen sich dort. Die UNESCO trat zusammen mit dem Weltkirchenrat als Hauptsponsor auf. Prostitution wurde grundsätzlich als Zwang und Sklaverei definiert und mußte in all ihren Formen und mit allen Mitteln bekämpft werden.

»Ihr seid doch hysterisch! Ich kann diese ganzen Lügen nicht mehr hören. Wie kann man Prostitution als eine Bedrohung der Menschheit bezeichnen? Es ist lächerlich, Zwang, Sklaverei und Kinderprostitution mit dem zu vergleichen, wovon ich lebe! Ich bin ein freier und erwachsener Mensch!« Eine dreißigjährige deutsche Prostituierte hatte sich den Weg zum Rednerpult erkämpft und rief diese Sätze in den Kongreßsaal. Natürlich hatte man Prostituierten den Zugang verweigert, aber einigen Aktivistinnen war es gelungen, als Prostitutionsgegnerinnen verkleidet hineinzukommen. »Sie behandelten uns wie Hunde, aber wir kämpften wie die Tiger«, berichteten sie später.

In der Männerfrage haben die Prostituierten und die Frauen, die ihnen helfen möchten, schon immer unterschiedliche Standpunkte vertreten. Etliche Feministinnen wollen zwar die Prostituierten unterstützen, das Gewerbe aber bekämpfen. Normalerweise kriminalisiert man die Frauen nicht, sondern präsentiert sie als »Opfer«. Ganz anders sieht es bei den Männern aus. »Hurenböcke« lassen sich problemlos öffentlich vorführen und beleidigen, die Liebhaber oder Lebensgefährten von Prostituierten darf man stigmatisieren und kriminalisieren. Jeder Mann mit einer Liebesbeziehung zu einer Prostituierten ist per definitionem ein Zuhälter. Die Agitation gegen die festen männlichen Partner von Prostituierten hat im 20. Jahrhundert ihre Spuren in der Sexualgesetzgebung hinterlassen. Die Gesetze gegen Zuhälterei beinhalten in einer Reihe von Ländern, daß keine Frau, die ihr Geld mit Sex verdient, einen Mann aushalten darf.

Der größte Teil der Prostituierten weltweit rekrutiert sich

aus den ärmeren Schichten der Gesellschaft. Das verwandtschaftliche Milieu vieler Prostituierter ist geprägt von Männern, die in Niedriglohnjobs arbeiten, arbeitslos oder auch kriminell sind. Allerdings wird es schwierig, wenn eine Prostituierte einen Ehemann oder Geliebten hat, der arbeitslos wird. Denn sobald sie ihn finanziell unterstützt, könnte man ihn möglicherweise der »Zuhälterei« bezichtigen.

»Einige von uns sind tatsächlich stolz darauf, so gut zu verdienen, daß wir unsere Liebhaber unterstützen können. Sie müssen nicht in einer Fabrik arbeiten, aus der sie nur müde und sauer nach Hause kommen«, erklärte eine amerikanische Prostituierte. Nur wenige haben heutzutage noch ein Problem damit, daß eine Beamtin oder eine Geschäftsfrau mit einem Mann zusammenlebt, der sich der häuslichen Dinge annimmt, es gilt eher als Zeichen einer konsequenten Gleichberechtigung. Hat eine Prostituierte hingegen einen Mann, der keiner »geregelten« Arbeit nachgeht, gilt das als Ausbeutung.

»Die Leute glauben, daß eine Prostituierte, die geschlagen wird, von ihrem Typ Schläge bekommt, weil sie nicht genügend Geld verdient. Männer haben jedoch in der Regel andere Gründe, um zu schlagen. Mein Liebster droht mich totzuschlagen, wenn ich ihn verlasse«, zitiert Eileen MacLeod die französische Prostituierte Carol in einem Gerichtsverfahren. Nach französischem Recht war das Zusammenleben von Carol und ihrem Liebhaber von öffentlichem Interesse. Nicht weil er sie geschlagen hatte oder ein schlechter Mensch war, sondern weil sie ihn als unmoralische Frau und Prostituierte aushielt, die man aus der Nachbarschaft entfernen wollte. In dem Prozeß berichtete Carol von etlichen Nachbarsfrauen, die keine Prostituierte waren und von ihren Männern geschlagen wurden, ohne daß die Polizei etwas dagegen unternahm. Diese Einlassung beantwortete das Gericht mit Schweigen.

»Zu behaupten, daß eine Frau ihren Körper verkauft, ist Blödsinn. In Wahrheit verschafft sie einem Kunden für eine begrenzte

Zeit und zu einem vereinbarten Preis Zugang zu ihrem Körper, genau wie ein Berater seinen Kunden gegen ein entsprechendes Honorar sein Gehirn zur Verfügung stellt«, erklärte ein englisches Callgirl 1985. Mehrere Untersuchungen aus den achtziger Jahren erwecken den Eindruck, daß die meisten Prostituierten mit ihrer Arbeit zufrieden sind; in Lewis Dianas Untersuchung aus dem Jahr 1985 in den USA sind es sechzig Prozent der befragten Straßenmädchen und Callgirls. Ähnliche Werte wurden bei Prostituierten in Afrika ermittelt. In Asien wird man ohne Zweifel eine weitaus größere Zahl negativer Antworten bekommen, Prostitution aus Zwang oder akuten Notsituationen ist hier noch immer wesentlich verbreiteter. Der Soziologe Bernhard Cohen interviewte 1979 gut die Hälfte aller puertorikanischen Straßenmädchen in New York und faßte die Frage nach dem Arbeitsklima folgendermaßen zusammen: »Eine für Frauen ungewöhnlich positive Haltung zu ihrer Arbeit.«

Die zufriedensten Prostituierten bleiben länger im Gewerbe, die älteren, erfahrenen sind in der Regel auch organisiert. Seit den achtziger Jahren treten auch transsexuelle und männliche Prostituierte den gewerkschaftlichen Organisationen bei. Eine Reihe von Aktivistinnen wie die Französin Marie Arrington hat darauf hingewiesen, daß man die Sexindustrie nicht einfach in einen heterosexuellen und einen homosexuellen Markt aufteilen kann: »Die Typen verkaufen sich, bis sie ein Alter erreicht haben, in dem sie für ihre Kunden nicht mehr attraktiv sind, der knackige Hintern ist weg. Dann fangen sie an, sich als Damen zu verkleiden und drängen zurück auf den Markt.«

Männer aus der Arbeiterklasse, die sich selbst als hundertprozentig heterosexuell bezeichnen würden, gehören häufig zu den Kunden transsexueller Prostituierter. In den Mittelmeerländern und Lateinamerika würden diese Männer gleichgeschlechtlichen Sex niemals zugeben und sich auch nur selten als Homosexuelle identifizieren, egal welche sexuelle Disposition sie tatsächlich haben. Im Arbeitermilieu dieser Länder ist der Machismo derart dominant, daß man auf keinen Fall mit einem erwachsenen Mann zusammensein will, sondern lediglich mit effeminierten Männern oder ganz jungen Burschen. Weltweit sucht ein kleiner Teil der Freier konsequent nach Transsexuellen oder Transvestiten, diese Männer werden nur durch das geschlechtlich Hybride erregt. Bei anderen ist es ganz einfach so, daß der Kauf eines Transsexuellen oder eines sehr femininen jungen Mannes im Bewußtsein des Kunden nicht als Seitensprung gewertet wird. Tatsächlich kann er hinterher ja auch beschwören, keinen Sex mit einer anderen Frau gehabt zu haben.

In den lateinischen Ländern ist es für die Männer der Mittel- und Oberklasse einfacher, eine differenzierte Männerrolle zu entwickeln, die auch Homosexualität oder den Besuch von maskulinen Prostituierten zuläßt. Doch auch die lateinischen Männer wollen männliche Prostituierte, so das ICPR, die nicht älter als Mitte zwanzig sind, und sie wollen normalerweise selbst die totale Kontrolle beim sexuellen Akt behalten. Anders verhält es sich in Westeuropa, den USA und Australien, wo sich in der homosexuellen Subkultur in den vergangenen dreißig Jahren eine weitaus größere Bandbreite von männlichen Rollenbildern entwickelt hat. Neben dem traditionellen Interesse an hübschen jungen Männern existiert eine große Nachfrage nach muskulösen, zum Teil extrem maskulinen erwachsenen Männern, die bis zu fünfundvierzig Jahre alt sein dürfen. Für diese Form der männlichen Prostitution gibt es keinerlei historische Vorbilder.

In den vergangenen zwei Jahrzehnten hat sich einiges in der männlichen Prostitution verändert. Die Frauenbefreiungsbewegung hat unter anderem dazu geführt, daß erwachsene Frauen sich nun junge Liebhaber halten. Diese »Gigolos« mit festem Gehalt sehen sich allerdings nicht als Prostituierte und würden diese Bezeichnung auch als einen Angriff auf ihr männliches Ego auffassen. Historisch gesehen haben sich auch tatsächlich nur Männer mit männlichen Kunden selbst als »Huren« bezeichnet.

Und noch etwas hat sich in den letzten Jahrzehnten verändert: »Männliche Prostitution für weibliche Kunden ist der neueste Markt der Sexindustrie. Er wächst, wenn auch langsam«, erklärte 1990 Valerie Scott, Kanadas führende Prostitutionsaktivistin. In den westlichen Ländern leben Frauen ihre Sexualität in einzelnen kurzen, geschäftsmäßigen Sexerlebnissen, One-Night-Stands, aus. Wenn sich Sexualität so rationell und zielgerichtet abspielt, wird es einfach, sexuelle Dienstleistungen zu kaufen. Die weibliche Nachfrage nach einmaligem Sex findet sich fast ausschließlich bei Frauen in leitenden Positionen aus Wirtschaft, Politik und Verwaltung. Es sind Frauen, die auch in anderen entscheidenden Bereichen traditionelle Männerrollen übernommen haben.

Überall auf der Welt verdienen männliche Prostituierte besser als ihre weiblichen Kollegen. Diese Situation führt zu internen Reibungen in der Branche, hat aber bisher eine gemeinsame Organisation nicht verhindert. Die Mehrheit der gewerkschaftlich organisierten männlichen Prostituierten bedient traditionell ihr eigenes Geschlecht. Untersuchungen haben erstaunlicherweise ergeben, daß jeder dritte Prostituierte, der sich durch Sex mit Männern ernährt, in seiner Freizeit Frauen vorzieht.

Auch innerhalb der lesbischen Szene gibt es eine Nachfrage nach sexuellen Dienstleistungen, das ist keine Phantasie der pornographischen Literatur. Doch da dies von der Frauenbewegung als politisch absolut unkorrekt angesehen wird, vollziehen sich derartige Arrangements nur äußerst diskret. Noch lassen sich über deren Verbreitung und Ursachen keinerlei zuverlässige, datengestützte Aussagen machen.

Die bestbezahlten Callgirls oder Callboys reisen 1. Klasse, um Kunden in allen Erdteilen zu besuchen. Auch viele der gewöhnlichen Prostituierten wissen, daß sie in anderen Ländern oft besser bezahlt werden. Die Migration von Prostituierten hat gegen Ende des 20. Jahrhunderts erneut einen Höhepunkt erreicht.

»Zu Hause in Bogotá wurde mir Arbeit in einem Klub mit Swimmingpool versprochen. Aber hier habe ich nur einen kleinen Raum. Oh, wie ich die holländischen Frauen beneide, die die Sprache sprechen«, erzählte 1994 die Kolumbianerin Conchita einer niederländischen Frauenaktivistin. Conchita war mit falschen Papieren in die Niederlande gekommen, erwartete aber eine grundsätzliche Verbesserung ihrer Lebensverhältnisse. Zurück nach Kolumbien wollte sie keinesfalls. Sie hoffte, irgendwann aus der Prostitution aussteigen zu können, ohne legale Papiere war es jedoch ein schwieriges Unterfangen. Conchita befand sich, wie so viele andere Einwanderer, in einem Circulus vitiosus. Millionen haben diese unrealistische Vorstellung vom Glück auf der anderen Seite des Weltmeeres. Auch darin unterscheiden sich Prostituierte nicht von anderen Menschen.

Die Billigprostitution hatte schon immer einen größeren Zustrom von ausländischen Arbeitskräften als der bestbezahlte Sektor der Prostitution, in dem Aussehen, Erfahrung und sprachliche und psychologische Voraussetzungen eine große Rolle spielen. In den letzten drei Jahrzehnten sind es in Westeuropa und den USA nicht mehr materielle oder soziale Bedingungen, die junge Mädchen in die Prostitution treiben, sondern eher Abenteuerlust und die Aussicht auf schnellverdientes Geld. Doch nur wenige bleiben im Gewerbe, wenn sie es nicht in den hochpreisigen Markt schaffen.

Im organisierten Teil der Sexindustrie in Europa und den USA gibt es keinerlei Regeln für »angemessene« Preise. Viele Kunden fordern keine Spezialitäten, Aussehen und Konversation sind ihnen egal, sie wollen lediglich einen Körper. Und nachdem es immer schwieriger wurde, für die billige Prostitution einheimische Frauen zu finden, importierten die Bordellbesitzer ausländische Arbeitskräfte. Die Migration von Sexarbeiterinnen folgt den gleichen gesetzmäßigen Mustern wie alle anderen Arbeitsmigrationen. Aber heutzutage ist es nicht mehr so einfach, in ein anderes Land zu ziehen, und so gibt es naturgemäß viele illegal arbeitende Frauen. Die Arbeitswanderungen folgen weltweit logischen Mustern, jede Migration vollzieht sich in Etappen. Die Hauptströme verlaufen von den ländlichen Gegenden in die Städte, von den kleinen in die großen Städte und von dort an die Küsten und ins Ausland. Die meisten Migranten kommen aus den halbindustrialisierten Ländern, und innerhalb der sogenannten Ersten Welt zieht es die Einwanderer in die größten und reichsten Nationen.

Aus Brasilien, Uruguay, Argentinien und von den Karibischen Inseln reisen Menschen in die USA, nach Deutschland und Frankreich. Viele Immigranten aus Kuba, Puerto Rico, Mexiko und den Pazifikinseln landen im Prostitutionsgewerbe der USA. Aus Westafrika drängen Frauen in die niederländischen oder französischen Bordellbetriebe. Aus Bombay, Kalkutta und Bangkok strömen Sexarbeiterinnen nach Europa. Einige Männer, aber weit mehr Frauen verlassen Taiwan, Hongkong und die Philippinen und ziehen nach Europa, Australien, Japan oder in die USA. Die erste Zeit in der neuen Welt wollen sie sich durch Prostitution ernähren.

Die Emigranten hinterlassen Lücken im Sexgewerbe der Länder, die sie verlassen. Die Bars und Klubs werden mit frisch zugezogenen Mädchen aus peripheren Gegenden und den armen Ländern der Regionen gefüllt. Die Niedrigpreisbordelle in Thailand rekrutieren sich in Laos, Vietnam oder Kambodscha, in Burma und im südchinesischen Yunnan. Eine Bauernfamilie in Nordthailand oder Vietnam mit einer gehorsamen Tochter in der Sexbranche kann sich eher als ihre Nachbarn einen Fernseher leisten. Und der Wohlstand signalisiert den restlichen Dorfbewohnern die sinnvollste Lösung, sollte der Nachwuchs nicht das erhoffte Geschlecht haben.

In Indiens Großstädte strömen jedes Jahr Hunderttausende an neuen Prostituierten aus Nepal und Assam und noch mehr aus dem Landesinneren und den Küstenregionen. Hongkongs Sexindustrie basiert auf Frauen aus dem kommunistischen China. Mädchen aus Manila, die mit Sex rasch Geld verdienen wollen, gehen ins Ausland, Manilas Freudenmädchen kommen von den Inseln der Visayas. In brasilianischen und argentinischen Bordellen findet man Frauen aus den ärmsten Regionen des lateinamerikanischen Kontinents. Russische Prostituierte arbeiten in Südostasien und den arabischen Ländern, arme arabische Jungen prostituieren sich in Tokio. Aus Polen und der Ukraine kommen Sexarbeiter beiderlei Geschlechts in den Westen.

Wenn die Menschen in ihrer eigenen Umgebung plötzlich Prostituierte einer anderen Hautfarbe sehen, werden oft genug alte moralische Vorurteile gegenüber der Prostitution aktiviert. Spontan haben viele Menschen das Gefühl, ausländische und farbige Prostituierte seien »schlimmer«, sie werden zum Symbol dafür, daß die Welt immer mehr in einem einzigen Sündensumpf versinkt.

Als Kathleen Barry 1995 mit ihrem Buch *The Prostitution of Sexuality* erneut weltweit Aufsehen erregte und ein starkes Medienecho bekam, war ihr zentrales Anliegen, die freiwillige Prostitution von Erwachsenen konsequent als »freiwillige Sexsklaverei« zu verdammen. Bei der Präsentation ihres Buches erklärte sie: »Tatsache ist doch, daß alles, was prostituierende Frauen tun, uns anderen schadet. Die Prostituierten lassen die Männer in dem Glauben, daß jede Frau sexuell verfügbar ist, freiwillig oder gegen Bezahlung. Die nächsten logischen Schritte sind Gewalt in der Ehe und Vergewaltigungen auf der Straße. Die Prostitution ist der rote Faden, der dahin führt, daß alle Frauen als Geiseln oder Sklaven enden.«

Emotionen und politisch vorbelastete Begriffe prägen die Debatte über Sex und Migration. Eine Prostituierte, die illegal immigriert, wird heutzutage gern als Opfer von »Menschenschmuggel« oder »Trafficking« bezeichnet. Jegliche Verantwortung für illegale weibliche Sexmigrationen wird dank dieser Begriffe auf angebliche Hintermänner des »Schmuggels« abgewälzt.

Wirklichen Menschenschmuggel gibt es. Frauen und Männer lassen sich transportieren wie Postpakete. Voraussetzungen dafür sind Gewaltanwendung, Zwang und Handschellen oder Doping bis zur Bewußtlosigkeit. In Asien kommt es am häufigsten an der Südgrenze Thailands vor. Hier dopen besonders ausgebildete Leute burmesische Mädchen, die häufig erst wieder in Bangkok erwachen und aus Angst und Schrecken den Bordellbesitzern gehorchen. Doch Menschenschmuggel macht nicht einmal ein Prozent der gegenwärtigen Sexmigration aus, so der IOM, die International Organization of Migration der UNO. Die Sexmigranten unserer Zeit können schreiben, sprechen und denken, wenn sie die Grenzen überqueren. Daß der Begriff »Menschenschmuggel« dennoch so häufig verwendet wird, liegt an den Aktivisten, die die Situation schlimmer darstellen, als sie tatsächlich ist. Auch wenn Mütter in Vietnam ihre Töchter mit zeitlich befristeten Verträgen an Bordellbesitzer im Ausland verkaufen, wissen sie, was sie tun. Der Verkauf von Töchtern ist eine uralte Tradition in Asien. Schriftliche, zeitlich befristete Verträge sind die Regel, nicht die Ausnahme. Prostitution ist in der Dritten Welt keine individuelle Wahl, sondern eine Frage der Haushaltsstrategie und des Erhalts der Familien, behaupten die Sozialanthropologen. Wer eine derartige Familientransaktion als Menschenschmuggel abstempelt, stigmatisiert ein ohnehin hart belastetes Milieu zusätzlich.

Kinderarbeit in der Sexindustrie ist abscheulich, aber es hat keinen Sinn, den Kampf gegen die Kinderarbeit mit einem Kreuzzug gegen die gesamte Prostitution zu vermengen. Sexuelle Kinderarbeit muß separat oder parallel zur übrigen Kinderarbeit bekämpft werden. Erzwungene Kinderarbeit in Minen und Fabriken ist mindestens ebenso grausam, zumal die Arbeitszeiten länger, die Krankheitsraten höher und das Todesrisiko noch größer ist. Echter Menschenschmuggel mit Gewaltanwendung und Doping für Minen- und Industriearbeit ist aber weitaus üblicher als in der Sexbranche. Diese Form der Verschleppung von Kindern und Jugendlichen kommt beinahe täglich vor und gehört zu den schlimmsten Verbrechen, die man sich vorstellen kann. Ein Bericht, in dem es um etwas so Abstoßendes wie Kinderprostitution geht, wird mit großer Aufmerksamkeit in der Öffentlichkeit wahrgenommen; jedoch lenken derartige Berichte von den Massen von Kindern ab, die unter der »normalen« Kinderarbeit mindestens ebenso leiden, für deren Schicksal sich Medien und Behörden viel mehr engagieren müßten.

In den achtziger und neunziger Jahren wurden die Einwanderungsprozeduren aus vielen Ländern der Dritten Welt immer mehr erschwert. Bestimmte Nationen, wie zum Beispiel die Philippinen, benötigten jetzt Visa für fast alle Länder, bekamen sie aber nur selten. Zu groß war die Sorge, daß jede touristische Reise eigentlich nur der Versuch einer illegalen Einwanderung war.

Dennoch versuchten viele, den Arbeitsmarkt der reichen Nationen zu erreichen. Dadurch erhöhte sich die Zahl der illegalen Arbeitsverhältnisse im Prostitutionsgewerbe. Betrug, Mißverständnisse, Erpressungen und Gewalt gehören zu den üblichen Begleiterscheinungen der Transaktionen auf den billigen Sektoren der Sexindustrie.

Ein Dauerbrenner in der aktuellen Prostitutionsdebatte ist der Begriff »Sextourismus«, eine merkwürdig unpräzise Bezeichnung, hinter der sich rassistische und sexistische Vorurteile verbergen. Einem Prostitutionsgegner müßte es eigentlich reichen, die Prostitution grundsätzlich und überall auf der Welt zu verdammen. Merkwürdigerweise wird dennoch die Prostitution in den Heimatländern toleriert, keineswegs dagegen der Sextourismus. Offensichtlich ist also Sex mit Ausländern das Problem.

Viele Männer geben im Urlaub Geld für Sex aus. Der Tourismus ist eine Wachstumsbranche, und Sex ist unter den angebotenen Dienstleistungen. Seit etwa zwei Jahrzehnten gibt es ein bis dahin unbekanntes Phänomen im Reisegeschäft: komplette

Touren in die Rotlichtbezirke Asiens, inklusive einem Guide zu den Mädchen. Die westlichen Teilnehmer sind in der Regel über dreißig, oft fehlt es ihnen an Erfahrung, da sie überwiegend in ländlichen Gegenden leben, wo es keinen kommerziellen Sex gibt.

Während sich der Sexmarkt in den westlichen Ländern von Jahrzehnt zu Jahrzehnt dramatisch verändert, sind in Asien kaum Veränderungen zu registrieren. Die Prostitution wird von einheimischen Kunden dominiert, wendet sich aber, ebenso wie andere Branchen, auch an die Touristen. Die Ausländer können wie andere preisgünstige Waren auch billigen Sex kaufen. Die Preise sind niedrig, weil das Gewerbe vom lokalen Markt bestimmt wird. Außerdem ist der Profit hoch und die Rekrutierung neuer Arbeitskräfte vergleichsweise günstig. Doch jedesmal, wenn ein Nischenmarkt für Touristen entsteht, steigen die Preise, genau wie bei den Schneidern. Geschäftsleute und Touristen beiderlei Geschlechts bekommen in Lateinamerika und Südostasien mehr für ihr Geld als daheim. Gekauft werden Kleidung, Schmuck, Uhren und Liebesdienste. Viele Männer, die es sich normalerweise nicht vorstellen können, für Sex zu zahlen, tun es im Ausland, wenn es billig ist.

Sextourismus erinnert am meisten an »Badetourismus«. Denn Sex ist eine Aktivität, keine Krankheit. Ein Sextourist hat keine besondere »Neigung« oder eine eigenartige psychologische Disposition. Die Männer, die sich im Urlaub Sex kaufen, sind ganz gewöhnliche Arbeiter, Handwerker, Angestellte, Geschäftsleute oder Studenten. Die Sexindustrie bekommt, wie alle Handelssparten, Probleme, wenn Teile der Branche zu Dumpingpreisen verkaufen. In einzelnen Ländern sind Prostitutionsleistungen »zu billig«, das Angebot ist schlicht zu groß. Männer und Frauen, die Sex verkaufen, wollen ihre eigene Lebensqualität verbessern, sparen oder für den Unterhalt ihrer Familie sorgen. Gelingt es nicht, haben sie ein Problem. Die organisierten Prostituierten, die durch das ICPR unterstützt werden, kämpfen für höhere Preise in den armen Ländern.

Gleichwohl gibt es bedrohliche bevölkerungspolitische Entwicklungen, denen mit Hilfe der Demographen gegengesteuert werden könnte. So gibt es eine alarmierende demographische Tatsache, die den Bevölkerungsexperten seit langem bekannt ist: die Ein-Kind-Politik des Riesenreiches China in Verbindung mit der gezielten Abtreibung von Mädchenföten hat zu einem enormen Männerüberschuß geführt. Bald wird es fünfzig Millionen mehr chinesische Männer als Frauen im fortpflanzungsfähigen Alter geben. Die Welt wird schon bald eine Nachfrage nach sexuellen Dienstleistungen und Partnervermittlungen erleben wie nie zuvor in der Geschichte.

Es wird spannend, wie die dogmatischen Anhänger der »wahren Liebe« im Heimatland reagieren, wenn ihnen klar wird, daß die männliche Bevölkerung der Volksrepublik China längst damit begonnen hat, sich Ehefrauen im Ausland zu suchen. Internationale Migration und Sexualpolitik werden künftig eng miteinander verknüpft sein.

»In jedem Beruf, auch in den akademischen, gibt es Pfuscher, Tölpel und ewige Verlierer … Wieso also diese permanente Stereotypisierung von Prostituierten, diese Betonung des unschönsten Bereichs … schnelles Geld für Rauschgift … und die erfolgreichsten Prostituierten werden übersehen.« So kommentiert Camille Paglia den Prostitutionsmythos der letzten zwanzig Jahre: die Hure als Junkie, als ewiges Opfer des Drogenmißbrauchs, das billigen Sex verkauft, um seine Abhängigkeit von illegalen Rauschmitteln, vor allem Heroin, zu befriedigen.

Sämtliche Untersuchungen über Rauschmittelverbrauch plazieren jedoch gesunde junge Männer mit gutem Einkommen und einem gewissen Gefühl der Sorglosigkeit auf die obersten Ränge. Heroin wird dabei nur von wenigen Männern und noch weniger Frauen benutzt. Andere Rauschmittel werden hingegen in großem Stil konsumiert. Alkohol ist dabei nicht einmal dominierend, auch nicht unter Prostituierten. Heroin spielt eine tragische und destruktive Rolle im Leben einiger weniger Prostituierten, die allerdings nicht repräsentativ für das Gewerbe sind. »Prostitution ist harte Arbeit, sowohl physisch wie emotional. Es ist daher nicht überraschend, daß Prostituierte Drogen nehmen, um sich die Arbeit zu erleichtern oder hinterher zu entspannen«, erklärte die Prostitutionsaktivistin Priscilla Alexander 1988 in einem Zeitungsinterview.

Der Gebrauch von Rauschmitteln bei Prostituierten ist ebenso differenziert, wie die Sexindustrie komplex ist. In Bangkok beispielsweise ist Heroin billig und leicht zu beschaffen, und doch spritzen nur sehr wenige weibliche Prostituierte Heroin, weil sie den Rausch für unweiblich halten. Viele Prostituierte haben Freunde, die Heroin spritzen, sie selbst greifen zu leichteren Drogen.

Der Prostitutionsforscher Lewis Diana studierte 1985 die Drogengewohnheiten bei amerikanischen, gewerkschaftlich organisierten Prostituierten. Er fand heraus, daß vier Prozent aller Befragten Heroin benutzten, zwei Prozent Kokain. Es gab keinerlei Überschneidungen zwischen Heroin- und Kokainnutzern. Marihuana und Alkohol hingegen waren die bevorzugten Rauschmittel, deren Konsum jedoch eher als gewöhnliches Phänomen der urbanen Großstadtkultur an der Ostküste Amerikas und Kaliforniens zu interpretieren ist. Daß eine Mischung aus Amphetaminen, Schlafmitteln, Alkohol und Antidepressiva für die überwiegende Mehrheit der Befragten zum täglichen Konsum gehört, war die wichtigste und fatalste Information der Untersuchung. Die amerikanischen Prostituierten hatten mit Blick auf Drogen offenbar Gewohnheiten, die eindeutig vom Durchschnittsbürger der USA abwichen. Nur wenige Experten waren über die Feststellung überrascht, daß sich die Modepille Ecstasy in den letzten Jahren schneller unter den Sexarbeiterinnen verbreitete als in der übrigen Bevölkerung.

Das traurige Lebensschicksal junger Drogenabhängiger ist für die Presse immer wieder interessant und läßt sich hin und wieder auch in Romanen und Filmen verarbeiten. *Wir Kinder vom Bahnhof Zoo* hieß das Buch von Christiane F., einer jungen Abhängigen, die in den achtziger Jahren am Berliner Bahnhof Zoo auf den Strich ging. Der Mythos von der abhängigen Prostituierten ist eine zwar unzulässige Verallgemeinerung, aber er beruht auf einer vergleichsweise neuen, charakteristischen Form, mit der in den westlichen Ländern Prostituierte rekrutiert werden: Ein nicht unerheblicher Teil der neuen weiblichen und männlichen Prostituierten war, als sie das erste Mal ihre Körper verkauften, von teuren Drogen abhängig, in Europa von Heroin, in den USA von Crack. Die Rekrutierung durch Abhängigkeit ergänzt inzwischen die beiden klassischen Hauptwege zur Prostitution: allgemeine Not und soziale Ambitionen. Die Kausalkette ist logisch: Heroinmißbrauch führt zur Straßenprostitution. Aber heroinabhängige Teenager bleiben in der Regel nicht lange im Gewerbe. Erwachsene, professionelle Prostituierte bedauern das Auftauchen dieser Abhängigen, weil die Jugendlichen ein ziemlich hartes Leben führen, vor allem aber, weil sie den Markt empfindlich stören, indem sie ihre Dienste weit unter Preis anbieten. Heroinabhängige machen inzwischen in vielen Ländern einen wesentlichen Teil der Prostituierten aus, mit denen Polizei und Gesundheitsbehörden Kontakt haben. Wenn man sich jedoch über Prostitution informieren will und mit dem übelsten Bereich anfängt, ist das Ergebnis eher Elendsforschung als Prostitutionsanalyse.

In den Dekaden nach dem Zweiten Weltkrieg triumphierte die moderne Medizin über Syphilis und Gonorrhöe, die Furcht vor Geschlechtskrankheiten schwand. Doch die beiden Krankheiten sind noch immer verbreitet, nicht nur bei den schlechtbezahlten Prostituierten in den Teilen der Welt, in denen das Angebot ärztlich-medizinischer Betreuung ohnehin primitiv ist. Man muß sich heute trotz aller Erfolge im Kampf gegen die bekannten, traditionellen Geschlechtskrankheiten auch eingestehen, daß sie in den letzten Jahren wieder ansteckender als jemals zuvor sind. Weibliche Sexarbeiter haben weitaus mehr Sexualpartner als andere Frauen, durchschnittlich zwischen fünfhundert und fünfzehnhundert pro Jahr. In den siebziger Jahren gaben zwanzig Prozent der Männer, die sich in den USA und Europa frisch infiziert hatten, an, daß sie eine Prostituierte besucht hatten. Entsprechende Zahlen aus Asien und Afrika zeigten, daß sich dort achtzig Prozent der Männer bei Prostituierten angesteckt hatten. Die Zahlen geben ein wenig Auskunft über die unterschiedliche Bedeutung der Prostitution in verschiedenen Teilen der Erde, zeigen aber gleichzeitig, wie notwendig ein Gesundheitssystem nach westlichem Vorbild ist.

Mit Ausnahme der Heroinabhängigen sind westliche Prostituierte seit langem sehr gesundheitsbewußt. Bei den Prostituierten in den USA hatten die traditionellen Geschlechtskrankheiten Mitte der achtziger Jahre eine Infektionsrate von fünf Prozent jährlich; bei Studentinnen lag sie zur gleichen Zeit bei fünfundzwanzig Prozent.

Die neue, noch größere Sorge der Menschheit ist seit Anfang der achtziger Jahre Aids. Die Krankheit hat ein Ansteckungsrisiko, das sehr viel niedriger liegt als bei anderen, durch Sexualverkehr übertragenen Krankheiten. Dafür ist es um so schlimmer, wenn man erst einmal erkrankt ist. Prostituierte sind Teil der Ansteckungskette, wie bei jeder anderen Geschlechtskrankheit. Aber wenn es in der plumpen Propaganda heißt, Prostituierte würden die Krankheit »in der Bevölkerung verbreiten«, übersieht man ein entscheidendes Glied der Anstekkungskette. Wenn ein Arzt einen Patienten fragt, wie er sich angesteckt hat, ist es häufig am einfachsten zu erklären, man sei in einem Bordell gewesen. In der ersten Phase der Aids-Epidemie wurden sehr viele Übertragungen der Sexindustrie zur Last gelegt, die in Wahrheit durch homosexuellen Verkehr oder heroinabhängige Prostituierte verursacht worden waren. Tatsächlich dauerte es in der Praxis ziemlich lange, bevor Aids ernsthaft das Prostituiertenmilieu erreicht hatte. Unter westlichen Prostituierten wurde »safer sex« schon lange praktiziert, noch bevor die Idee im Zusammenhang mit Aids die homosexuelle Männerkultur erreichte. »Durch Kondome entsteht ein

Privatleben ... sie sind für Prostituierte eine Methode, eine Grenze zu ziehen zwischen Arbeit und Spiel«, erkannte Margo St. James schon 1980.

Heute ist Aids unter Prostituierten allgegenwärtig. Kondome sind der notwendige Schutz gegen Aids und andere Ansteckungen. Aber in vielen Ländern wird der Gebrauch von Kondomen behindert. Es wird behauptet, der Gummischutz stimuliere die Unmoral, ein anderes Argument lautet, der Einsatz von Kondomen würde die »natürliche« Befruchtung verhindern. Der Widerstand unter den Kunden, ein Kondom zu verwenden, ist groß, zum Ärger der professionellen Prostituierten: »Männer mit Ehefrauen und Kindern ... kommen hierher und sagen, ich gebe dir soundsoviel, wenn wir es ohne machen ... Sonst ist das doch, als würde man Bonbons mit Papier essen!« Wie es heißt, sind afrikanische Männer, Farbige in den USA und Europäer aus der Mittelklasse die hartnäckigsten Kondomverweigerer.

Ende der achtziger Jahre waren drei bis vier Prozent der Prostituierten in Europa HIV-positiv, fünf bis sechs Prozent in den USA. In Ost- und Zentralafrika lag die Infektionsrate in bestimmten Gebieten bei bis zu achtzig Prozent.

Die kapitalakkumulierende afrikanische Prostituierte war ein charakteristischer Prototyp in Afrika. Schwarzafrikanerinnen gehörten seit den Anfängen der Prostitution auf dem Kontinent zu den ersten und effektivsten, wenn es darum ging, den Weißen bestimmte Dinge abzugucken. Während der Entkolonialisierung und der nationalen Konsolidierungen war dies sehr deutlich bei den vielen ehemaligen Prostituierten zu beobachten, die sich politisch engagierten. Sie erwiesen sich als Experten beim Wohnungsbau und in der Gesundheitspflege. Seither hängen Prostitution und Armut wieder enger zusammen, ohne daß der Mythos seine Anziehungskraft verloren hätte, die Prostitution sei der einfachste Weg zum Erfolg. Aids erreichte Afrika als Kulmination einer langjährigen Krise in seinen Gesellschaften und in der Prostitutionsbranche.

Aber der Zulauf zur Prostitution ist in Afrika dennoch nicht gestoppt, denn viele Frauen können sich kein anderes würdiges Leben vorstellen. Fati, eine dreimal verheiratete und geschiedene Haussa, die als Prostituierte arbeitet, drückte es 1988 folgendermaßen aus: »Als Ehefrau bekomme ich Schläge. Wenn ich Sex verkaufe, bekomme ich Geld ... Ins Dorf zurückkehren, um einen neuen Mann zu finden? Ich muß pflügen, ich muß Wasser holen, ich muß kochen, ich muß die ganze Arbeit machen. Ha ha ha ha! Nein. Nein. Nein! Hier in der Stadt geht es mir besser.«

Heute ist Afrika mehr als jeder andere Erdteil geprägt von aidskranken Frauen und »safer sex«-Kampagnen. Eine Reihe guter Medikamente steht auf dem internationalen Markt zur Verfügung, doch die Preise befinden sich auf einem Niveau, das jede schlechtbezahlte Prostituierte von vornherein vom Erwerb dieser Medikamente ausschließt. In der Praxis ist es daher so gut wie irrelevant, daß es heute möglich wäre, in den ärmsten Ländern der Welt eine Behandlung anzubieten. Gegenwärtig gibt es engagierte Bemühungen, um die Pharma-Industrie zu niedrigeren Preisen für die Aidsmedikamente zu bewegen. Erste Erfolge gab es im Oktober 2005 in Brasilien.

In Asien war die Verbreitung von Aids viele Jahre vor allem im Drogenmilieu nachzuweisen, erst um 1990 erreichte die Krankheit die Sexindustrie. Seither hat sich Aids in Ländern wie Indien, Thailand und Kambodscha enorm verbreitet. Im Westen stabilisierte sich die Ansteckungsrate dagegen auf einem relativ niedrigen Niveau, in Afrika ist sie unverändert hoch. In vielen amerikanischen Bundesstaaten und in einigen Ländern der Dritten Welt werden Prostituierte zu HIV-Tests gezwungen und sämtliche Infizierten aus den Bordellvierteln entfernt. Mit halblegalen Maßnahmen werden Schließungen von Etablissements mit einer hohen Zahl von HIV-Positiven durchgesetzt. In kleineren Ländern wurden schon Photos von aidskranken Prostituierten im Fernsehen als Kundenservice gesendet. Viele dieser Maßnahmen wurden zurecht als Verletzung der Menschenrechte bezeichnet. Die Organisationen der

Prostituierten und einige internationale Institutionen wie die WHO oder die International Labour Organization haben sich dieser Argumentation angeschlossen, allerdings ohne sonderlich großen Erfolg. Die Behörden der meisten Länder haben überraschend schnell Verhaltensmaßregeln erlassen, um eine aidsfreie Prostitutionsbranche zu erreichen. Die Rücksicht auf die Kunden zählt weit mehr als die Sorge um die Prostituierten.

Vor einigen Jahren wurde »Cicciolina«zum weltweiten Liebling der Medien. Ilona Staller, so ihr bürgerlicher Name, hatte als Prostituierte und Pornodarstellerin gearbeitet, ehe sie für den linksliberalen Partito Radicale ins italienische Parlament einzog. Die Cicciolina verhielt sich in den Debatten durchaus auffällig und freizügig und verwies immer wieder auf ihre Vergangenheit in der Sexbranche. Die wichtigste Frauenorganisation der Philippinen, Gabriela, wird von Nelia Sancho geleitet, einer ehemaligen Kommunistin und Schönheitskönigin. Sie versäumt es nie, die Anliegen von Prostituierten anzusprechen, wenn eine Frauenfrage auf der Tagesordnung steht.

Insgesamt ist die Frauenbewegung weitaus offener und liberaler geworden, obwohl die dogmatische und machtorientierte Strömung innerhalb des Feminismus noch immer sehr vital ist. Camille Paglia hat vermutlich als Autorin mit ihren Ideen in den neunziger Jahren die größte Medienaufmerksamkeit in den USA genossen. Sie beschäftigt sich mit Fragen des Geschlechts, der Kultur, der Religion und der Geschichte, doch ihre Bücher werden an den Universitäten, die Seminare zu Frauenfragen anbieten, nicht eingesetzt. Camille Paglia ist nicht »political correct«, sie gilt als Ketzerin, die in der Debatte über Pornographie und Prostitution die falschen Ansichten vertritt. Ihre Bücher werden Studentinnen, die immerhin über zwanzig Jahre alt sind, nicht zur Lektüre empfohlen. Offenbar sind sie noch immer zu jung, um selbständig zu denken.

Doch seit fast anderthalb Jahrzehnten repräsentiert Camille

Paglia einen Großteil der gesellschaftlich und politisch bewußten Frauen, mehr als die traditionellen und dogmentreuen Feministinnen à la Kathleen Barry und Gloria Steinem. Inzwischen ist es auch nicht mehr so verbreitet, ständig den abgrundtiefen Gegensatz zwischen Prostituierten und anderen Frauen zu beschwören. Die Sexindustrie ist inzwischen besser organisiert, die Prostituierten haben gezeigt, daß auch sie Lobbyarbeit betreiben können. In Australien sind einige der führenden Vermittlungen von Luxusprostituierten heute börsennotierte Gesellschaften. In Amsterdam haben sich die Freier organisiert und führen regelrechte Verhandlungen über die Tarife. In Dänemark und den Niederlanden kommen Behinderte inzwischen in den Genuß von Sexdiensten, die inklusive der Taxifahrt von den Gesundheitsbehörden organisiert sind. In den westlichen Ländern hat sich immer mehr die Erkenntnis durchgesetzt, daß die gewerkschaftliche Organisation von Prostituierten schließlich auch bessere Lebensbedingungen für andere Frauen in der Dritten Welt schaffen kann.

In der internationalen Politik spiegelt sich der Gegensatz zwischen dogmatischem Feminismus und einer eher realistischen Betrachtungsweise der Lebensumstände und Arbeitsbedingungen von Frauen als interner Konflikt in den Vereinten Nationen wider. Der traditionelle Feminismus hat sich hier strategisch mit christlichen Organisationen vereinigt und dominiert die Kultur- und Kinderorganisationen UNESCO und UNICEF sowie freiwillige Hilfsorganisationen. UN-Organisationen, die weniger ideologisch ausgerichtet sind und sich eher praktisch mit den Arbeits- und Gesundheitsverhältnissen beschäftigen – wie die ILO, die WHO oder UNAIDS –, arbeiten jedoch seit langem mit den Organisationen der Prostituierten zusammen. Aids zwang die Weltgesundheitsarbeiter, ihren Blick auf die Prostitution zu revidieren.

In Europa und den USA begannen sich die Frauenbewegung und Prostituierte seit der zweiten Hälfte der achtziger Jahre einander anzunähern. Es entstanden neben den Hurenorganisationen Gruppen, in denen sich nichtprofessionelle Frauen mit der Prostitution beschäftigten.

In den neunziger Jahren setzte sich in der frauenpolitisch engagierten Szene mehr und mehr die Haltung durch, man solle mit Prostituierten kooperieren, allerdings ohne sie retten zu wollen. Linke Frauenorganisationen haben in dieser Frage den Kurs weitaus deutlicher geändert als konservative und christliche Organisationen. Durch Aids und die HIV-vorbeugenden Aufklärungsarbeiten wurde diese neue weibliche Solidarität zusätzlich gestärkt.

Bei den Männern ist ein radikales Umdenken über Prostituierte oder gar ein Interesse an ihrer körperlichen und seelischen Gesundheit nicht zu erkennen. Weder in Asien noch in Afrika oder in den westlichen Ländern. Denn Aids ist ein weit größeres Gesundheitsproblem für die Prostituierten als für die Kunden. Und nur wenige unter den Freiern sind bereit, die Sache vom Standpunkt der Prostituierten aus zu sehen. Noch immer werden sie als Menschen zweiter Klasse gesehen, als Frauen, aber auch wegen ihres Berufs. Den Prostituierten wird in der Alltagsrealität bis heute eine Reihe von Menschenrechten vorenthalten, die ihnen – wie jedem Menschen – verfassungsgemäß garantiert sind.

Verwendete Literatur

Für die Übersetzung hinzugezogen wurde die vom Verfasser überarbeitete und ergänzte amerikanische Ausgabe Nils Johan Ringdal, *Love For Sale. A World History of Prostitution,* New York 2004.

Sofern im Text aus einer deutschen Ausgabe der verwendeten Literatur zitiert wird, ist diese im folgenden auch angegeben.

Einleitung

Briffault, Robert, *The Mothers. A Study of the Origins of Sentiments and Institutions,* New York 1927.
Ford, Clellan, *Patterns of Sexual Behavior,* New York 1951.
Herdt, Gilbert and Robert Stallet, *Intimate Communications. Erotics and the Study of Culture,* New York 1990.
van Kirk, Kirk and Sylvia, *Many Tender Ties. Women in Fur Trade Societies in Western Canada* 1679–1870, Winnipeg 1980.
Malinowskij, Bronislaw, *The Sexual Life of Savages,* New York 1929.
Mead, Margaret, *Male and Female, A Study of Sexes in a Chancing World,* New York and London 1949.
Paglia, Camille, *Vamps and Tramps. New Essays,* New York 1994.

Die Huren Babylons

Bachofen, Johann Jacob, *Das Mutterrecht,* Stuttgart 1861.
Bloch, Iwan, *Die Prostitution. Handbuch der gesamten Sexualwissenschaften I-II,* Berlin 1912–1925.
Cameron, Averil, and Amélie Kuhrt (eds.), *Images of Women in Antiquity,* London 1983.

Ehrenberg, Margaret, *Women in Prehistory,* London 1989.
Engels, Friedrich, *The Origin of the Family, State and Society,* London 1884.
Frazer, Sir James George, *The Golden Bough. A Study in Magie and Religion I–XIII,* London and New York 1911–15.
Gilgamesch-Epos. Neu übersetzt und kommentiert von Stefan M. Maul, München 2005.
Gimbutas, Marija Marij, *The Language of the Goddess,* London 1989.
dto., *The Civilization of the Goddess,* London 1991.
Hardmann, Paul D., *Homoaffectionalism. Male Bonding from Gilgamesh to the Present,* San Francisco 1993.
Herodotus, *Persian Wars.* Transl. by A. D. Goodley, London 1904.
Lerner, Gerda, *The Creation of Patriarchy,* New York 1986.
dto., »The Creation of Prostitution in Ancient Mesopotamia«, in: *Signs. Journal of Women, Culture and Society,* 11/1986.
Lesko, Barbara S. (ed.), *Women's Earliest Records. From Ancient Egypt and Western Asia,* Atlanta 1989.
Maine, Henry, *Ancient Law,* London 1861.
Manniche, Lise, *Sexual Life in Ancient Egypt,* London 1987.
Meskell, L., »Goddesses, Gimbutas and New Age Archeology«, in: *Antiquity* 69/1995.
Morgan, Lewis, *Ancient Society,* New York 1871.
Pettinato, Giovanni, *Samuramat/Semeramis,* o. O. 1989.
Pomeroy, Sarah B., *Women in Hellenistic Egypt. From Alexander to Cleopatra,* New York 1984.
Taylor, Timothy, *The Prehistory of Sex. Four Million Years of Human Sexual Culture,* London 1996.

Patriarchen und Priesterinnen

Bullough, Vern, *The History of Prostitution,* New York 1964.
Burkert, Walter, *Ancient Mystery Cults,* Harvard 1987.
Die Bibel. Nach der Übersetzung Martin Luthers. Bibeltext in der revidierten Fassung von 1984. Herausgegeben von der Evangelischen Kirche in Deutschland, Stuttgart 1985.
Alttestamentarische Quellen: Tamar und Judah. Genesis 38. / Rahab. Josua 2.1 ff. / Samson. Richter 11.2, 161, 16.4–40. Sprüche 6.20, 24, 25, 32.7, 6.10–12. / Solomon. 1. Könige 3.16–28. / Isebel. 1. Könige 21. / Jesaja. 23.16.

Meyers, Carol, *Discovering Eve. Ancient Israelite Women in Context,* Oxford 1988.
Parrinder, Geoffrey, *Sex in the World's Religions,* New York 1980.

Die neue Freiheit der Griechen

Aeschines, *Against Timarchos.* Ed. and transl. by Charles Darwin Adams, London 1957.
Alciphron, *Letters of Courtesans.* Ed. and transl. by Allen Rogers, London 1962.
Aristophanes, *The Acharnians.* Ed. and transl. by Benjamin Rickley, London 1950.
Demosthenes, *Contra Naerem. Orations Vol. VI.* Transl. by A. T. Murray, London 1957.
Dover, Kenneth James, *Greek Homosexuality,* London 1978.
Keuls, Eva, *The Reign of the Phallus. Sexual Politicsin Ancient Athens,* New York 1985.
Licht, Hans, *Sexual Life in Ancient Greece,* London 1931.
Lucian, *Dialogues of Courtesans.* Ed. and transl. by M. D. MacLeod, London 1961.
Reinsberg, Carola, *Ehe, Hetärentum und Knabenliebe im Antiken Griechenland,* München 1989.
Rouselle, Aline, *Porneia. On Desire and the Body in Antiquity,* Oxford 1988.
Winkler, John J., *The Constraints of Desire. The Anthropology of Sex and Gender in Ancient Greece,* New York 1990.

Heilige Prostitution bei den Hindus

A Life of the Buddha. Ed. and transl. by Michael Edwards, London 1959
Banjerij, Sures Chandra, and Chandra Chakraborry, *Folklore in Ancient and Mediavel India,* Calcutta 1991.
Basak, Radhgovinda, *Lectures on Buddha and Buddhism,* Calcutta 1961.
Dubois, Abbe Jean Antoine, *Hindu Manners, Customs and Ceremonies,* Oxford 1897.
Meyer, Johann Jakob, *Sexual Life in Ancient India. A Study in the Comparative History of Indian Culture I–III,* London 1930.

Penzer, Norman Mosley, *Poison Damsels and Other Essays,* London 1952.
Ramayana and the Mahabharatha. Transl. by Romesc C. Dutt, London and New York 1950.
Vatsayana, *Kama Sutra.* Transl. by Richard Burton and F. F. Arbuthnot, London and New York 1963, 1980.
Dank an Audun Beyer für seine wertvolle Hilfe bei den Sanskrit-Texten.

Die Töchter Roms

Boswell, John, *Same-Sex Unions in Premodern Europe,* New York 1994.
Bullough, Vern L., *The Historie of Prostitution,* New York 1964.
Bullough, Vern L., and James A. Brandage, *Sexual Practice in the Medieval Church,* Buffalo 1982.
Cicero, Marcus Tullius, »Rede für Caelius«. In: *Sämtliche Reden.* Ausgabe in sieben Bänden. Eingeleitet, übersetzt und erläutert von Manfred Fuhrmann, Zürich und München 1980.
Clarke, Elisabeth A., *Women in th Early Church,* Wilmington, Del. 1983.
Horaz, *Sämtliche Werke (lat. und deutsch). Teil II: Satiren und Briefe.* Übersetzt und zusammen mit Hans Färber bearbeitet von Wilhelm Schöne, München 1957.
Lucius Calidus Eroticus. Übersetzung der Grabinschrift von Philipp Filtzinger. SchrlMA 49, 1995, 94 Abb. 62.
Martial, *Epigramme. Von Dirnen, Gaunern, Gladiatoren.* Aus dem Lateinischen übertragen und herausgegeben von Walter Hofmann, Frankfurt am Main und Leipzig 1997.
Ovid, *Amores.*Transl. by Grant Showerman, London 1962.
Plautus, *Mostellaria.* Transl. by Paul Nixon, London 1963.
Procopius, *Anecdota.* Transl. by H. B. Dewing and Gleanville Downey, London 1954.
Properz, *Gedichte.* Lateinisch und deutsch von Rudolf Helm. Herausgegeben von der Sektion für Altertumswissenschaften bei der deutschen Akademie der Wissenschaften zu Berlin. Bd. 18, Berlin 1965.
Scholz, Pjotr O., *Der entmannte Eros. Eine Kulturgeschichte der Eunuchen und Kastraten.* Düsseldorf / Zürich, 1997.

Reuige Sünderinnen

Anstett-Jansen, Marga, *Maria Magdalena in der abendländischen Kunst,* Freiburg 1961.

Augustine, *Confessions,* Transl. by Albert C. Outler, London 1955.

Brown, Peter, *The Body an Society. Men, Women and Sexual Renunciation in Early Christianity,* New York 1988.

Bullough, Vern L., *The Historie of Prostitution,* New York 1964.

Bullough, Vern L., and James A. Brandage, *Sexual Practice in the Medieval Church,* Buffalo 1982.

Butlers Lives of the Saints. Ed. and suppt. by Herbert Thurston and Donald Attwater. Keine weiteren Angaben.

Clarke, Elisabeth A., *Women in th Early Church,* Wilmington, Del. 1983.

Die Bibel. Nach der Übersetzung Martin Luthers. Bibeltext in der revidierten Fassung von 1984. Herausgegeben von der Evangelischen Kirche in Deutschland, Stuttgart 1985.

Neutestamentarische Quellen: Matt. 27.55–57, 61–67; 28.1–8 / Mark. 15.40–47; 16.1–13. / Lukas 7.36–50; 10.38–42; 23.27–56; 24.1–12. / Joh. 8.1–11; 12.1–8; 19.25–27; 20.1–18.; 22.17.

Tertullian, *Apology.* Transl. by Emilia Joseph Daly, New York 1950.

Wilson, Stephen (ed.), *Saints and their Cults.* Cambridge, Mass. 1983.

Besonderer Dank an Turid Seim Karlsen.

Die Freudenmädchen im China der Tang-Zeit

Beurdeley, M. et al., *The Clouds and the Rains. The Art of Love in China,* Friebourg 1969.

van Gulik, Robert Hans, *Sexual Life in Ancient China. A Preliminary Survey of Chinese Sex and Society from* 1500 *B.C. until* 1644, Leiden 1974.

Juan, Fang Fu, *Sex in China. Studies in Sexology in Chinese Culture,* New York 1991.

Zünfte, Klöster und Landstreicher

Ariès, Philippe, and André Béjin (eds.), *Western Sexuality. Practice and Precept in Past and Present Times,* Oxford 1985.

Baker, Derek (ed.), *Medieval Women,* Oxford 1978.
Geremek, Bronislaw, *The Margins of Society in Late Medieval Paris,* Cambridge 1987.
Otis, Leah Lydia, *Prostitution in Medieval Society,* Chicago 1985.
Rossiaud, Jacques, *Medieval Prostitution,* Oxford 1968.
Villon, François, *Sämtliche Werke.* Zweisprachige Ausgabe. Herausgegeben und aus dem Französischen übersetzt von Carl Fischer, München 1992.

Die Hure und die Kirche

Anstett-Jansen, Marga, *Maria Magdalena in der abendländischen Kunst,* Freiburg 1961.
Bullough, Vern L., and James A. Brandage, *Sexual Practice in the Medieval Church,* Buffalo 1982.
Mercadé, Eustache: die Zitate sind dem Buch von Jacques Rossiaud entnommen.
Richards, Jeffrey, *Sex, Dissidence and Damnation. Minority Groups in the Middle Ages,* London 1991.
Rossiaud, Jacques, *Medieval Prostitution,* Oxford 1968.
Wilde, Oscar, *De profundis. Aufzeichnungen und Briefe aus dem Zuchthaus in Reading.* Herausgegeben und eingeleitet von Max Meyerfeld, Berlin 1905.

Der Rosenkrieg

Bornstein, E. D., *Ideals for Women in the Works of Christine de Pizan,* Ann Arbor 1981.
Capellanus, Andreas, *The Art of Courtly Love.* Transl. by J. J. Parry, New York 1941.
Chaucer, Geoffrey, *Die Canterbury-Erzählungen.* Übertragen und herausgegeben von Martin Lehnert, Leipzig 1981.
Cosman, M. P. and C. C. Willard (eds.), *A Medieval Woman's Mirror of Honour. The Treasury of the City of Ladies,* New York 1989.
Kelly, Joan, »Early Feminist Theory and the Querelle des Femmes«, in: *The Essays of Joan Kelly,* Oxford 1977.
McLeod, E., *The Order of the Rose. The Life and Ideas of Christine de Pizan,* London 1976.

Pizan, Christine de, *The Book of the City of Ladies.* Transl. by E. J. Richard, New York 1982.
Roberts, Nickie, *Whores in History. Prostitution in Western Society,* London 1992.
Rossiaud, Jacques, *Medieval Prostitution,* Oxford 1968.

Die Syphilis

Bäumer, Ernst, *Amors vergifteter Pfeil. Kulturgeschichte einer verschwiegenen Krankheit,* München 1976.
Geremek, Bronislaw, *The Margins of Society in Late Medieval Paris,* Cambridge 1987.
Luther, Martin, *Luther deutsch. Die Werke Martin Luthers in neuer Auswahl für die Gegenwart.* 1.–10. Band, herausgegeben von Kurt Aland, Göttingen 1991.
Otis, Leah Lydia, *Prostitution in Medieval Society,* Chicago 1985.
Quetel, Claude, *History of Syphilis,* Baltimore 1990.
Rossiaud, Jacques, *Medieval Prostitution,* Oxford 1968.

Glanz und Elend der Kurtisanen

Aretino, Pietro, *Die Gespräche des göttlichen Pietro Aretino.* Übertragen von Heinrich Conrad, Frankfurt am Main und Leipzig 1999.
Bassermann, Lujo (Hermann Schreiber), *The Oldest Profession. A History of Prostitution,* New York 1993.
Evans, Hillary, *Harlots, Whores and Hookers. A History of Prostitution,* New York 1979.
Masson, Georgina, *Courtesans of the Italian Renaissance,* London 1975.
Roberts, Nickie, *Whores in History. Prostitution in Western Society,* London 1992.
Ruggiero, Guido, *The Boundariers of Eros. Sex, Crime and Sexuality in Renaissance Venice,* New York 1985.
Wilmot, John (Earl of Rochester), *Der beschädigte Wüstling.* Satiren, Lieder und Briefe herausgegeben und übersetzt von Christine Wunnicke, Hamburg 2005.

Liebe in der Südsee

Besonders erwähnt seien die zahlreichen Bücher von Antony Reid und James Francis Warren über die Region.

Bougainville, Louis-Antoine de, *A Voyage around the* World, New York 1989.

Boxer, C. R., *The Dutch Freeborn Empire* 1600–1800, London 1967.

Clifford, Hugh, *Further India. Being the Story of Exploration from the Earliest Times in Burma, Malaya, Siam and Indo-China,* Bangkok 1990.

Descriptions of Old Siam. Compiled and introduced by Michael Smithies, Oxford 1995.

Fitzgerald, C. P., *The Southern Expansion of the Chinese People,* Bangkok 1972.

Gullick, J. M., *Adventures and Encounters. Europeans in Southeast Asia,* Kuala Lumpur 1995.

Hough, Richard, *Captain Bligh and Mr. Christian,* Newton Abbot, Devon 1972.

Hull, Terence H., Endang Sulystianinsih and Gavin W. Jones, *Prostitution in Indonesia. Its History and Evolution,* Jakarta 1996.

Lasker, B., *Human Bondage in Southeast Asia,* North Carolina 1950.

Muhout, Henri, and Francis Garnier, *The French in Indo-China with a Narrative of Garniers Explorations in Cochin China, Annam and Tonquin.* Preface by Dorn Meyers, Bangkok 1994.

Muhout, Henri, *Travels in the Central Parts of Indochina During the Years* 1858, 1859 *and* 1860, Bangkok 1986.

Reid, Anthony, *Slavery, Bondage and Dependency in Southeast Asia,* Sta. Lucia, Queensland 1983.

Rimmer, Peter J., and Lisa Allen (eds.), *The Underside of Malaysian History. Pullers, Prostitutes, Plantation Workers,* Singapore 1990.

Seagrave, Sterling, *Lords of the Rims,* London 1995.

Sheng-lan, Ying-yai, *The Overall Survey of the Ocean's Shores (1433),* Bangkok 1970.

Thomson, Virginia, *French Indo-China,* New York 1937.

Warren, James Francis, *The Sulu Zone* 1768–1898. *Dynamics of External Trade, Slavery and Ethnicity,* Singapore 1981.

Das Freudenmädchen Fanny Hill

Cleland, John, *Die Memoiren der Fanny Hill*. Originalgetreu übertragen nach der Erstausgabe von 1749 »Memoirs of a Woman of Pleasure«. Deutsch von Erika Nosbüsch, München 1969.

Rousseau, George Sebastian, and Roy Porter (eds.), *Sexual Underworlds of the Enlightenment,* Manchester 1987.

Harakiri in Japan

De Becker, Joseph Ernest, *The Nightless City, or the History of Yoshiwara Yuwaku,* London 1905.

Dunn, Charles, *Everyday in Traditional Japan,* Tokyo 1969.

Kato, Shuichi, zit. nach: *A History of Japanese Literature.* Transl. and ed. by Don Sanderson. Richmond, Surrey 1997.

Longstreet, Stephen and Ethel, *Yoshiwara. City of Senses,* New York 1970.

Nitore, Inazo, *Bushido. The Soul of Japan,* Tokyo 1969.

Segawa Seigle, Cecilia, *Yoshiwara. The glittering World of the Japanese Courtesan,* Honolulu 1993.

Shikamatsu. Transl. by Donald Keene, New York 1961.

Watanabe,Tsuneo, *The Love of the Samurai. A Thousand Years of Japanese Sexuality,* London 1989.

Afrikas Penetration

»I'm the Meat, I'm the Knife. Sexual Service, Migration and Repression in Some African Societies«, in: Petersen, Gail (ed.), *A Vindication of the Rights of Whores.* Seattle 1989.

Ambler, Charles E., *Kenyan Communities in the Age of Imperialism,* London 1988.

Becky, Ann, *A History of the British Medical Administration of East Africa* 1900–1950, Cambridge, Mass. 1970.

Clayton, Anthony, *Khaki and Blue. Military and Police in British Colonial Africa,* Ohio 1989.

Cutrufelli, Maria Rosa, *Women of Africa. Roots of Oppression,* London 1983.

Davis, John (ed.), *Choice and Change,* London 1974.

Hyam, Ronald, *Empire and Sexuality. The British Experience,* Manchester 1991.
Junod, Henry, *The Lift of a South African Tribe,* London 1927.
Mungeam, G. H., *British Rule in Kenya* 1895–1912, Oxford 1966.
Onseln, Charles van, *Studies in the Social an Economic History of Witwatersrand* 1886–1914, New Babylon, London 1982.
Oppong, Christine (ed.): *Female and Male in West Africa,* London 1983.
White, Louise, *The Comforts of Home. Prostitution in Colonial Nairobi,* Massachusetts 1990.

Nana und die Belle Époque

Benjamin, Walter, *Das Passagen-Werk.* Herausgegeben von Rolf Tiedemann, Frankfurt am Main 1983.
Clayson, Hollis, *Painted Love. Prostitution in French Art of the Impressionist Era,* New Haven and London 1991.
Harsin, Jill, *Policing Prostitution in 19th-Century Paris,* Princetown 1985.
Zeldin, Theodore, *France* 1848–1945. *I.: Ambition, Love and Politics,* Oxford 1973.

Der Kampf um die Sittlichkeit

Corbin, Alain, *Women for Hire. Prostitution and Sexuality in France after* 1850, Boston 1990.
Gibson, Mary, *Prostitution and the State in Italy,* 1860–1915, New Brunswick, N.J. 1986.
Walkowitz, Judith R., *Prostitution and Victorian Society. Women, Class and the State,* Cambridge, Mass. 1980.
Zetkin, Clara, »Über die Sexual- und Ehefrage«, in: *Erinnerungen an Lenin.* Karlsruhe 2000.

Dank an zwei Kommilitoninnen aus den späten siebziger Jahren. Ich hatte noch nie Diskussionen über Prostitution geführt, bis ich Kari Melbye (heute Professorin für Geschichte) and Aina Schiøtz (die meine Dissertation für die Publikation 1981 redigierte) traf. Melbyes Beitrag über Prostitutionspolitik und Schiøtz' Aufsatz zu den Lebensbedingungen von Prostituierten in dem von Anne-Marie Gotaas herausgegebenen Band *Det kriminelle kjønn*, Oslo 1980, sind noch immer lesenswert.

Sex im Wilden Westen

Butler, Anne M., *Daughters of Joy, Sisters of Misery. Prostitutes in the American West*, 1865–1890, Illinois 1985.
Goldman, Marion S., *Gold Digger and Silver Miners. Prostitution and Social Life on the Comstock Lode*, Ann Arbor, Mich. 1981.
Riley, Glenda, *Women and Indians on the Frontier*, 1825–1915, Albuquerque, N.M. 1984.

Das tugendhafte Empire

Ballhatchet, Kenneth, *Race, Sex and Class Under the Raj. Imperial Attitudes on Policies and Their Critics*, 1793–1905, London 1980.
Hyam, Ranald, *Empire and Sexuality. The British Experience*, Manchester 1991.

Tango!

Collier, Simon, *The Life, Times and Music of Carlos Gardel*, Pittsburgh 1986.
Guy, Donna J., *Sex and Danger in Buenos Aires. Prostitution, Family and Nations in Argentina*, London 1991.
Jauregui, Carlos Luis, *La homosexual en la Argentina*, Buenos Aires 1987.
Mafud, Julio, *Sociologia del Tango*, Buenos Aires 1966.

Weißer Sklavenhandel

Cohen, Samuel, *Report of the Secretary of His Visit to South America*, Oxford 1913.
Guy, Donna J., *Sex and Danger in Buenos Aires. Prostitution, Family and Nations in Argentina*, London 1991.
Hyam, Ronald, *Empire and Sexuality. The British Expierience*, Manchester 1991.

Terrot, Charles, *The Maiden Tribute Revisited. A Study of the White Slave Traffic of the Nineteenth Century,* London 1959.
Warren, James Francis, *Ah Ku and Karamu-San. Prostitution in Singapore,* 1870–1940, Oxfort 1993.
White, Louise, *The Comforts of Home. Prostitution in Colonial Nairobi,* Massachusetts 1990.

Kamikaze und Zwangsprostitution

Brandt, Allan M., *No Magic Bullet. A Social History of Veneral Disease in the United States since* 1880, New York 1985.
Hartmann, Grethe, *The Girls They Left Behind,* Copenhagen 1946.
Hicks, George, *The Comfort Women. Sex Slaves of the Japanese Imperial Forces,* Bangkok 1995.
Huie, Shirley Fenton, *The Forgotten Ones. Women and Children Under Nippon,* Sidney 1992.
Ringdal, Nils Johan, *Mellom barken og Veden. Politiet under okkupasjonen,* Oslo 1987.
Rohrwasser, Michael, *Saubere Mädel, starke Genossen,* Frankfurt a. M. 1975.
Seidler, Franz W., *Prostitution, Homosexuality, Self-Mutilation. Problems of German Hygiene Control,* 1939–1945, London 1981.

Mein Aufenthalt in Manila 1989–1994, bei dem ich in den Zeitungen die Geschichten von koreanischen und philippinischen Zwangsprostituierten – sogenannten »comfort women« – verfolgte, spielt in diesem und in den restlichen Kapiteln des Buches eine wesentliche Rolle.

Das Sexgewerbe in Südostasien

Jackson, Peter S., and Nerida M. Cook, *Gender and Sexualities in Modern Thailand,* Bangkok 1999.
Murray, Allison J., *No Money, No Honey. A Study of Street Traders and Prostitutes in Jakarta,* Singapore 1991.
Odzer, Cleo, *Patpong Sisters. An American Woman' View of the Bangkok Sex World,* New York 1994.
Sturdevant, Sandra Pollock, and Brenda Stoltzfus, *Let the Good Times Roll. Prostitution and the U. S. Military in Asia,* New York 1992.

Callgirls

Barrows, Sydney Biddle, and William Novak, *Mayflower Madam. The Queen of Credit Card Sex,* London and Sydney 1986.
Diana, Lewis, *The Prostitute and Her Client,* Springfield, Ill. 1985.
Greenwald, Harold, *The Call Girl. A Social and Psychoanalytical Study,* New Yort 1958.
Stein, Martha, *Lovers, Friends, Slaves. 9 Male Types: Psychic-Sexual Transactions with Call Girls,* New York 1974.

Feminismus und Hurenbewegung

Alrink, Sietske, *Stolen Lives. Trading Women into Sex ans Slavery,* London 1995.
Altmann, Dennis, *Global Sex,* London 2001.
Bell, Laurie, *Good Girls/Bad Girls. Feminists and Sex Workers Face-to-Face,* Seattle 1988.
Millett, Kate, *Sexual Politics,* London 1970.
dto., *The Prostitution Papers,* New York 1975.
dto., »Migration and Prostitution«, in: Peterson, Gail (ed.), *A Vindication of the Rights of Whores,* Seattle 1989.
Plant, Martin (ed.), *AIDS, Drugs and Prostitution,* London 1990.
Roberts, Nickie, *Whores in History. Prostitution in Western Society,* London 1992.

Bildnachweis

Archiv für Kunst und Geschichte, Berlin: Tafel 1 oben links, 5 unten
Biliothèque Nationale, Paris: Tafel 3 unten
British Museum, London: Tafel 1 oben rechts, 8 unten, 9 unten
Collection of Gretchen Liu/National Archives, Singapore: Tafel 12 oben
Dennys Eyre/Bouwer Bequest, Chiddingstone Castle: Tafel 8 oben
Dong-A-Daily/Meiji-Shobo, Tokio: Tafel 15 unten
Galleria dell'Accademia, Venedig: Tafel 7
Janet Wichnetsky, San Francisco: Tafel 16 unten
John Lewis: The 20th Century Book, New York, 1954, 1984: Tafel 12 unten
Kansas State Historical Society, Topeka: Tafel 11 unten
Leo Hershkowitz, privat: Tafel 11 oben
Louvre, Paris: Tafel 9 oben
Mary Evans Picture Library: Tafel 1 unten, 5 oben
Musée Toulouse-Lautrec, Albi: Tafel 10
Museum of Modern Art, New York: Tafel 13
New York Public Library/Astor, Lennox and Tildens Foundations: Tafel 11 Mitte
Olafia-Klinikken, Oslo: Tafel 15 oben
Sandra Pollock Sturdevant/The New Press, New York: Tafel 16 oben
Scala/Piazza Armerina, Sizilien: Tafel 4 rechts
Scala/Terme di Caracalla, Rom: Tafel 4 links
Staatliches Museum, Berlin: Tafel 2 oben, 3 oben, Tafel 14
Werner Forman Archive: Tafel 2 unten, 6

PIPER

Roger Shattuck

Tabu

Eine Kulturgeschichte des verbotenen Wissens. Aus dem Amerikanischen von Harald Stadler und Thorsten Schmidt. 464 Seiten. Serie Piper

Mit dem Verlust der Unschuld bei Adam und Eva fing alles an. Was dürfen Menschen wissen, was sollte Tabu bleiben? Gibt es überhaupt Dinge, von denen wir nichts wissen sollten? Diese Fragen haben bis in die Gegenwart nichts von ihrer Brisanz verloren, wenn man etwa an die aktuellen Auseinandersetzungen um die Gentechnik denkt. Der Literaturwissenschaftler und Historiker Roger Shattuck, einer der originellsten Denker Amerikas, hat eine eindrucksvolle Kulturgeschichte des Tabus geschrieben. Wie ein roter Faden zieht sich der Tabubruch durch die Geschichte der Menschheit – ob in den Mythen von Prometheus und dem Feuer, in der Weltliteratur bei Faust oder Frankenstein, in der Pornographie, in der modernen Naturwissenschaft mit der Atombombe oder der Gentechnik. Shattuck präsentiert in seinem fesselnd erzählten Buch ein aufregendes Panorama menschlicher Überheblichkeit.

01/1535/01/R